# 도시는 왜 불평등한가

개정판

도심재개발　　젠트리피케이션　　빈부격차

## THE NEW URBAN CRISIS

# 도시는 왜
# 불평등한가 개정판

리처드 플로리다 지음 | 안종희 옮김

매일경제신문사

나는 1957년 뉴저지주 뉴어크에서 태어났다. 그 당시 뉴어크는 번창하는 도시였고 상징적인 백화점들, 조간신문과 석간신문, 도서관과 박물관, 분주한 번화가, 대규모 중산층으로 부산스러웠다. 나의 부모님은 모두 이 도시의 이탈리아인 구역에서 성년이 되었고 내가 태어날 때까지 녹음이 우거진 브랜치브룩 공원 근처 아파트에서 계속 살았다. 아버지는 7학년 때 학교를 그만두고 이탈리아인, 폴란드인, 아일랜드인, 독일인, 히스패닉, 흑인 노동자들과 함께 공장에서 일했다. 입대하여 노르망디 해변을 공격하고 2차 세계대전의 몇몇 큰 전투에 참여했던 짧은 기간을 제외하면 그는 평생 일하기 위해 출근했다. 일반 노동자로 시작하여 작업반장으로 승진했고 마지막에는 여러 공장장 중 한 명이 되었다.

수백만 명의 미국인들과 마찬가지로 부모님은 내가 유아기 때 교외 지역으로 이사했다. 부모님은 뉴어크에서 차로 약 15분 정도 걸리는 노스알링턴이라는 작은 도시를 선택했다. 나에게 종종 상기시켜주었듯이 부모님이 이 도시를 선택한 건 좋은 학교, 특히 가톨릭계 학교인 퀸 오브 피스가 있었기 때문이었다. 부모님은 이 학교가 형과 나를 대학에 진학시켜 더 나은 삶을 살 수 있는 길을 열어줄 것이라고 믿었다. 나의 여러 이모 중 한 분인 로니가 이미 그곳에 살고 있었고, 이모의 남편인 월터는 뉴어크 공과대학 야간반에서 화학공학 학사와 석사 학위를 마친 후 취업하여 콜게이트 파몰리브(Colgate Palmolive, 생활용품을 생산하는 회사)의 중역으로 승진했다. 우리집처럼 생산직 노동자 가정과 이모 가정처럼 더 부유한 가정들이 같은 지역에서 나란히 함께 살았다. 경제적 여건은 달랐지만 우리는 모두 같은 아메리칸 드림을 품고 살았다. 우리는 뉴어크 밖으로 이사했지만 여전히 일요일이 되면 자주 예전에 살던 동네를 방문하여 아직 그곳에 사는 할머니와 친척들과 함께 저녁 식사를 했다.

내가 아홉 살이던 1967년 7월 어느 더운 날, 나는 도시가 아수라장이 되는 것을 보게 됐다. 아버지가 우리를 태우고 도시로 갔을 때 공중에는 짙은 연기가 자욱했다. 뉴어크는 악명 높은 폭동에 휩싸였고 경찰, 주 방위군, 군용 차량이 거리를 따라 배치되어 있었다. 급기야 한 경찰관이 우리 차를 정지시키더니 "저격수"에 대해 경고했다. 아버지는 불안한 듯 차를 돌리면서 나에게 안전을 위해 차 바닥에 누우라고 말했다. 그 후 며칠 동안 24명 이상—대부분 아프리카계 미국인—이 뉴어크에서 죽었다. 750명 이상이 다쳤고, 1,000명이 투옥되었다. 재산 피해는 수백만 달러로 추산되었다. 파괴적인 폭동들이 주변의 뉴저지주 뉴브런즈윅, 플레인필드, 그리고 러스트벨트(Rustbelt, 미국 북부의 사양화된 공업지대)의 디트로이트와 신시내티, 남부의 애틀랜타를 포함한 다른 많은 도시로 파급되었다. 이 사건은 나중에 "1967년의 길고 뜨거운 여름long, hot summer of 1967"으로 알려졌다. 대부분의 사건이 발생하게 된 계기는 경찰의 흑인 폭행 때문이었지만 근본 원인은 더 깊은 곳에 있었다. 대규모 백인 노동계층과 중산층뿐만 아니라 일자리와 경제 활동이 한동안 이 도시들의 외곽지역으로 이동했고, 미국 남부의 많은 흑인이 이 도시들로 대대적으로 이동하여 게토Ghettos, 빈민가 지역으로 몰려들었다.[1]

그 당시 나는 이런 사실을 몰랐지만 이른바 "도시 위기The Urban Crisis"라고 부르게 될 사건을 목격했던 것이다. 그때까지의 내 인생 내내—나중에 배웠듯이 근대 역사 내내—도시는 산업, 경제 성장, 문화발달의 중심지였다. 그러나 1960년대 후반과 1970년대에는 상황이 달라졌다. 중산층과 일자리가 뉴어크와 같은 도시를 떠나 교외지역으로 이동했고 도시 경제는 텅 비게 되었다. 1970년대 초, 내가 고등학교에 들어갔을 무렵 뉴어크의 많은 지역이 경제적 쇠퇴의 희생물이 되었고 범죄와 폭력이 증가하고 특정 인종에 가난이 집중되었다. 내가 대학을 졸업한 1975년 뉴욕시는 파산 직전이었다. 얼마 후 아버지가 다니던 공장이 완전히 문을 닫고 아버지를 포함한 수백 명이 실직했다. 희망, 번영, 아메리칸 드림은 교외지역으로 옮겨갔다.

이런 냉혹한 현실은 나의 뇌리에서 떠나질 않았다. 무엇 때문에 사람들과 기업과 상점들이 뉴어크를 버리고 떠났을까? 왜 도시는 인종 폭동에 휩싸이고 그렇게 급격하게 쇠퇴할까? 왜 아버지가 일했던 공장은 문을 닫았을까? 이러한 초기 도시 위기에 대한 나의 첫 경험은 나에게 깊이 각인되었다.

그해 가을 럿거스대에 진학했을 때 나는 도시와 도시에서 나타나는 인종, 빈곤, 쇠퇴, 산업침체 문제를 다루는 과목에 끌렸다. 2학년 때 나의 도시지리학 교수인 로버트 레이크는 로어맨해튼 지역을 돌아보고 연대기를 작성하는 과제를 내주었다. 나는 소호, 이스트빌리지, 그리고 주변 지역에서 나타나고 있는 엄청난 변화에 충격을 받아 꼼짝할 수 없었다. 나는 거리의 활기와 그곳에 살며 일하는 화가, 음악가, 디자이너, 작가들에게 완전히 매료되었다. 예전의 산업용 창고와 공장들이 스튜디오와 생활공간으로 탈바꿈하고 있었다. 펑크, 뉴웨이브, 랩이 그 지역의 음악 공간과 클럽을 열광시키고 있었다. 처음에는 미약한 모습이었지만 나중에는 완전한 특성을 갖춘 도시로 부활했다.

그러나 내가 미국 도시들에 작용하는 주요 요인들을 분석하기 시작한 장소는 내가 약 20년 동안 가르친 카네기멜런대가 소재한 피츠버그였다. 피츠버그는 탈산업화로 파괴되어 수만 명의 사람과 상당한 수의 고임금 제조업 일자리가 사라졌다. 이 도시는 세계적 수준의 대학들, 의료센터, 기업의 연구개발 기관, 그리고 주요 자선기관 덕분에 최악의 상황은 피할 수 있었다. 이 도시의 지도자들은 이런 추세를 바꾸기 위해 열심히 일하고 있었고 그 일이 한창 진행될 때 나도 경제 개발 분야 교수로서 참여했다. 하지만 이 도시의 최첨단 연구와 혁신 잠재력에도 불구하고 컴퓨터 과학과 공학 분야 동료 교수들과 나의 제자들은 실리콘밸리, 시애틀, 오스틴과 같은 첨단기술이 중심이 되는 도시로 대거 떠나고 있었다. 카네기멜런대에 뿌리를 두었던 인터넷 검색 서비스 분야의 개척자 라이코스가 갑자기 본사를 피츠버그에서 보스턴으로 옮긴다고 발표했다. 돌연 내 머리에서 전구가 나가는 것 같았다.

사람들이 기업과 일자리를 쫓아간다는 전통적인 사고는 내가 보기에 더 이상 통하지 않는 것 같았다. 기존의 경제 발전에 관한 지혜에 따라 피츠버그의 지도자들은 세금 감면과 이와 유사한 인센티브를 제공하여 기업을 유치하려고 노력했다. 그들은 산업단지와 업무 단지에 보조금을 쏟아 부었다. 그들은 최신 컨벤션센터와 2개의 빛나는 운동장도 지었다. 그러나 이런 것들은 기업들이 찾는 것이 아니었다. 피츠버그를 떠나는 나의 제자들이나 다른 인재들 역시 마찬가지였다. 보스턴은 라이코스에 아무런 세금 감면이나 다른 유인책을 제공하지 않았다. 실제로, 임대료에서부터 연봉까지 보스턴의 사업비용은 피츠버그보다 훨씬 더 높았다. 라이코스가 옮긴 이유는 이 회사에 필요한 인재들이 보스턴에 있었기 때문이었다.

내가 2002년에 출간한 《창조적 변화를 주도하는 사람들The Rise of the Creative Class》에서 주장했듯이, 도시의 성공 열쇠는 기업을 유치하는 것이 아니라 인재를 끌어들이고 유지하는 것이다. 창조계층을 구성하는 지식 노동자, 교사, 예술가와 그 이외 다양한 문화적 창조활동가들은 고임금 일자리가 많거나 노동시장이 두터운 곳, 또는 만나서 데이트를 할 사람이 많은 곳, 즉 이른바 짝짓기 시장이 크거나 활기찬 장소, 그리고 훌륭한 레스토랑과 카페, 음악 공간, 그 이외 해볼 만한 것들이 많은 곳에 거주하고 있었다.[2]

21세기에 들어서면서 창조계층이 미국 노동력의 3분의 1인 4,000

만 명으로 증가했다. 나는 창조계층이 우리 시대의 혜택 받은 지배계층이라고 주장했다. 창조계층의 취향, 선호, 성향이 우리의 도시뿐만 아니라 문화, 직장의 관행, 사회 전반을 다시 만들고 있었다. 나는 또한 그 이외의 노동자들로 구성되는 혜택 받지 못한 두 계층을 언급했다. 첫째, 대규모 저임금 서비스계층은 전체 노동자의 절반인 대략 6,000만 명에 이르며 저임금의 요식업, 소매업, 개인 서비스업에 종사한다. 둘째, 점차 줄고 있는 생산직 노동계층은 공장, 건설, 무역, 교통, 물류 분야에 종사하며 전체 노동자의 약 5분의 1을 차지한다.

경제적으로 가장 성공적인 도시와 대도시 지역은 이른바 "경제 발전의 3T" 즉 기술technology, 인재talent, 관용tolerance 측면에서 탁월한 곳이었다. 이들 도시는 첨단기술 산업의 중심지이며 인재를 배출하는 훌륭한 학교 시스템과 연구 대학을 갖추고 있으며 개방적이고 관용적이어서 성별, 인종, 민족, 성적 취향에 개의치 않고 인재를 끌어 모으고 유지할 수 있었다.

도시는 이러한 3T를 모으는 장소였다. 그렇게 함으로써 도시는 경제의 기본 구성단위가 되었다. 과거 산업경제 시절 제너럴모터스, 유에스스틸US Steel, IBM과 같은 대기업이 수행했던 역할이다. 대기업들은 나의 아버지와 같은 생산직 노동자와 나의 이모부와 같은 사무직 관리자와 기술자들로 이루어진 폭넓은 중산층들에게 좋은 일자리를 제공했다. 장소 자체가 새로운 지식경제의 중심적인 구성단위가 되었다. 도시는 인재를 끌어들이고 사람들과 일자리를 연결하며, 혁신과 경제 성장을 촉진하는 기본 플랫폼이 되었다.

나는 미국과 세계 곳곳을 여행하면서 이 메시지를 시장, 경제 개발자, 도시 지도자들에게 전했다. 그들은 여전히 도시를 성장시키는 가장 확실한 방법은 세금 감면과 다양한 인센티브를 통해 대기업을 끌어들이거나, 도심에 운동장이나 야외 쇼핑몰과 같은 초대형 프로젝트를 진행하며 사람들을 열광시켜야 한다고 믿었다. 나는 사람 중심, 장소 중심의 새로운 경제를 지속적으로 성공시키려면 그보다 도시를 생활하기 좋고 일하기 좋은 곳으로 만드는 작은 일을 해야 한다고 말했다. 예를 들면 보행자 입장을 고려한 친화적인 거리, 자전거 도로, 공원, 신나는 예술과 음악 공간, 사람들이 카페와 레스토랑에서 모일 수 있는 활기찬 지역을 만드는 것이다. 도시는 경쟁력 있는 사업 환경 이상의 것이 필요했다. 또한, 모든 유형의 개인과 가정—미혼자, 기혼자, 자녀가 있거나 없는 가정, 이성애자 또는 동성애자—이 매력을 느끼는 훌륭한 인적 환경이 필요했다.

시간이 지나면서 나의 연구는 시장, 예술 및 문화계 지도자, 도시 전문가, 심지어 지역사회에서 개발을 촉진하는 더 나은 방법을 찾고 있는 의식 있는 부동산 개발업자들 사이에서 상당한 공감을 얻었다. 그러나 나의 메시지는 또한 이념적 스펙트럼의 양쪽 진영에서 반격을 받기도 했다. 일부 보수적인 사람들은 다양성과 도시의 경제 성장을 연결하는 나의 견해에 의문을 제기하면서 경제를 발전시키는 것은 창조계층이 아니라 기업과 일자리라고 반박했다. 다른 사람들, 주로 좌파들은 임대료 증가와 젠트리피케이션(Gentrification, 과밀하고 빈곤한 지역이 고급주거지로 재개발되는 현상)에서부터 부자와 가난한 사람 간의 격차 증가까지 모든 것에 대해 창조계층을 비난했을 뿐만 아니라, 개인적으로도 나를 비난했다. 일부 개인적인 공격은 매우 고통스러웠지만 이런 비판은 전혀 예상하지 못했던 방식으로 나를 자극하여 도시와 도시에 작용하는 힘에 대한 생각을 새롭게 가다듬을 수 있었다.

서서히, 하지만 확실하게 도시에 대한 나의 이해는 발전하기 시작했다. 나는 도시와 창조계층이 스스로 더 낫고 더 통합적인 도시를 만들 수 있다고 지나치게 낙관적으로 믿었다는 것을 깨달았다. 2008년 경제 위기 전에도 부유한 사람과 가난한 사람 간의 격차는 재개발이 활발했던 도시들에서 급격히 늘었다. 교사와 전문직, 부자들이 다시 도심으로 유입되면서 화가와 음악가들뿐만 아니라 혜택 받지 못한 노동계층과 서비스계층이 비싼 주택비용으로 인해 도시 외곽으로 밀려났다. 뉴욕의 소호 지역의 경우 내가 학생일 때 관찰했던 예술적, 창조적 활동공간은 부유한 사람들, 최신 유행의 레스토랑, 고급 상점으로 채워진 동질적인 공간으로 바뀌었다.

사실 나는 매우 일찍부터 도시 재개발의 부정적인 면에 주목했다. '월가를 점령하라'고 외치는 시위대가 "상위 1%"의 등장을 주목하기 한참 전, 또는 토마 피케티Thomas Piketty의《21세기 자본Capital in the Twenty-First Century》이 세계의 불평등에 관한 우리의 눈을 열어주기 훨씬 전인 2003년, 나는 미국의 선도적인 창조도시들이 경제적 불평등의 진원지라고 경고했다. 나는 연구를 통해 임금 불평등이 가장 심각한 대도시, 예컨대 샌프란시스코, 오스틴, 보스턴, 시애틀, 워싱턴DC, 뉴욕 등이 동시에 가장 역동적이고 성공적인 창조경제 도시라고 밝혔다.[3] 그러나 내가 이런 새로운 분리법에 대해 발표할 때만 해도 그것이 얼마나 빠르게 확산될지, 또는 이 도시들의 양극화가 얼마나 심각해질지 몰랐다. 10여 년이 지난 후 내가 예측했던 도시와 도시화된 지역의 재개발이 걷잡을 수 없을 정도의 젠트리피케이션과 고가 주택 건설로 치닫더니 부유한 전입자와 오랫동안 힘겹게 살아온 기존 거주자들 간에 깊은 골이 생겼다.

무엇보다 나를 심란하게 만든 것은 나의 대부분의 일생 동안 도시와 사회 전체의 근간을 형성했던 많은 중산층 지역의 쇠퇴였다. 내가 태어난 뉴어크와 성장한 노스알링턴도 중산층 지역이었다. 중산층 지역은 내가 새로운 창조계층이 돌아오기를 바랐던 지역이었다. 그러나 한때 탄탄했던 중산층 지역은 내 눈앞에서 사라지고 있다.

나는 다시 깊이 숙고하면서 개인적으로나 지적으로 변화의 시간을 가졌다. 이 책이 그 숙고의 결과물이다. 나는 사람들이 도시로 돌아가는 추세가 소수의 장소와 사람들에게 엄청난 혜택을 주는 것으로 이해하기 시작했다. 나는 한때 내가 캠페인을 벌이고 축하했던 도시 재개발의 어두운 면에 직면했다.

우리의 분리Segregation는 도시와 대도시 지역 내에 그리고 도시 간에 더 큰 불평등을 초래하고 있었다. 자료를 자세히 살펴본 후 나는 오로지 제한된 소수의 도시와 대도시 지역, 아마도 10여 개 도시만이 지식 경제에서 성공을 거두고 있다는 것을 알았다. 더 많은 도시가 시대의 흐름을 따라잡지 못하거나 한참 뒤처졌다. 많은 러스트벨트 도시가 교외지역 탈출, 도시 쇠퇴, 탈산업화가 합쳐진 파괴적인 문제를 해결하기 위해 노력하고 있다. 선벨트(Sunbelt, 연중 기온이 따뜻한 미국 남부 및 남서부

지역) 도시들은 더 저렴하고 확장적인 교외지역 개발로 사람들을 계속 끌어들이고 있지만, 지식과 혁신이 이끄는, 탄탄하고 지속가능한 경제를 건설하지 못하고 있다. 수천만 명의 미국인들이 여전히 고질적인 빈곤에 시달리고 있다. 중산층과 중산층 거주 지역이 쇠퇴하면서 우리의 사회경제적 지형은 부유하고 엄청난 혜택을 입는 소규모 지역과 가난하고 혜택을 받지 못하는 훨씬 더 넓은 지역으로 쪼개지고 있다.

또한 내가 보기에 인재와 경제적 자산의 집중이 일방적이고 불평등한 도시화를 낳는다는 것이 점점 명확해지고 있다. 비교적 소수의 슈퍼스타 도시, 그리고 그 속의 몇몇 엘리트 지역이 혜택을 보는 대신 다른 많은 지역은 정체되거나 뒤처진다. 궁극적으로, 우리의 도시와 경제를 성장시킨 바로 그 힘이 역설적으로 계층을 만들고 우리를 분리시키고 방해한다.

나는 연구를 통해 결국 고통스러운 현실의 새로운 지리학에 직면하게 되었다. 전통적인 통찰과 경제적 연구는 규모가 크고 밀도가 높은 지식 중심 도시의 사람들이 더 많은 임금과 연봉을 받아 더 부유하다고 말한다. 그러나 나와 한 동료는 다른 세 계층의 각 구성원이 주택비를 지출한 뒤 어떻게 생활하는지 조사해보니 충격적이고도 심란한 패턴이 드러났다. 창조계층에 속하는 혜택을 받은 지식노동자, 전문직, 미디어와 문화계 종사자들은 상황이 좋았다. 그들의 임금은 규모가 크고 밀도가 높은 첨단기술 대도시 지역에서 더 높을 뿐만 아니라 높은 주택비용을 충분히 지불할 정도로 많은 임금을 받았다. 그러나 혜택을 받지 못한 두 계층—생산직 노동자와 서비스직 노동자—은 훨씬 뒤처졌다.

그들은 규모가 크고 값비싼 도시와 대도시 지역에서 주택비용을 지출한 후 경제 사정이 더 악화되었다.[4]

이런 상황에 내포된 의미는 나의 마음을 매우 심란하게 했다. 혁신, 경제 성장, 도시 번영의 최대 동력—인재와 다른 경제적 자산의 도시 집중—이 이미 혜택을 누리는 사람들에게 대부분의 이익을 부여했고 엄청난 규모인 인구의 66%를 뒤처지게 했다. 내가 이런 연구결과를 발표하자 작은 폭풍이 일었다. 한 비평가는 창조계층 이론이 "마지막 보루를 잃었다"며 자랑스럽게 말하기까지 했다. 나는 그 당시 곧장 응수했다.[5] 그러나 내가 더 오랫동안 숙고한 뒤 제시하는 대답이 바로 당신이 지금 들고 있는 이 책이다.

도시와 도시화에 대한 나의 관점은 제2의 고향 토론토에서 관찰한 것에 깊은 영향을 받기도 했다. 나는 2007년에 이곳으로 옮겨와 토론토대에서 도시 번영에 관한 새로운 연구소의 책임자 역할을 맡았다. 나에게는 토론토가 진보적인 도시화의 가장 훌륭한 보루였다. 이 도시는 북미의 어떤 지역 못지않게 인구가 다양했고, 번영하는 경제는 2008년의 경제 위기에 거의 손상되지 않았다. 거리는 안전하고 공립학교는 훌륭하고 사회조직은 응집력이 있었다. 하지만 어떻게 된 일인지 이 진보적이고 다양한 도시—영국 배우이자 극작가인 피터 유스티노프가 "스위스인들에 의해 운영되는 뉴욕"이라고 명명한 것으로 유명한 곳—는 2010년 롭 포드Rob Ford를 시장市長으로 선택했다.

그의 개인적인 약점과 역기능들이 그의 지지단체인 포드네이션Ford Nation에게 높이 평가받았는지 모르지만 내가 보기에 그는 주요 도시의 역대 시장 중 가장 반反 도시적인 시장이었다. 일단 시장에 당선된 후 포드는 도시계획 전문가들이 위대한 도시가 되기 위해 필요하다 믿었던 모든 것을 가차 없이 없애기 시작했다. 그는 이른바 "자동차와의 전쟁"에 반대하며 거꾸로 주요 도로에서 자전거 차선을 제거했다. 그는 도심지 수변공간의 최고 요지를 페리스 대관람차를 완비한 번쩍거리는 쇼핑몰로 바꾸는 계획을 세웠다. 포드가 시장이 된 이유는 토론토를 보다 교외지역처럼 만들고 싶었기 때문이었던 것 같다.[6]

포드의 등장은 토론토에서 이제 막 생겨나고 있던 계층 분리의 결과였다. 한때 적당한 규모였던 토론토의 중산층이 감소하고 예전의 중산층 지역이 서서히 사라지자 도시는 도심지와 그 주변, 그리고 주요 지하철과 대중교통 노선 주변의 소규모 부유한 고학력 지역, 그리고 도심지역과 대중교통에서 멀리 떨어진, 훨씬 더 큰 규모의 혜택 받지 못한 지역으로 나뉘었다.[7] 포드의 메시지는 그의 선거구민인 노동계층과 새로운 이주민의 견해를 강력하게 반영했다. 그들은 도시 재개발의 혜택이 도심지역의 엘리트들에게 돌아가고 그들에게는 아무런 혜택이 없다고 느꼈다.

나는 점점 커지는 계층 분리를 시한폭탄이라 생각했다. 만일 토론토처럼 진보적이고 다양성 있고 번영하는 도시가 대중영합주의자의 역풍의 피해자가 된다면 이런 일은 어디서나 일어날 수 있었다.

그 당시 나는 포드가 이러한 반발의 첫 신호일 뿐이라고 말했다. 나는 더 심각한 일이 더 많이 일어날 것이라고 말했다. 실제로 그랬다. 곧이어 영국은 전혀 예기치 않게 브렉시트 국민투표를 통해 유럽연합을 떠나겠다는 충격적인 결정을 내렸다. 부유한 거대도시인 런던이 격렬하게 반대했지만 노동계층이 사는 도시들, 교외지역에서 힘들게 사는 사람들, 그리고 세계화와 도시재생이라는 두 가지 힘에 의해 뒤처진 농촌 거주자들이 찬성표를 던졌다.

그러나 그 다음에는 훨씬 더 예기치 못한 일이 일어났다. 그것은 훨씬 두려운 일이었다. 바로 도널드 트럼프가 지구상에서 가장 강력한 국가의 대통령에 당선된 일이었다. 트럼프는 미국의 낙후된 지역의 불안하고 성난 유권자를 움직여 권력을 잡았다. 힐러리 클린턴은 새로운 경제의 진원지인 밀도가 높고 부유한 지식 중심 도시와 그와 인접한 교외지역을 장악했고, 일반 국민투표에서 상당한 표차로 승리했다. 그러나 트럼프는 그 밖의 다른 모든 곳. 도시에서 멀리 떨어진 준準 교외지역과 농촌 지역 등을 차지했다. 이들 지역은 선거인단 선거에 트럼프에게 결정적인 승리를 안겨주었다. 이 세 가지 트럼프, 포드, 브렉시트는 모두 오늘날 우리를 규정하고 나누는 계층과 지역 간의 깊어지는 단층선을 반영한다.

이러한 정치적 균열은 궁극적으로 "새로운 도시 위기New Urban Crisis"의 경제적, 지리적 심층 구조에서 비롯된다. 이런 방식의 도시화는 재능 있고 혜택 받은 사람들이 모인 소수의 슈퍼스타 도시에서 일어나고, 나머지 사람들과 다른 모든 지역은 뒤처지게 된다. 새로운 도시 위기는 도시들만의 위기가 아니라 우리 시대의 핵심적인 위기다.

이 책은 새로운 도시 위기와 우리의 도시와 사회에 박힌 깊고 뚜렷한 모순을 해결하려는 나의 시도다. 이 책을 쓴 주요 목적은 세 가지다.

첫째, 도시 위기의 핵심 내용을 자세히 기술하는 것. 둘째, 이런 위기를 만드는 근본적인 힘을 찾는 것. 셋째, 새롭고 더 사회통합적인 도시화를 이루기 위해 해야 할 일들을 개략적으로 제시하는 것이다. 사회통합적인 도시화는 혁신과 부의 창출을 촉진하면서도 좋은 일자리를 만들어 생활수준을 개선하고 모든 사람에게 더 나은 생활을 향유토록 한다.

이보다 더 큰 내기는 없다. 우리가 새로운 도시 위기에 어떻게 대처하는가에 따라 우리는 더욱 분열되어 경기 침체로 후퇴하든지, 아니면 지속 가능하고 사회통합적인 번영의 새 시대로 나아갈 것인지 결정될 것이다.

THE NEW URBAN CRISIS

# CONTENTS

# 1장

---

## 도시의 모순

### THE URBAN CONTRADICTION

# 파산 위기에서 부의 중심이 된 뉴욕

1975년의 뉴욕으로 돌아가 행인을 붙들어 오늘날의 뉴욕 한복판에
데려다 놓는다고 상상하자. 행인이 살던 시기 뉴욕은 경제가 급격히 쇠
퇴하는 중이었다. 당시 뉴욕의 사람과 일자리와 산업은 교외지역으로
빠져나가고 있었다. 지저분하고 위험하며 폭력적이었던 뉴욕은 파산
의 기로에 서 있었다. 그는 오늘날의 뉴욕을 보고 어떻게 생각할까?

우선 그는 어려움 없이 쉽게 길을 찾을 수 있을 것이다. 브롱크스는
뉴욕 북쪽에, 배터리는 남쪽에 있고, 자유의 여신상은 여전히 항구에
우뚝 서 있다. 엠파이어스테이트빌딩, 크라이슬러빌딩, 록펠러센터와
링컨센터를 가르키는 도시의 멋진 이정표들은 대부분 한창때와 거의
같은 모습을 유지하고 있다. 거리는 예나 지금이나 차량으로 막히고,
그는 예전과 똑같은 지하철을 타고 맨해튼을 지나 도시 주변부에 위치
한 브루클린, 퀸스, 브롱크스로 가거나, 패스PATH 열차를 타고 뉴저지로

가거나, 뉴저지 대중교통New Jersey Transit과 메트로 노스Metro North를 이용해 여러 교외지역으로 나갈 수 있다.

그러나 많은 것이 극적으로 바뀌었다. 슬프게도, 그 당시에는 신축 건물이었던 쌍둥이빌딩(세계무역센터빌딩)은 사라졌다. 재건된 뉴욕 금융지구에는 사업가들뿐만 아니라 과거 교외지역에 집을 짓고 살았던 부유한 가족들로 넘쳐난다. 한때 돌무더기와 낙후된 부두로 버려진 땅이었던 인근 지역에는 길고 푸른 공원과 자전거 길이 맨해튼을 끼고 흐르는 허드슨강을 따라 놓여 있다. 타임스퀘어 광장은 화려한 빛과 번쩍이는 광고판으로 가득하고 지저분한 극장들과 사창가들이 있던 곳에는 도시형 디즈니랜드가 들어서 관광객으로 붐빈다. 어떤 관광객들은 흔들의자에 앉아 편안하게 휴식을 즐긴다. 소호 지역을 무단 점거한 예술가들, 웨스트빌리지와 이스트빌리지에 거주했던 히피족과 펑크족이 배회하던 곳은 고급 레스토랑, 카페, 바로 바뀌어 부유한 금융가, 기술전문가, 관광객, 가끔 방문하는 유명 연예인들로 붐빈다.

한때 운영되었던 육가공 공장, 산업용 창고, 미트패킹 지구Meatpacking District의 인적 드문 게이바는 사라졌다. 그 대신 인근 지역의 버려진 고가 철도 위에 건설된 직선형 공원에는 사람들로 붐빈다. 길쭉한 공원을 따라 빛나는 콘도와 사무실 빌딩, 새로 지은 휘트니박물관, 비즈니스호텔, 고급 상점들이 늘어서 있다. 근처 나비스코 공장은 최신 푸드코트로 바뀌었고, 오래된 항만청 건물은 인근 지역의 많은 첨단기업 중 하나인 구글의 기술전문가들로 가득하다. 이스트강이나 허드슨강을 건너 공장들과 쇠락한 공동주택, 브루클린, 호보컨, 저지시티의 연립주택들은 젊은 전문직들이 살고 일하고 노는 지역으로 바뀌었다. 그는 범죄 걱정 없이 거리를 걸어 다닐 수 있다.

그러나 겉보기에 깨끗하고 모든 것이 잘 갖추어진 도시처럼 보여도 그는 또한 이면에 감도는 긴장을 느낄 수 있을 것이다. 그는 자신과 같은 노동자들이 뉴욕에서 집을 사기가 1975년보다 훨씬 더 어려워졌단 걸 알게 된다. 그 당시 5만 달러에 거래되던 아파트는 지금 수백만 달러에 팔린다. 그가 월세 500달러로 임대했던 아파트는 지금 5,000달러에서 1만 달러, 또는 그 이상을 지불해야 한다. 반짝이는 고층 빌딩들이 5번가에서 7번가까지 억만장자 거리를 따라 하늘로 치솟아 있다. 밤이 되면 그중 대부분은 어둡고 생명의 기척이 거의 느껴지지 않는다. 사람들은 점점 악화되는 불평등과 "1%" 상위계층의 부상, 중산층이 점차 뉴욕에 살 수 없게 된 현실에 불만을 터뜨린다.

새로운 경제적 부와 관광객들의 한복판에서 그는 새로운 부로 가득한 화려한 성채 바로 옆에 광범위하게 펼쳐진 오래되고 열악한 빈곤 지역을 본다. 그는 그의 시대에 도시를 괴롭혔던 빈곤, 범죄, 마약과 같은 사회문제가 한때 탄탄한 중산층들이 살았던 교외지역으로 이동한 것을 알게 된다. 그는 보수주의자들이 20년 동안 통치한 후인 2014년에 민주당원이 뉴욕시장에 다시 선출(빌 드 블라시오, Bill de Blasio)된 것을 알고 놀랄지도 모른다. 공화당 소속이었던 뉴욕시장 중 한 사람은 억만장자(마이클 루벤스 블룸버그, Michael Rubens Bloomberg)로 시장직을 세 번 연임했다. 그는 블라시오 시장—브루클린 출신의 지역운동가—이 뉴욕이 2개의 시, 즉 부자들의 도시와 가난한 사람들의 도시로 바뀌는 것을 반대하는 선거운동으로 당선되었다는 것을 알면 더 놀랄 것이다. 블라시오 시장이 말했듯이, 이런 일이 벌어진 내막을 설명하는 "두 도시 이야기"는 대부분 그가 지난 40년 전에 보지 못했던 내용이다.

## 새로운 도시 위기의 도래

나는 평생 여러 도시와 도시 주변에서 살면서 그곳을 지세히 관찰했다. 그리고 30년 이상 도시학자로 살아왔다. 나는 도시가 쇠퇴하고 소멸하는 것을 봤고 도시가 다시 살아나는 것도 봤다. 그러나 그 어떤 것도 내가 오늘날 직면한 문제에 대비할 수 있도록 준비시켜 주지 못했다. 우리의 도시가 실제로 고비를 넘기고 있는 것 같을 때, 사람들과 일자리가 도시로 돌아오고 있을 때, 오히려 불평등이 증가하고 주택가격의 지나친 상승과 같은 수많은 새로운 도시 문제가 전면에 등장하기 시작했다. 언뜻 보기에 하루아침에 닥친 일 같지만, 사실 도시 재생을 향한 열망들이 지속적으로 새로운 종류의 도시 위기를 만들어 왔던 것이다.

많은 전문가가 이런 위기를 파악하고 씨름했지만 위기가 얼마나 심각하고 구조적인지 제대로 아는 사람은 별로 없다. 심각한 지적 분열 때문에 선도적인 도시 전문가들은 확연히 다른 두 진영, 곧 도시 낙관론자와 도시 비관론자로 나뉜다. 각 진영은 오늘날 도시의 중요한 현실을 묘사한다. 하지만 그들의 편향된 관점은 우리가 도시 위기의 전체적인 모습을 포착하는 것을 가로막고 위기에서 벗어날 길을 찾지 못하게 한다.

도시 낙관론자들은 깜짝 놀랄 정도의 도시재생과 인간의 생활조건을 개선하는 도시화의 힘에 초점을 맞춘다.[1] 얼마 전까지만 해도 나도 그들 중 한 사람이었는데, 도시 낙관론자들은 도시가 그 어느 시기보다도 더 풍요롭고, 안전하고, 깨끗하고, 건강하며, 도시화는 개선의 진정한 원천이라고 본다. 그들은 국가나 주 정부가 권력을 줄이고 도시와 시장市長이 더 많은 권력을 가지면 세상이 더 나은 곳이 될 것이라고 말한다.

이와 정반대로 도시 비관론자들은 현대 도시는 화려하지만 사실상 외부인 출입금지 구역에 살며 과시적 소비를 일삼는 엄청난 부자들과, 그 주변에서 엄청난 가난과 열악한 환경 속에 사는 대중들로 나눠져 있다고 본다. 비관론자가 보기에 도시재생은 탐욕스러운 자본가들이 일부 지역은 재건하고 일부 지역은 제거하여 이익을 얻는 사업일 뿐이다. 무자비한 신자유주의 자본주의 질서는 세계의 도시화를 강요하고 있다. 이 도시화의 본질적인 특징은 진보나 경제적 발전이 아니라 슬럼화와 엄청난 규모의 경제적, 인도주의적, 생태적 위기다.[2] 젠트리피케이션과 불평등은 부유하고 혜택을 누리는 사람들이 도시를 재식민지화하면서 발생한 결과물이다.

그렇다면 어느 쪽이 진실일까? 낙관론자들이 격찬하듯이 도시는 혁신의 강력한 엔진이자 경제적, 사회적 진보의 모델일까? 아니면 비관론자들이 매도하듯이 엄청난 불평등과 계층 분열을 발생시키는 곳일까? 사실은, 이 두 가지 모두 맞다. 도시화Urbanism는 낙관론자들이 말하듯이 어느 모로 보나 막강한 경제적 힘이며 동시에 비관론자들이 주장하듯이 고통스럽고 분열적이다. 자본주의와 마찬가지로 도시화는 역설적이며 모순적이다. 오늘날의 도시 위기를 이해하려면 도시 비관론자의 관점과 도시 낙관론자의 관점을 진지하게 모두 받아들여야 한다. 나는 도시의 위기와 씨름할 때 각 진영의 가장 훌륭하고 중요한 견해를 취합하려고 노력했다.

새로운 도시 위기는 정확히 무엇일까?

지난 5년여 동안 나는 이것을 정의하는 데 나의 연구와 지적 능력을 집중했다. 나의 연구팀과 함께 작업하면서 도시 불평등의 범위와 원천, 경제적 분리의 정도, 고급 주택화의 핵심 원인과 규모, 글로벌 슈퍼 부자들이 거주하는 도시와 구역, 첨단기술 스타트업의 도시 집중으로 인한 도전과제, 도시의 생활비가 점점 상승함에 따라 미술과 음악의 창의성이 점점 약화된다는 주장에 관한 새로운 자료를 조사했다. 나는 도시 경제에 대한 나의 오랜 관심과 심각한 가난의 파괴적 영향에 관한 도시 사회학자들의 통찰을 결합했다. 이를 통해 계층들을 다른 지역으로 따로 분리시키는 새로운 깊은 분열을 발견하고, 교외지역에서 가난과 경제적 불이익이 증가하는 것을 밝혔다. 나는 전 세계 신흥 경제국에서 급성장하는 도시들이 직면한 많은 과제를 깊이 연구했다. 이들 도시의 도시화는 경제 성장과 생활수준을 선진국 수준으로 개선하는 데 실패하고 있다.[3]

새로운 도시 위기는 1960년대와 1970년대의 도시 위기와는 다르다. 이전의 도시 위기는 도시의 경제적 유기와 경제적 기능 상실로 정의된다. 탈산업화와 백인들의 도시 탈출로 야기된 도시 위기의 특징은 도시 중심부가 텅 비는 것이었다. 도시이론가와 정책결정자들은 이것을 "도심공동화都心空洞化 현상"이라고 불렀다. 도시에서 핵심 산업이 사라지면서 도시는 가난이 증가하고 지속되는 곳이 되었다. 도시의 주택은 퇴락하고 범죄와 폭력이 증가하며 약물남용, 10대 임신, 유아사망률을 포함한 사회문제가 급증했다. 도시 경제가 점차 붕괴하고 조세수입이 줄자 도시는 점점 더 연방정부의 재정 지원에 의존하게 되었다.[4] 이 문제들 중 다수는 지금까지 계속 남아 있다.

그러나 새로운 도시 위기는 과거보다 훨씬 더 심각하고 전면적이다. 뉴욕, 런던, 샌프란시스코처럼 새롭게 성장하는 도시 중심지를 언급할 때 핵심적인 특징 중 두 가지, 불평등 심화와 주택가격 상승을 가장 자주 논의하지만 도시 위기는 러스트벨트 지역과, 에너지, 관광, 부동산이 주도하는 지속 불가능한 경제를 바탕으로 무분별하게 확장된 선벨트 지역의 쇠락한 도시들을 강타하고 있다. 또 다른 핵심적인 특징인 경제적·인종적 분리, 공간적 불평등, 고질적인 가난이 도시와 마찬가지로 교외지역에서도 일반화되고 있다. 이런 관점에서 보면 새로운 도시 위기는 교외지역의 위기이자 도시화 자체의 위기이며, 확실히 현대 자본주의의 위기이기도 하다.

이런 이해에 기초하여 나는 새로운 도시 위기를 다섯 가지 핵심 내용으로 정리했다.

첫째, 뉴욕, 런던, 홍콩, 로스앤젤레스, 파리, 그리고 샌프란시스코만 지역, 워싱턴DC, 보스턴, 시애틀을 포함한 선도적 기술 및 지식 중심지와 같은 소수의 슈퍼스타 도시들과 그 이외 세계의 다른 도시 간에 경제적 격차가 점점 확대 및 심화되고 있는 것이다. 이런 슈퍼스타 도시들은 세계를 선도하는 고부가가치 산업, 첨단기술 혁신과 스타트업, 정상급 인재 보유 비율이 다른 도시에 비해 엄청나게 높다. 한 가지 예만 들어보자. 불과 6개 대도시 지역 샌프란시스코만 지역, 뉴욕, 보스턴, 워싱턴DC, 샌디에이고, 런던이 전 세계 첨단기술 벤처 자본투자액의 약 절반을 끌어들인다.[5] 이러한 승자독식 도시화Winner-Take-All Urbanism의 등장은 도시 간에 새로운 형태의 불평등을 발생시킨다. 아울러 세계화와 탈산업화와 그 이외의 다른 요인들로 인해 경제적 기반을 상실한 훨씬 더 많은 다른 도시와 승자 도시 간에 경제적 격차는 점점 더 커지고 있다.

두 번째 위기는 슈퍼스타 도시의 성공에 따른 위기다. 이 도시들은 감당할 수 없을만큼 비싼 주택가격과 깜짝 놀랄 정도의 불평등에 직면해 있다. 이런 지역에서 젠트리피케이션은 이른바 "금권도시화 Plutocratization"로 발전한다.[6] 도시의 가장 활기차고 혁신적인 지역 중 일부는 조용한 승자 구역으로 바뀐다. 이곳은 글로벌 슈퍼 부자들이 직접 거주하는 장소가 아니라 최첨단 주택에 돈을 묻어두는 곳이다. 여기에서 밀려나는 사람들은 음악가, 미술가, 창의적인 사람들만이 아니다. 경제적 혜택을 누리는 더 많은 지식 노동자가 자신의 돈이 높은 주택가격에 잠식당하는 것을 보고 있다. 그들은 자녀들이 그런 도시로 진입하는 데 필요한 비용을 감당하지 못할까 봐 두려워하기 시작했다. 그러나 경제적 피해에 직접 직면하는 사람들은 생산직과 서비스직 노동자, 가난하고 불우한 사람들이다. 이들은 슈퍼 도시에서 내몰리고 있다. 그들은 슈퍼 도시가 제공하는 경제적 기회, 서비스와 쾌적한 환경, 계층 상승 가능성을 박탈당하고 있다. 교사, 간호사, 병원 노동자, 경찰관, 소방관, 레스토랑과 서비스 노동자가 적절한 통근 거리 내에서 살 수 없게 되면 도시 경제 기능은 유지되기 어렵다.

세 번째로, 더 폭넓고 많은 측면에서 큰 문제가 되는 도시 위기는 사실상 모든 도시와 대도시 지역, 승자와 패자 도시에서 공통으로 발생하는 불평등과 분리, 등급화이다. 도심공동화가 1960년대와 1970년대 도시의 위기를 상징한다면 새로운 도시 위기의 특징은 중산층의 소멸 Disappearing middle이다. 아메리칸 드림의 실제적인 전형이었던 거대한 중산층과 안정적인 중산층 거주 지역이 소멸하고 있다. 1970년부터 2012년까지 중산층 거주 지역에 사는 미국 가정 비율은 65%에서 40%로 줄었다. 반면 빈곤 지역 또는 부유한 지역에 사는 가정의 비율은 많이 늘었다. 지난 2004년부터 2017년까지 14년 동안 미국 대도시 지역 10곳 중 9곳은 중산층이 축소되었다.[7] 중산층이 사라지면서 미국 전역이 불우한 사람들이 모여 사는 넓은 지역과 부유한 사람들이 모여 사는 훨씬 더 좁은 지역으로 나뉘고 있다. 가난한 도시와 부유한 교외지역으로 나뉘던 예전의 계층 구분 대신 새로운 패턴이 등장했다. 즉 모자이크 대도시Patchwork Metropolis에는 특권층이 사는 작은 지역과 가난으로 고통받는 사람이 사는 넓은 지역이 도시와 교외지역에 똑같이 나타난다.

네 번째 새로운 도시 위기는 교외지역에 나타나는 새로운 위기다. 교외지역은 가난, 치안 불안, 범죄가 증가하고 경제적, 인종적 분리가 더 깊어지고 있다. 교외지역에 사는 중산층의 삶을 전형적으로 보여준 브래디 번치(Brady Bunch, 1960년대 후반과 1970년대 초반에 방영된 미국 TV 홈드라마, 단란한 가정을 상징한다) 이미지는 잊어라. 오늘날 도시(1,350만 명)보다 교외지역(1,700만 명)에 가난한 사람들이 더 많다. 교외지역의 빈곤층이 도시의 빈곤층보다 훨씬 더 빨리 증가하고 있다. 2000년부터 2013년 사이에 교외는 무려 66%, 도시는 29% 늘었다.[8] 교외 빈곤층의 일부는 도시에서 더 이상 살 수 없는 가족들이 더 저렴한 주거지를 찾아서 유입된 사람들이다. 하지만 그들 중 다수는 교외지역에서 태어난 사람들이다. 한때 중산층이었던 사람들은 실직이나 주택가격 상승 때문에 점점 더 많이 중산층에서 추락하고 있다. 교외지역은 오랫동안 미국에서 가장 부유한 계층의 거주 지역이었지만 이제는 도시지역 못지않게 불평등이 늘고 있다.

다섯 번째이자 마지막 도시 위기는 개발도상국의 도시화 위기다. 도시 낙관론자들은 도시화가 궁극적으로 개발도상국의 경제 성장, 생활수준 향상, 중산층 증가를 유발할 것이라 믿는다. 미국, 유럽, 일본, 그리고 최근의 중국이 그랬던 것처럼 말이다. 무엇보다도 도시는 역사적으로 국가경제 발전을 주도했다. 그러나 도시화와 생활수준 향상 간의 연결고리는 가장 빠르게 도시화하는 세계 여러 지역에서 단절되었다. 우리는 성장 없는 도시화라는 심란한 현상을 목격하고 있다. 사람들은 개발도상국의 급격한 도시화 지역으로 쇄도하지만 그들의 생활수준은 거의 또는 전혀 개선되지 않는다. 미국 전체 인구의 2.5배인 8억 명 이상의 사람들이 슬럼Slum, 바리오스Barrios(스페인어 사용권 도시 빈민 지역), 페빌라Favela(포르투갈어 사용권 도시 빈민 지역)에서 극빈 상태의 열악

한 조건에서 산다. 세계 도시 인구수가 폭증하면서 그들의 숫자도 계속 증가할 것이다.[9]

새로운 도시 위기가 복잡한 양상을 띠고 있긴 하지만, 도시집중화 Clustering에 의해 발생한 근본적인 모순이 이런 위기를 만들고 있다. 이러한 응집력은 이중적인 면을 갖고 있다. 응집력은 긍정적인 특성도 있지만 동시에 부정적인 특성도 상당하다. 산업, 경제 활동, 야심 찬 인재들이 도시로 모이는 것은 이제 혁신과 경제 성장의 기본적인 엔진이다. 경제 발전을 만들어내는 힘은 더 이상 자연자원이나 대기업이 아니라, 인재를 모으고 집중시키는 도시의 능력이다. 도시에 모인 인재들은 자신의 아이디어와 노력을 계속 결합하여 혁신과 생산성을 대폭 증가시킨다. 이러한 융합을 통해 번영의 원천이 되는 새로운 발명과 기업가정신이 살아 있는 기업이 탄생한다. 경제 활동이 전 세계의 도시와 거대도시 지역에 놀라울 정도로 집중되고 있다. 세계에서 가장 큰 55개 대도시는 세계 인구의 7%에 불과하지만 세계 경제의 40%를 담당한다. 40개의 거대도시 지역, 보스턴, 뉴욕, 워싱턴 회랑 지역과 같은 도시와 대도시들의 집단은 세계 인구의 18%가 거주하지만 세계 경제생산량의 약 3분의 2, 혁신의 85%를 만들어낸다. 선도적인 도시의 작은 공간에서 이루어지는 경제활동량은 훨씬 더 놀랍다. 예를 들면 샌프란시스코 중심가의 작은 공간은 매년 수십억 달러의 벤처 자본을 끌어들이는데, 미국을 제외하면 지구상 어떤 나라보다 더 많은 금액이다.[10] 따라서 나는 현대 자본주의를 지식기반 자본주의가 아니라 도시화Urbanized 지식 자본주의로 부르는 것이 더 유용하다고 믿는다.

도시집중화는 경제를 성장시키지만, 또한 도시와 사회를 심각하게 분열시킨다. 모든 것이 제한된 공간에 같이 모일 수는 없다. 어떤 것은 다른 것을 궁극적으로 몰아낸다. 이것이 도시 토지 이용 역학 관계Urban land nexus의 본질이다. 매우 제한된 수의 도시의 매우 제한된 일부 지역에 경제 활동이 극단적으로 집중되고, 시간이 지나면서 그들 간에 치열하게 경쟁한 결과다.[11] 인생이 그렇듯이 도시 공간을 두고 벌인 경쟁에서 이긴 승리자들은 가장 많은 돈을 지불하는 사람들이다. 부유하고 혜택을 누리는 사람들이 도시로 돌아올 때 가장 좋은 위치를 점유한다. 그 이외 다른 사람들은 모두 어쩔 수 없이 혜택을 받지 못하는 지역으로 몰리거나 더 멀리 교외지역으로 밀려난다. 이런 경쟁은 이제 그와 관련된 경제적 역설, 곧 토지의 역설Paradox of land을 만든다. 언뜻 보기에 전 세계의 토지가 무한정한 것 같지만 토지가 가장 많이 필요한 곳에서는 턱없이 부족하다.

새로운 도시화 지식 자본주의 시대에는 장소와 계층이 결합하여 사회경제적 이점을 강화하고 재생산한다. 최상위계층에 속하는 사람들은 최고의 학교와 서비스, 최고의 경제적 기회에 접근할 수 있는 지역에 산다. 반면 나머지 사람들은 열악한 수준의 서비스와 기회를 제공하는 지역에 살면서 평생 계층 상승의 기회를 거의 얻지 못한다. 혜택 받는 소수의 도시 그리고 그 가운데에서 혜택 받는 극히 소수 지역에 사는 부유한 사람들은 그들 자신과 자손을 위해 막대한 경제적 이익을 가져간다.

새로운 도시 위기가 비록 괴롭고 걱정스럽지만 나는 늦지 않은 시기에 이 위기에서 벗어날 수 있다고 믿는다. 나의 도시 낙관주의가 트럼프 대통령 시대에 비록 완화되긴 했지만 나는 도시화에 대한 믿음을 잃지 않았다. 무엇보다도, 위기라는 단어는 두 가지 의미가 있다. 위기는 온갖 위협이 우리 앞에 다가올 때 우리가 느끼는 극단적인 스트레스와 위험을 일컫는다. 하지만 위기는 결정적인 변곡점을 일컫는 말이기도 하다. 변곡점은 우리의 선택에 따라 어느 쪽으로든 상황이 바뀔 수 있는 시기다.

이제 이 책의 가장 중요한 내용을 말할 때다. 우리가 직면한 위기가 도시에서 비롯된 것이라면 해결책도 도시에서 나온다. 도시가 발생시키는 모든 도전과 긴장에도 불구하고 도시는 세계 역사상 가장 강력한 경제 엔진이다. 새로운 도시 위기에서 벗어나는 길은 바로 도시화다.

그렇게 하려면 더 온전하고 더 공정한 도시화를 위한 새로운 틀과 전략이 필요하다. 1950년대와 1960년대 미국 경제는 교외지역의 등장을 뒷받침하는 고속도로 체계와 주택에 전략적으로 투자한 결과 크게 성장했다. 교외지역의 급속한 팽창은 자동차, 텔레비전, 세탁기, 건조기, 그 이외 다른 내구재에 대한 수요를 발생시키는 데 도움을 주었고, 공장은 이런 제품을 생산하기 위해 수백만 명의 노동자를 고용했다. 그러나 무분별하게 확장된 교외지역은 이제 혁신과 경제 성장의 동력인 집중화와 어울리지 않는다. 오늘날, 우리는 새롭고 개선된, 더 사회통합적인 도시화 모델이 필요하다. 나는 이것을 모두를 위한 도시화 Urbanism for all라고 부른다.

궁극적으로, 우리를 발전시키는 데 필요한 모두를 위한 도시화는 7

가지 핵심을 중심으로 추진되어야 한다.

- 집중화가 모두의 이익을 위해 기여할 수 있도록 조세 정책뿐만 아니라 도시의 용도지역 제도와 건축법을 개혁해야 한다.

- 인구밀도와 집중화를 유도하는 데 필요한 사회기반시설에 투자하고 값비싸고 비효율적인 도시 확산을 제한해야 한다.

- 도시 중심지에 보다 적절한 가격의 임내주택을 지어야 한다.

- 저임금 서비스직을 가족을 부양할 수 있는 직업으로 바꾸어 중산층을 늘려야 한다.

- 사람과 장소에 투자함으로써 고질적인 가난과 정면으로 맞서야 한다.

- 신흥 국가들의 급격한 도시화 지역에 더 강력하고 번영하는 도시를 건설하려는 세계적 차원의 노력에 참여해야 한다.

- 지역사회에 권한을 이양하여 지역사회 지도자들이 지역경제를 강화하고 새로운 도시 위기에 대처하도록 해야 한다.

이 책의 마지막 장에서 나는 이에 대해 훨씬 더 많은 내용을 제시할 것이다. 그러나 그 전에 나는 새로운 도시 위기의 모든 변수를 체계적이고 경험적으로 제시하려고 한다. 2장은 승자독식 도시화의 등장을 설명하고, 승자와 패자가 도시 내에서 그리고 도시 간에 도시 공간을 두고 경쟁하는 모습을 자세히 다룬다. 3장은 새로운 "엘리트 도시"의 등장을 간단히 소개한다. 이 도시에서는 상대적으로 혜택을 받은 집단인 지식 노동자, 기술전문가, 창의적인 사람들이 도시 공간을 놓고 서로 싸운다. 4장은 젠트리피케이션이라는 중대한 이슈에 대한 신화와 실제를 경험적 자료를 통해 살펴보고 이런 현상이 어디에서, 어떻게 발생하는지 조사한다. 아울러 고통스러운 이주 문제, 그리고 완전히 간과되고 있는 만성적으로 가난한 지역과 그곳에 사는 사람들이 더 뒤처지는 문제를 살펴본다.

그다음 몇 장은 도시와 대도시 지역을 다시 만들고 있는 계층 분화와 서열화에 초점을 맞춘다. 5장은 도시와 불평등 문제 간의 긴밀한 관련성을 살펴보고, 불평등이 다른 지역보다 대도시와 도시지역에서 왜 더 심각한지, 그리고 여러 측면에서 불평등은 경제 성장의 동력인 집중화와 인구밀도의 산물임을 보여준다. 6장은 중산층과 중산층 거주 지역의 감소, 현재 진행 중인 소득과 교육, 직업에 의한 미국인들의 서열화와 분리를 경험적 조사를 통해 자세히 알아본다. 7장은 미국 도시와 대도시 지역의 변화하는 계층 지형도를 제시하고, 혜택을 받지 못한 도시와 혜택을 받은 교외지역의 오래된 단층선이 계층 분리에 의한 새로운 모자이크 대도시로 어떻게 대체되고 있는지 보여준다.

마지막 세 장은 시야를 도시 외부와 미래로 돌린다. 8장은 교외지역의 심화된 위기를 다루고, 9장은 개발도상국에서 나타나는 고통스러운, 성장 없는 도시화를 살펴본다. 마지막으로, 미래로 가는 길을 제시하는 10장은 도시와 국가와 세계가 승자독식의 도시화에 따른 깊은 분열을 극복하고 모두를 위한 도시화의 시대를 새롭게 시작하기 위해 해야 할 일들을 짚어본다.

# 2장

## 승자독식 도시화

WINNER-TAKE-ALL URBANISM

## 슈퍼스타 도시의 탄생

2013년 가을, 뉴욕의 타임스퀘어가 내려다보이는 호텔의 스위트 룸에서 컴퓨터 게임 분야의 세계적 기업 일렉트로닉아츠EA, Electronic Arts 가 자사의 성공작 심시티SimCity의 확장팩 "시티즈 오브 투모로우Cities of Tomorrow"를 발표했다. 심시티 플레이어들은 일반적인 게임처럼 점수를 얻기 위해 악당을 죽이는 것이 아니라 도시를 관리한다. 플레이어들은 도시의 시장으로서 세율, 도시구역 조례, 토지이용 규제와 같은 것을 바꾸거나, 경제 발전을 촉진하고 일자리를 창출하기 위한 일을 집행할 수 있는 권한을 갖고 있다. 그리고 개별 시민을 클릭하여 플레이어의 노력이 사람들의 삶에 끼치는 효과를 볼 수 있다. 시티즈 오브 투모로우가 설정하는 암울한 미래 세계에서 기술적으로 발전된 도시 인프라 시설은 컨트롤넷ControlNet이라는 최고 엘리트 그룹이 소유한다. 시장은 그들의 힘을 제한할 수 있지만, 그럴 경우 도시의 경제 성장이 위축

될 수 있는 위험을 감수해야 한다. 경제 성장이 너무 미약하면 도시는 누추한 디스토피아로 전락한다. 경제 성장이 지나치면 불평등이 너무 심해져 시민들이 도시에서 살 수 없다. 플레이어가 게임에서 승리하려면 어느 쪽이든 만족스럽지 못한 이 두 가지 도시 상태 사이에 있을 위태로운 길을 찾아서 도시를 관리해야 한다.[1]

낯익은 이야기 같은가? 이러한 미래 도시는 공상 과학일지 모르지만 게임에서 처하게 되는 기본적인 곤경은 오늘날의 실제 도시에서 그대로 나타나고 있다.

집중하는 힘들 덕분에 가장 중요하고 혁신적인 산업들과 가장 유능하고, 야심차고, 부유한 사람들이 전례 없이 비교적 소수의 선도적인 슈퍼스타 도시와, 지식과 테크허브tech Hub 도시로 집중되고 있다.[2] 이러한 소수의 엘리트 집단은 앞으로 나아가는 반면, 다른 많은—대부분은 아니라고 해도—사람들은 힘들게 분투하거나, 정체되거나, 뒤처진다. 나는 이 과정을 승자독식 도시화Winner-Take-All Urbanism라고 부른다.

이 표현은 내가 만든 것이지만, 승자독식 경제라는 더 폭넓은 현상은 오래전부터 인식되었다. 로버트 H. 프랭크Robert H. Frank와 필립 J. 쿡Philip J. Cook은 승자독식 사회라는 개념을 거의 20년 전에 대중화시켰다. 그들은 그보다 20여 년 전에 경제학에서 슈퍼스타 인재의 등장을 강조했던 경제학자 쇼윈 로젠Sherwin Rosen의 연구를 이용했다. 이 이론의 기본내용은 이해하기 쉽다. 평균적인 직업 운동선수의 연봉 못지않게 중간층 선수와 슈퍼스타 간의 연봉 격차는 엄청나다. 르브론 제임스, 케빈 듀란트, 스테픈 커리, 또는 톰 브래디나 아론 로저스와 같은 스타 쿼

터백의 연봉은 평균적인 선수보다 몇 배나 더 많다. 마찬가지로 테일러 스위프트나 비욘세와 같은 슈퍼스타 연예인들은 평균적인 음악가들보다 엄청나게 많은 돈을 번다. 제니퍼 로렌스, 스칼렛 요한슨, 톰 크루즈, 브래들리 쿠퍼, 드웨인 존슨과 같은 유명 배우들도 마찬가지다. 경제학은 단도직입적이다. 슈퍼스타 음악가들은 엄청나게 많은 팬이 기꺼이 웃돈을 내고 그들의 공연을 보거나 앨범을 구매함으로써 큰돈을 번다. 유명한 영화 스타들은 영화를 만들 때마다 엄청나게 많은 영화 티켓을 판다. 스포츠 스타들은 팬을 경기장으로 끌어모으고 그들의 팀이 결승전에 진출하여 우승컵을 거머쥐도록 기여한다.[3]

프랭크와 쿡은 승자독식 현상이 경제 곳곳에 퍼지는 것을 보았다. 또한 그들은 산업에서 나타난 커다란 연봉 격차가 컨설팅, 금융, 경영 분야에서 디자인, 패션, 기계, 법률 분야까지 널리 나타나는 것을 인식했다. 최고경영자와 직원 간의 평균 연봉 격차는 급격히 치솟았다. 1978~2015년까지 약 40년 동안 최고경영자의 연봉은 940% 이상 증가한 반면 일반 직원의 임금은 불과 10% 늘었다. 1965년 최고경영자의 평균 연봉은 직원의 평균 연봉보다 20배 더 많았다. 2000년대에 들어 이 비율은 300대 1 이상으로 늘어났다. 이런 추세는 2000년대 이후 계속되고 있다. 최고경영자 연봉 증가는 주로 주식 옵션과 다른 형태의 주식 보상이 늘어났기 때문이다. 이런 보상의 기본 전제는 이것이 성과 개선에 강력한 인센티브를 제공한다는 것이다. 하지만 최고경영자와 기업 성과 사이에는 실제적인 상관관계가 거의 없는 것으로 밝혀지고 있다. 429개 기업의 800명의 최고경영자를 대상으로 한 연구에 따르면, 최고 연봉을 받는 최고경영자가 운영한 기업들은 2004~2014년 동안 전반적인 실적이 최악이었다.[4]

도시 역시 이러한 승자독식 현상에 빠져 있다. 경제 분야의 슈퍼스타 인재가 엄청난 보상을 받듯이 슈퍼스타 도시들은 나머지 도시들보다 압도적인 보상을 받는다. 슈퍼스타 도시들은 가장 높은 수준의 혁신을 창출하고 가장 많은 글로벌 자본과 투자를 통제하고 끌어들인다. 또한 금융, 미니어, 엔터테인먼드, 침단신업 분야의 일류 기업들이 슈퍼스타 도시에 훨씬 더 많이 집중되어 있으며 압도적으로 많은 세계의 인재들도 여기에 있다. 슈퍼스타 도시들은 가장 전도유망하고 재능 있는 사람들이 원하는 장소일 뿐만 아니라, 이 도시들도 그런 사람을 원한다. 이런 역학은 누적적이고 자기강화적이다. 이런 도시들의 팽창하는 경제는 더 많고 더 좋은 레스토랑, 극장, 나이트클럽, 갤러리, 그 이외 다른 편의시설에 대한 수요를 유발한다. 성공적인 사업가와 기업가들은 박물관, 콘서트홀, 사립학교, 대학에 기부한다. 슈퍼스타 도시들의 세수 증가는 새롭고 더 나은 학교, 더 많은 대중교통, 더 나은 도서관, 더 많고 나은 공원 등에 투자된다. 이것은 또다시 이런 도시의 장점을 강화하고 지속시킨다. 이 모든 것은 더 많은 산업과 인재를 끌어들인다. 이처럼 강력하고 지속적인 피드백 루프를 통해 시간이 흐르면서 슈퍼스타 도시들의 이점들이 결합한다.[5] 슈퍼스타 도시와 세계의 다른 도시들 간의, 예컨대 미국과 유럽의 오래되고 정체된 산업도시와 지구 남반구의 가난하고 경제적으로 단절된 도시들과의 격차는 엄청나며, 계속 증가하고 있다.

그런데 어떤 도시들이 세계적인 슈퍼스타의 반열에 속할까? 세계 도시 순위의 종류는 많다. 각 순위는 경제력, 경쟁력, 또는 거주 적합성과 같은 특정한 기준에 따라 정해진다. 이런 분석을 통합하면 종합적인 평가를 할 수 있다. 이를 위해 나와 나의 팀원들은 슈퍼스타지수를 개발했다. 이 지수는 다섯 가지 핵심 순위를 종합한 것이다.[6] 우리는 1위 도시에 10점, 2위 도시에 9점을 부여하는 방식으로 최종 점수를 계산했다. 이 점수는 돌에 새겨진 것처럼 절대적인 수치로 읽기보다는 각 도시가 다른 도시에 비해 어떤 수준인지, 글로벌 슈퍼스타 도시가 더 큰 범위의 도시 순위에서 어느 위치를 차지하는지를 대략 보여주는 것으로 이해해야 한다. 다음 페이지의 〈표 2.1〉을 보라.

뉴욕과 런던은 슈퍼스타 도시 중 점수가 가장 높은 1위 그룹으로 각각 48점과 40점이다. 도쿄, 홍콩, 파리, 싱가포르, 로스앤젤레스는 세계 도시력Urban Power면에서 2위 그룹으로 13점에서 29점 사이다. 나머지 서울, 빈, 스톡홀름, 토론토, 시카고, 취리히, 시드니, 헬싱키, 더블린 등은 3위 그룹이며 핵심적인 글로벌 기능을 가진 중요한 금융 지역 및 경제 중심지 역할을 수행한다. 보스턴, 워싱턴DC, 샌프란시스코는 전문지식과 테크허브로서 추가적인 역할을 수행한다. 실제로 슈퍼스타 도시들은 그들끼리 연합을 형성하는데, 흔히 한 국가 내의 다른 도시들보다는 슈퍼스타 도시 간에 공통점을 더 많이 공유한다.[7]

슈퍼스타 도시들은 가장 혁신적이고 부가가치가 높은 산업에 기초한 독특한 경제, 특별히 금융, 미디어, 엔터테인먼트, 첨단기술과 같은 경제를 위시한다.[8] 이런 도시들에서는 모든 것이 빠르게 일어난다. 정

<표 2.1> 세계의 슈퍼스타 도시들

| 순위 | 도시 | 점수 | 순위 | 도시 | 점수 |
|---|---|---|---|---|---|
| 1 | 뉴욕 | 48 | 14 | 시드니 | 5 |
| 2 | 런던 | 40 | 14 | 헬싱키 | 5 |
| 3 | 도쿄 | 29 | 16 | 더블린 | 4 |
| 4 | 홍콩 | 21 | 16 | 오사카-고베 | 4 |
| 5 | 파리 | 19 | 18 | 보스턴 | 3 |
| 6 | 싱가포르 | 17 | 18 | 오슬로 | 3 |
| 7 | LA | 13 | 18 | 베이징 | 3 |
| 8 | 서울 | 11 | 18 | 상하이 | 3 |
| 9 | 빈 | 10 | 22 | 제네바 | 2 |
| 10 | 스톡홀름 | 9 | 23 | 워싱턴 | 1 |
| 11 | 토론토 | 9 | 23 | 샌프란시스코 | 1 |
| 12 | 시카고 | 8 | 23 | 모스크바 | 1 |
| 13 | 취리히 | 6 | | | |

자료: 마틴번영연구소(Martin Prosperity Institute), 세계 도시들의 다섯 가지 핵심 순위에 기초.

보는 빛의 속도로 전달되고, 혁신은 신속하게 일어나며, 기업은 더 빨리 창업되고 규모가 확장된다. 도시의 규모와 함께 이러한 속도는 도시의 높은 생산성을 뒷받침한다. 이런 속도는 상투적인 표현인 "in the New York minute(매우 빠른 시간 내에)"처럼 단순히 사람들이 말하는 은유적 표현이 아니다. 이것은 객관적이고 과학적인 현상이다. 복잡적응시스템을 전문적으로 연구하는 싱크탱크인 산타페연구소Santa Fe Institute의 과학자들은 도시에는 독특한 물질대사가 있다는 점을 발견했다. 크기가 성장함에 따라 물질대사 속도가 느려지는 모든 생물 유기체들과 달리 도시의 물질대사는 커질수록 더 빨라진다. 산타페연구소는 인구가 2배 증가할 때마다 도시 거주민은 평균 15% 더 혁신적이며 15% 더 생산적이고 15% 더 부유해진다고 결론내렸다.[9]

슈퍼스타 도시로 인한 장점들은 슈퍼스타 인재로 인한 장점보다 훨씬 더 지속적이다. 아무리 명성이 자자하더라도 인재들은 떴다가 진다. 직업 운동선수는 비교적 단명하고 언제든 부상 때문에 출전하지 못할 위험이 있다. 영화 박스 오피스에서 가장 인기가 많은 배우도 시간이 흐르면 늙고, 스크린에서 사라져 간다. 물론 대도시도 쇠퇴할 수 있고 실제로 쇠퇴한다. 예로 디트로이트는 한때 매우 큰 도시였다. 하지만 가장 크고 지배적인 도시들은 흔히 도시의 힘을 배가시킨다. 20년도 안 된 시간 동안 뉴욕시는 2001년의 대대적인 테러 공격, 닷컴 거품 붕괴로 인한 첨단기술 경제의 몰락, 2008년 세계를 뒤흔든 금융위기, 2012년의 초강력 태풍 샌디와 같은 몇 가지 재난을 겪었다. 하지만 뉴욕은 세계에서 경제적으로 가장 강력한 도시로 남아 있다.[10]

승자독식 도시화는 산업의 극적인 세계화와 비슷한 방식으로, 어떤 면에서 그 결과물로서 세계의 도시를 재편했다.[11] 역사적으로 선진국들은 각자 자동차, 철강, 전자, 화학 등의 제조업을 보유했다. 무역 장벽이 낮아지면서 이러한 국가 산업들이 글로벌 경쟁에 직면하고 그중 일부 기업은 다른 기업에 인수되고 많은 기업이 도산했다. 수많은 중소기업이 각각의 영역에서 활동하는 대신, 이제 각 산업 분야에는 비교적 소수인 거대 다국적 기업이 존재한다. 그런가 하면, 살아남은 더 작은 기업들은 점점 줄어드는 시장을 놓고 쟁탈전을 벌인다.

세계화는 이와 비슷한 방식으로 세계 도시 순위를 개편하고 있다. 자본주의에 따른 노동의 공간적 분리—경제 활동의 지역별 분포—가 더욱 심화되면서 경제적으로 가장 가치가 높은 공간과 최적지를 유지할 수 있는 도시는 점점 더 줄어들고 있다. 가장 높은 평가를 받은 인재들과 최고의 수익을 올리는 산업은 한때 많은 중소 도시에 분포했으나 이제 점차 소수의 슈퍼스타 거대 도시에 집중되고 있다. 이런 도시들은 세계 경제의 가장 높은 정점을 차지한다. 정상에 있는 거대 도시들은 번영하지만 작은 언덕은 침체되고, 커다란 평원과 계곡은 고통을 겪는다.

회의주의자들은 뉴욕, 런던, 로스앤젤레스와 같은 슈퍼스타 도시들이 피닉스, 댈러스, 애틀랜타와 같은 선벨트 대도시들이 경험한 수준의 인구 증가를 보이지 않는다고 지적한다. 그러나 인구 증가는 슈퍼스타 도시의 중심에 존재하는 역동성을 포착하지 못한다. 슈퍼스타 도시의 이점은 양이 아니라 질적인 부분에 있다. 슈퍼스타 도시는 가장 부유하고 사회적으로 가장 혜택을 많이 받은 사람들의 요새다. 많은 사람이 이런 도시의 높은 생활비를 감당하지 못해 결국 선벨트와 같은 더 저렴한 지역으로 이동하며, 그 결과 이런 지역의 성장을 자극한다. 어떤 사람들은 슈퍼스타 도시와 테크허브 도시의 높은 물가는 점차 핵심 산업의 일부 기업이 보다 저렴한 다른 장소로 이전하게 만들 것이며, 이른바 "나머지 지역의 부상"을 유발할 것이라 말한다. 실제로 이것은 슈퍼스타 도시의 부동산 가격 압력을 일부 완화해줄 것이다. 그러나 다음 장에서 보듯이 첨단기술 산업이 슈퍼스타 도시와 테크허브 도시에서 분산되고 있다는 증거는 거의 없다. 오히려 이런 산업들은 슈퍼스타 도시에 "더 집중되고" 있다.

부동산 가격은 슈퍼스타 도시의 지배적 위치와, 이 도시들과 나머지 도시들 간의 격차를 분명하게 보여주는 지표다. 이 지표를 얻기 위해 나와 연구팀은 온라인 부동산 회사 질로우Zillow의 자료를 이용하여 미국 전역의 1만 1,000개 우편 구역의 주택가격을 조사했다. 단 160개 구역만이 중위 주택가격이 100만 달러 이상이고, 그중 80%는 뉴욕, 로스앤젤레스, 샌프란시스코 대도시 지역에 위치했다. 중위 주택가격이 200만 달러 이상인 28개 우편 구역 중 4개를 제외한 모든 지역이 이 세 대도시 지역에 있었다. 샌프란시스코만 지역에 11개, 로스앤젤레스에 7개, 뉴욕에 6개였다. 2016년 샌프란시스코 대도시 지역의 주택 10채 중 대략 6채(57.4%)는 100만 달러가 넘었다. 이 비율은 2012년도 20% 이하에서 상승한 것이다.[12] 이런 상황에 비해, 자료를 이용할 수 있는 우편 구역의 절반 이상인 56.2% 지역에서 중위 주택가격이 20만 달러 미만이고, 또 약 15%의 우편 구역의 중위 주택가격이 10만 달러 미만이다.

〈그림 2.1〉은 뉴욕의 소호 지역의 주택 한 채의 가격으로 미국 전역의 도시에서 구입할 수 있는 주택 수를 통해 도시 간의 엄청난 격차를 시각적으로 보여준다. 중위 가격이 약 300만 달러인 소호 지역의 아파트 한 채 가격으로 라스베이거스에서 18채, 내슈빌에서 20채, 애틀랜타에서 23채, 디트로이트에서 29채, 클리블랜드에서 30채, 세인트루이스에서 34채, 멤피스에서 38채를 각각 살 수 있다. 이런 격차는 특정한

〈그림 2.1〉 뉴욕시 소호 지역 아파트 한 채로 구입 가능한 타 지역 아파트

| 지역명 | 주택 수(채) |
|---|---|
| 테네시주 멤피스 | 38 |
| 미주리주 세인트루이스 | 34 |
| 앨라배마주 버밍햄 | 32 |
| 오하이오주 클리블랜드 | 30 |
| 미시간주 디트로이트 | 29 |
| 오클랜드주 오클라호마시티 | 28 |
| 오하이오주 신시내티 | 26 |
| 조지아주 애틀랜타 | 23 |
| 테네시주 내슈빌 | 20 |
| 네바다주 라스베이거스 | 18 |

자료: 마틴번영연구소, 2005년 질로우 자료에 기초.

우편 구역에 초점을 맞추면 훨씬 충격적이다. 소호 지역의 특정 아파트 한 채 가격은 톨레도의 50채, 디트로이트의 70채와 맞먹는다. 소호 지역의 아파트 소유자는 오하이호주 마호닝카운티의 한 지역인 영스타운에서 100채 이상의 집을 살 수 있다.

그러나 사실, 슈퍼스타 도시의 슈퍼스타적인 특징은 이들 도시 내에서 비교적 적은 수의 '슈퍼스타 지역'에만 나타난다. 맨해튼의 평균 아파트 가격이 200만 달러 이상이었던 2015년 말 기준, 이 도시 전체의 중위 주택가격은 불과 60만 달러였다. 이는 많은 맨해튼 구역의 가격보다 상당히 낮은 수준이었다. 소호 지역의 평균적인 아파트 소유자는 가령, 평균 주택가격이 10만 7,067달러였던 파크체스터에서 30채의 주택을 살 수 있었을 것이다. 슈퍼스타 도시 자체가 승자독식 도시화의 희생양이 된다. 그들 역시 극단적으로 혜택을 받은 소수 구역과 혜택을 받지 못한 훨씬 넓은 구역으로 나뉘기 때문이다.

## 폭등하는 부동산 가격

슈퍼스타 구역과 도시들의 천문학적인 부동산 가격, 그리고 이 지역과 그 외 거의 모든 지역의 부동산 가격의 엄청난 격차는 근본적으로 자본주의의 발전 동력, 즉 집중시키는 힘의 산물이다. 두 가지 종류의 집중화가 도시에서 일어난다. 첫째는 가장 분명하게 볼 수 있듯 특정 기업과 산업의 집중화다. 19세기 경제학자 알프레드 마샬Alfred Marshall은 경쟁하는 기업들이 한곳에 뭉칠 때 얻는 이익에 관해 설명했다. 폴 크루그먼Paul Krugman이 노벨상을 탄 이유 중 하나는 기업의 집중화가 경제적 지형을 만들고 경제 성장을 추동하는 방식에 대한 통찰 덕분이었다. 인구가 많은 큰 도시들은 번성하는 산업 클러스터를 발전시킨다. 예를 들면 뉴욕과 런던은 금융, 로스앤젤레스는 영화, 밀라노와 파리는 패션, 산호세는 첨단기술 산업단지를 각각 발전시켰다. 훨씬 더 중요한 두 번째 힘은 숙련되고 전도유망한 사람들이 도시에 집중되는 것이다. 제인 제이콥스Jane Jacobs는 처음으로 다양한 인재와 기술의 집중이 어떻게 도시 경제에 힘을 제공하는지 보여주었다. 노벨상을 받은 경제학자 로버트 루카스Robert Lucas는 자신의 인재 집중에 대한 통찰을 이른바 인적 자본의 외부효과에 기초한 경제 성장 이론으로 체계화했다. 슈퍼스타 도시들은 민족, 인종, 국적, 성적 취향을 초월히어 세계 가처의 인재들을 끌어모은다. 지난 10여 년 동안 샌프란시스코만 지역에서 출범한 첨단기술 스타트업 중 3분의 1에서 절반 정도에는 기업 창립자 중 적어도 한 사람의 이민자가 있다.[13]

그러나 이와 같은 자기강화 과정은 그 자체에 근본적인 모순을 발생시킨다. 집중화는 성장의 동력이지만 또한 제한된 도시 공간에 대한 경쟁을 증가시킨다. 한정된 공간에 더 많은 것이 집중될수록 지가는 올라간다. 지가가 올라갈수록 주택가격도 높아지고 더 많은 것이 도시에서 밀려난다. 도시경제학자 윌리엄 알론소William Alonso는 1960년에 발표한 〈도시 토지시장 이론A Theory of the Urban Land Market〉이란 고전적인 논문에서 단순하지만 세련된, 도시 공간 경쟁에 대한 경제 모델을 개발했다. 그는 지가가 도심에서의 거리에 따라 감소하는 일련의 "도시 입찰 임대 곡선"을 따른다고 보았다.[14] 그 당시 대기업 본사는 도심이나 도심 주위의 가장 비싼 토지를 차지했다. 중앙에 위치할 필요가 있는 공장과 창고는 그다음 공간에, 가난한 노동계층의 주택은 그다음 공간에 위치했다. 노동계층은 산업지역 주변의 혼잡하고 시끄럽고 더러운 구역에 살았다. 더 부유한 가정들은 이 모든 것을 피해 도심에서 훨씬 멀리 떨어진 교외지역에 살았다. 오늘날 부유한 사람들은 한때 산업시설과 상업시설이 독차지했던 곳을 차지하고 있으며, 이런 지역의 지가를 올리는데 일조하고 있다. 조밀하게 개발되고 생산성이 높은 토지의 공급이 제한적이기 때문에 격렬한 경쟁이 발생하며 이것이 토지이용 역학 관계의 핵심이다.

최상위 도시의 토지와 부동산에 지불된 프리미엄을 생각해보라. 넓은 관점에서 보자면, 미국 경제분석국BEA에 따르면 미국 전역의 총토지 가치는 2009년에 23조 달러인데, 국가경제생산량의 약 160%에 해당한다.[15] 그러나 현재 개발된 토지의 단 6%가 총토지 가치의 절반 이상인 11조 7,000억 달러를 차지한다. 미국 전역에서 개발된 땅의 에이커(1에이커=약 4,046㎡)당 평균 가격은 개발되지 않은 땅보다 16배 더 높다(10만 6,000달러 대 6,500달러). 인구 100만 명 이상 대도시 지역의 평균 토지가격은 에이커당 6만 4,800달러이며, 이에 비해 100만 명 이하 도시지역은 에이커당 1만 6,600달러, 인구가 1만 명에서 4만 9,000명 사이의 도시는 에이커당 6,700달러다.

뉴욕, 런던, 로스앤젤레스, 샌프란시스코의 슈퍼스타 지역은 다른 구역보다 훨씬 더 비싸다. 보통 제곱피트당(1제곱피트=약 0.09㎡) 1,500달러, 2,000달러, 3,000달러 또는 그 이상 가격으로 거래된다. 미국의 평균 주택의 제곱피트당 가격인 150달러 또는 200달러보다 수십 배 더 비싸다. 실제로 슈퍼스타 도시의 총부동산 가치는 여러 국가의 국내총생산과 맞먹는다. 2015년 기준, 뉴욕 대도시 지역의 부동산 가치는 대략 2조 9,000억 달러이며 이것은 세계 5위의 경제 규모인 영국의 국내총생산과 같다. 로스앤젤레스 대도시권의 부동산 가치는 대략 2조 8,000억 달러로 세계 6위인 프랑스의 경제 규모와 비슷하다. 샌프란시스코 대도시권의 부동산 가치는 1조 4,000억 달러로 호주나 한국의 경제 규모와 비슷하다. 미국 전체의 총주택 가치는 약 35조 달러(자가 소유 주택이 28조 4,000억 달러, 임대주택이 5조 8,000억 달러)로 미국과 중국의 총 경제생산량보다 더 크나.[16]

슈퍼스타 도시의 주택가격은 오래전부터 다른 지역의 주택가격을 크게 앞질렀다. 슈퍼스타 도시의 주택가격은 1950년에 이미 국가 평균의 2배였지만 2000년에 격차는 4배로 벌어졌다.[17] 이런 도시의 주택가격은 다른 도시들보다 훨씬 더 빠른 속도로 오른다. 1950년과 2000년 사이 샌프란시스코의 주택가격은 매년 3.5%씩 상승하였으며, 이는 미국 전역의 2000년 기준 인구 100만 명 이상인 도시들의 평균 증가율인 1.7%과 비교해 2배 이상 오른 것이다.

그러나 슈퍼스타 도시들의 부동산 가격 폭등은 극도의 집중으로 희소한 토지에 대한 경쟁이 가열된 지난 10~20년 사이에 발생했다. 〈그림 2.2〉가 보여주듯이 뉴욕시의 토지는 1950년에서 1993년까지 40년 동안 지가증가율이 연간 0.5% 미만이었다. 그 이후 지가는 급등했다가 2008년 경제 위기 여파로 잠시 주저앉았고, 다시 상승하여 최고점을 기록했다. 투자자들이 1950년에 토지 한 필지를 샀다가 1993년에 그 땅을 팔았다면, 인플레이션을 감안한 달러 기준으로 연간 0.5% 미만의 수익을 얻었을 것이다. 같은 투자자가 1993년에 토지 한 필지를 사서

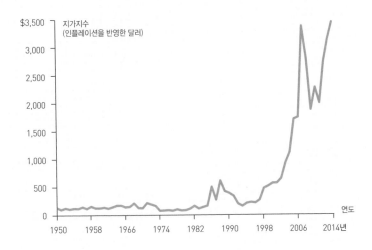

〈그림 2.2〉 뉴욕시의 지가 급등 추세

$3,500 | 지가지수
(인플레이션을 반영한 달러)

3,000

2,500

2,000

1,500

1,000

500

0

1950   1958   1966   1974   1982   1990   1998   2006   2014년

연도

주: 지가지수는 1950년 1월 표준지에 투자된 100달러의 가치(인플레이션 반영)를 나타낸다.

자료: 제이슨 바(Jason Barr), 프레드 스미스(Fred Smith), 사얄리 쿨카니(Sayali Kulkarni), "맨해튼의 가치? 1950-2014년의 토지가치지수(What's Manhattan Worth? A Land Values Index from 1950 to 2014)," Working Paper #2015-002, 럿거스 대학, 2105년 3월, http://econpapers.repec.org/paper/runwpaper/2015-002.htm. 안나 쉐비나(Anna Scherbina), 제이슨 바(Jason Barr), "맨해튼의 부동산: 앞으로는?(Manhattan Real Estate: What's Next?)," Real Clear Markets, 2016년 2월 8일, www.realclearmarkets.com/articles/2016/02/08/manhattan_real_estate_whats_next_101995.html

2014년에 팔았다면 그 가치가 28배 상승하여 매년 16.3%의 수익을 냈을 것이다.

맨해튼의 지가는 다른 형태의 부동산 가치보다 훨씬 더 극적으로 상승했다. 1994~2014년까지 20년 동안 토지 투자의 연간수익률은 15%, 정확히 말하자면 14.9%로 콘도미니엄 투자 수익률 4.4%보다 3배 더 높았다.[18] 이것이 도시 토지이용 역학 관계의 핵심이다. 즉 도시공학의 놀라운 업적을 제외한다면, 슈퍼스타 지역의 토지는 기존의 토지로 제한된다.

## 제한된 개발과 부족한 토지

도시의 토지 역학 관계는 경제적 힘으로 인한 자연스러운 결과가 아니다. 즉, 수요가 급등하는 상황에서 공급이 제한되어 발생한 문제가 아니다. 도시 토지문제는 도시의 지주들과 주택 소유자(도시재생 사업의 최대 승리자들 중 일부)들이 건축행위를 제한하는 활동에서 비롯된다. 그들은 이를 통해 자신의 부동산 가격을 높은 수준으로 유지한다. 지난 수십 년 동안 도시 경제학자들은 이구동성으로 님비 현상이 도시 주택가격을 필요 이상으로 높게 만들었다고 개탄했다. 원래 님비는 거주민들이 교도소나 폐기물처리 시설과 같은 "혐오"시설이 자기 동네에 들어오지 못하게 하는 것이다. 님비는 시간이 흐르면서 상당히 늘어났다. 미국 전역에서 토지이용—님비의 대체 용어—이란 용어를 언급하는 소송 건수가 1970년 이후 상당히 많이 증가했다.[19]

나는 토론토가 차세대 저소음 소형 제트기의 빌리비숍Billy Bishop공항 이용을 허용하는 방안을 더 적극적으로 검토해야 한다는 취지의 논평기사를 쓴 적이 있었다. 이 공항은 토론토 도심지와 매우 가까운 섬에 위치해 있었다. 논평기사가 나가자 님비를 외치는 사람들이 나에게 분노를 쏟아냈다. 논평은 공항들이 여러 도시의 가장 중요한 경제 동력 중 하나라는 나의 연구결과에 기초한 것이었다. 빌리비숍공항은 몬트리올, 뉴욕, 보스턴, 워싱턴DC, 시카고와 같이 비교적 가까운 도시로 운항하는 터보 추진 비행기만 이용할 수 있었다. 문제는 밴쿠버, 로스앤젤레스, 마이애미, 잠재적으로 런던과 파리와 같이 더 멀리 떨어진 도시까지 비행할 수 있는 소형 제트기가 공항 활주로를 이용하도록 허용할 것인가였다. 나의 기본 요지는 토론토 당국이 빌리비숍공항이 더 많은 도시와 직접 연결되어 활기찬 공항이 될 경우 발생할 경제적 이익과, 공항 확장에 따른 해안 주변의 소음이나 교통량 발생에 의한 비용을 평가해야 한다는 것이었다. 토론토의 해안은 이미 분주하고 시끄럽기 때문에 나는 소음이 적은 소형 제트기가 활주로를 이용하게 할 경우 도시가 얻게 될 경제적 이익을 검토해보는 것이 타당하지 않느냐고 썼다.[20] 하지만 세상일을 누가 알겠는가. 나는 도시의 행복보다는 자신의 편의를 더 생각하는 변절자라는 비난을 받았다. 그것이 나의 요지가 아니었는데도 말이다. 거주자와 시민활동가들의 끝없는 압력 때문에 새로 선출된 쥐스탱 트뤼도Justin Trudeau 캐나다 총리는 선거 공약을 고수하면서 공항 계획을 거부했다.

보존해야 할 거주지도 있고 환경 보존이 필요한 곳도 분명히 있다. 님비는 도시와 주거지에서 단순히 "혐오" 시설을 몰아내는 차원의 문제가 아니다. 좋은 의도든 그렇지 않든 님비주의자들이 모든 개발을 반사적으로 반대할 때 그들은 자신의 주택 가치를 보호할 뿐만 아니라 혁신과 경제 성장을 창출하는 집중을 가로막는 것이다.

많은 경우 님비주의는 경제학자들이 말하는 불로소득자 또는 지대Rent를 추구하는 사람들의 행태를 반영한다. 경제적 지대는 기본적으로 실제적인 노력을 거의 또는 전혀 하지 않고 유발되는 특별한 이익이다. 가만히 앉아서 재산 가치가 올라가는 것을 지켜보는 것보다 더 쉬운 일이 어디 있을까? 그것도 주로 도시와 인근 지역에서 일어나는 변화 때문에 이득이 발생한다면 말이다. 오래전인 18세기 경제학자들도 비생산적인 불로소득자의 행태에 대해 우려했다. 그들은 자본이 아닌 토지가 생산의 주요 요소였던 시기에 글을 썼다. 1730년대 고전 경제학자 리샤르 캉티용Richard Cantillon은 "토지가치론Land theory of value"을 발표했다. 이 이론은 어떤 의미에서 카를 마르크스의 노동가치설Labor theory of value의 전조였다. 캉티용은 경제를 두 집단 또는 계층으로 나누었다.[21] 한편에는 노동자가 있다. 그들은 노동의 대가로 임금을 받고 그것으로 생활 필수품을 산다. 다른 한편에는 혜택을 받은 계층이 있다. 그러나 그는 혜택 받은 계층을 마르크스가 말한 자본가가 아닌 지주로 보았다. 지주는 토지이용의 대가로 임대료를 거두어 수익을 올렸다. 나중에 데이비드 리카도는 단순히 토지를 소유한 덕분에 지주가 얻는 경제적 불로소득을 설명하기 위해 "지대 법칙Law of rent"을 만들었다. 그는 이렇게 표현했다. "지대는 본래적이고 파괴될 수 없는 토양의 힘을 이용한 대가로 지주에게 지불한 토지 생산물의 일부다." 애덤 스미스는 《국부론》에서 지주들의 이기적인 "나태"를 성토했다.

오늘날의 도시 임대업자들은 생산적이고 경제적으로 유익한 이용보다는 이용 가능한 토지의 희소성 증가로 인해 더 많은 이익을 얻는다. 최종 결과는 〈이코노미스트〉의 칼럼니스트 라이언 에번트가 "기생 도시Parasitic city"라고 이름붙인 것의 등장이다. 이런 도시에서는 부유한 주

택 소유자와 토지 소유자들이 엄청난 비율의 경제적 생산물을 가져간
다. 한 경제학자가 통렬하게 표현했다. "경제적 부를 빨아들이는 것은
지나치게 많은 기업이 아니라 토지 소유자Landlords들이다."[22]

이런 행태는 단순히 이기적인 것이 아니다. 그것은 파괴적이다. 밀
도와 집중을 제한함으로써 님비는 성장을 창출하는 도시 혁신을 억제
한다. 그래서 나는 님비주의자를 님비주의자라고 하지 않고 새로운 도
시 러다이트New Urban Luddites라고 부른다. 나로서는 후자가 더 좋은 것 같
다. 본래 러다이트는 영국의 산업혁명 때 망치를 들고 생계수단을 빼앗
아가는 직조기를 부순 반# 신비적인 지도자 네드 러드Ned Ludd의 이름에
서 유래한다.[23] 그 이후 한 세기가 지나면서 역설적이게도 공장들은 노
동자의 생활수준을 러다이트들이 상상했던 것보다 훨씬 더 향상시켰
다. 원조 러다이트들은 가난했다. 그러나 새로운 도시 러다이트는 착취
당하는 노동자가 아니라 승자독식 도시화의 최대 승리자들이다.

이 새로운 도시 러다이즘은 많은 도시의 주택 공급을 제한하는 복
잡하고 다양한 토지이용제한법이나 규제의 형태로 성문화되어 있다.
그것이 본래 의도가 아니었을지도 모른다. 많은 도시 토지이용관련법
은 유해한 산업 활동과 주거지역 사이에 안전거리를 확보하기 위한 노
력의 일환으로 시작되었다. 이런 규제들이 늘어나고 결합되면서 경제
에 매우 부정적인 영향을 미치고 있다. 두 명의 선도적인 도시 경제학
자가 2015년에 수행한 연구에 따르면, 주택개발제한 정책들 때문에
1964년에서 2009년까지 45년 동안 1조 4,000억 달러에서 2조 달러에
이르는 미국의 잠재적인 경제적 이익이 감소했다. 뉴욕은 이 기간 동안

미국 전체 경제생산량의 12%를 담당했지만 그중 절반 이상은 인위적으로 부풀려진 주택비용이 차지했다. 그들의 계산에 따르면, 만일 개발을 억제하는 주택과 토지이용 규제가 사라져 샌프란시스코에서 일하길 원하는 모든 사람이 그곳에 살 수 있게 된다면 이 도시는 일자리가 500% 증가할 것이다. 뉴욕의 경우 일자리가 800% 증가할 것이다. 국가적 차원에서 보면 이를 통해 평균 노동자의 연봉이 8,775달러 증가하고 미국의 국내총생산이 13.5% 늘어날 것이다. 대략 총 2조 달러다. 이런 추정치는 비효율적이고 최적화되지 못한 토지이용 때문에 미국이 매년 감당하는 실제적인 피해를 고스란히 상기시킨다. 이 문제는 아주 심각하기 때문에 대통령경제자문위원회는 2016년 보고서에서 토지이용 제한이 미국 경제에 미치는 유해한 결과를 강조했다.[24]

새로운 도시 러다이즘은 새로운 주택과 아파트 건설만 제한하는 것이 아니다. 더 큰 문제는 도시 전체의 추가 개발이나 확장을 인위적으로 막는 것이다. 도시가 점점 확장되면 학교, 하수관, 전력망, 그리고 사람들이 이동하는 데 필요한 대중교통과 지하철 건설에 훨씬 더 많은 돈이 든다. 그래서 뉴욕이나 런던 같은 대도시가 드물다. 많은 야심찬 도시에서 새로운 도시 러다이트들이 추가적인 도시 확장에 필요한 투자를 성공적으로 제한하고 막았다. 비도시확장은 비집중을 의미한다. 비집중은 낮은 수준의 혁신과 생산성을 의미한다. 이것은 경제생산량과 과세표준의 감소를 의미한다. 더 나아가 이렇게 되면 도시가 개발에 투자하고 재분배하는 정책과 프로그램을 확대하는 능력이 축소된다.

오늘날의 새로운 도시 러다이즘이 새로운 도시 위기의 큰 이유라는 점은 의심의 여지가 없다. 그렇지만 도시 위기를 해결하기 위해 모든 토지이용 규제를 제거하자는 뜻은 아니다. 님비주의를 제한하고 낡은 토지이용 규제를 합리화하기 위해 할 수 있고, 해야 할 일들이 많은 것은 분명하다. 기존 토지이용 규제를 폐지하기만 하면 도시를 저렴한 비용으로 살 수 있고, 더 평등하며, 더 생산적인 곳으로 만들 수 있다는 이른바 시장 도시주의자들의 개념은 믿기 힘들 정도로 이상적이다. 슈퍼스타 지역의 높은 지가 때문에 민간 시장이 인근 지역에 적당한 가격의 주택을 공급하기란 불가능하지는 않아도 매우 어렵다. 높은 지가와 높은 건축비가 결합되면 최첨단 고급 주택이 건설될 가능성이 높고, 슈퍼스타 도시가 정말 필요로 하는 적절한 가격의 주택이 들어설 가능성은 거의 없다. 다른 한편, 밀도가 너무 과도해져 주거지역을 사실상 죽이는 변곡점이 존재한다. 세계에서 가장 혁신적이고 창의적인 장소는 고층빌딩이 즐비한 아시아의 도시가 아니라 샌프란시스코, 뉴욕, 런던의 복합적인 토지이용 지역이다. 10장에서 다룰 예정인데, 도시는 탈규제뿐만 아니라 새로운 토지이용제도와 세금제도의 대대적인 변화, 대중교통 투자 확대, 단독주택에서 임대주택으로의 전환이 필요하다. 이를 통해 도시화 지식경제가 요구하는 다양한 종류의 밀도, 집중, 인재 혼합을 창출하는 데 도움을 줄 수 있다.

문제는 단순히 토지이용 제한보다 훨씬 더 강력하고 영구적인 제약에 의해 도시 토지이용 패턴이 결정된다는 것이다. 기본적인 자연지형의 문제다. 로스앤젤레스, 샌프란시스코, 시애틀, 시카고와 같은 도시와 대도지 지역은 산맥과 수계와 같은 극복하기 힘든 물리적 경계선에 막혀 있다. 고도나 밀도를 제한하는 규제와 더불어 이런 자연적인 장애물은 도시의 발전 역량을 제약한다. 〈그림 2.3〉은 도시 확장과 주택가격 상승이 역의 상관관계가 있음을 구체적으로 보여준다. 이 도표는 1980년에서 2010년까지 주택가격 변화와 주거지 개발의 확장이라는 두 가지 차원을 이용하여 대도시를 나타낸다. 대도시가 외부로 확장되고 신규 주택을 공급할수록 주택가격은 덜 오르는 경향을 보인다. 샌프란시스코, 뉴욕, 로스앤젤레스, 시애틀, 워싱턴DC와 같이 사분면의 상단 좌측에 위치한 대도시들은 주택가격이 높고, 주거지 확장이 상대적으로 덜 이루어졌다. 라스베이거스와 애틀랜타—테크허브 도시인 오스틴과, 노스캐롤라이나 리서치트라이앵글Research Triangle에 속한 롤리Raleigh도 함께—와 같이 사분면의 하단 우측에 위치한 대도시들은 주택가격 상승이 보통 수준이고 주거지 개발은 훨씬 더 많이 이루어졌다.[25]

자연지형은 다른 측면에서 주택가격을 끌어올릴 수 있다. 뉴욕, 보스턴, 샌프란시스코와 같은 더 오래된 도시들은 도시를 둘러싼 교외지역으로 인해 더 이상 외부로 확장할 수 없다. 이와 달리, 그보다는 덜 오래된 선벨트 지역의 도시들은 주변 지역의 토지를 병합하여 확장할 수 있다. 실제로 도심과 그 주변에 이미 건설된 구역에서 높은 인구 성장을 보인 도시들은 지형 때문에 확장에 제한이 있는 곳들이다. 예를 들면 뉴욕, 시카고, 샌프란시스코만 지역, 로스앤젤레스, 마이애미, 휴스턴처럼 확장한 도시는 1960~2014년 사이 기존 도시지역에서 대략 12만 명의 인구가 감소하였고, 반면 제한적인 토지이용 정책을 전형적으로 보여주는 샌프란시스코는 같은 기간 기존 도시지역의 인구가 7만

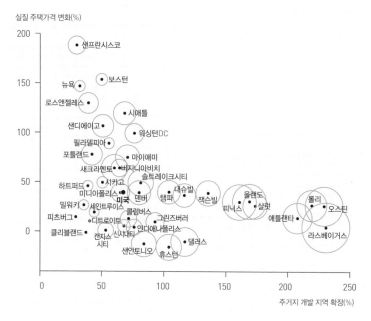

〈그림 2.3〉 지리와 주택가격

실질 주택가격 변화(%)

주: 원 크기는 인구증가률(%)에 비례한다.

자료: 이시 로멤(Issi Romem), "미국 도시들의 확장이 침체되고 있는가?(Has the Expansion of American Cities Slowed Down?)" BuildZoom, 2016년 4월 18일, www.buildzoom.com/blog/cities-expansion-slowing.

명 이상 증가했다.

　매사추세츠 기술연구소 경제학자 알버트 세이즈의 2010년 연구에 따르면, 자연지형은 궁극적으로 토지이용 제한보다 주택가격에 훨씬 더 큰 영향을 미친다. 뉴욕, 샌프란시스코, 로스앤젤레스, 보스턴과 같이 지형적으로 제한된 도시가 제한적인 토지이용 정책을 사용할 경우 자연지형은 주택가격의 엄청난 상승에 핵심 요인이 된다.[26]

## 압도적인 주거비 지출

높은 지가와 주택가격에도 불구하고 슈퍼스타 도시와 테크허브 도시의 노동자들이 더 부유한 경향이 있다는 것이 일반적인 통념이다. 더 높은 임금과 연봉을 받기 때문이다. 그뿐 아니라 슈퍼 도시에 모이는 지식 및 첨단기술 직종들의 승수효과Multiplier effect에서 발생하는 추가적인 이익도 있다. 첨단기술 직종은 관련 산업과 지원 서비스 분야의 일자리를 추가로 유발한다.[27]

전반적인 자료는 이런 관점을 뒷받침한다. 〈표 2.2〉는 평균적인 노동자가 주거비를 지출한 후 손에 쥐는 돈이 가장 많은 인구 100만 명 이상 상위 5개 대도시와, 돈이 가장 적게 남는 하위 5개 대도시를 나타낸 것이다.[28]

상위 5개 도시는 테크허브 도시와 슈퍼스타 도시의 명단이다. 실리콘밸리의 중심 지역 산호세의 평균적인 노동자는 주거비 지출 후 4만 8,566달러가 남았다. 샌프란시스코에서는 4만 5,200달러, 워싱턴DC는 4만 3,308달러, 보스턴과 뉴욕은 각각 4만 2,858달러와 4만 2,120달러로 올랜도의 2만 5,774달러, 라스베이거스 2만 6,194달러에 비해 상당히 많다.

"평균적인 노동자"의 임금뿐만 아니라 세 가지 주요 노동자 계층인 고임금 창조계층 노동자, 저임금 노동계층 노동자, 서비스계층 노동자의 임금 모두 대도시가 클수록 더 높다. 이는 임금과 인구 규모가 양의 상관관계에 있음을 보여준다.[29]

〈표 2.2〉 계층별 주거비 지출 후 남는 돈

| 가장 많이 남는 대도시 | 평균 노동자 | 창조계층 | 서비스계층 | 노동계층 |
|---|---|---|---|---|
| 산호세 | $48,566 | $80,503 | $14,372 | $23,109 |
| 샌프란시스코 | $45,200 | $71,741 | $16,806 | $26,920 |
| 워싱턴DC | $43,308 | $70,030 | $13,925 | $21,539 |
| 보스턴 | $42,858 | $66,871 | $16,206 | $25,233 |
| 뉴욕 | $42,120 | $71,245 | $17,861 | $27,343 |
| 가장 적게 남는 대도시 | 평균 노동자 | 창조계층 | 서비스계층 | 노동계층 |
| 올랜도 | $25,774 | $50,002 | $12,903 | $21,173 |
| 라스베이거스 | $26,194 | $53,137 | $14,394 | $27,103 |
| 캘리포니아주 리버사이드 | $27,296 | $54,191 | $13,501 | $20,777 |
| 마이애미 | $27,482 | $53,809 | $14,099 | $20,452 |
| 버지니아비치-노포크 | $28,448 | $51,601 | $13,284 | $22,939 |

자료: 마틴번영연구소, 미국 노동부 노동통계국, 미국 인구조사 자료에 기초.

그러나 상대적으로 대도시의 노동자가 주거비 지출 후 돈이 많이 남는 건, 주로 혜택을 받는 창조계층 노동자의 높은 임금 때문이다. 위의 표에서 보듯이 세 계층을 따로 구분해서 보면 상황은 아주 달라진다. 혜택을 받은 창조계층 노동자들은 증가하는 주거비를 충분히 지불할 수 있는 돈을 벌지만 노동계층과 서비스계층의 노동자들은 열악하다.

실제로 산호세의 평균적인 창조계층 노동자는 주거비를 지불하고도 놀랍게도 8만 503달러가 남는 반면, 평균적인 생산직 노동자는 2

만 3,109달러밖에 남지 않고, 평균적인 서비스계층 노동자는 불과 1만 4,372달러가 남는다. 샌프란시스코의 평균적인 창조계층 노동자는 7만 1,741달러가 남지만, 이에 비해 노동계층과 서비스계층 노동자는 각각 2만 6,920달러와 1만 6,806달러가 남는다. 뉴욕의 평균적인 창조계층 노동자는 7만 1,245달러가 남지만 평균적인 생산직 노동자와 평균적인 서비스 계층 노동자는 각각 2만 7,343달러와 1만 7,861달러가 남는다.

이런 패턴은 값비싼 지역에서 가장 두드러지지만 350개 이상의 대도시 지역에서도 그대로 나타난다. 창조계층 노동자들이 주거비를 지출한 후 남기는 임금총액은 주거비와 양의 상관관계가 있지만 주거비와 주거비 지출 후 남은 임금총액 간의 상관관계는 노동계층과 서비스계층에서는 반대로 나타난다.[30]

이것이 주는 시사점은 매우 크다. 즉 슈퍼도시의 경제가 혁신적이고 생산적임에도 가장 많은 혜택을 받는 거주민들이 가장 많은 이익을 차지한다. 혜택을 받지 못한 노동계층과 서비스계층은 훨씬 뒤처지고 있으며 주거비 상승을 따라잡을 수 없다.

보다 거시적으로 보면, 슈퍼스타 도시와 테크허브 도시의 과도한 부동산 가격은—비록 유일한 요소는 아니라고 해도—세계 도처에서 경제적 불평등이 엄청나게 증가하는 핵심 요인이다. 토머스 피케티의 유명한 공식 "r > g(Rate of return on capital, 연평균자본수익률 > Growth of economy, 경제성장률)"은 전체 경제성장률보다 자본수익률이 더 크다는 것을 나타낸다. 이것은 세대를 잇는 불평등의 엄청난 요인이다. 그러나 현실은 과도한 자본수익은 주식이나 채권과 같은 자산에 대한 수익보다 증가된 부동산 가치에서 더 많이 발생한다. 매튜 렁리Matthew Rognlie의 연구에 따르면, 주택에서 발생한 자본수익의 비중은 1950년부터 지금까지 3배 증가했고, 다른 모든 형태의 자본수익보다 훨씬 더 크다. 렁리는 이렇게 썼다.

"주택 소유자는 비교적 폭넓기 때문에 이것은 노동 대 자본에 관한 전통적인 이론과 부합하지 않으며, 또한 주택 자본수익 증가는 경제의 다른 분야에서 발생한 수익을 설명하기 위해 일반적으로 제시된 많은 이론—노동계층의 협상력, 기술의 역할 증가 등—으로도 쉽게 설명할 수 없다. 달리 말하면, 주택 자본수익은 순전히 입지에 따른 지대다. 간단히 말하면, 값비싼 슈퍼스타 도시와 테크허브 도시의 토지와 부동산 소유자는 자본주의의 최대 승리자다. 그들의 자랑스러운 펜트하우스, 고급 타운홈, 다른 형태의 부동산은 피케티의 "r > g"를 지리적으로 보여주는 구체적인 상징이다."[31]

이를 통해 우리는 새로운 도시 위기의 중심 요소와 현대 자본주의의 모순과 직면한다. 도시로 집중하는 힘은 경제 성장의 주요 엔진이면서 동시에 불평등의 가장 큰 원인이다. 인재와 경제 활동이 점점 더 소수의 장소로 집중되는 추세는 세계의 도시들을 승자와 패자로 갈라놓을 뿐만 아니라 승자 도시들이 가장 혜택 받은 사람들을 제외한 모든 사람들이 살 수 없는 장소가 되게 한다. 이러한 끊임없는 순환은 부유한 지주와 주택 소유자들에게는 아주 좋은 소식이겠지만 그 밖의 거의 모든 사람에게는 나쁜 소식이다.

다음 장에서 우리는 도시 토지이용 역학 관계가 유발한 갈등과 긴장을 더 깊이 살펴보고, 세 종류의 도시 엘리트 집단인 슈퍼 부자, 기술 전문가, 사업가들이 격화되는 공간 경쟁을 놓고 어떻게 서로 겨루는지, 그리고 그런 과정을 통해 새로운 도시 위기의 가장 가시적인 단층선이 어떻게 발생하는지 알아볼 것이다.

**3장**

—

엘리트의 도시

CITY OF ELITES

# 도시에서 밀려나는 예술가들

2013년 음악가인 데이비드 번David Byrne이 이렇게 경고했다. "만약 1%의 사람들이 뉴욕의 창조적인 인재를 억누른다면 나는 여기서 나갈 것이다."[1] 그는 뉴욕의 놀라운 경제적 성공이 뉴욕의 문화적 실패를 초래할 위험이 있다고 썼다. 그리고 이렇게 덧붙였다. "맨해튼의 대부분 지역과 브루클린의 많은 지역이 사실상 벽으로 둘러쳐진 지역사회, 곧 부자들을 위한 쾌락 지역이다. 이제 중산층들은 이곳에 살 수 있을만한 여유가 거의 없다. 그러니 새로운 예술가, 음악가, 배우, 무용가, 작가, 언론인, 소규모 사업가에 대해서는 잊어라. 뉴욕을 활기차게 만드는 자원이 조금씩 제거되고 있다."

이런 경고를 하는 사람은 유명한 뉴웨이브(다양한 예술 분야에 새로운 사상, 스타일을 도입하는 것) 밴드 토킹헤즈의 리더 데이비드 번 혼자만이 아니다. 영향력이 큰 펑크 로커이자, 시인, 전미 도서상을 수상한 회고

록 집필자인 패티 스미스Patti Smith는 젊은 예술가들이 뉴욕에서 경력을 쌓을 수 있냐는 질문을 받자, "뉴욕은 자신을 폐쇄하고 젊은 사람들과 고투하는 사람들이 들어오지 못하게 한다. 디트로이트와 포키프시와 같은 다른 도시들이 있다. 뉴욕은 여러분에게서 떠났다. 나의 조언은 새로운 도시를 찾으라는 것이다"라고 말했다.[2]

전자음악 예술가 모비Moby도 있다. 그는 2014년에 이렇게 썼다. "1980년내 내가 14번가에 살았을 때 매달 140달러를 내고 가난한 괴짜 음악가, 미술가들과 아파트에서 함께 지냈다. 그 당시 에이즈, 마약, 높은 살인 범죄율 때문에 대부분의 사람들이 뉴욕을 떠났다. 비록 뉴욕은 전쟁터였지만, 외려 전쟁터라는 이유 때문에 맨해튼은 세계 문화의 중심이었다. 물론 그 이후 모든 것이 변했다. 두말할 것도 없이 뉴욕은 돈의 도시가 되었다. 사람들은 임대료가 임금의 30%가 되어야 한다고 말한다. 요즘 맨해튼에 사는 많은 사람에게 임대료는 임금의 300%처럼 느껴진다."[3]

도시의 변화는 점점 더 많은 음악가와 화가에게 직접적이고 뚜렷하게 다가오고 있다.[4] 그들만이 슈퍼스타 도시에서 창조계층의 종말 가능성에 대해 우려하는 것이 아니다. 그에 대해 우려하는 전문가들과 정책결정자들이 급격히 늘고 있고, 뉴욕만이 이런 상황에 빠진 것도 아니다. 런던 첨단기술 붐의 핵심적인 인물이자 전 영국 수상 데이비드 캐머런David Cameron의 수석 자문관 로한 실바Rohan Silva는 이렇게 썼다. "뉴욕 사람들이 로스앤젤레스로 떠나고 있다. 사람들이 다른 도시를 선택해 그곳으로 가지 않도록 런던은 정말 주의를 기울여야 한다고 생각한다.

도시가 예술가를 잃기 시작하는 순간 모든 것이 붕괴되고 도시는 경쟁력을 잃을 수 있기 때문이다."[5]

창조적인 도시 생태계 균형이 위태로운 상태에 빠진 것이 거의 확실하다. 도시의 혼합에서 비롯되는 융합과정을 제거해보라. 그러면 아무것도 만들어내지 못하는 획일성만 남는다. 오늘날 소호의 사치품 상점 수는 공연장과 스튜디오보다 더 많아 보인다. 그러나 주택가격 상승이 새로운 세대의 예술가와 창조적인 사람들이 소호와 그와 비슷한 지역에서 발판을 마련하기 더 어렵게 만든다고 해서 도시 전체가 창조력이 죽은 공간이 되었다는 뜻은 아니다. 부유한 사람들이 도심에 유입되고 일부 선도적인 창조적 활동 구역이 바뀌고 있지만 이들 도시의 전반적인 창조 역량이 대폭 축소되었다는 증거는 거의 없다. 실제로 우리가 봐왔듯 뉴욕, 런던, 로스앤젤레스, 샌프란시스코와 같은 도시들은 지금까지 다양한 경제 분야에 혁신과 첨단기술 산업을 추가함으로써 전반적인 창조적 장점을 강화할 수 있었다. 무엇보다도, 도시는 넓다. 창조성은 도시 내 이 구역에서 다른 구역으로 이동할 수 있고 실제로 이동한다. 시간이 흐르면서 이러한 도시의 변화가 지속되면 실제로 창조적인 추동력이 위태롭게 될 수 있지만 아직은 그렇지 않다.

데이비드 번, 모비, 스미스의 불만은 실제로 도시 공간에 대한 점증하는 경쟁을 반영한다. 화가, 음악가, 다른 창조적인 사람들은 1970년대와 1980년대에 오래되고 버려진 도시 공간을 그들의 스튜디오와 작업실로 바꾼 유일한 존재들이다. 오늘날 그들은 투자 은행가, 사업가, 기술전문가, 글로벌 슈퍼 부자들에 의해 바로 그 장소에서 밀려나고 있다. 뉴욕의 웨스트첼시를 예로 들어보자. 불과 20년 전 이곳은 사람들이 살기 원하지 않는 지저분한 산업지구였다. 그러나 그 이후 예술가와 다른 창조적인 사람들—그들 중 많은 이가 게이와 레즈비언—이 웨스트첼시의 값싼 건물 위층과 아파트를 이용하기 위해 옮겨왔다. 나이트클럽, 갤러리, 레스토랑이 따라 들어왔다. 이 지역이 덜 위험하고 살기 좋은 곳이 되자 더 부유한 사람들이 들어왔고 고가품 상점, 레스토랑, 호텔까지 늘어섰다. 그 이전에 한때 예술가의 작업실과 스튜디오가 입주했던 동일한 산업지구의 일부 공간은 스타트업과 첨단기술 기업으로 넘어갔다. 그 후 하이라인(High Line, 1.6㎞의 일직선 형태의 공원)이 개장하고 이 지역은 전환점을 맞이했고, 더 부유한 사람들을 위해 집중적으로 개발됐다.

창조적인 사람들은 정확히 오늘날의 도시 토지 전쟁에서 자신의 경쟁 상대가 그들보다 훨씬 더 부유한 사람들이라고 생각한다. 그러나 번, 스미스, 모비는 제외하고 창조적인 사람들의 대다수가 실제로 부유하진 않지만, 대부분의 도시인과 미국인의 생활수준과 비교하면 비교적 더 많은 혜택을 누린다. 이것은 예술가와 문화적 창조계층이 주거비 지출 후 남는 돈을 고려할 때 분명해진다. 뉴욕에 사는 예술가와 다른 문화적 창조계층은 주거비 지출 후 남는 돈이 평균 5만 2,750달러이다. 이것은 기술전문가 6만 5,900달러, 사업가와 금융전문가 8만 8,770달러보다 적지만 서비스 노동자 1만 7,860달러보다 약 3배나 많다. 로스앤젤레스에 사는 예술가와 다른 창조계층이 주거비 지출 후 남는 돈은 5만 3,760달러로 뉴욕과 비슷하다. 이는 기술전문가 6만 4,350달러, 전문경영인 7만 5,870달러보다 적고 서비스 계층 1만 5,350달러보다 3.5배 더 많다. 샌프란시스코에 사는 예술가와 다른 창조계층은 주거비 지출 후 4만 7,200달러가 남는다. 이는 기술전문가 7만 달러, 전문경영인 8만 4,900달러보다 적지만 서비스 노동자 1만 6,800달러보다 약 3배 많다.[6]

이런 장소에 사는 모든 예술가와 창조계층이 잘 산다는 말은 아니다. 많은 사람이 힘들게 살면서 주거비 때문에 자신의 동네에서 밀려나고 있다. 그러나 경험적으로 말하자면, 그들의 전체적인 경제 상황이 상대적으로 더 많은 혜택을 누리는 도시 엘리트에 더 가까워졌고, 낮은 혜택을 누리는 서비스 계층과는 천양지차가 되었다.

이 장에서 나는 슈퍼 부자들이 뉴욕과 런던과 같은 선도적인 슈퍼스타 도시들로 유입되면서 시작된 도시 공간을 향한 새로운 경쟁의 근원과 성격을 살펴볼 것이다. 그런 다음 스타트업, 벤처 자본, 기술전문가가 전통적인 교외 소도시에서 도시 중심지로 이동하게 된 과정을 살펴본다. 그리고 번, 스미스, 모비가 제기한 핵심적인 우려. 즉 주택가격 상승과 더 부유한 사람들의 유입으로 도시의 창조적인 자극이 위축될 위험에 처한 지점을 보여주는 자료를 보여줄 것이다.

이런 이슈에 관한 수치들은 명확하다. 지금까지, 이른바 도시 창조성의 죽음은 대체로 뚜렷한 근거가 없는 믿음이었다. 새로운 도시 위기의 실제적인 핵심은 다양한 종류의 새로운 도시 엘리트들 간의 갈등이 아니라 훨씬 더 열악한 도시인들의 경제적 고립과 불안 증가다.

# 아무도 살지 않는 최고급 아파트

지난 수년 동안 런던을 방문할 때마다 나는 택시운전사로부터 항상 똑같은 이야기를 들었다. 공항으로 오가는 길에 하이드파크를 지날 때 그는 만달린오리엔탈호텔 옆에 서 있는 현대적인 글라스타워를 향해 고개를 끄덕이며 말했다. "저 빌딩 보이세요? 아파트 가격이 5,000만 파운드(약 720억 원)가 넘는답니다. 그곳에는 아무도 살지 않습니다. 항상 불이 꺼져 있습니다." 그의 요지는 이렇다. 2014년, 런던의 엘리트 주거지역에는 가격이 500만 파운드 내지 그 이상인 집이 최소 740채가 비어 있거나 창고로 사용되고 있다는 것이다.

뉴욕에서도 비슷한 현상이 나타나고 있다. 부재중인 소유자와 임대인이 소유한 맨해튼의 아파트는 2000년 1만 9,000채에서 2011년 약 3만 4,000채로 약 70% 급증했다. 어퍼이스트사이드Upper East Side의 세 블록 거리에 있는 아파트의 57%가 1년에서 10개월 정도 비어 있었다.[7]

점점 더 많은 논평가가 런던, 뉴욕, 파리와 같은 도시들이 글로벌 슈퍼 부자들의 침략에 의해 점령당하고 있다고 말한다. 예를 들어, 2013년과 2014년 외국인 바이어(도시의 거주민과 비거주민을 포함하여)들이 런던의 최고 중심지에서 거래된 100만 파운드 이상 주택의 약 절반을 구매했다. 이와 같이 런던 최고급 지구의 공간에 대한 점점 치열해지는 경쟁은 과거의 젠트리피케이션이 새로운 단계인 금권화Plutocratization 또는 "과두화Oligarchification"로 바뀌고 있음을 뜻한다. 2016년 런던정경대학 연구에 따르면, 이제 가난한 사람이나 노동계층만이 도시의 상류층 지역에서 밀려나는 것이 아니다. 전통적인 엘리트들과 유산을 물려받은 가족들이 경쟁에서 패배하고, 경우에 따라서는 더 부유한 외국인 바이어에 의해 쫓겨나고 있다. 자신의 집을 부유한 외국인에게 천문학적인 돈을 받고 매각하여 막대한 이익을 보는 부자들을 유감스럽게 여기는 사람은 아무도 없다. 특히 불평등이 극심하고 노동계층이 살기 어렵고 빈곤계층이 열악한 환경으로 내몰리는 도시라면 더 그렇다. 이것은 슈퍼스타 도시의 최고급 주택지가 대부분 세계 부호들이 소유한 상류층 구역으로 바뀌고 있다는 걸 보여준다. 정작 주인들은 없고 말이다.[8]

슈퍼스타 도시들을 사들이는 사람은 부호들만이 아니다. 거대 기업, 부동산 투자신탁회사, 헤지펀드, 국부펀드들도 부동산에 막대한 돈을 투자하고 있다. 글로벌 도시전문가인 세계적인 학자 사스키아 사센 Saskia Sassen은 2015년에 기업들이 도시지역 부동산에 1조 달러 이상 투자했다고 추정했다. 〈뉴욕타임스〉가 초호화 복합단지인 뉴욕의 타임워너센터에 대한 심층조사에서 밝혔듯, 많은 갑부들이 서류상 회사를 이용해 자신의 신분을 숨긴다. 최근 건설되어 뉴욕에서 제곱피트당 최고가를 자랑하는 원57One57 빌딩의 소유자들 중 4분의 3 이상이 자신의 신분을 익명의 기업을 이용해 숨기고 있다.[9]

슈퍼스타 도시의 부동산을 낚아채는 글로벌 리치들은 전통적인 의미, 즉 그곳에서 살면서 이용하기 위해 주택을 구매한 것이 아니다. 그들은 가족을 부양하거나 생산적인 일을 할 장소를 찾는 것이 아니다. 돈을 묻어둘 안전한 곳을 찾고 있다. 20세기 말엽에 소스타인 베블런 Thorstein Veblen이 언급했듯이 고급 부동산이 "과시적 소비"로 부를 자랑하

〈그림 3.1〉 세계의 억만장자들이 사는 곳과 인구

억만장자의 수
100명
10명

자료: 마틴번영연구소, 〈포브스〉 지의 자료에 기초, 2015.

고 평가하는 가장 분명한 방법이었다면, 오늘날은 좀 더 일상적인 일이
되었다. 부를 보관하고 증식하는 새로운 경제적 자산이다.[10]

더 폭넓은 자료에 따르면, 세계 최고 부자 중 상당수가 실제로 뉴욕
과 런던에 거주한다. 뉴욕에는 억만장자들이 가장 많고 런던에는 백만
장자들이 많다. 세계에서 가장 억만장자들이 많은 뉴욕의 경우 116명
의 억만장자들이 총 5,370억 달러를 관리한다. 〈그림 3.1〉을 보라. 실리
콘밸리를 포함한 샌프란시스코만 지역은 두 번째로, 71명의 억만장자
(총 3,650억 달러)들이 있고, 모스크바는 세 번째로 68명의 억만장자(총

2,900억 달러)가 있다. 모스크바의 억만장자는 대부분 소수 집권층들이며 그들의 부는 자원 가격이 추락하고 루블화가 폭락하면서 감소했다. 모스크바는 2장에서 보았듯이 슈퍼스타 도시의 명단에서 순위가 많이 하락했다. 홍콩은 네 번째로 64명, 로스앤젤레스는 다섯 번째로 51명, 런던은 여섯 번째로 50명의 억만장자가 있다. 런던은 뉴욕보다 외국인의 돈에 더 의존적이다. 런던의 억만장자 중 절반 이상인 50명 중 26명이 외국 출신이다. 이에 비해 뉴욕의 억만장자 중 외국인은 10% 이하로 116명 중 10명이다. 상위 10개 도시에는 베이징(46명의 억만장자), 뭄바이(33명), 마이애미(31명), 이스탄불(30명)이 포함된다. 추가로 7개 도시 서울, 파리, 상파울로, 선전, 타이베이, 댈러스, 싱가포르는 각각 20명 이상의 억만장자가 있다. 워싱턴DC, 보스턴, 애틀랜타, 피닉스, 시애틀, 토론토, 멕시코시티를 포함한 30개 도시는 10~20명의 억만장자가 있다. 전체적으로, 도시 인구가 많을수록 경제 측면의 글로벌 경쟁력이 더 높고, 도시의 금융과 기술 산업이 더 클수록 억만장자의 수가 더 많고 그들의 재산도 더 많다.[11]

〈그림 3.2〉는 순자산이 3,000만 달러 이상인 슈퍼 부자들이 사는 곳을 보여준다. 전 세계적으로 17만 3,000명의 천만장자들이 있다. 전 세계 인구의 0.002%가 대략 총 20조 달러의 재산을 관리한다.[12] 이 지표에서는 런던이 4,364명으로 가장 많다. 도쿄는 2위, 싱가포르는 3위, 뉴욕은 4위, 홍콩은 5위다.

그러나 이것이 문제가 될까? 슈퍼 부자들은 대도시에 정말로 피해를 줄까? 사람이 거주하지 않는 과시용 아파트와 불 꺼진 건물은 주변

〈그림 3.2〉 최고 수준의 순자산을 보유한 가구 분포

슈퍼 부자의 수

500명    1,000명    2,000명

주: 3,000만 달러 이상의 자산을 보유한 가구.
자료: 마틴번영연구소, 나이트 프랭크(Knight Frank), 2015 부 리포트(The Wealth Report—2015), www.knightfrank.com/research/
the-wealth-report-2015-2716.aspx의 자료에 기초.

지역의 활기를 떨어뜨린다 해도 도시 전체를 죽일 정도로 슈퍼 부자들
이 많지 않다. 뉴욕에는 800만 명 이상의 시민과 약 300만 채의 주택이
있다. 116명의 억만장자와 1,000만 달러 이상의 고액 자산가 3,000여명
을 라디오 시티 뮤직홀에 앉혀도 좌석의 절반도 채우지 못할 것이다.
2008년 금융위기 후에 발생한 전 세계적인 부동산 사재기 열풍은 2016
년 세계의 신흥국 경제, 그리고 특히 석유 부국들이 더 힘든 시기를 맞
이하고 그들의 통화 가치가 떨어지고, 미국이 외국인 부동산 거래—이

중 일부는 돈 세탁용이다─를 강력하게 단속하면서 다소 위축되었다. 결국 세계의 많은 대도시를 바꾸고 있는 것은 갑작스럽게 등장한 슈퍼 갑부가 아니라 대거 교외지역의 집을 팔고 슈퍼스타 도시의 콘도, 아파트, 타운하우스를 구입한 스타트업 창업자, 벤처 자본가, 고임금 기술 전문가를 포함한 풍족한 사람들이다.

## 도시에 집중되는 벤처 자본

진짜 거대한 변화는 첨단기술 스타트업과 인재들의 도시 이주다. 내가 지난 10년 동안 한 번도 예측하지 못한 변화다. 1970년대, 1980년대, 1990년대, 심지어 2000년대 초의 인텔, 애플, 구글과 같은 최첨단 기술 기업들은 모두 실리콘밸리의 기업 단지에 입주했다. 마이크로소프트는 워싱턴주 레드먼드 근교에 본부를 두었고 다른 첨단기술 기업들은 보스턴 외곽 128번 도로, 오스틴 근교 또는 노스캐롤라이나 리서치 트라이앵글의 업무단지로 모여들었다. 1980년대 후반 내가 마틴 케네디와 함께 벤처 자본과 첨단산업의 입지에 대해 초기 연구를 진행할 때, 벤처 자본을 지원받는 스타트업들은 대부분 교외지역에 있었다.[13]

이러한 입지 분포는 극적으로 바뀌었다. 투자회사와 스타트업들은 점점 더 도시로 몰려들었다. 샌프란시스코는 약 65억 달러의 벤처 자본을 투자 받아 산호세가 2012년에 받은 42억 달러를 넘어서 그해 세계 최고의 벤처 자본 투자처가 되었다. 뉴욕 대도시권은 20억 달러 이상의 투자를 받았고 그중 많은 액수는 로어 맨해튼Lower Manhattan 지역에 투자되었다. 이 수치는 2013년에 훨씬 더 늘어났다. 2013년 샌프란시스코 대도시권은 무려 85억 달러의 자본이 투자되었고 그중 62억 달러가 도시지역으로 유입되었다. 이에 비해 산호세 대도시권에는 48억 달러의 벤처 자본이 투자되었다. 뉴욕 대도시권의 벤처 자본 투자액은 30억 달러 이상으로 증가했다.[14]

2013년 미국 전역에서 벤처 자본 투자의 절반 이상(54%), 그리고 스타트업 10곳 중 약 6곳이(57%) 도시 우편 구역에서 이루어졌다. 샌프란시스코만 지역 벤처 자본의 약 60%가 밀도가 높고 걸어 다닐 수 있는 Walkable neighborhood 도시에서 투자됐고, 뉴욕은 80% 이상이었다. 미국 전역에서 벤처 자본을 투자 받은 구역에서 도보, 자전거, 또는 대중교통을 이용해 직장으로 출근하는 노동자의 비율은 전국 평균의 약 2배였다. 투자 받은 구역은 16.6%였고 전체 구역 평균은 8.4%였다. 미국 전체 벤처 자본 투자의 4분의 1 이상이 전체 노동자의 절반 이상이 도보와 자전거, 대중교통을 이용하는 지역에 집중되었으며, 벤처 자본 투자의 3분의 1이상이 노동자의 30%가 도보와 자전거, 대중교통을 이용하는 지역에서 이루어졌다. 미국 샌프란시스코의 도심지에 위치한 두 지역은 2013년 10억 달러 이상의 벤처 자본이 투자되었다. 이들 지역은 노동자의 약 60%가 출근할 때 도보, 자전거, 대중교통을 이용했다.

사실 도시의 인구밀도는 첨단기술 스타트업 증가와 벤처 자본 투자 유치에 가장 중요한 요소 중 하나가 되었다. 스타트업에 투자된 벤처 자본금은 고학력 사람들의 집중이나 창조계층의 집중보다는 인구밀도와 더 강한 상관관계를 보이고, 인구밀도보다 더 강한 상관관계를 나타내는 것은 첨단기술 산업의 집중뿐이다. 처음에는 첨단기술 산업이 벤처 자본 투자를 끌어들이는 유일한 중요 요소였다.[15]

만약 벤처 자본이 소도시나 교외지역의 스타트업에 투자된다 해도 가장 도시적인 특징을 가진 지역에 투자되는 경향이 있다. 벤처 자본 투자의 선도적인 중심지로서 15억 달러 이상의 투자를 받은 실리콘밸리는 스탠퍼드대 주변 최대 인구밀집 지역인 팔로알토에 있다.

〈표 3.1〉 선도적인 벤처 자본 투자 도시

| 순위 | 대도시 | 투자액(백 만) | 순위 | 대도시 | 투자액(백 만) |
|---|---|---|---|---|---|
| 1 | 샌프란시스코 | $6,471 | 11 | 시카고 | $688 |
| 2 | 산호세 | $4,175 | 12 | 토론토 | $628 |
| 3 | 보스턴 | $3,144 | 13 | 오스틴 | $626 |
| 4 | 뉴욕 | $2,106 | 14 | 상하이 | $510 |
| 5 | 로스앤젤레스 | $1,450 | 15 | 뭄바이 | $497 |
| 6 | 샌디에이고 | $1,410 | 16 | 파리 | $449 |
| 7 | 런던 | $842 | 17 | 벵갈루루 | $419 |
| 8 | 워싱턴DC | $835 | 18 | 필라델피아 | $413 |
| 9 | 베이징 | $758 | 19 | 피닉스 | $325 |
| 10 | 시애틀 | $727 | 20 | 모스크바 | $318 |

자료: 마틴번영연구소, 2012년 톰슨 로이터(Thomson Reuters) 자료에 기초.

케임브리지대, 매사추세츠공대, 매사추세츠 기술연구소 본부, 하버드대는 약 10억 달러를 유치하여 128번 도로를 따라 죽 늘어선 교외지역보다 더 많은 금액을 유치했다. 인구가 많고 걸어서 출근 할 수 있는 산타모니카는 훨씬 더 크고 무분별하게 확산된 로스앤젤레스보다 벤처 자본을 2배 더 유치했다.

〈표 3.1〉을 보라. 첨단기술 분야의 스타트업이 도시로 이동하는 현상은 미국을 넘어 세계로 확산되고 있다. 최고의 금융 중심지였지만 기술 분야에서는 미약했던 런던은 이제 수천 개의 첨단기술 기업과 수만 개의 첨단기술 일자리의 본산이 되고 있다. 런던의 스타트업들은 매년 8억 달러 이상의 벤처 자본을 끌어들이는데, 시애틀이나 오스틴보다 많은 금액이다.[16] 베이징, 상하이, 뭄바이, 벵갈루루, 토론토, 파리, 모스크바는 벤처 자본 투자와 스타트업을 위한 세계 20대 선도 지역에 속한다. 스타트업 도시 허브는 유럽의 베를린, 암스테르담, 리버풀, 뮌헨, 그리고 중동의 텔아비브, 암만에서도 새롭게 생겨나고 있다.

스타트업을 선도하는 도시와 슈퍼스타 도시는 상당히 중복된다. 최고의 슈퍼스타 도시인 뉴욕과 런던은 벤처 자본 투자 분야에서 각각 4위와 7위를 차지하고 로스앤젤레스는 5위다. 샌프란시스코, 보스턴, 워싱턴DC, 시카고, 베이징, 상하이는 모두 스타트업과 글로벌 도시 분야에서 높은 순위다. 전체적으로 세계의 선도 글로벌 도시 중 11곳이 첨단기술 벤처 투자 분야 상위 25개 도시에 포함된다.[17] 혁신과 성장을 만들어내는 스타트업은 힘과 영감을 글로벌 도시에서 얻는다.

스타트업과 도시는 자연스럽게 조화를 이룬다. 도시지역은 스타트업 창립자들이 찾는 다양성과 창의적인 에너지, 다양한 문화, 활기찬 거리, 새로운 사고에 대한 개방성을 제공한다. 기존 거대 첨단기술 기업들, 예컨대 몇 개만 언급하자면 마이크로소프트, 애플, 페이스북 등은 대규모 본사 부지가 필요하기 때문에 교외에 머물지만 스타트업은 도시의 산업용 건물이나 창고가 제공하는 유연하고 조정 가능한 업무 공간을 활용할 수 있다.

과거 가장 성공적인 스타트업은 소프트웨어나 하드웨어를 개발하여 제조하는 일에 집중한 회사들이었다. 그들에게 필요한 대규모 시설과 업무용 빌딩은 도심보다 교외에서 더 값싸게 확보할 수 있었다. 오늘날 가장 주목받는 스타트업들은 디지털, 소셜미디어, 게임, 창의적인 애플리케이션과 관련 있다. 이런 기업들은 도시에서 찾을 수 있는 디자이너, 작곡가, 시나리오 작가, 음악가, 마케터, 카피라이터 분야의 인재 풀을 활용한다. 소셜서비스 텀블러Tumblr와 뉴스매체 버즈피드Buzzfeed의 경우 선도적인 미디어와 광고 회사를 활용하기 위해 뉴욕에서 창립했다.[18] 공유시스템을 표방한 우버와 비앤비 같은 도시형 스타트업의 경우 교통과 숙박 같은 도시의 기능이 더 효율적으로 작동하기를 바란다. 도시는 이런 기업들을 위한 장소일 뿐만 아니라 이들의 기술이 해결하려는 문제가 존재하고 있는 장소이며, 혁신을 위한 플랫폼이 된다.

대도시의 문화적 창의성은 스타트업 인재를 끌어들이는 큰 유인요소다. 뉴욕 벤처 자본가 프레드 윌슨Fred Wilson은 엣시Etsy의 창립자 롭 칼렌Rob Kalen과 만난 이야기를 들려주었다. 윌슨은 롭이 사무실에 앉아 기타를 연주하는 것을 보았다. 그가 재주가 뛰어난 음악가인줄 몰랐다고 월슨이 말하자 칼렌이 말했다. "월슨, 사실 저는 아티스트입니다. 내가 1960년대 성장했다면 나는 포크 음악가가 되었을 겁니다. 1920년대에 자랐다면 화가가 되었을 겁니다. 하지만 나는 지금 세대에 태어났기 때문에 나의 예술은 웹사이트를 만드는 것입니다." 월슨이 덧붙였다. "이런 종류의 기술은 과학이라기보다 예술에 가깝습니다. 예술가들은 대체로 도시로 모이죠."[19]

2002년, 나는 《창소석 변화를 주노하는 사람늘》에서 보헤미안적 가치, 활기찬 미술과 음악 현장, 첨단기술 스타트업을 키우는 장소 간의 관련성을 언급했다. 샌프란시스코는 1960년대의 사이키델릭 예술(환각제를 복용한 뒤 도취상태에서 표현한 예술)의 요람이자 그레이트풀 데드, 제퍼슨 에어플레인, 빅 브라더, 홀딩 컴퍼니, 마마스 앤 파파스와 같은 밴드들의 고향이었다. 시애틀은 최고의 기타리스트 중 한 명인 지미 핸드릭스의 출생지였다. 그는 마이크로소프트의 공동창립자 폴 앨런Paul Allen에 강력한 영향을 미쳤고 앨런은 시애틀 도심지에 익스피어리언스 뮤직프로젝트Experience Music Project라는 박물관을 개장했다. 또한 시애틀은 나중에 너바나(Nirvana, 1987년에 결성한 대표적 그런지록 밴드)를 낳은 그런지록(Grunge rock, 시애틀에서 유래한 묵직하고 시끄러운 얼터너티브록의 한 장르)의 탄생지였다. 오스틴 역시 활기찬 얼터너티브 음악이 첨단기술 기업과 함께 성장한 곳이다. 뉴욕과 런던은 세계의 예술 및 문화를 선도하는 도시다. 이것은 단순한 우연의 일치가 아니다. 대도시는 전반적으로 창의적이고 혁신적이다. 실제로 나의 경험적 연구에 따르면 창의적인 예술 및 문화 활동은 경제 성장을 창출하는 첨단기술 산업, 기업,

금융과 함께 일어난다.

현재 첨단기술 분야가 도시로 이동하는 추세는 갑작스러운 반동이라기보다 역사적인 이탈을 바로잡는 것이다. 벤처 자본의 아이콘 폴 그레이엄Paul Graham은 2006년 재난의 징조를 보았다. 그는 실리콘밸리가 대단한 장점과 힘을 갖고 있지만 큰 약점이 있다고 썼다. 그는 1950년대와 1960년대에 뿌리를 둔 이 첨단기술의 "천국"은 "하나의 거대한 주차장"이 되었다고 말했다. 그는 덧붙였다. "샌프란시스코와 버클리는 대단하지만 40마일 밖에 떨어져 있다. 실리콘밸리는 교외지역으로 정신없이 무분별하게 확장되고 있다. 그나마 기막히게 좋은 날씨 덕분에 마구잡이로 팽창하는 대부분의 다른 미국 도시들보다 훨씬 낫다. 그러나 도시의 팽창을 막는 경쟁 도시가 앞으로 실제적인 힘을 갖게 될 것이다."[20] 그의 말이 옳다. 지금 정확히 그렇게 되어가고 있다.

첨단기술 회사와 그곳에서 일하는 기술전문가Techie들이 다시 도시로 돌아오면서, 점차 심각해지는 집값 급등과 도시 불평등 문제와 관련해 그들은 비난의 대상이 되고 있다. 2014년 봄, 오클랜드에서는 기술전문가들을 도심의 고급 주택가에 있는 집에서 근무지인 실리콘밸리의 회사까지 운송하는 민영 셔틀버스에 항의하는 시위가 발생했다. 버스 승객들이 받은 전단지에는 이렇게 적혀 있었다. "당신들은 순수한 피해자가 아니다. 당신들은 빈곤, 무주택, 죽음에 둘러싸인 채 안락한 삶을 살고 있다. 언뜻 보기에 주변의 모든 상황을 의식하지 못한 채 많은 돈과 성공에 취해 있다." 몇몇 시위자들은 야후Yahoo 버스 꼭대기에 올라갔고, 널리 보도되었다시피 그중 한 사람은 버스 앞 유리창에 토했다. 샌프란시스코 미션 지구에서는 광대 복장을 한 시위자들이 인간 피라미드를 쌓고 거대한 공을 튀기고 구글 버스 앞에서 캉캉춤을 추었다.

이 버스들은 샌프란시스코에 기반을 둔 활동가이자 작가인 레베카 솔닛Rebecca Solnit에겐 "외계인 지배자들이 우리를 통치하기 위해 타고 온 우주선"과 비슷하다. 그녀는 이렇게 썼다. "40년 동안 중요한 문화계 인물이었던 한 라틴계 남자는 아내가 암을 치료하기 위해 화학요법을 받고 있을 때 집에서 쫓겨났다. 샌프란시스코의 가장 저명한 시인이자 최근 도시의 계관시인 후보였던 한 사람은 35년 동안 살면서 성인기를 보냈던 아파트에서 쫓겨났다. 그가 가까스로 더 형편없는 집을 찾을지 아니면 다른 곳으로 쫓겨날지는 두고 보아야 한다. 시인들이 살 수 없는 도시의 운명도 마찬가지다." 그녀가 표현했듯 샌프란시스코만 지역의 갈등은 "작가, 예술가, 활동가, 환경운동가, 기인"과 새로운 고소득 기술전문직 엘리트와의 싸움을 부추기고 있다. 그러나 때로 예술가들 역시 적이 된다. 2016년, 시위자들은 화가와 갤러리가 로스앤젤레스의 도심 일부를 새로 점령하는 것을 반대하며 들고 일어났다.[21]

이런 종류의 갈등은 새로운 것이 아니다. 이것들은 오래전부터 샌프란시스코에서 일어나고 있었다. 나 역시 《창조적 변화를 주도하는 사람들》에서 샌프란시스코의 소마(Soma, 샌프란시스코 내 예술 시설 밀집 지역) 투쟁에 대해 썼다. 이 투쟁은 소마, 미션, 다른 도심 지구에 첨단기술 개발과 다른 형태의 젠트리피케이션을 금지하는 법률개정안을 놓고 벌인 싸움이었다. 2000년 투표결과 근소한 차로 떨어졌다. 사람들은 1970년대 후반과 1980년대부터 도시의 젠트리피케이션에 항의해

왔다. 한 비평가는 1985년에 이렇게 썼다. "샌프란시스코는 미국에서 젠트리피케이션이 가장 활발하게 진행된 대도시가 되었다. 10년 전에 블루칼라들이 살았던 지역은 이제 젊은 전문가들을 위한 장소다. 그들이 창출한 소비 경제에서는 새로운 체인점이 크루아상을 대량으로 판매하여 큰 성공을 거두고 있다. 이런 변화는 새로운 어휘를 만들었다—여피케이션(Yuppication, yoppie는 고수입을 올리는 도시의 젊은 청년층을 지칭), 크루아상티피케이션Croissantification, 맨해타니제이션(Manhattanization, 고층건물의 집적화)."[22] 기술전문가와 첨단기술 분야의 스타트업은 도시 공간을 두고 벌이는 아주 오래된 경주에 최근에 참여한 선수일 뿐이다.

하지만 첨단기술 분야의 스타트업이 창출하는 엄청난 부는 혜택을 받은 사람들과 그렇지 못한 사람들 간의 격차를 키울 수 있고, 또 실제로 격차가 벌어지고 있다. 우려를 제기하는 사람은 좌파 인사와 활동가만이 아니다. 벤처 자본가 폴 그레이엄은 열띤 논쟁을 불러일으킨 논문에서 스타트업 도시와 첨단산업 지역은 "불평등 제조자"라고 주장했지만, 그럼에도 그것은 진보의 대가라고 옹호했다. "당신은 사람들이 부자가 되는 것을 막지 않고서는 부의 엄청난 격차를 막을 수 없다. 당신이 그렇게 하려면 사람들이 스타트업을 시작하는 것을 막아야 한다"고 그는 썼다. 그는 계속해서 실제 문제는 고질적인 가난과 사회적 계층 이동성 감소이며, 불평등 문제에 대한 강조는 질병의 근원보다 증상을 더 바라보게 한다고 지적했다.[23]

점점 더 많아지는 도시에 정착하는 스타트업과 기술전문가들은 도시 주택가격 상승, 불평등, 젠트리피케이션에 얼마나 책임이 있을까?

이에 대한 경험적 증거는 엇갈린다. 기술전문가들의 도시 유입이, 특히 샌프란시스코, 뉴욕, 보스턴, 시애틀과 같은 도시의 주거비를 압박한다는 것은 의심의 여지가 없다. 주택가격은 혁신과 첨단기술 산업의 몇 가지 핵심 지표와 밀접한 상관관계가 있다.

그러나 경제적 불평등과 도시의 첨단기술 산업의 관계는 명확하지 않다. 한편으로, 첨단기술 스타트업과 벤처 자본의 집중은 임금 불평등 증가와 밀접하게 관련 있다. 임금 불평등이 지식노동자가 서비스계층과 노동계층보다 훨씬 더 많은 돈을 버는 분리된 구직시장을 반영하기 때문에 이것은 이해가 된다. 다른 한편으로, 도시의 첨단기술 산업과 소득 불평등 지표의 확대 간의 통계적 상관관계는 통계적으로 유의미하지 않다. 이것은 양자 사이에 주목할 만한 관련성이 없다는 뜻이다. 5장에서 두 가지 형태의 불평등과 그것을 유발하는 요소들 간의 차이점에 대해 더 자세히 다룰 것이다. 그러나 지금으로선 도시의 스타트업과 벤처 자본이 도시의 불평등 증가의 일차적인 요인이 아니라고 말하는 편이 옳을 것이다. 도시의 불평등은 지식에 기반한 대도시의 다른 특징에서 비롯된다. 무엇보다도, 이런 특징 덕분에 기술전문가와 첨단기술 회사들은 이런 대도시에 끌린다.[24]

다른 조사도 비슷한 결론을 내린다. 2015년에 시행된 상세한 연구는 미국의 50개 주 전체를 대상으로 지난 수십 년에 걸친 혁신과 불평등 간의 관련성을 면밀하게 조사했다. 그 결과 혁신과 상위 1%가 차지하는 소득 비율 증가는 제법 강한 관련성이 있으며, 부자와 가난한 자의 소득 불평등 증가 간의 관련성은 거의 없는 것으로 밝혀졌다.[25] 실제로, 혁신 수준이 더 높은 대도시 지역이 경제적 이동성 수준도 더 높았다. 자녀가 부모보다 더 높은 소득계층에 속할 가능성과 혁신은 상당한 양의 관계를 보였다. 슈퍼스타 도시와 지식 중심 도시의 높은 주택비용과 엄청난 임금 불평등에도 불구하고 가난한 사람과 노동계층은 다른 지역보다는 슈퍼스타 도시에서 계층 상승 가능성이 더 높다.

다수의 샌프란시스코 사람들을 포함하여 많은 이가 이런 모순을 직감한다. 2014년 4월 조사에 참여한 샌프란시스코 거주자의 3분의 2가 기술전문가들이 "다른 사람들을 몰아내고" 도시의 다양성과 포용성을 떨어뜨렸다고 말했다. 그러나 그들 중 약 4분의 3(73%)은 첨단기술 기업이 도시에 유익하다고 믿는다고 대답했다. 응답자의 절반 이상(56%)은 샌프란시스코가 계속 그들을 키우고 끌어들여야 한다고 말했다.[26]

물론 첨단기술 스타트업들과 기술 노동자들이 도시로 이주하게 되면 부동산 가격이 상승하는데, 특히 샌프란시스코가 그렇다. 그러나 첨단기술 기업들은 또한 혁신과 경제 발전, 일자리, 그리고 도시가 앞서 언급한 이점과 함께 발생되는 문제점을 해결하거나 완화하는데 사용할 수 있는 막대한 세수의 거대한 원천이다. 첨단기술은 도시를 죽이지 않는다. 오히려 혁신 능력을 대폭 끌어올린다. 기술전문가와 스타트업은 일부 지역의 매우 현실적인 문제를 설명하기 위한 편리한 희생양이 될 수 있지만 그들이 도시로 계속 돌아오는 것을 막는 것은 경제적으로 보았을 때 타당성이 거의 없다.

## 창조산업의 중심 슈퍼스타 도시

최근 부자와 첨단기술 스타트업과 직원, 금융 및 다른 분야의 전문 직들이 도시로 유입되는 것은 실제적인 도전과제와 매우 격렬한 갈등을 촉발시킨다. 그러나 일부 사람들이 비난하듯이 그들이 도시의 문화적 창조성을 둔화시키는가? 한마디로 말하면, 그렇지 않다. 슈퍼스타 도시의 창조적인 힘은 실세로 커졌다.

2008년 금융위기 후 뉴욕의 회복은 전통적인 금융, 은행 또는 부동산이 아니라 창조경제의 엄청난 확장 덕분이었다. 뉴욕의 창조경제는 2003~2012년 사이에 13% 성장했다. 뉴욕의 인구 840만 명은 미국 전체 인구의 2.6%에 지나지 않지만 미국의 창조적인 직종의 8.6%를 차지한다. 2003년 7.1%에서 1.5%포인트 증가했다. 뉴욕에는 미국 패션디자이너의 28%, 영화와 텔레비전 프로그램 제작자와 감독의 14%, 인쇄와 미디어 편집자의 12%, 예술 감독의 12%가 활동하고 있다.[27] 지금까지 뉴욕은 이들 덕분에 미국의 창조 중심지가 될 수 있었다.

대서양을 건너 런던의 창조산업 지배력은 훨씬 더 독보적이다. 런던 대도시권은 영국 인구의 12.7%에 불과하지만 영국의 모든 창조산업 직종의 40%를 담당한다. 영국의 텔레비전, 영화, 라디오 분야 직종의 58%, 음악, 공연예술 분야 직종 43%가 런던 대도시권에 있다. 런던의 지배력은 점차 커지고 있다. 2007~2014년 영국의 창조산업 고용 증가량 중 가장 큰 부분이 런던에서 발생했다.[28]

창조산업과 창조 직종이 슈퍼스타 도시에 집중되는 현상을 단지 도시의 크기로만 설명할 순 없다. 나와 동료 연구자들이 음악, 시각예술, 연극, 무용을 포함한 광범위한 미국 창조산업의 지리적 분포를 조사했더니 모든 다른 대도시보다 뉴욕과 로스앤젤레스에 훨씬 더 많이 집중되어 있었다. 이것은 단순히 도시의 인구 규모로 예상할 수 있는 수준을 훨씬 넘어서는 것이었다.[29]

뉴욕과 로스앤젤레스는 예술과 창조성과 관련한 분야의 지배도는 얼마나 클까? 간단히 대답하면, 두 도시는 "많이" 지배한다. 전반적으로 로스앤젤레스의 예술과 창조 분야 직종의 집중은 미국 전체 평균의 약 3배이며 뉴욕은 미국 평균의 2배 이상이다. 화가와 조각가를 포함한 미술 분야 종사자의 LA 집중도는 미국 전체 평균보다 약 4배 높다. 뉴욕은 1.5배 높다. 음악가와 가수의 경우 뉴욕은 미국 전체 평균의 약 3배, LA는 약 2배 이상이다. 배우의 집중도에서 LA는 미국 전체 평균의 약 10배이며 뉴욕은 2.5배이다. 제작자와 감독의 경우 LA는 미국 전체 평균의 약 7배, 뉴욕은 4.5배다. 작가와 저자의 경우 두 도시는 미국 전체 평균보다 3배 이상이다. 패션 디자이너의 경우 뉴욕의 집중도는 미국 전체 평균의 10배 더 높고, LA는 약 8배 더 높다.[30]

확실히, 선도적인 이 두 슈퍼스타 도시 사이에는 어느 정도의 서열화와 혼재가 존재한다. 모비는 2014년 "창조성은 실패할 자유를 필요로 하며, 설혹 실패하더라도 LA의 값싼 임대료 덕분에 덜 두려웠기 때문에" 뉴욕을 떠나 로스앤젤레스로 갔다고 말했다. 그의 일화가 보여주는 통찰은 경험적 자료가 뒷받침한다. 미국통계국US Census Bureau의 조사에 따르면, 적지 않은 수의 예술과 문화 분야의 창조적 활동가들이 뉴

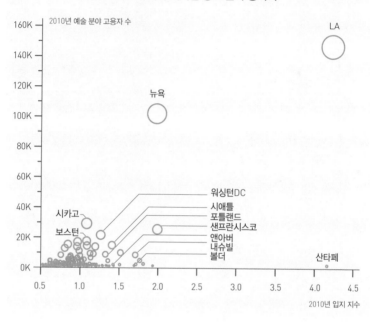

〈그림 3.3〉 미국 지역별 창조 분야 종사자

2010년 예술 분야 고용자 수

LA

뉴욕

워싱턴DC
시애틀
포틀랜드
샌프란시스코
앤아버
내슈빌
볼더

시카고
보스턴

산타페

2010년 입지 지수

자료: 칼 그로닥(Carl Grodach), 엘리자베스 커리드 할켓(Elizabeth Currid-Halkett), 니콜 포스터(Nicole Foster), 제임스 머독(James Murdoch), "예술가 집단주거지역의 입지 패턴-메트로·근린지역 분석(The Location Patterns of Artistic Clusters: A Metro- and Neighborhood-Level Analysis)," Urban Studies 51, no. 13 (2014): 2822-2843.

욕에서 LA로 이동하고 있다.[31] 창조 분야에서 이 두 도시는 다른 미국의 도시들보다 훨씬 더 앞선다.

〈그림 3.3〉은 뉴욕과 로스앤젤레스의 창조 분야 지배력을 보여준다. 이것은 시각 예술, 음악, 연극, 디자인을 포함한 선도적인 22개 예술 및 문화 산업과 해당 분야의 종사자 수를 기준으로 대도시를 배열한다. 두 도시는 단연 독보적이며, 특히 그래프 상에서 오른쪽 구석에 있는

로스앤젤레스가 더 그렇다.[32] 두 대도시의 예술 및 문화 산업, 그리고 해당 분야의 고용 기회의 집중도는 두 도시의 큰 인구 규모를 고려한다 해도 미국의 다른 대도시 지역보다 훨씬 더 크다.

대중음악에 관한 자료를 더 깊이 들여다보면 다른 측면에서 이 두 슈퍼 도시의 우월한 창의성을 확인할 수 있다. 뉴욕과 LA는 지난 수십 년 동안 대중음악을 선도하는 세계적 중심지다. 실제로, 대중음악은 금융, 미디어, 첨단기술보다 훨씬 더 현저하게 승자독식 패턴을 따른다. 나와 동료들이 2007년 10개 대중음악 장르의 지리적 분포를 분석한 결과 LA가 팝, 록, 일렉트로닉, 라틴, 포크, 실험 음악 등 6개 분야에서 선두를 달리고 어번Urban, 컨트리, 재즈 3개 분야에서 2위였다. 뉴욕은 재즈에서 1위, 록, 팝, 일렉트로닉, 포크, 라틴 음악 분야에서 2위였다. 10개 장르가 모두 나타난 유일한 도시들은 내슈빌과 애틀랜타인데 전자는 컨트리, 기독교음악, 그리고 후자는 어번 뮤직에서 각각 선두였다.[33]

단 세 도시 뉴욕, 로스앤젤레스, 런던이 반세기 이상 전 세계 대중음악을 지배했다. 프랭크 시내트라, 엘비스, 비틀즈, 더 나아가 비욘세, 제이 지, 테일러 스위프트가 활약했다.[34] 1950년부터 오늘날까지 히트곡을 만든 가수의 약 3분의 2인 63.2%가 이 세 도시에서 활동했다. 뉴욕 21%, LA 22%, 런던 20%다. 물론 음악가가 음악을 만든 곳과 실제로 태어난 곳은 다르다. 우리의 자료에 따르면 대중음악 스타의 14%만이 뉴욕과 그 인근 지역에서 태어났고 런던은 7%, LA는 불과 2%였다. 그러나 태어난 곳과 활동하고 성공한 곳이 다른 건 새로운 현상이 아니다. 비틀즈는 리버풀과 함부르크에서 탄생해 런던에서 성공을 거두었다. 미국의 위대한 토착 음악 장르인 블루스는 미시시피 델타에서 태어나 시카고에서 발달한 후 뉴욕, LA, 런던에서 엄청나게 상업화되었다. 마돈나는 디트로이트에서 뉴욕으로 이주했고, 마일리 사이러스는 내슈빌 근교에서 LA로 옮겼다. 펜실베이니아주 리딩에서 성장한 테일러 스위프트는 내슈빌로 옮겼다가 그다음 뉴욕으로 갔다. 마이클 잭슨보다 히트곡이 더 많은 스웨덴 출신 음반제작자 맥스 마틴은 LA의 스튜디오에서 살고 있다. 이 도시들은 한때 커리어 초기의 젊은 음악가와 예술가들에게 그랬던 만큼 적절한 곳이 아닐 수 있지만, 음악가들이 계속 성공을 거두고 정상에 머무를 수 있는 장소다.

이 세 슈퍼도시는 왜 이런 지배력을 갖고 있을까? 한 가지 이유를 들자면 이 도시들은 도시 규모와 범위보다 훨씬 큰 경제 규모를 갖고 있다. 큰 시장 규모뿐만 아니라 이런 산업에 필요한 다양한 인재와 기술, 공연가, 예술가, 기업, 공연장, 제작자, 대행사, 작가, 작곡가, 안무가, 디자이너, 엔지니어가 집중돼 유리하다. 히트곡은 예측할 수 없다. 훨씬 더 많은 곡이 실패한다. 한 곡이 큰 성공을 거두려면 많은 모험이 필요하다. 슈퍼스타 도시들은 최고의 히트곡 제작자들, 히트곡을 발표하는 데 필요한 가장 완벽한 지원체계, 많은 모험을 신속하고 효율적으로 처리하는 빠른 프로세스가 있다. 또한 이 도시들은 대중문화와 스타 만들기의 중심 요소인 주요 대중매체의 중심지다.

예술, 문화, 기술, 경영 분야의 역량과 함께 높은 수준의 혁신적이고 창조적인 경제를 가진 도시는 정말 드물다. 미국 전체 대도시의 단 5% ─364개 도시 중 19개─만이 이런 분야에서 높은 성과와 역량을 갖춘 창조성을 보유하고 있다. 여기에는 뉴욕과 LA와 같은 슈퍼스타 도시, 그리고 샌프란시스코, 산호세, 보스턴, 워싱턴DC, 시애틀, 오스틴과 같은 지식 및 테크허브 도시가 포함된다. 이 도시들은 창조산업, 첨단기술, 경영 분야의 지배력 이외 전반적으로 더 강하고 다양하며 탄탄한 경제를 자랑한다.[35]

점점 더 많은 비평가가 이 슈퍼스타 도시의 높은 주택가격이 혁신과 경제 성장을 약화시킬 것이라고 믿지만 지금까지 그런 일은 일어나지 않았다. 2014~2015년 사이 산호세 대도시 지역은 미국에서 두 번째로 빠른 성장률을 보였는데, 경제생산량 증가율이 8.9%로 미국 전체 평균 2.5%보다 3배 이상이었다. 반면 근처 샌프란시스코는 4.1% 증가했다.[36] 이 슈퍼스타 도시와 테크허브 도시에서 창조적 활동이 위축되거나 사라지기는커녕 다른 도시들을 훨씬 능가하고 있다.

## 도시를 둘러싼 논쟁

뉴욕, 런던, 로스앤젤레스, 샌프란시스코가 생활비가 비싼 곳이 되었다는 점은 부인할 수 없다. 가난한 젊은 화가와 음악가들은 비용 때문에 이런 도시에서 밀려나고 있다. 한때 유명한 예술 중심지였던 지역은 창조적인 활기를 잃고 있다. 슈퍼스타 도시와 지식 중심 도시는 거주 수요가 많다. 이런 도시의 토지는 한정되어 있어 공간 경쟁이 치열하다.

하지만 기성 음악가와 화가들의 심각한 경고에도 불구하고 이들 도시는 적어도 예전에 못지않게 예술적인 면에서 창의적이고 기술적인 면에서는 더 혁신적이다. 내가 보기에, 엄청나게 성공한 록스타들이 낮은 임대료, 값싼 음료, 창의적인 너바나 음악이 흐르던 좋았던 옛날을 그리워하는 모습은 확실히 역설적이다. 펑크록과 뉴웨이브 음악의 중요한 공연장인 CBGB's가 지금은 고급 의류점이 되어 있다. 전반적으로 보면 이들 도시의 창조경제는 과거 1970년대와 1980년대보다 훨씬 더 강력하다. 어느 누가 오늘날의 뉴욕과 LA의 경제와 이 두 도시의 1970년대 또는 1980년대 경세 상황과 '신심으로' 바꾸고 싶어 할까? 나로서는 그 대답은 명백하다. 이들 도시가 가진 예술적 창조 분야의 전통적인 힘에다 첨단기술 기업이 가세하면서 도시 경제가 더 탄탄해졌다.

변화하는 도시들에 관한 가장 큰 논쟁 중 일부는 도시 엘리트의 경쟁에서 비롯된다. 훨씬 더 큰 문제는 상대적으로 혜택을 누리는 계층과 그 밖의 다른 모든 계층 간의 격차 확대다. 가난한 사람과 노동계층은 번영하는 도시에서 사실상 쫓겨나 주변으로 이동하고 있다. 그들을 돕는 방법은 부를 창출하는 수도꼭지를 잠그는 것이 아니라 번영하는 경제를 더 포괄적이고 포용적으로 만드는 것이다.

가난한 노동계층 사람들이 직면한 도전은 종종 젠트리피케이션의 문제로 표현된다. 이것은 아마 현재 도시 담론에서 가장 큰 도화선일 것이다. 젠트리피케이션에 관한 논쟁은 값비싼 도시들이 문화적으로 죽어간다는 비난 또는 기술전문가들이 선도적인 지식 중심 도시의 문제에 책임이 있다는 비난보다 더 중요한 의미가 있지만, 이런 논쟁 역시 근거 없는 믿음과 신비화 때문에 방해를 받는다. 다음 장에서 이 부분에 대해 살펴볼 것이다.

## 4장

젠트리피케이션

GENTRIFICATION AND ITS DISCONTENTS

## 재개발 vs. 젠트리피케이션

"백인 엄마들이 새벽 3시에 125번 가에서 아기를 유모차에 태우고 밀고 가는 것을 보면 틀림없이 많은 생각이 들 겁니다." 브루클린 토박이 스파이크 리Spike Lee가 2014년 2월에 이렇게 힘주어 말했다. 〈똑바로 살아라Do the Right Thing〉와 〈말콤 엑스Malcolm X〉로 유명한 스파이크 리 감독은 흑인 역사의 달Black History Month 행사의 일환으로 브루클린 프랫인 스티튜트에서 개최된 토론을 마치고 질문 시간을 가졌다. 한 청중이 그에게 젠트리피케이션에 대해 물었다. 리 감독은 그 주제에 대해 할 말이 아주 많았다. 그는 젠트리피케이션은 인근 지역에서 우연히 일어난 일이 아니라고 주장했다. 그 지역에 사는 사람들에게 일어난 일이었다. 젠트리피케이션은 신 식민지적 토지 강탈이나 다름없다. 그는 이렇게 표현했다. "빌어먹을 크리스토퍼 콜럼버스 신드롬입니다."[1]

리가 보기에 젠트리피케이션은 부유한 백인들이 가난한 흑인들을 그들의 동네와 집에서 몰아내는 것과 같다. 그만 그렇게 생각하는 것이 아니다. 수많은 비평가가 오래전부터 젠트리피케이션을 부유한 개발업자들이 땅과 건물을 사들여 그 동네에서 기존 주민들을 몰아내는 착취 과정이라고 성토했다.[2]

젠트리피케이션은 경제적인 문제 못지않게 감정적인 문제다. 이것 때문에 내가 비난받는다는 것을 알고 있다.[3] 많은 신규 전입자는 그들이 새로 이사 온 동네의 특성을 바꾸고 이웃을 살던 집에서 몰아내는 것에 의당 죄책감을 느낀다. 2014년 한 기사는 "기본적으로 젠트리파이어가 되지 않을 방법이 달리 없다"고 표현했다.[4] 오래된 거주민들은 그들이 사는 장소에 강한 애착을 느낀다. 비록 그들이 떠나지 않을 수 없다 해도 매우 다르고 훨씬 더 부유한 신입자들이 동네를 낯선 곳으로 바꾸는 것에 당연히 화가 난다. 우리는 모두 우리가 사는 곳에 깊은 관심을 두고 있으며 다른 사람들이 우리가 그곳에 살 권리를 존중하기를 원한다. 그렇지 않으면 걱정과 분노가 끌어 오르고 긴장감이 치솟는다.

하지만 이 주제를 연구한 많은 전문가에 따르면, 젠트리피케이션에 관한 전형적인 불만들이 지나치게 과장되어 있고 부정확하다. 컬럼비아대 도시계획학과 교수 랜스 프리먼Lance Freeman은 할렘과 뉴욕의 다른 구역의 젠트리피케이션을 광범위하게 연구했다. 그는 부유한 젠트리파이어에 의한 가난한 거주자의 직접적인 이주에 대한 우려는 사실보다는 신화에 근거한다고 생각한다. 프린스턴대 사회학자이자 인종차별과 경제적 분리에 관한 손꼽히는 전문가 더글러스 매시Douglas Massey는 사람들의 광범위한 도시 유입과 유출에 비교할 때 젠트리피케이션은 "새발에 피"에 지나지 않는다고 주장한다. 그는 일부 도시주의자들이 견지하는 반反 젠트리피케이션 입장이 위선적이라고 본다. 그는 이렇게 썼다. "진보적인 도시 전문가들은 한편으론 미국의 교외화와 미국 백인들의 도시 포기를 비판하고, 다른 한편으론 특별히 선택된 극소수의 백인들이 그런 흐름에 역행하면서 도시에서 그들의 권리를 주장할 때는 그들을 기회주의자라고 비난하면서 도심 재개발을 매도한다."[5]

이 장의 목표는 실제 자료에 초점을 맞춤으로써 젠트리피케이션과 관련해 균형있는 관점을 회복하는 것이다. 앞으로 보겠지만, 2000년도 이래 도시회귀 현상Back-to-the-city movement이 가속화되면서 젠트리피케이션의 속도도 빨라졌다. 그러나 아직까지 젠트리피케이션은 주로 슈퍼스타 도시와 테크허브 도시에만 영향을 미치고 있다. 대규모 연구에 따르면, 젠트리피케이션 때문에 도시를 떠나는 사람은 비교적 소수이며, 전반적으로 이들 도시의 주택가격을 끌어올리는 도시회귀 현상이 더 큰 문제다. 도시회귀 현상은 가난하고 불우한 사람들에게 가장 큰 부담을 준다. 궁극적으로, 젠트리피케이션에 대한 대중매체의 집착은 훨씬 더 심각한 문제인 만성적이고 누적된 도시 빈곤을 바라보지 못하게 한다. 젠트리피케이션 자체와 새로운 도시 위기의 심층적인 역학을 이해하는 전제조건으로서 젠트리피케이션을 있는 그대로 이해하는 것이 중요하다.

# 논쟁의 중심으로 떠오른 젠트리피케이션

일반화시켜 말하자면, 젠트리피케이션은 어떤 동네의 부가 늘어나고 이전보다 거주민들 중 부자와 백인과 젊은 층이 많아지는 과정을 말한다. 1960년대 루스 글라스Ruth Glass는 노동계층이 사는 런던 구역이 중산층과 상류 젠트리(Gentry, 영국에서 중세 후기에 생긴 귀족보다 지위는 낮지만 경제력을 지닌 계층을 지칭)에 의해 바뀌는 것을 설명하기 위해 처음 이 용어를 사용했다. 그녀는 이렇게 썼다. "일단 한 구역에서 '젠트리피케이션' 과정이 시작되면 노동계층이 모두 또는 대부분이 이주하고 이 구역의 사회적 특성이 모두 바뀔 때까지 급속하게 진행된다."[6]

1960년대와 1970년대의 젠트리피케이션은 기본적으로 두 가지 방식으로 이루어졌다. 글래스가 썼듯이, 첫 번째 방식은 부유하고 교육을 받은 사람들이 뉴욕의 그리니치빌리지, 보스턴의 비컨힐, 필라델피아의 소사이어티힐 또는 워싱턴DC의 조지타운과 같은 이전의 상류층 주거지역으로 돌아오기 시작한 것이다. 할리우드는 1970년대 영화〈더 랜드로드The Landlord〉에서 이런 형태의 젠트리피케이션을 묘사했다. 이 영화에서 보 브리지스는 물려받은 돈의 일부를 슬럼가의 셋방에 투자하여 그곳에 사는 아프리카계 미국인 세입자를 쫓아내고 자기 전용 타운하우스로 만들려는 무책임한 특권층 자녀 역할을 맡았다. 물론, 상황은 전혀 다른 방향으로 흘러간다. 그 당시 황폐했던 파크슬로프, 브루클린 지역을 배경으로 한 이 영화는 흥행에는 실패했지만 이 영화가 제시한 파크슬로프의 경제와 인종에 대한 전망은 영화가 개봉했던 당시

의 사람들의 예상보다 훨씬 더 들어맞았다.[7]

　이런 현상에 대한 초기 경험적 연구들Empirical studies 중 하나는 워싱턴 DC의 두 지역에 나타난 이런 형태의 젠트리피케이션을 조사했다.[8] 첫 번째 지역인 마운트플레전트에는 대대적인 개량이 필요한 쇠퇴한 주거 건물들이 많이 있었다. 그곳의 오랜 거주자들은 인종, 민족, 연령, 혼인여부, 사회계층 면에서 매우 다양했지만 젠트리파이어들은 대부분 젊은 독신 남자들로 역사적이고 건축학적으로 흥미로운 타운하우스를 구매하는 대신 이 지역의 높은 범죄율을 기꺼이 받아들였다. 두 번째 지역인 캐피털힐은 젠트리피케이션 과정이 훨씬 더 진행되어 다양한 부류의 사람들을 끌어들였다. 그곳의 대다수 건물들은 이미 개량되었고 그곳은 거주자의 직장과 가까웠다. 독신 남자들뿐만 아니라 나이 든 사람들, 독신 여자와 기혼 여자, 심지어 자녀를 둔 가족들도 이 지역으로 새로 들어왔다. 이들은 마운트플레전트에 들어온 독신 남자들처럼 일시적인 사람들이 아니었다. 그들은 그 지역에 열심히 헌신했고 그곳의 미래에 훨씬 더 많이 투자했다. 특히 캐피털힐에서는 어느 정도의 이주가 이미 일어나고 있었고, 흑인과 다른 소수민족들, 노인층이 젠트리피케이션에 큰 영향을 받았다. 이 연구는 정책결정자들이 이런 추세에 주의를 기울일 것을 경고했다.

　1960년대와 1970년대에 젠트리피케이션이 일어난 두 번째 방식은 주로 화가와 창조적인 사람들이 오래된 산업 및 창고 지역을 다른 목적으로 개조하는 것이었다. 산업이 교외지역으로 이동하면서 화가, 음악가, 디자이너들이 오래된 공장과 창고를 스튜디오와 공연장으로 바꾸기 시작했다.

유명한 미니멀리스트 도널드 저드Donald Judd와 같은 화가들은 커리어 초기, 로어맨해튼의 허름한 건물 위층에서 성장했다. 그러는 동안 카페 후아Café Wha?, 머드 클럽The Mudd Club, CBGB를 포함한 주변의 클럽과 바는 밥 딜런, 지미 핸드릭스에서부터 데이비드 번, 라몬즈에 이르는 많은 음악가에게 실력을 닦을 수 있는 공간을 제공해주었고, 그들은 결국 세상의 주목을 받있다.

젠트리피케이션은 수십 년 동안 일어나고 있고, 그동안 사람들은 이 현상이 해당 지역과 도시에 미칠 피해를 걱정해왔다. 오래전인 1981년, 한 전문가가 오늘날 우리가 나누는 말과 소름끼칠 정도로 비슷하게 젠트리피케이션이 샌프란시스코에 미칠 악영향에 대해 경고했다. 버클리 소재 캘리포니아대의 케네스 로젠Kenneth Rosen은 〈뉴욕타임스〉에 이렇게 썼다. "이런 추세라면 이곳은 엘리트만이 살 수 있는 장소가 될 것이다. 소득 불평등을 해소하는 정책을 펴지 않는다면 지금부터 10년 후 모든 중산층이 도시에서 떠나야만 할 것이다. 나는 샌프란시스코가 돈을 가진 은퇴한 독신자들과 금융지구에서 일하는 임원들과 같이 슈퍼 부자들이 사는 주거지가 되고 있다고 생각한다. 부유하지 못한 사람들은 이곳에서 살기 매우 어려워질 것이다."⁹

오늘날 우리가 경험하듯 젠트리피케이션은 더 넓은 역사적 배경에서 바라보는 것이 유익하다. 긴 시간의 틀 속에서 바라보면 도시의 지역들이 어떻게 지속적으로 바뀌는지 더 명확하게 알 수 있다. 주거지역에서 상업과 산업의 중심지로, 또다시 주거지역으로, 그리고 부유한 지역에서 가난한 지역으로, 또다시 부유한 지역으로 바뀐다. 이런 변화 과정은 비록 고통스럽지만 도시의 자연스러운 특징이며, 영속적인 발전의 과정이다. 도시의 지역들이 성장하고 변화할 때 그곳의 인구와 계층 구조도 바뀐다. 외부에서 볼 때는 그곳의 건물이 똑같아 보여도 시간이 흐르는 동안 그 안에서는 큰 변화가 일어난다.

경제학자 윌리엄 이스털리William Easterly와 그의 연구팀이 2014년 수행한 연구는 어떻게 도시가 시간이 흐르며 계속 리빌딩되는지 이해하기 위해 소호 지역의 그린스트리트 145m 구간의 3세기 동안의 변화과정을 추적했다.[10] 1641년 네덜란드인 정착민이 이 지역을 해방된 노예들에게 농장으로 제공하면서 그들이 식민지 거주민과 인디언 사이의 완충 역할을 해주기를 기대했다. 네덜란드인이 떠난 후 도시 인구가 증가했고 이 지역의 지가가 상승했다. 결국 이 지역은 더 큰 농장으로 통합되었고 농장은 18세기 말에 파산했다. 1800년대 초 이 블록은 맨해튼 남쪽 끝에 위치한 항구와 금융지구에서 일하는 은행가와 상인들을 위한 최신 타운하우스로 개발되었다. 전염성이 강한 황열병이 발생했을 때 그린스트리트의 가장 멋진 거주자들이 먼 북쪽으로 이주했고 19세기 중엽 이곳의 주택과 호텔은 사창가로 바뀌었다.

도시가 산업화되기 시작하면서 이 지역은 또다시 바뀌었다. 1890년대 원래 있던 주택 중 2곳을 제외한 모든 집이 허물어지고 5~6층짜리 창고와 공장으로 대체되었다. 그린스트리트는 뉴욕 의류 판매의 중심지, 특히 모자 제조의 중심지가 되었다. 그러나 1911년, 그린과 워싱턴 플레이스 북쪽 코너 여섯 블록에 자리 잡고 있었던 트라이앵글 셔츠 웨이스트 공장Triangle Shirt Waist Factory의 화재가 이 지역의 운명을 바꾸는 계기가 되었다. 이곳의 건물은 보험에 가입할 수 없게 되었기 때문이다. 의류 판매는 도시 외곽의 홍등가 지역으로 이동했고, 그린스트리트는 한동안 버려진 땅이 되었다. 로어맨해튼을 르 코르뷔지에(Le Corbusier, 스위스 태생의 프랑스 건축가) 방식의 슈퍼블록으로 만들려는 로버트 모지스Robert Moses의 계획에 따라 이곳은 고가 고속도로가 교차하면서 한동안 대중의 주목을 빚있지만 실패로 끝났다. 1960년데외 1970년대, 화가들이 텅 빈 산업용 건물로 이주하기 시작했고, 오늘날에는 고급 상점과 고급 주택들이 이 화가들을 대체하고 있다. 이스털리의 자세한 부동산 가격 자료가 보여주듯이, 지난 200여 년 동안 이 지역의 부동산 가격은 단연 최고로 올랐다.

오늘날 도시회귀 현상이 가속화되고 슈퍼스타 도시의 부동산 가격이 폭등하면서 젠트리피케이션은 1970년대와 1980년대보다 훨씬 더 논쟁적인 이슈가 되었다. 1990년과 2014년 사이 미국의 100대 도시의 절반 이상에서 도심 인구보다 비도심지역 인구가 늘었다. 이것은 이전 패턴과 다른 극적인 반전이다. 비교하자면, 1970년대와 1980년대 사이에는 이들 중 단 6개 도시에서 비도심지역 인구가 증가했다.[11] 이와 같은 최근의 도시 재개발 추세는 거의 대부분 부유하고 교육을 받은 상류층 백인들에 의해 주도된다. 부동산 경제학자 제드 콜코Jed Kolko가 취합한 자료에 따르면 2000년과 2014년 사이 인구가 밀집한 도시로 되돌아올 가능성이 가장 높은 집단은 미국 가구의 최상위 10% 부자들이다. 부유하고 혜택을 받은 사람들의 도시회귀 현상은 뉴욕, 로스앤젤레스,

샌프란시스코만 지역, 보스턴, 워싱턴DC, 시카고, 시애틀, 포틀랜드, 덴버에서 가장 두드러지지만 다른 대도시에서도 역시 일어나고 있다. 이와 동시에 이런 도시들의 혜택 받지 못한 거주민들은 밀려나고 있다. 미국의 가장 가난한 하위 10% 가구는 2000~2014년 동안 도시에서 떠날 가능성이 가장 높았다.[12]

젊은 사람들은 젠트리피케이션에서 점차 큰 세력이 되고 있다. 얼마나 대단했던지 도시계획가 마르쿠스 무스Markus Moos는 유스피케이션Youthfication이라는 용어를 만들었다. 그의 지도와 조사에 따르면, 맨해튼의 넓은 지역과 브루클린 인접 지역, 그리고 시카고, 토론토, 샌프란시스코의 도심은 젊은 사람들에게 점령당하고 있다. 지난 10년 동안 대학 교육을 받은 25~34세의 젊은 사람들 수는 미국 50대 대도시의 교외지역보다 도심지역에서 3배 더 빨리 증가했다. 이처럼 도심의 인구는 미국 전체 인구 중 5%에 불과하지만 대학 교육을 받은 젊은 사람들의 증가율의 25%를 차지한다. 그럼에도 도시회귀 현상의 가장 큰 인구집단은 1980년대 초에서 2000년 사이에 태어난 밀레니얼세대Millennials가 아니라 약간 나이가 더 든 X세대다. 그들은 1960년대 중반에서 1980년대 초반 사이에 태어난 이들인데, 그중 가장 젊은, 현재 30대 후반에 접어든 사람들이 주다. 가장 큰 이유는 젊은 사람들이 결혼을 늦추고 출산도 미루기 때문이다. 오늘날의 젊은 도시인들은 독신자, 자녀가 없는 부부, 매우 어린 자녀를 둔 부부가 압도적이다. 그러나 이 집단을 어떻게 나누든 간에 도시로 향하는 사람은 혜택을 누리는 젊은 사람이다.[13]

부유한 백인들이 젠트리피케이션과 광범위한 도시회귀 현상을 밀고 가는 추진력이라면, 흑인 중산층도 일정한 역할을 한다. 한 연구에 따르면 1990~2000년 사이 1만 5,000개 이상의 도시 구역에서 발생한 소득 증가의 3분의 1을 그곳으로 전입해 온 고학력 흑인 가구가 담당한다. 도시는 특히 흑인 중산층에게 매력적이다. 그들은 주로 차별 때문에 교외지역으로 나갈 가능성이 적다. 교외지역에서 오랫동안 평등한 주택 선택권을 인정받지 못한 흑인 중산층과 상류층 가구들은 백인 중산층과 상류층보다 도심에 훨씬 더 많이 집중되어 있다. 그늘이 수거비 때문에 밀려나면 혜택을 누리지 못하는 흑인 지역으로 이동하여 그곳을 고급 주택지역으로 만들 가능성이 높다.[14]

토론토대의 내 동료인 너새니얼 바움 스노우Nathaniel Baum-Snow와 시카고 연방준비은행의 대니얼 하틀리Daniel Hartley는 최근의 젠트리피케이션 현상을 심층 연구했다. 그들은 1970~2000년 사이 미국 120개 대도시 도심지역(도심의 업무지구에서 반경 5km 이내)의 변화를 추적했다.[15] 그들의 연구가 제시하는 세 가지 큰 시사점은 젠트리피케이션의 추진력과 이런 현상의 승자와 패자를 이해하는 데 유용하다.

첫째, 젠트리피케이션은 최근 현상이며 2000년 이후 속도가 크게 빨라졌다. 1980~2000년 사이 대부분의 도심지역에는 가난한 사람과 흑인들이 살았다. 젠트리피케이션은 주로 뉴욕, 보스턴, 워싱턴DC, 샌프란시스코와 같은 도시에서 일어난 상대적으로 제한된 현상이었다. 이 시기 동안 고학력자와 백인 노동계층을 포함해 부자들과 가난한 사람들 모두 도시를 떠났다. 그러나 이 모든 상황은 사람들이 도심으로 다시 유입되기 시작한 2000년 이후 급격히 변했다.

둘째, 도시회귀 현상은 부유한 고학력 백인들에 의해 거의 대부분 이루어졌다. 1980년에는 단 2개의 대도시, 뉴욕과 샌타바버라만이 도심과 그 인근 지역에 사는 부유한 고학력 백인들의 비율이 높았다. 2000년 이후 부유하고 대학 교육을 받은 백인들이 도심으로 쏟아져 들어오기 시작했다. 2010년, 워싱턴DC, 시카고, 휴스턴, 애틀랜타 등 더 많은 도시에서 도심에 사는 부유한 고학력 백인들의 비율이 높았다. 2000~2010년 사이, 도심지역에 거주하는 고소득 고학력 백인 가구 비율은 연구대상이 된 대도시의 약 3분의 2에서 증가했다.

몇 가지 요인 때문에 부유한 고학력 백인들이 도심으로 돌아오고 있다. 먼저 지식, 전문성, 첨단기술, 창조성이 요구되는 고임금 일자리가 도심에 집중되어 있어 접근성이 좋기 때문이다. 또 다른 요인은 부자들이 긴 통근시간을 줄이기 위해 직장 근처에 살려고 하는 경향이 증가하고 있기 때문이다. 그러나 부유한 고학력 백인들이 도시로 가는 가장 중요한 요인은 도서관에서 박물관, 레스토랑과 카페에 이르기까지 도시가 제공하는 쾌적한 편의시설에 대한 접근성이다. 부유한 백인은 도심으로 돌아옴으로써 통근시간을 줄이는 동시에 고임금의 직장 주변에 살면서 도시생활이 제공하는 더 나은 편의시설에 대한 특별한 접근성을 누릴 수 있다.

셋째, 이처럼 혜택을 받은 사람들이 도시로 들어오면서 저소득, 저학력의 인종 소수자들은 주로 주거비 상승 때문에 도시 밖으로 이동하거나 또는 밀려난다. 가난한 사람들의 유출이 특히 문제가 되는 이유는 도심이 임금 인상과 경제적 계층 이동 전망에 도움을 주는 더 나은 구직 기회와 더 좋고 다양한 편의시설을 제공하기 때문이다. 이러한 변화의 최종적인 결과는 불평등 증가와 공간 분리다. 혜택을 받지 못한 흑인과 백인은 도시에서 밀려나 점차 쇠퇴하는 교외지역이나 혜택 받지 못하고 경제적으로 더 고립된 도시로 집중된다. 이 책의 6, 7, 8장에서 이에 대해 더 자세히 살펴볼 것이다.

## 젠트리피케이션의 원인들

궁극적으로 젠트리피케이션은 오늘날 도시로 이동하는 젊고 교육받은 부자들, 또는 1970년대와 1980년대 건물 위층을 점유했던 화가나 음악가들의 개인적인 욕구나 선호를 초월한 여러 힘의 산물이다. 젠트리피케이션은 훨씬 더 크고 광범위한 힘들에 의해 발생하며, 그 가운데 대규모 공공 및 민간 투자가 개인들의 선택을 구조적으로 제약하고 그렇게 함으로써 도시 내 지역과 도시의 변화 경로를 바꾼다.[16]

예를 들어 대중교통 노선의 위치는 오래전부터 부동산 개발 패턴을 결정해왔다. 1세기 전에도 시내 전차 노선이 초기 교외지역의 위치를 결정했다.[17] 이와 비슷하게 오늘날은 대중교통 주변으로 부자들이 모이면서 젠트리피케이션이 유발된다. 대중교통은 두 가지 방식으로 작동한다. 첫째, 대중교통은 도시의 변화를 위한 대대적인 투자를 예고하며 부유한 거주자를 더 많이 끌어들이고 자산 가치를 상승시키는 데 도움을 주는 대규모 투자다. 둘째, 대중교통 덕분에 혜택을 받은 집단들은 힘들게 통근을 하지 않아도 된다. 고학력 전문직들과 지식 노동자들은 도심지나 도심지로 신속하게 이동할 수 있는 지하철과 대중교통 정류장 근처에 살기 위해 기꺼이 웃돈을 내려고 한다.[18] 이 과정은 반복되면서 강화된다. 부유한 가구들이 대중교통 노선과 교통의 요지 주변에 더 많이 거주하게 될수록, 그 지역의 주택가격은 상승하고 수준 높은 편의시설도 뒤따라 들어온다. 그 지역엔 점점 더 좋은 상점, 카페, 레스토랑이 많아지고 학교, 공원, 다른 편의시설이 개선된다. 덕분에 훨씬 더 매력적인 곳이 되고 주택가격은 더 많이 오른다. 대중교통 주변의 젠트리피케이션은 희소성을 반영한다. 즉 대중교통 주변의 주택가격이 가장 높은 것은 대중교통과 대중교통을 이용할 수 있는 지역이 충분하지 않기 때문이다.

물론 대중교통은 젠트리피케이션을 유발하는 다양한 형태의 공공투자의 한 형태다. 학교 역시 젠트리피케이션에 기여한다. 역사적으로 범죄와 함께 형편없는 학교 수준과 평판은 도시의 중산층 가구들에게 외면 받았다. 최근 수십 년 동안 새로 인가 받은 매력적인 학교의 등장과 기존 학교의 전반적인 개선은 더 많은 부자를 도시로 끌어들이고 그들이 자녀를 갖기 시작할 때도 그곳에 계속 머물게 했다. 부유한 집단이 도시에서 중요한 영향력을 가진 집단이 되면, 지역 학교에 더 많은 투자를 요구하는 정치적 압력도 증가한다.

종합대학과 단과대학 그리고 부설 의료센터, 이른바 교육기관과 의료기관은 공공투자가 교육받은 부유한 거주자를 도시로 끌어들이는 또 다른 요인이다. 공립대학과 연구중심 사립대학들은 상당한 액수의 연방 지원금을 받으며, 많은 대학은 대학 교수진이나 직원에게 주택이

나 주택 보조금을 제공한다. 그들은 보통 도시지역 인근에 살면서 젠트
리피케이션을 자극한다.

공원과 녹지에 대한 공공투자 역시 젠트리피케이션을 촉진한다. 뉴
욕의 하이라인High Line은 회랑을 따라 수십억 달러 규모의 주거지 개발
을 유발했다. 공원은 그 자체로 매력적인 편의시설이며 인근 지역의 주
택가격 상승을 촉진한다. 물론, 뉴욕시의 허드슨야드, 토론토의 수변
공간 개발계획, 피츠버그 노스사이드의 도시 스다디움 지구와 같은 대
규모 공공지원 재개발 사업은 이전의 산업지구에 막대한 세금을 쏟아
복합적인 용도로 개발하여 지식 노동자와 새로운 도시인들을 끌어들
이며, 그 인접 지역에 젠트리피케이션을 유발했다.

부자들과 고학력자들의 도시 유입에서 매우 역설적인 점은 도시가
도시적인 특징보다는 교외적인 특징을 보인다는 것이다. 오늘날 도시
의 새로운 아파트와 콘도는 포도주 저장고, 영화감상실, 헬스장, 야외
데크, 수영장, 차고와 같이 교외지역에서 제공되는 다양한 편의시설을
제공한다. 뉴욕 첼시 지역 11번가의 한 전용 건물에 사는 거주자는 자
가용을 집 문 앞까지 들어 올리는 엘리베이터를 갖고 있다. 고급 주택화
되는 도시지역에 나타나는 교외지역 특성은 거주자가 점유한 공간에도
반영된다. 오늘날의 도시거주자들은 교외지역 거주자들 못지않은 공간
을 사용한다. 평균적인 도시 가구의 주거면적은 약 150㎡이며 교외지
역 거주자는 약 162㎡다. 평균적인 도시거주자는 1인당 69㎡를 사용하
는데 교외지역 거주자의 1인당 사용면적인 72㎡보다 약간 적다. 이제
도시는 불쾌하고 붐비는 곳에서 쾌적하고 넓은 곳으로 바뀌고 있다.

# 한정된 발생지역

젠트리피케이션은 미국 전역에서 증가하고 있지만 값비싼 슈퍼스타 도시와 테크허브 도시에서 훨씬 더 큰 문제다. 클리블랜드 연방준비은행의 자세한 연구에 따르면, 미국의 상위 55개 대도시 중 4분의 3은 도시지역의 10% 미만에서 젠트리피케이션이 이루어졌고, 그들 중 40%는 모든 도시지역의 5% 이하가 2000년대에 젠트리피케이션이 진행되었다. 이 연구는 젠트리피케이션을 2000~2007년 사이에 대도시지역에서 주택가격 분포가 하위 50%에서 상위 50%로 변동한 지역으로 정의했다.[19] 이 자료에 따르면 동부 연안지역의 뉴욕, 보스턴, 워싱턴DC, 그리고 서부연안 지역의 샌프란시스코, 포틀랜드, 시애틀과 같은 소수의 대도시들에서만 광범위한 젠트리피케이션이 발생했다. 〈그림 4.1〉을 보라.

나와 팀 동료들이 대도시 지역의 주요한 경제적, 사회적, 인구학적 지표들과 연방준비제도가 제시한 자료들 간의 상관관계를 조사해보니 젠트리피케이션이 값비싸고 혜택을 받은 도시와 대도시 지역에서 발생하고 있는 것이 명확해졌다. 젠트리피케이션과 양의 상관관계가 있는 지표는 도시의 규모와 인구밀도, 도시의 경제적 부와 풍족함, 첨단기술 산업의 집중, 과학과 기술 노동자의 비율, 예술과 문화 분야의 창조계층, 대학졸업자였다.

또한 대중교통 이용도 젠트리피케이션과 양의 상관관계를 보이는 반면, 혼자 자동차를 몰고 직장으로 가는 통근자 비율로 측정한 도시

〈그림 4.1〉 대도시 지역에 따라 매우 다양한 젠트리피케이션

포틀랜드
보스턴
뉴욕
샌프란시스코
워싱턴DC
애틀란타
템파
알래스카

**젠트리피케이션 발생 지역 비율**(%)

2   5   10   15   20   26

자료: 마틴번영연구소 지도 제공, 대니얼 하틀리, 젠트리피케이션과 금융 건전성(Gentrificationand Financial Health), 클리블랜드 연방준비은행, 2013의 자료에 기초.

확산은 음의 상관관계를 나타냈다.[20] 달리 말하면 젠트리피케이션은 지식중심 도시와 슈퍼스타 도시를 정의하는 바로 그 특성의 산물이다. 결국 급격한 젠트리피케이션은 미국 전역의 도시와 대도시 지역의 일반적인 특성이 아니라 성공적인 도시의 징후에 가깝다.

젠트리피케이션이 슈퍼스타 도시에서 주로 발생한다는 사실은 처음부터 이것이 많은 주목을 끈 큰 이유 중 하나다. 슈퍼스타 도시는 가장 영향력이 있는 작가, 언론인, 학자들이 살며 일하는 곳이다. 오늘날 언론 분야 일자리 5개 중 1개가 뉴욕, 워싱턴DC, LA에 있으며, 이는 2004년 8개 중 1개에서 증가한 수치다.[21] 언론은 우리가 다른 분야에서 본 것과 똑같은 슈퍼스타 집중현상을 보여준다. 언론인들이 그들의 주거지와 직장이 있는 도시의 젠트리피케이션에 대해 보도하는 것은 이상한 일이 아니지만, 모호한 방식으로 편향 보도될 수 있다. 2015년의 연구는 〈뉴욕타임스〉가 1980~2009년까지 30년 동안 젠트리피케이션이 이미 진행됐거나 진행 중인 곳으로 확인된 지역을 조사한 후 이 결과와 더 상세한 연구에서 밝혀진 젠트리피케이션 지역과 비교했다.[22] 〈뉴욕타임스〉 기자들은 브롱크스와 퀸스 지역보다 맨해튼과 브루클린 인근 지역의 젠트리피케이션을 기사화할 가능성이 훨씬 높았다. 언론인들이나 아티스트들은 젠트리피케이션을 자신의 동네에서 일어나는 것으로 보는 경향이 있고, 이러한 편향 때문에 이들은 문제의 핵심을 놓칠 수가 있다. 이는 우리들 역시 마찬가지다.

젠트리피케이션은 심지어 경제적으로 가장 성공적인 도시에서도 특정 지역에 한정된다. 뉴욕대 퍼만센터Furman Center의 2016년 연구에 따르면, 젠트리피케이션이 발생한 지역은 뉴욕시의 4분 1보다 약간 더 많다.[23] 이 연구는 1990~2014년 사이 뉴욕의 55개 지역의 변화를 추적했다. 그 결과 27%인 15개 지역만이 젠트리피케이션이 발생한 것으로 확인되었다. 1990년에 이 지역들은 중위소득의 40% 이하였고 중위소득 지역보다 임대료가 더 많이 증가했다. 13%인 7개 지역은 젠트리피케이션이 일어나지 않았다. 즉 이 지역들은 계속 가난한 상태로 머물렀

〈그림 4.2〉 뉴욕의 젠트리피케이션 및 비젠트리피케이션 지역

젠트리피케이션 지역
비젠트리피케이션 지역
고소득 지역

자료: 뉴욕대 퍼먼센터, 지역 변화 데이터베이스(1990, 2000), 미국 지역사회 조사(2010~2014). 뉴욕대 퍼먼센터, 2015년 뉴욕시 주택 및 지역 현황(State of New York City's Housing and Neighborhoods in 2015), 2016년 5월.

다. 가장 큰 비중을 차지하는 33개(66%) 지역은 고소득 지역으로 분류 되었고―소득 수준이 1990년대 중위소득의 최소 60%, 반드시 부유하 지는 않았으며 계속 중산층 지역이었다. 게다가 젠트리피케이션이 일 어나지 않은 지역은 보통 젠트리피케이션이 발생한 지역, 특히 어퍼 맨해튼과 브루클린의 일부 지역 바로 옆이었다. 혜택 지역과 비혜택 지역이 나란히 집중되어 있음을 보여주는 표지로서 오늘날의 뉴욕의 특징을 잘 보여준다. 〈그림 4.2〉를 보라.

아울러 퍼만센터의 연구에 따르면 지난 20년 동안 뉴욕시의 임대료

〈표 4.1〉 뉴욕시 젠트리피케이션 지역의 임대료 변화

| 지역 | 평균 임대료 % 변화 (1990-2010년-2014년) |
|---|---|
| 윌리엄스버그/그린포인트 | 78.7% |
| 센트럴 할렘 | 53.2% |
| 로어이스트사이드/차이나타운 | 50.3% |
| 부쉬위크 | 44.0% |
| 이스트할렘 | 40.3% |
| 모닝사이드하이츠/해밀턴하이츠 | 36.7% |
| 베드퍼드스타이베선트 | 36.1% |
| 노스크라운하이츠/프로스펙트하이츠 | 29.9% |
| 워싱턴하이츠/인우드 | 29.3% |
| 모트헤이븐/헌츠포인트 | 28.0% |
| 아스토리아 | 27.6% |
| 선셋파크 | 23.9% |
| 모리사니아/벨몬트 | 23.5% |
| 브론즈빌/오션힐 | 20.5% |
| 사우스크라운하이츠 | 18.1% |

자료: 마틴번영연구소, 2012년 톰슨 로이터(Thomson Reuters) 자료에 기초.

인상률은 지역마다 상당히 차이난다. 〈표 4.1〉을 보라. 윌리엄스버그와 그린포인트는 가장 많이 올랐는데 놀랍게도 79% 인상했다. 센트럴할렘, 로어이스트사이드, 차이나타운의 임대료는 50% 이상 올랐고, 이스트 할렘, 부쉬위크는 40%, 베드퍼드스타이베선트, 모닝사이드하이츠, 해밀턴하이츠는 36% 이상 각각 올랐다. 반대로, 사우스크라운하이츠는 임대료가 18%, 브라운즈빌과 오션힐은 20% 이상 각각 올랐다.

강력한 표현인 브루클리니제이션Brooklynization이리는 문구기 말해주듯이 브루클린에서는 훨씬 더 다양한 주택가격 패턴이 나타난다. 브루클린이 힙스터(유행을 쫓고 최신 정보에 밝은 사람들)의 활동무대와 젊은 백인 가정의 보금자리로 탈바꿈했다는 대중적인 인식에도 불구하고 이 지역의 많은 동네는 여전히 가난하며 소수민족 거주자들도 상당하다. 일부 지역은 주택가격이 하락하기도 했다. 2004~2014년 사이 유행의 첨단을 걷는 윌리엄스버그의 주택가격은 무려 269% 올랐다. 포트그린은 126%, 그리고 고와누스는 산업용 수로가 있어 악명 높을 정도로 오염되고 상습 범람 지역임에도 불구하고 92% 올랐다. 이곳은 슈퍼펀드(공해 방지 사업을 위한 대규모 자금) 지역으로 지정되었다. 브루클린 중심지, 목조구조로 된 빅토리아식으로 유명한 오래된 아파트 지역인 디트마스파크, 크라운하이츠, 아프리카계 미국인과 유대교 하시딤파들이 사는 1991년 격렬한 폭동이 발생했던 지역의 주택가격은 70% 이상 상승했다. 보럼힐의 주택가격은 69%, 프로스펙트레퍼츠 가든스는 68%, 예전에 산업지역이었던 둠보와 선셋파크는 61%, 이미 평평해지고 멋진 타운하우스들이 들어선 파크슬로프는 60% 올랐다.[24]

한편, 브루클린 내에서도 혜택을 받지 못한 다른 지역의 주택가격은 실제로 떨어졌다. 게릿센비치는 허리케인 샌디가 휩쓸고 간 탓에 2004~2014년 동안 주택가격이 30% 떨어졌다. 오래된 중산층 지구이며 지하철 접근이 제한적인 포트해밀턴은 10% 하락했고, 노동계층이 사는 카나르시 지역은 12% 하락했다. 플랫랜드는 8%, 렘센빌리지는 27% 각각 하락했고 2곳은 저소득층 지역으로 대중교통이 빈약하다. 대중교통 연결이 좋지 않고 다른 투자도 적은 지역에서는 보통 젠트리피케이션이 일어나지 않는다.

## 더 먼 곳으로 쫓겨나는 사람들

젠트리피케이션의 범위 또는 정확한 발생 지역에 상관없이 가장 뜨거운 논란이 되는 이슈는 젠트리피케이션 때문에 쫓겨나는 사람들과 관련한 문제다. 젠트리피케이션과 이주 문제의 전문가인 랜스 프리먼Lance Freeman은 젠트리피케이션으로 인한 이주자들이 보통 우리의 생각보다 훨씬 더 적다는 것을 밝혔다. 프리먼과 동료 연구자들의 2004년 연구에 따르면, 뉴욕시의 젠트리피케이션 지역에 사는 가난한 가정들은 비젠트리피케이션 지역의 가난한 가정들보다 지역 밖으로 이주할 가능성이 적었다. 물론 이것은 젠트리피케이션 지역에 사는 가난한 가정이 더 적기 때문일 수 있다. 하지만 이 연구는 10년이 경과하는 동안 "아무런 이주자도 없이" 어떤 지역의 가난한 사람의 비율이 30%에서 12%로 바뀔 수 있다는 것을 보여준다. 프리먼의 또 다른 연구에 따르면, 젠트리피케이션 지역에 사는 혜택 받지 못한 가정들은 실제로 비젠트리피케이션 지역에 사는 가정들보다 다른 지역으로 이주할 가능성이 15% 더 낮다. 또 다른 연구에서 프리먼은 젠트리피케이션 지역의 한 가정이 이주할 확률은 1.3%에 불과하다고 밝혔다.

프리먼의 연구에 기초하여 젠트리피케이션이 주택 소유자에게 미치는 영향과 세입자에게 미치는 영향을 분리한 다른 연구는 젠트리피케이션 지역의 세입사가 이주 가능싱이 2.6% 더 높지만 주택 소유지들이 젠트리피케이션 때문에 이주한다는 증거는 없다고 밝혔다.[25] 이 연구의 중요한 시사점은 젠트리피케이션에 의한 직접적인 이주는 현재 이 이슈가 제기되는 만큼 그렇게 많지 않으며, 그런 시각으로 젠트리피케이션이 가난하고 불우한 도시 거주자들에 미친 영향을 바라보는 것은 타당하지 않다는 것이다.

이에 대한 부분적인 설명은 젠트리피케이션이 오래된 산업지역이나 노동계층 지역에서 발생하는 경향이 있다는 것이다. 전자의 경우 젠트리피케이션이 시작되기 전에는 사람들이 거의 살지 않았고, 후자의 경우 젠트리피케이션으로 주택가격이 상승하여 집주인들이 이익을 보고 세입자들은 근처로 이주해 비슷한 주택을 이용한다. 이와 같은 두 지역이 만성적인 빈곤과 그에 수반되는 사회문제가 집중되어 있는 지역보다 젠트리피케이션이 발생할 가능성이 훨씬 더 높다. 궁극적으로, 직접 이주에 초점을 맞추는 것은 도시 재개발 사업과 젠트리피케이션이 가난하고 불우한 사람들에게 피해를 주는 더 중요한 측면을 보지 못하게 방해한다.

혜택 받지 못한 사람들에게 미치는 최악의 결과는 젠트리피케이션 지역 자체에서 발생하기보다는 대다수 사람들이 가난하게 사는 훨씬 더 열악한 지역에서 발생한다. 젠트리피케이션은 주택가격 파급효과를 통해 열악한 지역에 사는 가난한 사람들에게 피해를 준다. 상세한 신용 평점 자료를 이용한 2105년 연구는 2002~2014년까지 필라델피아의 젠트리피케이션 영향을 추적한다.[26] 전반적으로 볼 때, 이 도시 인구의 불과 15%만이 이 기간 동안 젠트리피케이션을 경험했다. 랜스 프리먼과 마찬가지로 이 연구를 수행한 사람들은 직접 이주가 중대한 문제가 된다는 증거를 거의 발견하지 못했다. 필라델피아의 젠트리피케이션 지역의 경제적 상황은 상당히 개선되었는데, 이 지역의 가구 수입이 연구기간 동안 42% 증가한 반면 비젠트리피케이션 지역은 20% 감소했다. 젠트리피케이션 지역에 남은 가난한 사람들의 경제 상황 역시 개선되었다. 젠트리피케이션 지역 거주자들은 비젠트리피케이션 지역 거주자들보다 주거지를 떠날 가능성이 훨씬 더 적다.

그러나 가장 가난하고 경제적으로 취약한 거주자들은 이런저런 이유로 젠트리피케이션 지역을 떠나 더 많은 범죄와 더 열악한 학교가 있는 더 가난한 지역으로 이주했다. 중산층과 노동계층 거주자들은 젠트리피케이션에 영향 받을 수 있고 심지어 그에 동반되는 개선으로 약간의 이익을 볼 수도 있다. 만약 그들이 떠난다면 이 이익을 이용하여 도시 내 인근 지역이나 적당한 교외지역으로 이주할 수 있었다. 그러나 가장 취약한 집단은 가장 열악한 지역으로 이동했으며 그곳의 임대료 부담은 보통 증가했다. 도시 빈민들을 가장 힘들게 하는 것은 개별 주택 소유자나 세입자의 직접적인 이주보다는 이와 같은 파급효과였다.

필라델피아의 경험은 시사하는 바가 많지만 젠트리피케이션의 파급효과는 슈퍼스타 도시와 테크허브 도시에서 확대된다. 이런 도시재생은 훨씬 더 빨리 대규모로 이루어지고 있다. 예를 들어, 뉴욕시의 경우 세전 소득의 30% 또는 그 이상을 임대료로 지출하여 임대료 부담이 큰 가구의 비율이 2000년 41%에서 2014년 52%로 증가했다. 젠트리피케이션 지역에서 임대료 부담이 많은 가구의 비율이 같은 기간 42%에서 53%로 증가했다. 비젠트리피케이션 지역의 경우 이 수치가 46%에서 약 60%로 훨씬 더 증가했는데 이는 젠트리피케이션의 파급효과를 보여주는 또 다른 예다. 주택가격 상승은 가장 취약한 가구에 가장 큰 타격을 준다. 20014년 가장 취약한 가구의 4분의 3 이상이 임대료 때문에 큰 부담을 느꼈다.[27]

고급 주택이 빠르게 들어서는 일부 도시에서는 이주 압박도 증가할 수 있다. 2015년의 한 연구에 따르면, 샌프란시스코 지역 중 4분의 1 이상이 상당한 이주 위협에 빠져 있다.[28] 이 연구는 2030년 희소하고 훨씬 더 비싼 공간에 대한 경쟁이 가속화됨에 따라 이주가 상당히 증가할 가능성이 있다. 과거에는 직접 이주가 큰 문제가 아니었다 해도 주택가격이 오르고 더 많은 지역이 바뀌면 슈퍼스타 도시에서 큰 문제가 될 수 있다. 젠트리피케이션이 증가하면서 가장 취약한 계층이 고통을 당할 뿐만 아니라 기존 주민과 새로운 전입자들 사이에 긴장이 증가할 것이다.

# 지역에 대한 서로 다른 인식

한 가지는 확실하다. 젠트리피케이션 주체와 지역의 기존 거주자—새로 전입하는 사람들과 밀려날 위험에 처한 사람들—는 자신의 지역과 지역의 변화를 매우 다르게 인식한다. 스파이크 리는 2014년 2월 어느 날 밤에 청중에게 물었다. "거주자들이 지금 부쉬위크(Bushwick, 뉴욕 브루클린의 비싼 렌트비에 밀려난 자들의 거주하는 지역)를 어떻게 부릅니까? 그 단어는 무엇입니까?" 그들이 대답했다. "이스트 윌리엄스버그(이주해온 사람들이 주로 거주했던 지역이나 근래 대형 자본이 밀려드는 곳)라고 해요. 빌어먹을 집주인들이 동네 이름을 바꾸고 있어요!" 그가 외쳤다. "어떻게 동네 이름을 바꿀 수가 있지요?"[29]

스파이크 리를 괴롭히는 일종의 문화 말소는 진짜 현실이 될 수 있다. 주로 아프리카계 미국인들이 사는 사우스 필라델피아의 저소득 지역에 대한 민족학 연구는 장기 거주자와 새로운 전입자들이 젠트리피케이션을 경험하는 방식이 매우 다르다는 점을 보여주었다.[30] 이 연구는 거주자들에게 지역이 어떻게 변했는지, 특히 그들이 거주지를 어떻게 부르는지에 대해 질문했다. 흑인 거주자들은 보통 그 지역의 옛 이름인 사우스필리를 사용하고, 반면 백인 거주자들은 그레주에이트하스피털, 지호G-Ho, 사우스리튼하우스 또는 사우스웨스트센터시티라는 새로운 지명을 사용했다. 백인 거주자들은 일반적으로 그 지역의 일부가 범죄 다발 지역이라고 믿었지만, 실제로는 그 지역은 부유한 백인들이 살았던 지역보다 범죄율이 더 낮았다. 인종은 거주자들이 자신의 지역에 일어나고 있는 현상을 다르게 경험하고 묘사하게 만드는 핵심적인 요인이었다. 백인 거주자와 흑인 거주자가 지역을 정의하는 방식의 차이는 소득 수준이나 응답자가 그곳에 거주한 햇수와 상관없었다. 이 연구의 저자들이 이렇게 썼다. "소수의 응답자가 그 지역을 정의하는 방식을 제외하면 대부분의 백인들은 그 지역을 다양하게 정의했다. 사회적으로 포용적이고 대규모로 건설된 지역은 결국 다른 이름으로 대체되었다." 달리 말하면, 새로운 전입자들은 기본적으로 예전의 지역을 새롭게 정의했다.

인종과 젠트리피케이션 간의 관련성 역시 백인 지역과 흑인 지역에서 사람들이 자주 들르는 레스토랑에 대해 말하는 방식에서 나타난다. 인기 있는 레스토랑들은 젠트리피케이션과 지역 변화의 일반적인 징후다. 2015년의 한 연구는 옐프(Yelp, 레스토랑 평점을 제공하는 서비스 업체) 레스토랑 평가보고서를 이용하여 고급 주택화되는 브루클린의 두 지역, 전통적으로 폴란드인이 거주하는 그린포인트와 역사적으로 흑인 거주지인 베드퍼드스타이베선트에 대한 대중들의 인식을 조사했다. 옐프 보고서의 평가자들은 그린포인트를 진정한 민족 문화의 중심지라고 보았지만 베드퍼드스타이베선트는 매우 다르게 보았다. 옐프 평가자들은 "위험한", "불쾌한", "보잘것없는", "덮개", "빈민 지역"이라는 단어를 사용하여 이 지역을 묘사했다. 그러나 그들은 새로운 레스토랑을 지역을 바꾸는 긍정적인 힘으로 보았다. 한 옐프 평가자가 말했듯이, 특별한 레스토랑은 "베드퍼드스타이베선트에 필요한 장소다."[31] 이 연구들은 젠트리피케이션 지역의 정체성이 얼마나 사회적으로 반복해서 구축되는지, 아울러 인종이 젠트리피케이션을 인식하는 방식에 어느 정도 중요한 요인인지를 잘 보여준다. 지역을 정의하는 문제는 젠트리피케이션 주체들이 결국 승리한다.

인종은 어떤 지역이 젠트리피케이션에 영향을 받지 않고 계속 가난한 상태로 남는지를 결정하는데 훨씬 더 크고 역기능적 역할을 한다. 2014년의 한 연구에 따르면, 시카고의 여러 지역 중에서 1995~2014년 사이 경제가 가장 크게 발전한 곳은 백인 거주지였고 경제적 발전이 가장 저조한 곳은 흑인 거주지였다.[32] 이 연구는 이 도시에서 젠트리피케이션이 진행 중이거나, 그럴 가능성이 있는 99개 지역을 조사했다. 구체적으로 말하면 1995년 젠트리피케이션이 진행된 26개 지역, 이 과정이 임박한 16개 지역, 젠트리피케이션 지역에 인접하여 곧 변화할 가능성이 높은 또 다른 57개 지역이 포함된다. 이 연구에서 가장 흥미로운 내용 중 하나는 구글 스트리트 뷰를 이용하여 새로운 건축사업, 기존 건물의 유지 수준, 또 다른 가시적인 지역 변화를 조사함으로써 젠트리피케이션이 일어난 지역을 확인하는 것이었다. 이 연구는 거주자의 소득, 교육수준, 그리고 젠트리피케이션과 일반적으로 관련된 다른 요인들을 감안할 때 인종이 지역의 젠트리피케이션 발생 유무를 결정하는데 핵심 요인임을 밝혔다.

전체적으로 볼 때 어떤 지역에 젠트리피케이션이 일어날 확률은 흑인 거주자의 비율이 증가할수록 감소했다. 결국, 젠트리피케이션 지역은 적어도 백인 비율이 35%, 흑인 비율이 40% 이하인 지역이었다. 흑인 거주자가 40% 이상인 지역은 경제적 발전이 거의 이루어지지 않았고 계속 가난한 상태로 머물렀다. 이러한 인종적 임계치는 기본적으로 젠트리피케이션이 확산되는 것을 막았다. 달리 말하면 젠트리피케이션은 높은 경계선을 유지하며 흑인 지역이 젠트리피케이션 또는 그런 과정이 진행 중인 지역과 매우 가까운 경우에도 흑인 지역으로 파급효과는 거의 나타나지 않는다. 우리는 모두 이런 법칙에 명백히 예외적인 경우를 생각할 수 있다. 예를 들어, 전통적으로 아프리카계 미국인 거주 지역인 뉴욕의 할렘, 크라운하이츠, 베드퍼드스타이베센트와 같은 지역은 모두 집중적인 젠트리피케이션을 경험했다. 그러나 도시의 대부분 지역에 적용할 수 있는 이 연구의 주요 메시지는 우리의 정신을 번쩍 들게 한다. 가난한 흑인이 사는 많은 지역은 여전히 사실상 젠트리피케이션과 아무런 상관이 없다. 그곳 거주자들은 대부분 만성적이고 고질적인 빈곤에 갇혀 있다.

도시의 훨씬 더 큰 문제는 이처럼 특정 인종에 집중된 도시 빈곤이다. 인구 100만 명 이상인 미국의 52개 대도시 지역의 도심 반경 16km 이내의 극빈 지역을 조사한 연구에 따르면, 1970년에 빈곤했던 대부분의 지역은 30년이 지나도 여전히 가난했다. 1970년에서 2000년 사이 젠트리피케이션이 진행된 모든 인구조사 지역 단위 중 10곳이 여전히 가난하고, 한 때 안정적이었던 12곳은 심각한 빈곤 지역으로 전락했다. 이 기간 동안 극소수의 빈곤 지역이 경제적으로 상당히 개선되었다. 단 105개 인구조사 지역 단위, 달리 말하면 전체 지역단위 중 약 10%는 빈곤율이 15% 이하로 떨어졌다. 이는 해당 지역의 빈곤율이 미국 전체의 빈곤율보다 낮다는 의미다. 또 다른 1,200개 인구조사 지역 단위의 빈곤율이 낮은 수준(빈곤선 아래 인구비율이 15% 이하)에서 높은 수준(빈곤선 아래 인구비율이 30% 이상)으로 바뀌었다. 더 충격적인 것은 빈곤율이 높은 지역의 수가 3배 증가했다는 점이다.[33] 결론적으로 말하면, 만성적이고 특정 지역에 집중된 도시 빈곤이 젠트리피케이션보다 훨씬 더 큰 문제이며, 도시가 당면한 가장 골치 아픈 이슈다.

## 젠트리피케이션에 가려진 진짜 문제

젠트리피케이션은 많은 주목을 끌고 있고 비싼 슈퍼스타 도시와 테크허브 도시의 중요한 문제다. 이런 도시에서는 젠트리피케이션이 유발하는 고통은 실제적이며 심각하게 받아들일 필요가 있다. 그러나 훨씬 더 긴급한 문제는 젠트리피케이션과 거의 관련이 없는 훨씬 더 많은 지역에서 인종적으로 집중된 가난이 계속 심화되는 것이다.

변화에 반사적으로 저항하거나 새로운 도시 전입자들을 공격하기보다 더 적절한 대응은 가장 취약한 사람들을 지원하는 것이다. 도시와 도시지역, 특히 투자가 절실히 필요한 지역에 대한 투자를 막는 것은 아무런 타당성이 없다. 사실, 도시 정책의 실제적인 과제는 도심의 경제적 재활을 도모하는 시장의 힘을 막으려고 시도하는 것이 아니라 뒤에 남겨진 사람들을 위해 주택 옵션, 경제적 기회, 지역의 생활여건을 개선하는 것이다. 이 책의 마지막 장에서 이 주제를 다시 다룬다.

결국, 젠트리피케이션은 미국의 새로운 계층의 지형적 분포가 특별히 도시 공간에 나타난 것이며, 또한 가장 활발하게 재도시화 과정이 일어나고 도시 공간 경쟁이 가장 치열한 장소에서 가장 두드러진다. 전반적으로 미국의 계층 분리가 심화되고 있으며, 다양한 도시와 대도시 지역에서 다양한 방식으로 그 족적을 남긴다. 급속한 재도시화를 경험하고 있는 일부 지역에서는 이런 계층 분리가 도시 내의 혜택을 받은 지역과 그렇지 못한 지역 사이에서 점점 더 가시화되고 있다. 다른 지역의 경우 도시 간 그리고 도시와 교외지역 간에서 계층 분리가 일어나고 있다. 계층 분리의 형태는 다양하시만 이러한 새로운 분리는 커져가는 불평등과 경제적 분리를 반영하며, 이는 새로운 계층 분포의 근본적인 특징이다. 이것은 새로운 도시 위기의 중심 현상이며 다음 세 장에 이 주제를 다룬다. 다음 장에서 우리는 점차 미국의 새로운 계층 분포를 만드는 깜짝 놀랄 정도의 경제적 불평등을 면밀히 살펴볼 것이다.

# 5장

도시 불평등

THE INEQUALITY OF CITIES

## 화려한 뉴욕의 그림자

브루클린과 뉴욕시의 진보 정치계에 속하지 않는 사람들은 대부분 2012년 이전에 빌 드 블라시오Bill de Blasio란 이름을 들어본 적도 없을 것이다. 그가 2009년 뉴욕시 시민권익보호관Office of Public Advocate으로 선출되긴 했지만 그의 정치 경력은 대부분 뉴욕시 의회의 브루클린 39번 지역구 의원이었다. 그의 지역구는 고급 주택지역인 코블힐, 파크슬로프, 보다 최근에 젠트리피케이션이 진행되고 있는 캐럴가든스, 고와너스, 윈저테라스, 그리고 켄싱턴과 브루클린파크와 같은 노동계층이 사는 지역이 포함된다. 2013년 전설적인 뉴욕 시장이며 자신의 이름을 딴 거대 미디어 그룹 창업자이자 억만 장자인 마이클 블룸버그가 그의 세 번째이자 마지막 임기를 끝냈다. 빌 드 블라시오는 그의 후임으로 시장직에 출마했지만 그가 당선될 확률이 크다고 생각한 사람은 거의 없었다. 뉴욕 시의회 대변인이자 블룸버그의 정치적 협력자인 크리스틴 퀸

Christine Quinn이 전임 시장이 선택한 후계자로 간주되곤 했다. 대부분의 전문가는 그녀의 당선이 확실할 것으로 추정했다.[1]

블룸버그의 지도력 아래 뉴욕시 경제는 2008년의 경제 위기로부터 회복되어 활기를 되찾았다.[2] 2011년 뉴욕은 경제 붕괴 이전 누렸던 최고의 고용 수준을 회복했고, 뉴욕의 주요 산업인 금융, 부동산, 교육, 보건의료와 함께 창조적인 첨단기술 산업 분야가 확실한 성장을 주도했나. 2008년에만 3만 개 이상의 일자리가 사라지며 심각한 타격을 입었던 뉴욕의 금융 분야는 회복 중이었고 은행가와 애널리스트들은 다시 엄청난 보너스 잔치를 벌였다. 로어맨해튼의 그라운드제로와 첼시 북쪽 올드허드슨야드, 윌리엄스버그의 이스트리버 강변, 브루클린 중심지, 그리고 그 밖의 여러 지역에서는 거대한 건설 프로젝트가 진행되고 있었다. 2001년 닷컴버블 붕괴 때 전멸하다시피 했었던 뉴욕의 첨단산업 분야는 다시 호황을 구가하고 있었고 더 나은 미래를 위해 블룸버그 시장은 루스벨트 아일랜드에 20억 달러를 투자해 코넬대학과 이스라엘의 테크니언Technion대학을 위한 18만㎡의 응용과학 및 공학 캠퍼스를 건설하는 계획을 발표했다.

뉴욕의 거리는 어느 때보다 더 깨끗해졌고 다양한 활동으로 북적거렸다. 폭력 범죄는 감소세로 돌아섰고 관광객은 기록적인 수준으로 증가했다. 맨해튼은 새로운 자전거도로와 자전거 공유시설 덕분에 자전거로 넘쳐났다. 뉴욕은 자본과 인재 측면에서 세계적인 경쟁력을 확보해가고 있었다. 이것은 블룸버그가 〈파이낸셜타임스〉에 기고한 칼럼에서 표현했듯 뉴욕시의 성공 열쇠다. 그는 "창의적인 사람들을 끌어들이고 싶은 도시는 새로운 아이디어와 혁신을 키울 수 있는 비옥한 토양을 제공해야 한다"고 썼다. 그는 내가 쓴 창조계층 전략 계획에서 한 페이지를 인용하며 덧붙였다. "경제학자들은 이렇게 말하지 않을지도 모르지만 이건 사실이다. 즉 멋진 도시를 만드는 것이 중요하다는 점이다. 사람들이 훌륭한 공원, 안전한 거리, 광범위한 대중교통을 제공하는 지역 사회에서 영감을 찾을 때 경제학자들은 반대한다."[3]

블룸버그는 역대 뉴욕 시장들보다 더 유능하고 중요한 시장이었다. 그의 마지막 수년간의 공직 기간은 거침없는 승리의 시기였을 것이다. 그러나 무언가가 잘못된 것이 있었다. 실제 뉴욕은 2002년 이후 줄곧 번영했지만 정작 엄청난 수의 뉴욕 시민은 결코 그런 느낌을 갖지 못했다. 대신 뉴욕은 부자들이 점점 더 부유해지고, 가난한 사람들과 노동계층과 중산층들은 점점 더 추락하고 있다는 인식이 널리 퍼졌다. 2013년 맨해튼에 거주하는 가구의 상위 5%는 가장 가난한 20%의 가구보다 88배 더 많은 돈을 벌었다. 뉴욕에 사는 백만장자는 약 40만 명으로, 이는 뉴올리언스, 피츠버그, 클리블랜드, 미니애폴리스의 전체 인구보다 더 많은 숫자였다. 그러나 훨씬 더 많은 뉴욕 시민들의 생활수준은 실질임금 하락과 주택가격 상승이 맞물리면서 저하되고 있다. 2013년 8월 〈뉴욕타임스〉 여론 조사에 따르면, 투표자의 55%가 블룸버그의 정책이 부자들에게 호의적이라고 믿었다. 뉴욕이 "당신 같은 사람들이 살기에 너무 비싼 곳"이 되었느냐는 질문에 85%가 그렇다고 대답했다.[4]

뉴욕시의 경제적 격차 확대에 대한 대중의 반발에 힘입은 블라시오의 선거 캠페인은 불평등을 전면에 내세웠다. 1장에서 언급했듯이, 그의 핵심 주장은 뉴욕이 "두 도시 이야기(Tale of two cities, 찰스 디킨스의 소설로 프랑스 대혁명 시기 민중들의 굶주린 삶을 엿볼 수 있다)"가 되고 있다는 것이었다. 그는 2013년 봄 출마 연설에서 이렇게 말했다. "극적인 방향 전환이 없다면—불평등과 맞서 싸우면서 중산층을 재건하는 경제정책 —미래 세대들은 뉴욕이 부자들의 놀이터에 불과하며, 소수의 특권층만이 번영하고 수많은 뉴욕 시민은 매일 살아남기 위해 고투하는 황금 도시라고 여길 것입니다. 역시는 어떤 경제  그리고 어떤 도시  도 이런 조건하에서는 장기적으로 번영하지 못한다고 가르쳐줍니다."[5] 도시의 정책 방향을 바꾸기 위해 그는 부자들에 대한 세금을 인상하고 보편적인 어린이집 과정을 도입하고, 방과후 프로그램을 확대하고 최저임금을 인상하고 생활임금 일자리를 더 많이 만들고 합리적인 가격의 주택을 수십만 채 건설하겠다고 주장했다.

블라시오가 2013년 9월 민주당 프라이머리 선거에서 손쉽게 크리스틴 퀸, 그리고 2009년 블룸버그와 비등하게 선거전을 치른 빌 톰프슨Bill Thompson을 누르고 승리하자 뉴욕과 다른 모든 지역의 전문가와 정치 논평가들은 충격을 받았다. 블라시오의 공화당 경쟁자 조 로타Joe Lhota 메트로폴리탄 대중교통기관 전 의장은 그를 부끄러운 줄 모르는 사회주의자며 그의 정책이 뉴욕 경제를 망가뜨릴 것이라고 말했다. 그러나 뉴욕시의 유권자들의 생각은 달랐다. 블라시오는 유권자의 73%라는 놀라운 득표율로 선거에서 이겼다. 그는 뉴욕시의 절대다수인 흑인(96%)과 히스패닉(87%) 유권자와 연봉이 5만 달러 미만인 사람들(86%)의 지지를 받았다.[6]

블라시오의 2013년 선거운동은 현재 우리가 당면한 기본적인 진실을 포착했다. 즉 도시의 불평등이 증가하며, 불평등의 문제는 근본적으로 도시 문제이며, 장기적으로 도시 불평등은 경제 성장을 위협한다. 불평등의 정확한 원인과 역동성은 도시마다 다르긴 하지만 불평등은 사실상 모든 도시와 대도시 지역의 주요한 문제다. 그러나 불평등에 관한 다양한 자료를 수집하여 종합해보면 가장 크고 성공적인 도시와 대도시 지역에서 경제적 불평등이 가장 심각하다는 점이 분명해진다. 규모가 크고 인구가 조밀하고, 보다 지식 집약적이고 기술에 기반을 둔 도시 또는 대도시 지역일수록 불평등은 더 심한 경향을 보인다. 슈퍼스타 도시와 지식 중심 도시는 불평등이 가장 잘 드러나는 무대만이 아니다. 이 도시들의 성공은 부자와 빈자의 격차를 확대시키는 인재와 기업의 집중과 불가피하게 연결되어 있다.

## 가장 불평등하지만 가장 진보적인 도시

미국의 불평등은 지난 20년 동안 충격적일 정도로 급격히 증가했다. 대략 뉴딜 정책 시대부터 로널드 레이건 대통령 선거 때까지 불평등이 심각하지 않은 오랜 시기가 지난 후 소득 불평등이 1920년의 개츠비Gatsby 시대와 비슷한 수준으로 치솟았다. 대공황 발생 한 해 전인 1928년과 레이건이 대통령으로 당선되기 한 해 전인 1979년 사이 소득 상위 1%에 해당되는 사람의 비율은 알래스카를 제외하고 모든 주에서 줄었다. 경제 위기 한 해 전인 2007년, 소득 상위 1%에 해당하는 사람들에게 가는 소득 비율은 23.5%로 1928년 이후 최고 수준이었다. 1979 ~2007년 사이 소득 상위 1%에 해당하는 사람들은 미국 전체 소득 증가분의 절반 이상(53.5%)을 가져갔다. 2008년 경제 위기 이후 소득 상위 1%는 놀랍게도 총소득 증가분의 85%를 가져갔다. 2013년 기준으로 소득 상위 1%는 나머지 99%의 평균 수입의 약 25배를 벌었다.[7]

소득 상위 1%와 나머지 사람들 간의 격차는 많은 대도시 지역, 특히 슈퍼스타 도시와 선도적인 테크허브 도시에서 훨씬 더 커졌다. 예를 들어, 뉴욕시는 소득 상위 1%가 하위 99%가 벌어들이는 평균 수입의 40배 이상을 번다. 로스앤젤레스, 샌프란시스코, 산호세에서는 그 격차가 약 30배에 달한다.[8]

미국 전체의 소득 불평등 수준은 전반적으로 상당히 나쁘다. 소득 불평등을 측정하는 기준인 지니계수가 0.450이다. 지니계수 범위는 0에서 1까지이며, 0은 불평등이 전혀 없는 것이고 1은 가장 극단적인 불평등을 나타낸다. 미국의 지니계수는 이란과 거의 비슷하며 러시아, 인도, 니카라과보다 더 나쁘다. 그러나 많은 미국 도시와 대도시 지역의 지니계수는 훨씬 더 나쁘다. 이들 지역의 지니계수는 지구상에 가장 불평등한 국가와 비슷하다. 뉴욕시의 불평등은 스와질란드와 비슷하다. 로스앤젤레스의 지니계수는 스리랑카와 비슷하다. 보스턴과 샌프란시스코의 불평등 수준은 엘살바도르와 르완다와 각각 비슷하다. 마이애미의 지니계수는 짐바브웨와 거의 같다. 물론 뉴욕의 가난한 사람들은 스와질란드의 가난한 사람들만큼 궁핍하지 않다. 그러나 미국 도시들이 최상위 부자들과 최하위 빈곤한 사람들 간의 격차가 세계에서 가장 열악하고 불평등한 곳과 비슷하다는 점은 분명한 사실이다. 미국과 같은 부유한 국가의 불평등은 심란할 정도로 비극적이다. 〈표 5.1〉을 보라.[9]

미국 전역의 도시 불평등은 급속히 증가하고 있다. 2006~2012년 사이 미국 대도시 지역의 약 3분의 2에 달하는 356개 도시 중 226개 도시에서 불평등이 증가했다. 소득 불평등은 범위가 넓은 대도지 지역보다는 도시 경계선 내에서 더 심하다. 뉴욕, LA, 시카고의 대도시권보다 이 도시들의 도심지에서 불평등이 더 심각하다. 보스턴과 마이애미의

〈표 5.1〉 미국 대도시와 다른 국가의 소득 불평등 비교

| 대도시 지역 | 지니계수 | 비교 국가 |
|---|---|---|
| 뉴욕-노던뉴저지-롱 아일랜드, 뉴욕주-뉴저지주-펜실베이니아주 | 0.504 | 스와질란드(0.504) |
| 마이애미-포트로더데일-폼파노 비치, 플로리다주 | 0.496 | 짐바브웨(0.501) |
| 로스앤젤레스-롱비치-샌타애나, 캘리포니아주 | 0.485 | 스리랑카(0.490) |
| 멤피스, 테네시주- 미시시피주-아칸서스주 | 0.482 | 에콰도르(0.485) |
| 휴스턴-슈거랜드-베이타운, 텍사스주 | 0.479 | 멕시코(0.483) |
| 뉴올리언스-메타리-켄너, 루이지애나주 | 0.478 | 마다가스카르(0.474) |
| 버밍햄-후버, 앨라배마주 | 0.475 | 중국(0.473) |
| 샌프란시스코- 오클랜드-프리몬트, 캘리포니아주 | 0.475 | 엘살바도르(0.469) |
| 보스턴-케임브리지-퀸시, 매사추세츠주-뉴햄프셔주 | 0.469 | 르완다(0.468) |
| 시카고-네이퍼빌-졸리엣, 일리노이주-위스콘신주 | 0.468 | 볼리비아(0.466) |

자료: 마틴번영연구소, 대도시 지역 소득 불평등에 관한 미국 인구조사 자료와 《CIA 국가별 팩트북》 자료에 기초.

도심지역은 훨씬 더 크고, 워싱턴DC와 애틀랜타의 도심지가 각 도시의 대도시권에 비해 불평등이 더 심하다.[10]

어떤 지역은 소득 불평등이 최상위 소득자들의 재산 증가에 의해 발생하며 어떤 지역은 하위계층의 경제력 하락으로 인해 발생한다. 하위 95–20% 비율이 가장 큰 대도시와 도시를 살펴보면 이것이 분명해진다. 이런 지역은 상위 가구 5%의 소득이 하위 가구 20%의 소득에 비해 10~18배 더 많다[11] 〈표 5.2〉가 보여주듯이 브리지포트–스탬퍼드의 경우 상위 5% 가구는 평균적으로 55만 달러 넘게 벌어들인다. 뉴욕, 로스앤젤레스와 같은 슈퍼스타 도시와, 보스턴, 워싱턴DC, 샌프란시스코와 같은 테크허브 도시의 소득 불평등 역시 소득 상위계층에 의해 유발된다.

그러나 특별히 하위계층의 저소득 때문에 하위 95–20% 비율이 높은 대도시 지역도 있다. 이런 대도시 지역으로는 뉴올리언스와 마이애미의 선벨트 도시들이 포함되는데 서비스 경제 비중이 크고 인종적으로 집중된 빈곤율이 매우 높다.

소득 불평등과 다른 개념인 임금 불평등은 미국 도시의 경제적 격차 증가를 볼 수 있는 또 다른 시각을 제공한다. 〈표 5.3〉을 보라. 소득 불평등은 상위계층의 임대 수익과 자본수익뿐만 아니라 실업 중인 하위계층의 경제상태도 고려한다. 임금 불평등은 단순히 최저 임금 소득자와 최고 임금 소득자 간의 격차를 측정한다. 슈퍼스타 도시들과 지식 중심 도시는 기술 전문가와 지식 노동자가 받는 고임금 때문에 특히 임금 불평등 자료에서 높은 순위를 보인다. 실리콘밸리의 중심 도시인 산

## 〈표 5.2〉 빈부격차가 가장 큰 도시와 대도시 지역

| 순위 | 대도시 지역 | 가구 소득 | | |
| --- | --- | --- | --- | --- |
| | | 상위 5% | 하위 20% | 5-20 비율 |
| 1 | 브리지포트-스탬퍼드-노워크, 코네티컷주 | $558,970 | $31,333 | 17.8 |
| 2 | 뉴욕-뉴어크-저지시티, 뉴욕주-뉴저지주-펜실베이니아주 | $282,359 | $23,853 | 11.8 |
| 3 | 샌프란시스코-오클랜드-헤이우드, 캘리포니아주 | $353,483 | $31,761 | 11.1 |
| 4 | 뉴올리언스-메타리, 루이지애나주 | $196,658 | $18,173 | 10.8 |
| 5 | 맥알렌-에딘버그-미션, 텍사스주 | $136,570 | $12,760 | 10.7 |
| 6 | 보스턴-케임브리지-뉴턴, 매사추세츠-뉴햄프셔주 | $293,653 | $27,883 | 10.5 |
| 7 | 로스앤젤레스-롱비치-애너하임, 캘리포니아주 | $243,771 | $23,743 | 10.3 |
| 8 | 마이애미-포트로더데일-웨스트 팜비치, 플로리다주 | $202,461 | $19,775 | 10.2 |
| 9 | 뉴헤이븐-밀포드, 코네티컷주 | $221,661 | $22,652 | 9.8 |
| 10 | 휴스턴-더 우드랜드-슈거랜드, 테네시주 | $240,711 | $24,758 | 9.7 |
| 도시 | | | | |
| 1 | 보스턴, 매사추세츠주 | $266,224 | $14,942 | 17.8 |
| 2 | 뉴올리언스, 루이지애나주 | $203,383 | $11,466 | 17.7 |
| 3 | 애틀랜타, 조지아주 | $281,653 | $16,057 | 17.5 |
| 4 | 신시내티, 오하이오주 | $164,410 | $10,454 | 15.7 |
| 5 | 프로비던스, 로드 아일랜드 | $196,691 | $12,795 | 15.4 |
| 6 | 뉴헤이븐, 코네티컷주 | $187,984 | $12,293 | 15.3 |
| 7 | 워싱턴DC | $320,679 | $21,230 | 15.1 |
| 8 | 마이애미, 플로리다주 | $184,242 | $12,262 | 15.0 |
| 9 | 샌프란시스코, 캘리포니아주 | $383,202 | $26,366 | 14.5 |
| 10 | 뉴욕, 뉴욕주 | $249,609 | $17,691 | 14.1 |

자료: 앨런 버루베(Alan Berube) 나탈리 홈즈(Natalie Holmes), "소득감소로 인한 도시와 대도시권의 불평등 증가(City and Metropolitan Inequality on the Rise, Driven by Declining Incomes)," 브루킹스연구소, 대도시권 정책 프로그램, 2016년 1월 14일.

〈표 5.3〉 임금 불평등 수준

| 대도시 지역 | 임금 불평등 |
|---|---|
| 산호세-서니베일-샌타클래라, 캘리포니아주 | 0.481 |
| 오스틴-라운드 록, 텍사스주 | 0.418 |
| 뉴욕-노던 뉴저지-롱아일랜드, 뉴욕주-뉴저지주-펜실베이니아주 | 0.413 |
| 샌디에이고-칼즈배드-샌마르코스, 캘리포니아주 | 0.409 |
| 로스앤젤레스-롱비치-샌타애나, 캘리포니아주 | 0.409 |
| 롤리-캐리, 노스캐롤라이나주 | 0.408 |
| 워싱턴-알링턴-알렉산드리아, DC-버지니아주-메릴랜드주-웨스트버지니아주 | 0.407 |
| 댈러스-포트워스-알링턴 텍사스주 | 0.406 |
| 샌프란시스코-오클랜드-프리몬트, 캘리포니아주 | 0.401 |
| 애틀랜타-샌디스프링스-마리에타, 조지아주 | 0.398 |

자료: 마틴번영연구소, 미국 노동부 노동통계국 자료에 기초.

호세는 미국의 모든 대도시 지역에서 임금 불평등이 가장 심하다. 오스틴, 샌디에이고, 노스캐롤라이나주의 리서치 트라이앵글의 롤리-캐리, 워싱턴DC, 샌프란시스코와 같은 테크허브뿐만 아니라 뉴욕, LA, 댈러스와 애틀랜타는 임금 불평등이 상위 10위 안에 든다.

소득 불평등과 마찬가지로 양극단을 조사하고 노동자의 임금 상위 10%와 임금 하위 10%가 받는 임금 간의 격차를 비교할 수 있다. 이 수치를 90-10 비율이라고 한다. 〈표 5.4〉를 보라. 미국 전체에서 노동자의 상위 10%는 하위 10%의 약 5배 임금을 받는다.[12] 그러나 슈퍼스타

<표 5.4> 최대의 임금 격차를 보이는 대도시 지역

| 대도시 지역 | 90-10 임금 격차(배) |
|---|---|
| 산호세-서니베일-샌타클래라, 캘리포니아주 | 7.19 |
| 워싱턴-알링턴-알렉산드리아, DC-버지니아주-메릴랜드주-워싱턴주 | 6.72 |
| 샌프란시스코-오클랜드-프리몬트, 캘리포니아주 | 6.17 |
| 뉴욕-노던 뉴저지-롱아일랜드, 뉴욕 주-뉴저지주-펜실베이니아주 | 6.04 |
| 휴스턴-슈거랜드-베이타운, 텍사스주 | 5.54 |
| 보스턴-케임브리지-퀸시, 매사추세츠주-뉴햄프셔주 | 5.54 |
| 로스앤젤레스-롱비치-샌타애나, 캘리포니아주 | 5.51 |
| 샌디에이고-칼즈배드-샌 마르코스, 캘리포니아주 | 5.44 |
| 볼티모어-타우선, 메릴랜드주 | 5.39 |
| 애틀랜타-샌디 스프링스-마리에타, 조지아주 | 5.31 |

자료: 마틴번영연구소, 미국 노동부 노동통계국 자료에 기초.

도시와 지식 중심 도시의 경우 이 격차는 더 벌어진다. 산호세의 상위 10%는 하위 10%보다 7배 이상 많은 임금을 받는다. 뉴욕, 샌프란시스코, 워싱턴DC의 경우 6배, LA와 보스턴은 5.5배를 받는다.

이러한 패턴의 임금 불평등과 소득 불평등이 암시하듯이 미국 도시와 대도시 지역의 경제적 불평등은 세부적인 특성과 원인이 다양하다. 나와 동료 연구자 샬롯타 멜런더Charlotta Mellander는 이 두 가지 유형의 불평등이 궁극적으로 다른 현상에서 비롯된다는 것을 발견했다. 우리의 연구는 미국 대도시 지역 전체의 소득 및 임금 불평등을 만드는 다양한 요인들, ① 세계화와 기술 변화, ② 인종과 집중적인 빈곤의 지속적인 대물림, ③ 2차 세계대전 이후 기업, 정부, 노동자 간의 사회계약의 약화를 면밀히 조사했다.[13]

임금 불평등은 주로 상위 소득자의 임금이 개선되는 요인에서 비롯된다. 이것은 주로 경제학자들이 숙련기술 중심의 기술 변화라고 부르는 것의 결과다.[14] 세계화 때문에 많은 제조업 일자리가 중국과 같은 저임금 국가로 이전했다. 아울러 새로운 기술과 생산성 향상으로 인해 수백만 개 이상의 일자리가 사라졌다. 한때 중산층에 속했던 블루칼라 직업이 감소하고 노동시장이 소수의 고임금 지식 및 전문직 노동자 집단과 일상적인 서비스직에 종사하는 다수의 저임금 노동자 집단으로 양분되었다. 임금 불평등은 대학졸업자, 첨단기술 산업, 지식 및 전문직 노동자의 집중과 통계적으로 연관성이 있는 것으로 나타났다.[15] 임금 불평등이 선도적인 지식 중심 도시에서 특히 높은 것은 그다지 놀랄만한 일이 아니다.

소득 불평등은 사회경제적 피라미드 구조의 아랫부분에 해당하는 장기적인 빈곤과 경제적 고통을 더 잘 반영한다. 윌리엄 줄리어스 윌슨 William Julius Wilson과 다른 사회학자들은 불평등이 빈곤과 인종적 약점의 산물이라고 오래전부터 주장해왔다.[16] 우리의 연구결과는 이것이 타당하다는 것을 입증한다. 대도지 지역의 소득 불평등은 기타 요인을 통제할 경우 대도시 인구 중 아프리카계 미국인 비율로 측정된 인종과 빈곤 모두와 통계적으로 관련성이 있다.[17] 아울러 소득 불평등은 노동자의 노동조합 가입 비율이 높은 지역일수록 더 낮고, 세율이 낮은 지역일수록 소득 불평등이 높다. 우리의 분석에 따르면 도시의 소득 불평등은 노동조합의 약화, 사회보장 프로그램을 뒷받침하는 누진과세 제도의 약화 사이에 통계적 연관성이 있다.

달리 말하면, 도시의 경제적 불평등은 경제 질서의 최상위 계층의 과도한 승자독식과 최하위 계층의 고질적인 빈곤이 빚어낸 결과다. 이것은 세계화, 자동화와 같은 경제의 커다란 구조적 변화의 결과일 뿐만 아니라 과거의 사회적 합의를 무효화하고 미국 노동자의 임금을 축소해온 정책적 선택—세금과 복지혜택의 축소, 반노동조합 조치—의 결과이기도 하다.[18] 이런 선택은 우리가 원하기만 한다면 되돌릴 수 있다.

도시 불평등의 정확한 원인이 무엇이건 이 문제는 오늘날 슈퍼스타 도시와 지식 중심 도시에서 가장 첨예하다.[19] 대도시 지역의 불평등에 대한 전체적인 그림을 이해하기 위해 나는 소득과 임금 불평등을 결합하여 종합 불평등지수라는 단일 지표를 만들었다. 〈그림 5.1〉을 보라. 이 지표를 기준으로 보면 뉴욕, 로스앤젤레스, 샌프란시스코는 미국에서 불평등지수가 가장 높은 대도시 지역이다. 휴스턴은 4위, 샬럿은 5위, 그리고 필라델피아, 댈러스, 보스턴, 시카고, 버밍햄이 10위권에 든다. 불평등지수가 10위 안에 드는 대도시에는 미국에서 가장 큰 5개 대도시 지역과 10대 대도시 중 7개 대도시 지역이 포함된다. 미국의 모든 대도시를 고려한다면 뉴욕 외곽의 브리지포트–스탬퍼드가 미국에서 가장 불평등하다. 대학 소재지 역시 고소득 교수진과 저소득 서비스직 노동자와 근로 학생들 간의 큰 임금 격차 때문에 미국에서 가장 불평등한 도시에 속한다.[20] 여기에는 칼리지 스테이션, 텍사스(텍사스 A&M대학 소재지), 볼더, 콜로라도(콜로라도대), 게인즈빌, 플로리다(플로리다대), 애선스, 조지아(조지아대), 더럼, 노스캐롤라이나(듀크대), 샬럿스빌, 버지니아(버지니아대), 스테이트칼리지, 펜실베이니아(펜실베이니아주립대), 앤아버(미시건대)가 포함된다.

그러나 대학 도시가 노동시장의 불평등을 반영한다면, 크고 인구가 밀집된 지식 기반 도시는 단순히 불평등을 반영하는 것이 아니라 불평등을 만드는데 일조한다. 도시와 대도시 지역이 더 크고, 더 밀집하고, 더 집중될수록 경제적 불평등이 더 악화된다.[21] 다시 말하지만, 이것이 새로운 도시 위기의 핵심이다. 경제 성장을 만드는 요인이 바로 경제적 불평등을 만든다.

불평등과 대도시의 규모 간의 관련성을 보여주는 증거는 많다. 100만 명 이상이 사는 대도시의 약 70%는 최고임금 노동자와 최저임금 노동자(90-10 비율에 기초) 간의 격차가 미국 전체 평균보다 크다.

50만 명에서 100만 명 사이의 대도시 중 34%, 10만 명에서 50만 명 규모의 도시 중 10%, 10만 명 이하 도시 중 3% 이하에서 이런 수준의 불평등이 나타난다. 토론토대 동료 연구원인 너새니얼 바움 스노우가 수행한 두 가지 심층연구 역시 이런 관련성을 보여준다. 한 연구는 교육, 기술수준, 산업구조, 기타 요인들을 통제한 후 대도시의 규모가 1979~2004년 사이의 경제적 불평등 총증가분의 약 25~35%를 설명해 준다고 밝혔다. 1979~2007년 사이 임금 불평등에 초점을 맞춘 다른 연구는 도시 규모가 이 기간의 임금 불평등 증가분의 3분의 1을 설명해주었다고 밝혔다.[22]

## 〈그림 5.1〉 종합 불평등지수

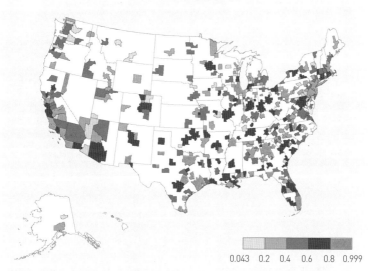

0.043  0.2  0.4  0.6  0.8  0.999

| 대도시 지역 | 종합 불평등지수 |
|---|---|
| 뉴욕-노던 뉴저지-롱아일랜드, 뉴욕 주-뉴저지주-펜실베이니아주 | 0.979 |
| 로스앤젤레스-롱비치-샌타애나, 캘리포니아주 | 0.962 |
| 샌프란시스코-오클랜드-프리몬트, 캘리포니아주 | 0.919 |
| 휴스턴-슈거랜드-베이타운, 텍사스주 | 0.909 |
| 샬럿-가스토니아-콩코드, 노스캐롤라이나주-사우스캐롤라이나주 | 0.882 |
| 필라델피아-캠든-윌밍턴, 펜실베이니아주-뉴저지주-델라웨어주-메릴랜드주 | 0.873 |
| 댈러스-포트워스-알링턴, 텍사스주 | 0.861 |
| 보스턴-케임브리지-퀸시, 매사추세츠 주-뉴햄프셔주 | 0.858 |
| 시카고-네이퍼빌-줄리엣, 일리노이주-인디애나 주-위스콘신주 | 0.853 |
| 버밍햄-후버, 앨라배마주 | 0.852 |

주: 이 지수는 소득 및 임금 불평등을 종합한 것이다.

자료: 마틴번영연구소, 미국 노동부 노동통계국 불평등 자료와, 미국 인구조사국과 미국 지역사회조사의 소득 불평등 자료에 기초.

최대 규모의 도시와 대도시 지역이 정치적으로 가장 진보적이기에 "가장 진보적인 도시들이 가장 불평등한 도시"라고 말할 수 있다. 빌 드 블라시오와 같은 대도시의 진보적 시장들이 불평등 문제를 선거 구호로 내세운 것이 역설적으로 보일 수 있다. 하지만 미국 전체로 보면 불평등은 보수적인 지역보다는 진보적인 지역에서 조금 심한 것이 아니라 매우 심하다. 2014년 분석에 따르면, 소득 불평등이 가장 심한 25개 선거구 모두 민수당원이 당선되었다.[23] 350개 이상의 미국 대도시를 분석한 결과 임금 불평등은 정치적 진보주의와 양의 상관관계가 있고 정치적 보수주의와는 음의 상관관계가 있었다.[24] 물론 불평등은 진보 정치적 관점의 직접적인 결과는 아니다. 오히려 진보주의와 불평등은 인구 밀도가 높고 규모가 큰 지식 기반 대도시의 특성이다. 하지만 더 부유하고 더 많은 교육을 받은 미국인들이 도시로 회귀함에 따라 그들은 불평등한 도시를 만드는 데 일조하고 있다.

## 성장을 저해하는 경제적 불평등

높은 소득 불평등은 단순히 불공평과 불공정의 문제만이 아니라 경제 성장의 방해물이 될 수 있고 실제로 종종 그렇다. 대도시 지역에 경제 성장을 이끄는 교육, 기술수준, 기타 요인을 통제한 2009년 연구에 따르면 불평등 수준이 높은 대도시 지역은 경제성장률이 낮았다.[25] 2014년에 수행된 별도의 연구에 따르면, 대도시 지역의 불평등이 심할수록 경제 성장 기간도 상당히 더 짧았다. 1990~2011년 동안 200개 대도시를 조사한 이 연구는 불평등이 대도시 지역의 일자리 증가 기간을 단축하는 가장 크고 중요한 요인임을 밝혔다. 불평등 수준이 더 높을수록 성장 기간이 더 짧았다. 불평등 수준이 낮을수록 성장이 더 오래 지속됐다. 더 정확히 말하면, 소득 불평등 수준이 1% 증가하면 일자리 성장이 정체될 가능성이 20% 이상이었다.[26]

아울러 미국의 도시와 대도시 지역 중에서 불평등 수준이 낮으면서도 경제성장률이 높은 곳은 극소수였다. 2016년에 수행된 두 가지 연구는 이와 같은 혼란스러운 연구결과를 내놓았다. 첫 번째 연구는 미국의 두 가지 지표, 즉 도시 내 지역(우편 구역 단위) 불평등 수준과 각 지역의 경제적 번영 또는 고통 수준, 즉 중위소득, 고용증가율, 교육수준, 기업체 설립 수 변화, 기타 요인들을 기준으로 미국에서 가장 큰 100개 도시를 비교했다. 그 결과 이들 도시 중 불과 9곳만이 높은 수준의 경제적 번영과 낮은 수준의 불평등을 나타냈다. 모두 상대적으로 규모가 작고 도시 경계 외부로 더 많이 확산된 곳이었다. 예를 들어 스코츠데일, 애리조나, 플라노, 텍사스, 또는 매디슨과 위스콘신과 같은 대학 도시로 비교적 부유하고, 무엇보다도 동질적이었다. 〈그림 5.2〉가 보여주듯이 샌프란시스코, 산호세와 같은 선도적인 테크허브 도시는 경제적으로 매우 부유하면서도 불평등 수준도 높은 반면, 뉴욕, 로스앤젤레스, 워싱턴DC, 보스턴은 높은 수준의 불평등과 매우 높지는 않지만 그래도 비교적 높은 수준의 경제적 번영을 보였다.[27]

브루킹스연구소가 수행한 두 번째 연구는 경제 성장과 사회적 통합(중산층의 경제 상황, 빈곤 수준, 인종 간 분리를 나타내는 지표) 간의 관련성을

〈그림 5.2〉 불평등과 경제적 번영 단절

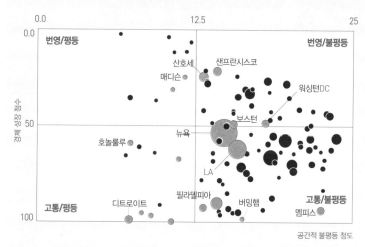

주: 원 크기는 인구 규모를 나타낸다.

자료: 2016 지역별 고통 지수(워싱턴DC: 경제혁신그룹, 2016년 2월).


조사했다. 대다수의 대도시 지역에서 경제 성장은 저임금 노동자나 가
난한 사람들을 경제적으로 개선하지 못했다.[28] 다양한 지표를 이용하
고 대도시 지역과 상반되는 도시들도 조사했음에도, 2009~2014년 동
안 미국에서 가장 큰 100개 대도시 중 95개 도시가 경제적으로 성장했
으나 9개 도시만이 사회적 통합이 개선된 것으로 나타났다.

　높은 수준의 불평등이 경제 성장을 지연시키는 경향이 있다면 낮은
수준의 불평등은 성장을 촉진할 수 있다. 미국 전역의 도시와 대도시에
서 이런 패턴을 뚜렷하게 확인하기 어려운 주된 이유는 미국의 불평등

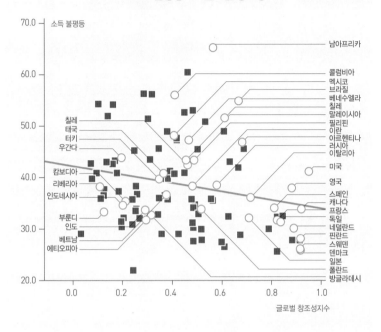

〈그림 5.3〉 **불평등 vs. 글로벌 창조성**

자료: 리처드 플로리다 살롯타 멜런더·카렌 킹, 《2015 글로벌 창조성 지수(The Global Creativity Index 2015)》 (토론토: 마틴번영연구소, 2015).

수준이 전반적으로 매우 높기 때문이다. 그러나 여러 국가의 불평등과 최첨단 창조경제 간의 관련성을 보면 이런 패턴이 명확하게 나타난다. 이들 국가 중 많은 수가 미국보다 불평등 수준이 낮고 그중 일부는 훨씬 더 발전된 사회복지 수준을 보인다. 나와 동료들은 불평등과 창조적 경제 능력(글로벌 창조성 지수, 각 국가의 과학기술, 인재, 관용을 나타내는 종합 지표에 기초)간의 관련성을 조사한 결과, 두 가지 중요한 결론에 도달했다.

첫째, 보다 혁신적이고 창조적인 경제일수록 실제 불평등 수준이 더 낮다. 이것은 〈그림 5.3〉에서 확인할 수 있다. 이 그림은 여러 국가의 소득 불평등과 글로벌 창조성이 어떤 관계인지 비교한다. 아래 방향으로 경사진 직선은 두 변수가 음의 상관관계가 있음을 보여준다.[29]

둘째, 여러 국가는 불평등과 창조경제의 경쟁력 간의 관계 측면에서 두 가지 뚜렷한 집단으로 구분된다. 첫째 집단은 오른쪽 아래로 경사진 선 위에 있는 국가들로 미국, 영국이 포함되며 높은 창조성과 높은 불평등을 보인다. 두 번째 집단은 이 선 아래 있는 국가들로서 스웨덴, 핀란드, 덴마크가 포함되며 높은 창조성과 낮은 불평등을 보인다. 이 두 집단은 국가들이 창조성을 극대화하는 두 가지 다른 경로를 나타낸다. 미국과 같이 소득 불평등이 높은 낮은 길과 북유럽 국가들처럼 소득 불평등이 낮은 높은 길이 있다. 후자는 높은 창조성, 높은 경제적 성과, 높은 생활수준과 같은 긍정적인 것을 제공하면서도 심각한 불평등과 그에 수반되는 모든 문제를 유발하지 않는다.

경제적 불평등은 성장을 저해하는 경향이 있을 뿐만 아니라 북유럽국가들의 누진 조세제도와 잘 갖추어진 복지제도와 같이 부와 소득을 재분배하는 정책은 실제로 성장을 유발한다. 국제통화기금 IMF의 연구자들이 여러 국가의 불평등, 성장, 재분배 사이의 관련성을 조사한 후 세 가지 매우 중요한 결론을 내렸다. 첫째, 소득을 더 많이 재분배하는 국가들은 불평등 수준이 더 낮다. 둘째, 재분배 수준이 더 높은 국가는 경제 성장 수준이 더 높다. 셋째, 불평등을 줄이기 위한 정부 정책은 더 높은 경제 성장으로 이어진다.[30] 전반적으로 보면, 비록 정부 정책에서 비롯된 것이라 해도 불평등 수준이 낮을수록 경제 성장에 더 좋다.

## 도시 문제의 핵심, 불평등

불평등은 도시 경제의 우발적인 문제가 아니라 근본적인 특징이다. 불평등과 경제 성장은 동일한 경제 동력에 의해 발생한다. 집중과 성장이 함께 가듯이 집중과 불평등도 마찬가지다. 불평등은 도시가 성공하면 따라붙는 역설적이고 고통스러운 지점이다. 그러나 지금까지 보았듯이 집중은 경제 성장에 필요하지만 불평등은 그렇지 않다. 불평등을 개선하는 노력이 반드시 성장을 위태롭게 하지는 않는다. 사실, 그런 노력은 더 많이 성장하는 데 도움을 줄 수 있다. 불평등과 성장의 관련성은 사전에 고정된 것이 아니다. 국가와 마찬가지로 도시도 선택권이 있다. 그들은 부자와 가난한 자의 격차가 더 크게 벌어지도록 허용하여 최하층 사람들이 구멍이 숭숭 뚫린 사회안전망에서 떨어지게 할 수 있다. 아니면, 경제 성장을 희생시키지 않는 재분배 정책이나 다른 정책 도구를 이용하여 불평등과 싸우면서 성장을 확대할 수 있다.

이 책의 마지막 장에서 나는 도시가 더욱 성장하면서도 불평등을 개선하고, 아울러 더 포용적이고 지속가능한 번영을 달성하는 방법에 대해 더 자세히 다룰 것이다. 그러나 그전에 도시 집중Urban clustering과 관련하여 우리가 먼저 고려해야 할 훨씬 더 큰 문제가 있다. 바로 번영의 길에 수반되는 주요한 방해물 중의 하나인 경제적 분리 또는 공간적 불평등이 증가하는 문제다. 혜택을 받은 사람들과 그렇지 못한 사람들이 도시와 교외지역에서 공간적으로 뚜렷하게 분리된다. 앞으로 보겠지만 이러한 경제적 분리 과정은 불평등 자체보다 훨씬 더 골치 아픈 문제다. 이것은 최상위계층에는 혜택을 부여하고, 반면 혜택을 받지 못한 사람들의 열악한 환경을 악화시키기 때문이다.

# 6장

## 서열화 확대

THE BIGGER SORT

## 압도적인 부와 극단적인 가난

2015년 4월 프레디 그레이Freddie Gray라는 젊은 흑인이 경찰서 구금 중에 사망한 지 며칠 후 볼티모어에서 폭동이 발생했다. 이상하게도 이 사건은 반세기 전 내 고향인 뉴어크에서 일어난 일을 떠올리게 했다. 그 당시 경찰이 택시 운전사를 살해했다는 소문이 폭동의 도화선이 됐다. 그러나 뉴어크는 1967년 폭동이 발생하기 직전 한동안 경기침체 상태였지만 볼티모어의 경제는 호황이었다. 이너 하버Inner Harbor는 관광객과 컨벤션 참가자들로 북적거렸고, 페더럴힐과 같은 볼티모어 재개발 지역은 부유한 고학력자들을 도시로 다시 끌어들였다. 볼티모어와 주변 대도시 지역은 세계 최고 대학 중 하나인 존스홉킨스대 덕분에 첨단기술 산업이 경제의 중요한 비중을 차지했다. 볼티모어 대도시권은 사실 창조 및 혁신 경제로 미국 상위 20대 대도시 지역이었다.

그러나 볼티모어의 젠트리피케이션 지역이 다시 살아나 번창한 반면 이 도시의 많은 지역에는 빈곤이 만연했다. 이너하버에서 멀지 않은 곳, 이너하버가 내려다보이는 언덕 꼭대기에 프레디 그레이가 살았던 샌드타운-윈체스터 지역이 있었다. 이곳의 많은 연립주택은 판자로 봉인되어 있다. 골목에는 상점도 없고, 보도를 따라 늘어선 회양목은 대부분 메말라 있다. 샌드타운-윈체스터에 있는 가구의 3분의 1 이상이 빈곤선Poverty line 이하의 삶을 살고 있다. 이 지역의 총격 및 살인 사건 발생률은 이 두 부분에서 미국에서 가장 높은 발생률을 보이는 볼티모어의 다른 지역보다 2배 수준이다. 샌드타운-윈체스터의 거주자들은 볼티모어의 평균적인 거주자보다 6년 반 정도 수명이 줄어들 것이라고 예상할 수 있다.[1]

프레디 그레이의 죽음과 이후의 사건들은 볼티모어 안에 전혀 다른 두 군데의 도시가 있다는 걸 보여주었다. 윤택한 고학력 지식 노동자의 번영하는 도시와 고질적인 가난에 시달리는 대다수의 아프리카계 미국인의 침체하는 도시.

이것은 비단 볼티모어만의 문제가 아니다. 도시회귀 현상으로 인한 경제적 이득에도 불구하고 심각한 도시 빈곤은 미국의 모든 도시와 대도시 지역에서 악화되고 있다. 이와 관련된 수치를 보면 충격적이다. 2014년 1,400만 명의 미국인이 극단적인 빈곤 지역에서 극심한 가난 속에서 살았다. 역대 기록 중 최고 수준이며 2000년에 비해 2배다. 미국의 100대 대도시 지역의 3분의 2는 2000~2014년 동안 극심한 빈곤이 증가했다.[2] 흑인 미국인들은 극단적으로 가난한 지역에 거주할 확률이 백인보다 5배 더 높다.

이런 추세의 이면에는 경제적 불평등 증가보다 훨씬 더 나쁜 일이 은밀하게 진행되고 있다. 미국인들이 소득, 교육, 계층에 따라 구분되고 분리되는 현상이 심화되고 있다. 10여 년 전, 언론인 빌 비숍은 미국인들이 정치적 신념과 문화적 선호뿐만 아니라 사회경제적 계층에 따라 구분되고 있다고 말했다. 그는 이 현상을 "대대적인 분리The big sort"[3]라고 이름 붙였다.

분리는 오늘날 훨씬 더 심각해지고 있다. 부유한 미국인과 가난한 미국인 사이의 지역적 분리는 더 악화되었다. 1980~2010년 사이 부유한 사람과 가난한 사람의 소득 격차는 미국의 30대 대도시 지역 중 27개 도시에서 증가했다. 2009년, 미국 도시 및 대도시 지역 거주자의 85% 이상이 1970년보다 경제적으로 더 분리된 지역에서 살았다. 1970년에서 2012년에 이르는 40여 년 동안, 가난한 사람들만 모인 지역이나 부유한 사람들만 모인 지역처럼 어느 한 쪽에 사는 미국 가정의 비율이 2배 이상 늘어 약 15%에서 34%로 증가했다.[4] 오늘날 미국에서 경제적 불평등은 곧 공간적 불평등이다. 부자와 가난한 자는 점점 다른 공간과 세계를 점유하고 있다.

분리·확대의 중심에는 한때 번영했으며, 말 그대로 아메리칸 드림의 상징이던 중산층이 줄어들고 중산층 거주 지역도 감소된 것에 있다. 중산층 지역에 사는 미국 가정의 비율은 1970년 약 3분의 2(65%)에서 2012년 절반 이하(40%)로 감소했다. 퓨리서치센터Pew Research Center가 만든 자료에 따르면, 2000~2014년 사이 놀랍게도 미국의 대도시 지역 229개 중 203개에서 전체 도시 인구 중 중산층의 비율이 감소했다. 중산층 비중이 가장 작은 대도시에는 선도적인 슈퍼스타 도시와 테크허브 도시들이 포함된다. 뉴욕, 로스앤젤레스, 샌프란시스코, 산호세, 워싱턴DC, 보스턴, 휴스턴, 마이애미, 뉴올리언스, 새크라멘토, 하트퍼드. 내가 이 자료를 분석해보니 중산층이 가장 작은 대도시들은 인구밀도가 더 높고, 지식기반 비중이 더 크고 더 다양하다. 이것은 모두 경제적으로 더 활기찬 지역의 특징이다. 그와 반대로, 중산층이 가장 많은 대도시는 백인과 노동계층이 더 많고, 정치적으로 보수 성향이 더 많다. 이것은 모두 경제적으로 쇠퇴하는 지역의 특징이다.[5] 게다가 2000년에 중산층이 더 많았던 대도시들은 2014년에는 중산층이 가장 많이 감소했다. 심란하게도 중산층은 경제적으로 가장 활기찬 지역에 가장 적고, 경제가 쇠퇴하는 지역에 가장 많다.

현재 더 크게 진행 중인 분리의 넓이와 깊이를 온전히 더 잘 이해하기 위해 나는 동료연구자 샬롯타 멜런더와 함께 소득, 교육, 직업 계층에 따른 미국의 경제적 분리 정도를 평가하기 위한 일련의 지수를 개발했다. 이 지수는 7만 개 이상의 미국 인구조사 표준 지역을 대상으로 각 집단의 주거지역에 따라 다양한 집단 또한 계층의 지리적 분리를 조사한다. 우리는 또한 전반적인 경제적 분리, 경제적인 분리와 불평등의 결합을 조사하기 위해 몇 가지 종합지수를 개발했다.[6]

나중에 보겠지만 다양한 형태의 대도시에는 다양한 방식으로 갖가지 유형의 경제적 분리가 나타나지만, 우리의 중요한 분석은 더 기본적인 근본 패턴을 보여준다. 소득, 교육, 직업적 분리라는 각각의 범주, 그리고 이러한 범주들의 전반적이고 종합적 효과를 고려하는 우리의 종합지수를 막론하고, 첨단기술 산업, 대학졸업자, 창조계층이 대규모로 집중되어 있고 인구밀도가 높고 도시 규모가 클수록 경제적 분리가 더 크다. 또한 심화되는 경제적 분리는 더 많은 혜택을 받는 집단, 특히 부자들의 집중 때문에 만들어진다. 부자들은 지역사회에서 따로 떨어져 자신의 주거지역에 장벽을 둘러칠 수 있는 자원이 있다.

## 분리되고 나눠지는 사람들

우선 소득 분리Income Segregation부터 시작해보자. 소득 분리는 경제적 분리 중 가장 널리 인식되고 연구된 분야다. 소득분리지수는 고소득 가구와 저소득 가구의 지리적 분리를 고려한다(연간 소득 20만 달러 이상 가구와 연간 소득이 연방정부의 빈곤선 이하인 가구).[7]

이 패턴은 이전 장에서 살펴본 불평등의 지리적 분포 패턴과 다르다. 소득분리지수가 상위 10위인 대도시는 러스트벨트에 속하는 클리블랜드, 디트로이트, 밀워키, 콜럼버스, 버펄로, 그리고 멤피스, 필라델피아, 피닉스, 캔자스시티, 내슈빌이다. 〈표 6.1〉을 보라. 소득분리 상위 10위권 바로 바깥에 위치한 뉴욕을 제외하면, LA, 보스턴, 워싱턴DC, 샌프란시스코와 같은 슈퍼스타 도시와 테크허브 도시들은 소득 분리 수준이 낮다. 그렇긴 하지만 우리의 더 폭넓은 통계분석에 따르면, 모든 대도시에서 소득 분리는 대도시의 규모와 인구밀도, 그리고 첨단기술 산업과 창조계층의 집중과 밀접한 관계가 있다.[8]

미국인의 약 15%, 대략 4,500만 명이 연방 빈곤선 이하의 가구 소

<표 6.1> 소득분리지수에 따른 도시 순위

| 순위 | 대도시 지역 | 지수 | 모든 대도시 포함 순위 |
|---|---|---|---|
| 1 | 클리블랜드-엘리리아-멘터, 오하이오주 | 0.964 | 2 |
| 2 | 디트로이트-워런-리보니아, 미시간주 | 0.957 | 3 |
| 3 | 멤피스, 테네시주-미시시피 주-아칸서스주 | 0.948 | 4 |
| 4 | 밀워키-워커쇼-웨스트앨리스, 위스콘신주 | 0.935 | 5 |
| 5 | 콜럼버스, 오하이오주 | 0.912 | 8 |
| 6 | 필라델피아-캠든-윌밍턴, 펜실베이니아주-뉴저지주-델라웨어주-메릴랜드주 | 0.887 | 11 |
| 7 | 피닉스-메사-스콧데일, 애리조나주 | 0.882 | 12 |
| 8 | 버펄로-나이아가라폭포, 뉴욕주 | 0.864 | 16 |
| 9 | 캔자스시티, 미주리주-캔자스주 | 0.861 | 17 |
| 10 | 내슈빌-데이비슨-머프리즈버러-프랭클린, 테네시주 | 0.858 | 19 |

자료: 마틴번영연구소, 미국 인구조사 자료에 기초.

득으로 살아가며 그들의 고립은 증가하고 있다. 미국에서 경제적 분리에 관한 선도적인 전문가인 켄드라 비스촙Kendra Bischoff과 숀 리어든Sean Reardon의 연구에 따르면, 빈곤 지역에 사는 빈곤 가구의 비율은 1970년 8%에서 2009년 18%로 증가했다.[9] <표 6.2>를 보라. 소득 분리와 마찬가지로, 가난한 사람들이 가장 심하게 분리된 대도시에는 밀워키, 클리블랜드, 디트로이트와 같은 러스트벨트의 대도시, 그리고 북서쪽으로는 하트퍼드, 필라델피아, 볼티모어, 남동쪽으로는 보스턴, 뉴욕, 워싱

### ⟨표 6.2⟩ 가난한 사람들의 분리 정도

| 순위 | 대도시 지역 | 지수 | 모든 대도시 포함 순위 |
|---|---|---|---|
| 1 | 밀워키-워키쇼-웨스트앨리스, 위스콘신주 | 0.478 | 2 |
| 2 | 하트퍼드-웨스트하트퍼드-이스트하트퍼드-코네티컷주 | 0.462 | 6 |
| 3 | 필라델피아-캠던-윌밍턴, 펜실베이니아주-뉴저지주-델라웨어주-메릴랜드주 | 0.455 | 9 |
| 4 | 클리블랜드-엘리리아-멘터, 오하이오주 | 0.435 | 15 |
| 5 | 디트로이트-워런-리보니아, 미시간주 | 0.433 | 16 |
| 6 | 뉴욕-노던뉴저지-롱아일랜드, 뉴욕주-뉴저지주-펜실베이니아주 | 0.428 | 20 |
| 7 | 버펄로-나이아가라폭포, 뉴욕주 | 0.416 | 28 |
| 8 | 덴버-오로라, 콜로라도주 | 0.413 | 30 |
| 9 | 볼티모어-토슨, 메릴랜드주 | 0.413 | 33 |
| 10 | 멤피스, 테네시주-미시시피주-애리조나주 | 0.410 | 34 |

자료: 마틴번영연구소, 미국 인구조사 자료에 기초.

턴DC, 멤피스, 남서쪽으로는 덴버가 포함된다. 그러나 뉴욕은 순위가 6위이며, 테크허브 도시는 소득 분리 수준보다 빈곤 분리 수준이 더 높다. 다시 말하지만 모든 대도시를 대상으로 한 더 폭넓은 통계분석은 가난한 사람들의 분리는 대도시의 규모와 인구밀도와 관련 있다.[10]

가난한 사람들의 경제적 분리의 결과는 대단히 파괴적이다. 사회학자 윌리엄 줄리어스 윌슨은 1987년에 출간한 그의 대표작《극빈자들The Truly Disadvantaged》에서 빈곤의 공간적 집중의 유해한 결과를 상세하게 언급했다. 구체적으로 그는 질 낮은 소수의 일자리에서부터 경제적, 직업적 네트워크 미발달, 열악한 학교, 높은 범죄율, 문제가 많은 업무 파트너 네트워크, 결혼할 확률이 낮은 커플들, 긍정적인 역할 모델과 접촉할 기회 부족을 지적했다.[11] 만성적으로 가난한 지역에 사는 사람들은 경제적 자원이 부족할 뿐 아니라 경제적 상향 이동을 가능하게 해주는 사회적, 경제적 제도로부터 고립되어 있다. 이런 열악한 환경은 실제로 그들의 빈곤이 대를 이어가며 고착되게 만든다.

〈표 6.3〉에서 보듯이, 이러한 현상의 반대 측면으로 부자들(가구 소득이 20만 달러 이상)의 분리가 있다. 대도시 중에 부자들의 분리가 가장 심한 지역은 오래된 산업 대도시들—멤피스, 버밍햄, 루이빌, 클리블랜드, 디트로이트—과 내슈빌, 콜럼버스, 샬럿, 마이애미다. 그러나 다시 말하지만, 우리의 통계분석에 따르면, 부자들의 분리는 규모가 더 크고 인구밀도가 더 높으며 첨단기술 산업 비중이 더 큰 대도시일수록 더 심하다.[12]

소득 분리는 가장 부유한 지역에 의해 이루어진다. 부자들은 가난한 사람들보다 더 분리적인 행태를 보인다. 실제로 그들은 우리의 분석에서 가장 분리된 집단이다.[13] 이런 연구결과는 놀라운 일이 아니다. 부자들은 원하는 지역을 선택해 장벽을 쌓아 가난한 집단들과 분리시킬 자원이 있다. 많은 측면에서 이것은 정치철학자 마이클 샌델이 명명한 사회의 "스카이박스화Skyboxification"를 반영한다. 부자들은 경기를 관람할 때 전용 고급 좌석을 차지하여 붐비는 옥외 관람석에 앉은 대중들과 자신을 분리한다.[14]

### 〈표 6.3〉 부자들의 분리 정도

| 순위 | 대도시 지역 | 지수 | 모든 대도시 포함 순위 |
|---|---|---|---|
| 1 | 멤피스, 테네시주-미시시피주-아칸서스주 | 0.582 | 5 |
| 2 | 버밍햄-후버, 앨라배마주 | 0.576 | 8 |
| 3 | 루이빌-제퍼슨 카운티, 켄터키주-인디애나주 | 0.575 | 9 |
| 4 | 샌안토니오, 텍사스주 | 0.567 | 10 |
| 5 | 클리블랜드-엘리리아-멘토, 오하이오주 | 0.560 | 13 |
| 6 | 디트로이트-워런-리보니아, 미시간주 | 0.552 | 17 |
| 7 | 내슈빌-데이비슨-머프리즈보러-프랭클린, 테네시주 | 0.549 | 23 |
| 8 | 콜럼버스, 오하이오주 | 0.547 | 25 |
| 9 | 샬럿-개스토니아-콩코드, 노스캐롤라이나주-사우스캐롤라이나주 | 0.541 | 29 |
| 10 | 마이애미-포트로더데일-폼파노 비치, 플로리다주 | 0.540 | 31 |

자료: 마틴번영연구소, 미국 인구조사 자료에 기초.

소득 분리 외에 교육과 직업에 따른 또 다른 유형의 분리를 살펴보면 더 완전한 그림이 확실하게 눈에 들어온다. 이와 같은 다른 유형의 분리들은 서로 강화할 뿐만 아니라 규모가 크고, 인구밀도가 높고, 지식 기반 산업 비중이 높은 대도시의 일관된 특징이다.

소득에 따른 분리에 더하여 사람들은 교육수준에 따라 분리된다. 교육 또는 인적 자원은 국가의 경제 발전에 중요한 역할을 한다.[15] 교육은 우리의 소득 수준을 결정하는 핵심 요소이며 소득이 제공하는 혜택을 강화하고 재생산한다.

교육수준이 낮은 사람들(고등학교를 마치지 못한 사람들)은 사회에서 큰 장애에 부딪힌다. 그들은 대체로 대학졸업자보다 소득이 훨씬 적고 실업률도 더 높다. 〈표 6.4〉를 보면 고교를 졸업하지 않는 사람들이 가장 많이 분리된 대도시에는 로스앤젤레스, 그리고 테크허브 도시인 오스틴, 덴버, 샌디에이고, 샌프란시스코, 산호세, 그리고 선벨트 지역 대도시인 피닉스, 댈러스, 샌안토니오, 휴스턴이 포함된다. 교육 분리 측면에서 상위 10위권 밖이긴 하지만 뉴욕, 보스턴, 워싱턴DC 역시 상대적으로 높은 교육 분리가 나타난다.

〈표 6.4〉 교육수준이 낮은 사람들의 분리

| 순위 | 대도시 지역 | 지수 | 모든 대도시 포함 순위 |
|---|---|---|---|
| 1 | 오스틴-라운드 록, 텍사스주 | 0.451 | 4 |
| 2 | 덴버-오로라, 콜로라도주 | 0.446 | 6 |
| 3 | 로스앤젤레스-롱비치-샌타애나, 캘리포니아주 | 0.442 | 7 |
| 4 | 피닉스-메사-스콧데일, 애리조나주 | 0.428 | 8 |
| 5 | 댈러스-포트워스-알링턴, 텍사스주 | 0.428 | 9 |
| 6 | 샌디에이고-칼스배드-샌 마르코스, 캘리포니아주 | 0.412 | 11 |
| 7 | 샌안토니오, 텍사스주 | 0.406 | 14 |
| 8 | 휴스턴-슈거랜드-베이타운, 텍사스주 | 0.398 | 18 |
| 9 | 샌프란시스코-오클랜드-프리먼트, 캘리포니아주 | 0.395 | 20 |
| 10 | 산호세-서니베일-샌타클래라, 캘리포니아주 | 0.393 | 21 |

자료: 마틴번영연구소. 미국 인구조사 자료에 기초.

대학과 그 이상의 학위를 받은, 높은 수준의 교육을 받은 사람들은 경제적 혜택을 많이 누린다. 그들의 소득과 연봉은 훨씬 더 많고, 실업률은 미국 평균보다 훨씬 더 낮다.

대학졸업자의 분리는 오래된 산업 도시에서 가장 높은데 버밍햄, 멤피스, 루이빌, 에너지 중심Hub 도시인 휴스턴이 포함된다. 로스앤젤레스는 3위이며, 그 이외에 샌안토니오, 댈러스, 샬럿, 시카고가 포함된다. 〈표 6.5〉를 보라. 모든 대도시에서 고학력자들의 분리는 도시 규모와 인구밀도, 첨단기술 산업의 집중, 노동 인력 중 높은 창조계층 비중과 밀접한 상관관계를 보인다.[16]

종합 교육분리지수는 대학졸업자와 고교를 졸업하지 못한 사람들과의 분리를 비교한다. 로스앤젤레스는 이 지수가 가장 높으며, 그 뒤를 텍사스주의 대도시인 휴스턴, 댈러스, 샌안토니오, 오스틴이 잇는다. 테크허브 도시인 샌디에이고와 샌프란시스코는 시카고, 콜럼버스, 샬럿과 함께 10위권 안에 든다. 〈표 6.6〉을 참고하라.

우리의 삶은 교육과 소득뿐만 아니라 우리가 하는 일의 종류에 따라 형성된다. 우리의 노동은 소득을 발생시키고 우리의 정체성을 형성하는 데 도움을 준다. 내가 노동을 크게 세 가지 계층, 즉 고임금 창조계층, 다수의 저임금 및 취약한 서비스 계층, 순위가 떨어지고 있는 노동계층으로 나눈 것을 기억하기 바란다. 창조계층의 분리에 관한 한 슈퍼도시와 테크허브 도시의 익숙한 패턴이 더욱 명확해진다. 〈표 6.7〉을 보라. 로스앤젤레스가 1위, 뉴욕이 5위다. 테크허브 도시인 산호세, 샌프란시스코, 오스틴, 샌디에이고 역시 미국에서 세 번째로 큰 도시인 시

〈표 6.5〉 대학졸업자의 분리

| 순위 | 대도시 지역 | 지수 | 모든 대도시 포함순위 |
|---|---|---|---|
| 1 | 버밍햄-후버, 앨라배마주 | 0.424 | 6 |
| 2 | 휴스턴-슈거랜드-베이타운, 텍사스주 | 0.419 | 7 |
| 3 | 로스앤젤레스-롱비치-샌타애나, 캘리포니아주 | 0.406 | 8 |
| 4 | 콜럼버스, 오하이오주 | 0.403 | 9 |
| 5 | 멤피스, 테네시주-미시시피주-아칸서스주 | 0.399 | 11 |
| 6 | 샌안토니오, 텍사스주 | 0.395 | 12 |
| 7 | 루이빌-제퍼슨 카운티, 켄터키주-인디애나주 | 0.388 | 16 |
| 8 | 댈러스-포트워스-알링턴, 텍사스주 | 0.386 | 17 |
| 9 | 샬럿-가스토니아-콩코드, 노스캐롤라이나주-사우스캐롤라이나주 | 0.384 | 20 |
| 10 | 시카고-네이퍼빌-졸리엣, 일리노이주-인디애나주-위스콘신주 | 0.380 | 23 |

〈표 6.6〉 교육 분리

| 순위 | 대도시 지역 | 지수 | 모든 대도시 포함순위 |
|---|---|---|---|
| 1 | 로스앤젤레스-롱비치-샌타애나, 캘리포니아주 | 0.982 | 2 |
| 2 | 휴스턴-슈거랜드-베이타운, 텍사스주 | 0.968 | 3 |
| 3 | 댈러스-포트워스-알링턴, 텍사스주 | 0.967 | 4 |
| 4 | 샌안토니오, 텍사스주 | 0.967 | 4 |
| 5 | 오스틴-라운드록, 텍사스주 | 0.955 | 7 |
| 6 | 샌디에이고-칼스배드-샌 마르코스, 캘리포니아주 | 0.937 | 10 |
| 7 | 시카고-네이퍼빌-졸리엣, 일리노이주-인디애나주-위스콘신주 | 0.932 | 11 |
| 8 | 콜럼버스, 오하이오주 | 0.922 | 15 |
| 9 | 샬럿-개스토니아-콩코드, 노스캐롤라이나주-사우스캐롤라이나주 | 0.908 | 19 |
| 10 | 샌프란시스코-오클랜드-프리먼트, 캘리포니아주 | 0.907 | 20 |

자료: 마틴번영연구소, 미국 인구조사 자료에 기초.

| 순위 | 대도시 지역 | 지수 | 모든 대도시 포함순위 |
|---|---|---|---|
| 1 | 로스앤젤레스-롱비치-샌타애나, 캘리포니아주 | 0.344 | 1 |
| 2 | 휴스턴-슈거랜드-베이타운, 텍사스주 | 0.327 | 4 |
| 3 | 산호세-서니베일-샌타클래라, 캘리포니아주 | 0.310 | 5 |
| 4 | 샌프란시스코-오클랜드-프리먼트, 캘리포니아주 | 0.301 | 8 |
| 5 | 뉴욕-노던뉴저지-롱아일랜드, 뉴욕주-뉴저지주-펜실베이니아주 | 0.300 | 9 |
| 6 | 댈러스-포트워스-알링턴, 텍사스주 | 0.294 | 10 |
| 7 | 오스틴-라운 록-샌 마르코스, 텍사스주 | 0.284 | 15 |
| 8 | 샌안토니오-뉴브라운펠스, 텍사스주 | 0.284 | 16 |
| 9 | 샌디에이고-칼스배드-샌마르코스, 캘리포니아주 | 0.282 | 17 |
| 10 | 시카고-졸리엣-네이퍼빌, 일리노이주-인디애나주-위스콘신주 | 0.281 | 18 |

자료: 마틴번영연구소, 미국 인구조사 자료에 기초.

카고와 텍사스의 휴스턴, 댈러스, 샌안토니오와 함께 10위 안에 든다.

서비스 계층의 분리는 테크허브 도시와 슈퍼스타 도시에서 가장 심각하다. 〈표 6.8〉을 보라. 산호세, 워싱턴DC, 샌프란시스코, 뉴욕, 보스턴, 샌디에이고, 오스틴, LA는 동북부 지역의 필라델피아와 볼티모어와 함께 분리가 가장 심한 10위권 안에 든다.

〈표 6.9〉에서 보듯이 육체노동 계층—수십 년 동안 공장, 건설, 교통 분야의 육체노동자는 감소했다—의 분리는 창조계층의 패턴과 엇비슷하며 슈퍼스타 도시와 테크허브 도시의 순위가 높다. 로스앤젤레스는

<표 6.8> 서비스 계층의 분리

| 순위 | 대도시 지역 | 지수 | 모든 대도시 포함순위 |
|---|---|---|---|
| 1 | 산호세-서니베일-샌타클래라, 캘리포니아주 | 0.185 | 6 |
| 2 | 워싱턴DC-알링턴-알렉산드리아, DC-버지니아 주-메릴랜드주-웨스트버지니아주 | 0.181 | 7 |
| 3 | 샌프란시스코-오클랜드-프리먼트, 캘리포니아주 | 0.178 | 9 |
| 4 | 뉴욕-노던뉴저지-롱 아일랜드, 뉴욕주-뉴저지주-펜실베이니아주 | 0.176 | 11 |
| 5 | 보스턴-케임브리지-퀸시, 매사추세츠주-뉴햄프셔주 | 0.161 | 18 |
| 6 | 필라델피아-캠든-윌밍턴, 펜실베이니아주-뉴저지주-델라웨어주-메릴랜드주 | 0.158 | 19 |
| 7 | 볼티모어-토슨, 메릴랜드주 | 0.154 | 24 |
| 8 | 샌디에이고-칼스배드-샌마르코스, 캘리포니아주 | 0.150 | 29 |
| 9 | 오스틴-라운드록-샌마르코스, 텍사스주 | 0.149 | 33 |
| 10 | 로스앤젤레스-롱비치-샌타애나, 캘리포니아주 | 0.142 | 49 |

자료: 마틴번영연구소, 미국 인구조사 자료에 기초.

서비스 계층의 분리가 가장 심한 대도시다. 그 뒤를 오스틴, 댈러스, 워싱턴DC, 노스캐롤라이나 리서치 트라이앵글 지역의 롤리–캐리, 샌프란시스코, 산호세가 상위 10위안에 든다. 순위 범위를 더 넓히면 뉴욕과 보스턴 역시 상위권에 속한다.

종합적인 직업 분리—세 계층의 분리를 나타내는 종합지수에 기초—는 테크허브 도시와 슈퍼스타 도시가 다시 상위권을 차지한다. <표 6.10>을 보라. 산호세가 1위, 샌프란시스코 2위, 워싱턴DC가 3위, 오스

<표 6.9> 육체노동 계층의 분리

| 순위 | 대도시 지역 | 지수 | 모든 대도시 포함순위 |
|---|---|---|---|
| 1 | 로스앤젤레스-롱비치-샌타애나, 캘리포니아주 | 0.330 | 1 |
| 2 | 오스틴-라운드 록-샌 마르코스, 텍사스주 | 0.321 | 2 |
| 3 | 댈러스-포트워스-알링턴, 텍사스주 | 0.304 | 6 |
| 4 | 워싱턴DC-알링턴-알렉산드리아,<br>DC-버지니아주-메릴랜드주-웨스트버지니아주 | 0.303 | 7 |
| 5 | 롤리-캐리, 노스캐롤라이나주 | 0.301 | 8 |
| 6 | 샌프란시스코-오클랜드-프리먼트, 캘리포니아주 | 0.300 | 9 |
| 7 | 산호세-서니베일-샌타클래라, 캘리포니아주 | 0.296 | 12 |
| 8 | 휴스턴-슈거랜드-베이타운, 텍사스주 | 0.295 | 13 |
| 9 | 샬럿-개스토니아-록힐, 노스캐롤라이나주-사우스캐롤라이나주 | 0.287 | 17 |
| 10 | 콜럼버스, 오하이오주 | 0.287 | 18 |

자료: 마틴번영연구소, 미국 인구조사 자료에 기초.

틴, LA, 뉴욕이 그 뒤를 따르고, 그다음으로 휴스턴, 샌디에이고, 샌안토니오, 콜럼버스가 10위권 안에 포함된다. 이런 도시들에서 창조계층, 육체노동계층, 서비스계층이 대도시 전역에 고르게 흩어져 있을 가능성은 거의 없고 같은 계층끼리 모여 살 가능성이 가장 높다.

이러한 종합적인 직업 분리 패턴은 세 계층 중 가장 혜택을 많이 받은 창조계층의 위치에 의해 형성된다. 그 이유는 간단하다. 즉 창조계층 구성원은 돈이 더 많기 때문에 주거할 지역을 선택할 능력이 가장

## 〈표 6.10〉 세 가지 계층의 직업분리

| 순위 | 대도시 지역 | 지수 | 모든 대도시 포함순위 |
|---|---|---|---|
| 1 | 산호세-서니베일-샌타클래라, 캘리포니아주 | 0.981 | 2 |
| 2 | 샌프란시스코-오클랜드-프리먼트, 캘리포니아주 | 0.979 | 3 |
| 3 | 워싱턴DC-알링턴-알렉산드리아, DC-버지니아주-메릴랜드주-웨스트버지니아주 | 0.971 | 4 |
| 4 | 오스틴-라운드록, 텍사스주 | 0.956 | 7 |
| 5 | 로스앤젤레스-롱비치-샌타애나, 캘리포니아주 | 0.955 | 8 |
| 6 | 뉴욕-노던뉴저지-롱 아일랜드, 뉴욕주-뉴저지주-펜실베이니아주 | 0.953 | 9 |
| 7 | 휴스턴-슈거랜드-베이타운, 텍사스주 | 0.936 | 13 |
| 8 | 샌디에이고-칼스배드-샌 마르코스, 캘리포니아주 | 0.924 | 14 |
| 9 | 샌안토니오, 텍사스주 | 0.918 | 15 |
| 10 | 콜럼버스, 오하이오주 | 0.904 | 16 |

자료: 마틴번영연구소, 미국 인구조사 자료에 기초.

많기 때문이다. 그들은 가장 좋은 지역을 선택하고 가난한 두 계층을 다른 곳으로 몰아낸다.

## 도시의 규모와 경제 분리

소득, 교육, 직업에 따른 분리의 세부적인 메커니즘은 다양하지만 통계적으로 서로 밀접하게 관련되어 있다. 이것들을 함께 조사하면 미국 전체의 경제적 분리의 지리적 분포를 명확하게 볼 수 있다.[17] 이 패턴은 나의 팀과 내가 개발한 두 가지 포괄적인 지수를 통해 포착할 수 있다. 하나는 종합적인 경제적 분리를 측정하고, 다른 하나는 앞의 지수와 임금과 소득 불평등지수와 결합한 것이다. 종합 경제분리지수를 나타내는 〈그림 6.1〉은 소득, 교육, 직업의 분리라는 세 분야를 종합한 지수를 지도에 표시해준다.

지도가 보여주듯이, 종합적인 경제적 분리는 북동부 지역의 보스턴–뉴욕–워싱턴DC를 잇는 회랑과, 서부 해안의 로스앤젤레스와 샌프란시스코만 지역, 텍사스주의 일부 지역, 미국 전역의 몇몇 지역에서 가장 강하게 나타난다. 지식허브 도시인 오스틴은 경제적으로 가장 분리된 대도시 순위에서 1위를 차지한다. 미국에서 가장 큰 6개 대도시 뉴욕, LA, 시카고, 댈러스, 휴스턴, 필라델피아는 가장 많이 분리된 도시 순위에서 상위 10위 안에 포함된다. 지식 및 테크허브 도시인 워싱턴DC, 샌프란시스코, 보스턴 역시 대도시 지역 목록에서 상위권을 차지한다. 모든 대도시 중 탈라하시, 투선, 앤 아버와 같은 대학 도시들도 종합적인 경제적 분리에서 매우 높은 순위를 보인다.[18]

지도와 목록은 동일한 내용을 보여준다. 경제적 분리에 대한 더 완전한 그림을 보려면 그것을 전체적으로 형성하는 요소들에 대한 분석을 해야 한다. 즉, 우리가 종합 경제분리지수와 대도시의 규모, 인구밀도, 첨단기술 산업의 집중을 포함한 대도시 지역의 핵심적인 경제적, 인구학적 특성과의 상관관계를 분석할 때 완전한 그림을 볼 수 있다.

경우에 따라서 경제적 분리는 대도시 지역의 크기와 밀접한 관련이

〈그림 6.1〉 종합 경제분리지수에 따른 분류

0.029  0.285  0.425  0.579  0.719  0.947

| 순위 | 가장 많이 분리된 대도시 | 종합 경제 분리지수 | 모든 대도시 포함순위 |
|---|---|---|---|
| 1 | 오스틴-라운드록, 텍사스주 | 0.925 | 3 |
| 2 | 콜럼버스, 오하이오주 | 0.912 | 4 |
| 3 | 샌안토니오, 텍사스주 | 0.903 | 6 |
| 4 | 휴스턴-슈거랜드-베이타운, 텍사스주 | 0.903 | 7 |
| 5 | 로스앤젤레스-롱비치-샌타애나, 캘리포니아주 | 0.893 | 10 |
| 6 | 뉴욕-노던 뉴저지-롱아일랜드, 뉴욕주-뉴저지주-펜실베이니아주 | 0.889 | 11 |
| 7 | 댈러스-포트워스-알링턴, 텍사스주 | 0.875 | 12 |
| 8 | 필라델피아-캠든-윌밍턴, 펜실베이니아주-뉴저지주-델라웨어주-메릴랜드주 | 0.873 | 13 |
| 9 | 시카고-네이퍼빌-졸리엣, 일리노이주-인디애나주-위스콘신주 | 0.868 | 15 |
| 10 | 멤피스, 테네시주-미시시피주-아칸서스주 | 0.867 | 16 |

자료: 마틴번영연구소, 미국 인구조사 자료에 기초.

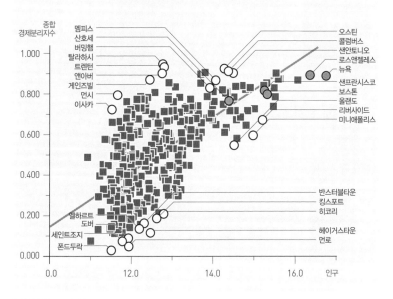

〈그림 6.2〉 대도시의 규모와 경제적 분리

주: 인구 수치는 로그값이다.
자료: 마틴번영연구소, 미국 인구조사 자료에 기초.

있다. 종합 경제분리지수는 대도시 규모와 밀접한 관련이 있다.[19] 사실, 200개 이상의 중소 규모의 대도시들은 종합적인 경제적 분리 수준이 큰 대도시의 가장 낮은 종합지수보다 더 낮다. 그리고 이 패턴은 일반적으로 다양한 유형의 분리에 대해서도 비슷하다. 〈그림 6.2〉는 대도시의 규모(인구 기준)와 경제적 분리 사이의 관계를 시각화는 데 도움을 준다. 이 직선은 오른쪽 위로 급격하게 기울어졌는데 이는 둘 사이에 강한 양의 상관관계가 있음을 보여준다.

경제적 분리는 인구밀도와 밀접하게 관련된다. 종합 경제분리지수는 인구밀도와 양의 상관관계를 보인다. 이 종합지수는 또한 대중교통을 이용하는 통근자들의 비율과 양의 상관관계가 있으며 이는 인구밀도의 영향을 반영한다. 일반적으로 말하면, 대중교통은 인구밀도가 더 높은 대도시 지역에서 더 일반적인 반면, 근교 지역으로 많이 확산된 대도시에서는 사람들이 자가용을 이용해 통근한다.[20]

경제적 분리는 더 부유한 대도시 시역의 특징이기도 하다. 대도시가 더 부유할수록 경제적 분리도 더 크다. 그 반대도 마찬가지다. 종합 경제분리지수는 임금과 생산성의 기초 지표인 1인당 경제생산량과 양의 상관관계를 갖는다.[21]

경제적 분리는 지식 기반 대도시의 핵심 특징들(첨단산업, 창조계층, 대학졸업자)과 더 긴밀한 관계가 있다. 우리의 분석에 따르면 첨단산업, 창조계층과의 상관관계는 최고 수준이다. 이와 반대로 노동계층이 더 많고, 생산직 임금을 올리는 경향이 있는 노동조합 가입률이 더 높을수록 경제적 분리는 더 낮다.[22]

아울러 불평등과 같은 경제적 분리는 보수적인 지역과 진보적인 지역 간의 오래된 분리와 연결된다. 종합 경제분리지수는 정치적 진보주의와 양의 관계이며, 경제적 보수주의와는 음의 관계를 보인다.[23] 이런 상관관계는 도시 규모가 크고, 인구밀도가 높고 경제적으로 성공적인 지역의 전반적인 특징을 반영하지만 그렇다고 해서 정치적 관련성이 보여주는 역설적인 측면이 줄어들지는 않는다.

〈그림 6.3〉은 미국 350개 이상의 대도시 지역을 대상으로 경제적인

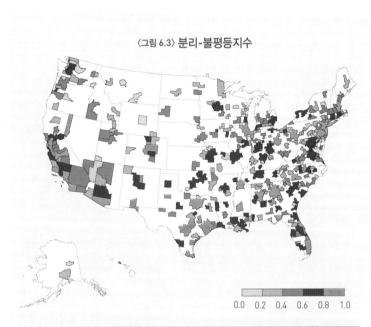

〈그림 6.3〉 분리-불평등지수

0.0  0.2  0.4  0.6  0.8  1.0

| 순위 | 대도시 | 분리-불평등 지수 | 모든대도시 포함순위 |
|---|---|---|---|
| 1 | 뉴욕-노던뉴저지-롱아일랜드, 뉴욕주-뉴저지주-펜실베이니아주 | 0.925 | 3 |
| 2 | 로스앤젤레스-롱비치-샌타애나, 캘리포니아주 | 0.912 | 4 |
| 3 | 휴스턴-슈거랜드-베이타운, 텍사스주 | 0.903 | 6 |
| 4 | 샌프란시스코-오클랜드-프리먼트, 캘리포니아주 | 0.903 | 7 |
| 5 | 필라델피아-캠든-윌밍턴, 펜실베이니아주-뉴저지주-델라웨어주-메릴랜드주 | 0.893 | 10 |
| 6 | 댈러스-포트워스-알링턴, 텍사스주 | 0.889 | 11 |
| 7 | 샬럿-개스토니아-콩코드, 노스캐롤라이나주-사우스캐롤라이나주 | 0.875 | 12 |
| 8 | 시카고-네이퍼빌-졸리엣, 일리노이주-인디애나주-위스콘신주 | 0.873 | 13 |
| 9 | 오스틴-라운드 록, 텍사스주 | 0.868 | 15 |
| 10 | 버밍햄-후버, 앨라배마주 | 0.867 | 16 |

자료: 마틴번영연구소, 미국 인구조사, 미국 노동부 노동통계국 자료에 기초.

분리와 소득 및 임금 불평등이 결합한 지수인 분리–불평등지수가 어떻게 나타나는지 보여준다.[24] 슈퍼스타 도시와 지식허브 도시는 목록의 최상위를 차지한다. 뉴욕은 대도시 중에서 1위, 로스앤젤레스 2위, 휴스턴 3위, 샌프란시스코가 4위다. 다시 말하지만, 미국에서 가장 큰 대도시 6개가 모두 가장 분리되고 불평등이 심한 100만 명 이상 대도시 순위에서 상위 10위 안에 든다. 미국의 모든 대도시를 고려할 때 브리지포트–스탬퍼드가 1위를 차지하고, 칼리지스테이션, 게인즈빌, 탈라하시, 더럼, 애선스, 볼더, 트렌턴(프린스턴 대학이 포함)과 같은 대학 도시가 순위가 매우 높다. 분리–불평등지수는 대도시의 규모와 인구밀도, 경제적 부와 밀접한 관계가 있고, 경제적 분리 자체보다 첨단산업, 창조계층, 대학졸업자의 집중과 관계가 깊다.[25]

경제적 분리와 경제적 불평등은 서로 밀접하게 붙어 다닌다. 경제적 분리가 심한 대도시 지역은 소득 불평등도 크다. 경제적 분리와 임금 불평등의 관계는 한층 더 두드러진다.[26] 경제적 분리와 불평등 간의 이런 관계는 적어도 30년 전부터 발견할 수 있다. 2009년 심층연구에 따르면 분리와 불평등은 대도시 지역의 크기에 비례하여 증가하고, 이 둘은 교육수준, 인종, 산업 및 직업의 구조 등의 영향을 통제한 후에도 여전히 강한 관계를 나타낸다.[27]

이런 패턴은 미국에만 나타나는 것이 아니다. 경제적 분리와 불평등은 지난 10여 년 동안 런던, 스톡홀름, 마드리드, 밀라노와 같은 유럽 국가의 많은 도시에서 상당히 증가했다.[28] 미국과 마찬가지로, 유럽 도시의 경제적 분리 심화는 부유하고 혜택을 받는 사람들의 자원과 선택 때문에 이루어졌다.

경제적 불평등과 경제적 분리의 결합은 치명적이다. 이것은 상위계층의 혜택을 강화하는 한편 하위계층의 열약한 상황을 심화 및 지속시킨다. 이 둘을 함께 고려하면, 이것은 경제적 자원의 불평등뿐만 아니라 기회의 영속적이고 역기능적 불평등을 만들어낸다. 2015년 연구에 따르면, 기회의 불평등은 대학졸업자와 고교졸업자 간의 일반적인 임금 격차를 추가로 25% 더 벌어지게 만든다. 달리 말하면, 소득 및 임금 불평등과 같은 전통적인 지표들은 이처럼 대단히 파괴적인 결합을 고려하지 않기 때문에 경제적 격차의 실제 크기를 과소평가한다.[29]

기회의 차이는 세대를 지날수록 더 악화된다. 널리 알려져 있다시피 부유한 가정의 아이들은 더 부유한 지역에 살고, 가난한 가정의 아이들보다 더 나은 학교에 다닐 수 있다. 오늘날 젊은 성인에게도 부모의 수입은 자신의 주거지역을 선택하는 데 핵심 요소가 되었다. 슈퍼스타 및 테크허브 도시의 과도하게 비싼 주택가격은 점점 더 많은 젊은이가 그곳의 주택을 구입할 수 없게 되는 걸 의미한다. 설령 그들이 고임금 전문기술직일지라도 말이다. 그들이 그런 지역의 주택—그리고 그 지역이 제공하는 직업적 기회—을 구매할 수 있는 유일한 방법은 부모의 돈이다. 젊은 성인이 앞으로 인생에서 매우 중요한 주거지역을 확보하는 능력은 점점 더 부모의 재력에 의존하고 있다. 이런 혜택을 받지 못하는 사람들은 꼼짝할 수 없다. 계층과 주거지의 위치는 현재만이 아니라 세대를 넘어서 결합하여 서로를 강화한다.

오늘날 미국의 힘든 현실은 빈곤 지역은 여전히 가난하고 부유한 지역은 계속 부유하다는 것이다. 분리는 사람은 물론 지역을 한 상태로 고착시키는 경향이 있다. 사실, 2000년에 빈곤했던 지역의 75%는 10년이 지난 후에도 여전히 가난했다. 반대로 1990년에 부유했던 지역의 80%는 20년 뒤에도 여전히 부유했다.[30] 우리가 사는 우편번호는 우리의 운명이 되고 있다.

경제적 분리는 단순히 계층 문제가 아니다. 경제적 분리는 인종 그리고 미국의 오래된 인종적 분리와 깊이 연결되어 있다. 나는《창조적 변화를 주도하는 사람들》에서 인종과 창조경제 간의 매우 심란한 관계를 밝혔다. 구체적으로 말하면, 나는 미국 대도시에서 인구의 소수인종 또는 유색인종 비율이 고성장 첨단기업의 집중과 음의 상관관계가 있다고 밝혔다. 더 최근에 나는 흑인 미국인들이 창조계층에서 차지하는 비중이 매우 미미하다는 것을 알았다. 흑인들은 미국 인구의 12%에 이르지만 창조계층 직업의 8.5%를 차지한다. 이와 대조적으로 백인들(특히 비히스패닉계 백인)은 전체 인구의 3분의 2(64%)에 못 미치지만 창조계층 직업의 거의 4분의 3(73.8%)을 차지한다. 흑인 노동자의 28%만이 창조계층 직업을 갖고 있으며 이에 비해 백인 노동자는 41%가 창조계층 직업에 종사한다. 창조계층 직업에서 백인 비율은 100만 명 이상의 51개 대도시 중 37개에서 40%가 넘는다. 반면 창조계층 직업에서 흑인 비율은 단 한 개의 대도시에서만 40%가 넘는다. 흑인 노동자들이 창조계층 직업에서 차지하는 비율은 대학졸업자와 첨단기업이 더 많고 다양성이 더 크고(이민자와 여성 동성애자와 남성 동성애자 수 기준), 규모가 크고, 인구밀도가 더 높은 대도시에서 더 크다. 그러나 인구 전체 중 흑인 비율이 높은 대도시들에서는 창조계층 직업 종사자 수가 적다. 이것은 창조계층 직업에 종사하는 흑인들이 경제가 더 활발하고 높은 수준의 기술이 요구되는 고임금 직업이 있는 지역, 전반적으로 경제적인 기회가 더 큰 지역으로 모이기 때문일 것이다.[31]

오늘날 인종 분리 수준은 반세기 전, 이를테면 1960년대의 민권운동 이전의 충격적인 수준에 비해 많이 줄긴 했지만 경제적 분리는 여전히 인종과 밀접한 관계가 있다. 에드워드 글레이저와 제이콥 빅돌의 2012년 연구에 따르면, 1970~2010년 동안 흑인의 인종 분리는 미국의 85개 최대 대도시 모두에서 감소했다.[32] 그렇지만 인종과 경제적 분리는 계속해서 떼려야 뗄 수 없이 서로 연결되어 있다. 대도시 지역의 종합 경제분리지수는 전체 인구 중 흑인 비중 그리고 히스패닉과 아시아인 비중과 모두 양의 상관관계를 보인다. 반대로, 이 지수는 대도시 지역의 백인 비중과 음의 상관관계를 보인다.[33]

이런 결과는 놀라운 일이 아니다. 계층과 함께 인종은 사람과 지역의 분리에서 계속 중요한 역할을 한다. 놀라운 점은 흑인 창조계층이 경제적 분리와 불평등 모두에 어느 정도 영향을 미치는 것처럼 보인다는 것이다. 미국의 대도시 전역에서 흑인 창조계층은 소득 불평등과 통계적으로 유의미한 관계가 없으며, 흑인 창조계층과 경제적 분리 사이에 약간의 상관관계를 보인다. 이것은 백인 창조계층과 창조계층 전체에 대해 우리가 발견한 내용과 매우 다르다. 이 둘은 분리와 불평등에 대해 양의 상관관계를 보인다.[34] 정책적 관점에서 볼 때 이런 연구결과는 흑인 창조계층을 북돋우기 위한 노력이 불평등과 분리를 개선하는 데 도움이 될 수 있음을 시사한다. 흑인들이 창조계층에서 차지하는 비중이 매우 미미하다는 점을 고려할 때 그런 노력들이 매우 필요하다.

역설적이고 심란하게도, 도시와 대도시 지역은 더 다양하면서도 동시에 더 분리될 수 있다. 나의 분석에 따르면 분리는 다양성에 대한 일반적인 두 가지 지표—남성 동성애자와 여성 동성애자의 집중, 외국에서 태어난 인구의 비율—와 양의 관계가 있다.[35] 네이트 실버가 2015년 미국의 상위 100대 대도시의 민족 및 인종의 나양성과 그들이 사는 지역의 민족 및 인종적 분리를 비교한 분석에 따르면, 민족과 인종이 더 다양한 도시일수록 분리가 더 심하다.[36]

궁극적으로, 인종 분리와 경제적 분리라는 이중적인 타격은 빈곤한 아프리카계 미국인 지역에서 가장 심각하다. 흑인 미국인들은 그들의 백인 동료보다 가난한 지역에서 살 가능성이 훨씬 더 높다. 흑인 미국인들 4명 중 1명은 매우 빈곤한 지역에 살지만 백인들은 13명 중 1명이 그런 지역에 산다.[37] 아울러 우리의 도시는 특정 인종이 모여 사는 가난한 지역과 부유한 지역으로 나누어져 있다. 15개 미국 대도시 지역에 대한 2015년 연구에 따르면, 로스앤젤레스는 흑인과 히스패닉이 80% 이상인 빈곤 지역이 129개, 백인이 90% 이상인 부유한 지역이 12곳이었다. 시카고는 흑인과 히스패닉이 80% 이상인 빈곤 지역이 138곳, 백인이 90% 이상인 부유한 지역이 58곳이었다. 15개 대도시에서 특정 인종이 모여 있는 빈곤 지역은 흑인과 히스패닉이 75% 이상이었고, 반면 특정 인종이 모여 있는 부유한 지역은 백인 90% 이상이었다.[38]

빈곤한 흑인 지역에서 성장한 사람들은 계속 그 지역에 머무는 경향이 있다. 미국의 지역 중 경제적으로 하위 25% 지역에서 자란 아프리카계 미국인의 3분의 2는 그와 비슷한 열악한 지역에서 자녀를 키우고 있다. 인종적으로 집중된 빈곤 문제에 관한 중요한 책인《지역의 덫 Stuck in Place》에서 사회학자 패트릭 샤키Patrick Sharkey는 이렇게 썼다. "지역 불평등은 부모에서 자녀에게로 세대를 이어 전달된다. 이것은 흑인의 유전자와 경제적 부가 세대를 걸쳐 전달되는 것과 똑같다."[39]

이런 추세는 흑인 중산층에도 해로운 영향을 미친다. 그들은 백인 중산층 지역보다는 매우 가난한 지역에 거주할 가능성이 훨씬 더 높다. 실제로 아프리카계 미국인 중산층의 절반 이상이 빈곤율이 20%인 지역에서 자랐고 이에 비해 백인 중산층은 그런 지역에서 성장한 비율은 1%에 불과했다.[40] 비록 가난한 흑인 부모들이 빈곤에서 탈출할 수 있다 해도 그들의 자녀는 종종 다시 빈곤으로 떨어진다.

특정 인종이 집중된 빈곤 지역에서 성장한 것에 대한 경제적 대가는 상당히 크다. 더글러스 마세이와 조나단 로스웰이 2015년 수행한 연구에 따르면, 가장 부유한 상위 20% 지역에서 성장한 사람들과 하위 20% 지역에서 성장한 사람 사이에 평생 소득의 차이는 고교졸업자와 대학졸업자의 평생 소득 차이와 거의 같다. 생활비 차이를 감안할 때 평생 소득 차이는 최대 약 100만 달러, 정확히는 91만 달러에 이른다. 궁극적으로 흑인 미국인의 낮은 경제적 계층 이동 가능성은 그들이 만성적으로 가난하고 열악한 지역에 집중적으로 거주하면서 다른 집단과 분리된 결과다.[41]

경제적, 인종적 분리의 가장 유해한 결과는 혜택을 받지 못한 미국인들이 경제적 사다리를 타고 위로 올라갈 능력을 제한하는 것이다. 경제학자 라즈 체티Raj Chetty와 동료 연구자들의 연구에 따르면, 분리되고 경제적으로 불평등한 지역일수록 경제적 상승 전망은 낮다.⁴² 대부분의 흑인 지역 출신의 아이들은 사다리 위로 올라갈 확률이 특별히 매우 낮다. 성인기 흑인과 백인 사이의 소득 격차 중 약 5분의 1이 성장한 지역의 차이에서 비롯된다. 특정 인종이 모여 있는 지역이 갖는 단점은 경제적 계층 이동과 아메리칸 드림에 중내한 설림놀이다.

그런데 매우 흥미롭게도, 경제적 계층 이동 전망은 뉴욕, 로스앤젤레스, 샌프란시스코만 지역, 보스턴, 워싱턴DC 대도시권, 시애틀에서 가장 크다. 체티와 동료 연구자들의 분석에 따르면, 이 지역들은 모두 경제적 상승 가능성에서 상위 20위권에 든다. 이 대도시들은 매우 분리되어 있고, 불평등함에도 경제적 상승 기회를 제공하는 고임금 산업과 일자리가 많이 모여 있어 경제가 훨씬 더 탄탄하다. 그와 반대로 경제적 상승 전망은 인구가 적고 대도시 밖으로 많이 확산되어 있는 지역에서 훨씬 더 나쁘다. 이런 대도시의 혜택 받지 못한 사람들은 흔히 일자리와 경제적 기회에서 훨씬 동떨어진 곳에 거주한다.

그러나 경제적 이동 전망은 대도시 간뿐만 아니라 대도시 내부에서도 상당히 다양하다. 나의 경험은 이것을 증명한다. 내가 두 살이고, 남동생이 새로 태어났을 때 노동계층에 속하는 나의 부모는 뉴어크에서 버진카운티의 노던알링턴으로 이사했다, 이 카운티는 대부분 노동계층이 사는 지역이다. 우리가 자랄 때 종종 우리에게 상기시켜주셨듯이 우리에게 더 나은 삶으로 가는 길을 열어주기 위해서였다. 체티의 경험적 연구는 아이들에게 가장 좋은 것에 대한 부모님의 직감이 옳았음을 증명한다. 체티는 아이들이 버진카운티에서 성장할 경우 인생의 전망이 가장 좋고 뉴어크에 자랄 경우 가장 나쁘다는 사실을 밝혔다. 나의 부모님은 시기도 적절하게 잘 맞추었다. 체티의 연구는 자녀가 유아기일 때 이사를 하는 가정의 자녀가 가장 큰 혜택을 본다고 밝혔다.

더 크고 인구밀도가 더 높고 지식허브의 대도시들은 가난하고 혜택을 받지 못한 사람들에게 경제적 상승을 위한 더 나은 기회뿐만 아니라 건강하게 더 오래 살 수 있는 삶의 기회를 더 많이 제공한다. 체티와 동료 연구자들은 또 다른 연구에서 뉴욕, 로스앤젤레스, 샌프란시스코, 산호세, 보스턴과 같은 슈퍼스타 도시와 테크허브 도시에 사는 가난한 사람이 기대수명이 가장 길고, 반면 디트로이트, 게리, 톨레도, 데이턴과 같은 러스트벨트 대도시와 라스베이거스, 털사, 오클라호마시티에 사는 가난한 사람이 기대수명이 가장 짧다고 밝혔다.[43] 가난한 노동계층 사람들이 경제적으로 상승하고 더 오래 건강하게 살 수 있도록 돕고 싶다면 도시의 주택가격 상승 때문에 그들을 가장 크고 부유하며 가장 학력이 높은 도시에서 강제로 몰아내지 않는 것이 중요하다.

그렇긴 하지만 가난한 사람에게 대도시로 또는 대도시 내에서 더 나은 지역으로 이주할 수 있는 수단을 제공하는 건 고질적인 빈곤 문제를 단번에 해결하지 못할 것이다. 이주의 긍정적인 효과는 아이들이 나이를 먹을수록 상당히 낮아진다—자녀가 어느 정도 자란 이후의 이주는 십대 자녀들에게 거의 영향을 미치지 못한다. 인종 역시 한 요소다. 더 나은 지역으로 이주하는 백인과 히스패닉 자녀들은 흑인 자녀들이 나은 지역으로 이주할 때보다 경제적 상승 기회가 훨씬 더 높다.[44] 물론 이런 이주는 혜택을 입지 못한 지역에 피해를 준다. 가장 좋은 성공 기회를 가진 사람들과 가정들이 떠나면 순수한 사람 중심 정책들은 곤경에 처한 지역을 더 퇴보시킬 수 있다. 10장에서 보겠지만 특정 지역에 집중된 도시 빈곤의 악순환을 깨기 원한다면 사람 중심 정책은 지역 여건을 개선하는 장소 중심 정책과 결합되어야 한다.

다양한 유형의 경제직 분리가 나른 시역에 비해 몇몇 유형의 대도시 지역에 더 높게 나타나지만―예를 들면, 러스트벨트의 대도시는 소득 분리 수준이 더 높고, 선벨트의 대도시들은 교육 분리 수준이 더 높지만, 전체적으로 볼 때 경제적 분리는 규모가 크고 인구밀도가 높고 경제적으로 성공적이며 다양성이 높은 대도시에서 더 심각하다. 이런 결과는 새로운 도시 위기의 핵심적인 모순을 반영한다. 즉 대도시는 가장 생산적이고 가장 높은 임금을 제공하고, 첨단기술 산업과 최고의 인재가 가장 많이 모이고, 인구밀도가 가장 높고, 가장 많은 대중교통을 제공하고, 가장 다양한 문화가 있고, 정치적으로 가장 진보적 성향을 보이지만, 다른 한편으로 경제적 불평등과 경제적 분리가 가장 심한 곳이다.

이 장과 이전 장에서 나는 총량 자료를 이용하여 미국의 도시와 대도시 지역의 분리와 불평등 정도, 이런 상황을 유발하는 본질적인 도시 요인들을 보여주었다. 다음 장에서는 더 자세한 자료를 이용하여 지역 차원의 분리를 지도에 시각화하여 보여줄 것이다. 이를 통해 미국의 도시와 교외지역이 집중적인 혜택을 받는 소수의 지역과 집중적인 혜택을 받지 못하는 대다수 지역으로 어떻게 분리되는지 보여줄 것이다.

## 7장

# 모자이크 대도시권

## PATCHWORK METROPOLIS

# 대도시 지역 계층 패턴

　미국의 계층 분리는 오래전부터 미국인의 생활 패턴에 새겨져 왔다. 20세기의 상당 기간 부자와 상위 중산층은 보스턴의 브루클라인Brookline, 디트로이트의 그로스포인트, 필라델피아의 브라이언모어, 또는 그리니치, 코네티컷처럼 녹음이 우거진 교외지역에 살았다. 계층 상승을 꿈꾸는 노동계층이나 하위 중산층들은 롱아일랜드의 레빗타운, 노던알링턴, 그리고 내가 자란 뉴저지와 같은 규모가 작고 인구밀도가 높고 주택이 조밀한 교외지역에 살았다. 가난한 사람과 정말 불우한 사람들은 시카고의 사우스사이드나 뉴욕의 사우스브롱크스, 또는 내가 태어난 곳에서 멀지 않은 뉴어크의 일부 지역으로 내몰렸다. 일반적으로 1970년대 교외지역은 엄청나게 부유하고 경제적 지위가 높은 백인들이 살았고 도시는 쇠퇴하여 공동화되고 소수 집단이나 가난한 사람들이 점차 증가하는 곳이었다.

카를 마르크스의 제자들은 그의 지도를 따라 계급 정체성은 일터, 이를테면 공장 바닥에서 형성된다고 오래전부터 믿었다. 하지만 오늘날 미국의 계층은 수행하는 일의 종류뿐만 아니라 거주 지역과 관련 있다. 우리의 거주 지역은 직업과 경제적 기회에 대한 접근성에서부터 자녀들이 다니는 학교, 건강, 행복, 경제적 상승 전망에 이르기까지 모든 것에 영향을 미친다. 계층과 거주 지역의 교차점은 이념적 스펙트럼을 떠나 모든 비평가의 주목을 받고 있다. 찰스 머레이Charles Murray는 2012년에 출간한《분열Coming Apart》에서 심화되는 미국의 경제적, 정치적 분열의 양극단을 단적으로 잘 보여주는 2개의 다른 계층이 사는 지역을 비교한다. 그는 매사추세츠주 보스턴 근교 지역인 벨몬트의 부유하고 외향적인 거주자와, 필라델피아 피스타운 지역의 낙후되고 내향적이며 소외된 노동계층 거주자를 비교한다. 로버트 풋남Robert Putnam은 자신의 2015년 저서《우리 아이들Our Kids》에서 자신의 고향인 오하이오주 포트클린턴의 쇠퇴를 중산층의 감소와 퇴색해가는 아메리칸 드림에 관한 사례 연구로 제시했다.[1]

미국의 계층 지리학은 더 이상 부유한 교외지역과 가난한 도시지역이라는 과거 형태를 따르지 않는다. 지금까지 보았듯이, 지난 10~20년 동안 고임금 지식 노동자, 부자, 젊은 사람들이 대규모로 도심으로 돌아오는 반면 점점 더 많은 가난하고 혜택 받지 못한 사람들은 교외지역으로 서서히 밀려나고 있다. 이처럼 미국의 오래된 지리적 분리가 분명하게 역전되는 현상은 때로 거대한 반전으로 일컬어진다.[2]

하지만 현대 미국의 계층 지리학은 앞서 언급한 두 가지 모델이 묘사하는 것과는 다르다. 우리의 계층 지리학은 내가 모자이크 대도시권 Patchwork metropolis이라고 명명한, 더 복잡하고 다양한 형태로 바뀌고 있다. 모자이크 대도시의 특징은 지역마다 다르다. 하지만 이 새로운 계층 지리학의 핵심적인 특징은 대도시의 경관이 집중적인 혜택을 받는 소수의 주거지역과 혜택을 받지 못하는 더 넓은 주거지역으로 분리되며, 아울러 이런 패턴이 도시지역과 교외지역에 모두 나타난다는 것이다.

앞 장에서 나는 총량 자료를 이용하여 대도시 지역이 소득, 교육, 직업 계층에 따라 더욱 분리되고 있음을 보여주었다. 이 장에서는 좀 더 상세한 자료를 이용하여 이러한 새로운 분리가 대도시 지역에 어떤 모습을 남기는지 밝히고 시각적으로 보여준다. 다양한 유형의 경제활동, 가령 산업용, 상업용, 주거용의 입지를 조사하거나, 소득에 따라 사람들을 구분—예를 들어 고소득, 중간소득, 저소득 집단으로 구분—하는 다른 방법과 달리 나는 세 가지 주요 계층의 '주거지역'을 지도에 표시했다. 이를 위해 나의 팀과 나는 세부 자료를 이용해 우리가 고려하는 고임금 창조계층, 저임금 서비스계층, 지위가 축소되고 있는 노동계층 등 세 집단이 각각 가장 많이 거주하는 인구조사 구역을 확인했다. 우리는 미국, 캐나다, 영국에 있는 약 18개의 선도적인 대도시 지역을 대상으로 이 패턴을 지도에 표시했다. 여기에는 슈퍼스타 도시와 테크허브 도시에서부터 도시 외곽으로 확산된 선벨트 지역 대도시와 탈산업화되고 있는 러스트벨트 지역까지 다양한 유형의 도시가 포함되었다.[3]

각각의 그리고 모든 대도시 지역이 독특한 계층 패턴을 보이긴 하지만, 우리의 지도와 분석에 따르면, 모자이크 대도시권은 크게 네 가지 유형을 따른다.

첫 번째 유형에서는 혜택을 받은 창조계층은 실제로 도심지역에 다시 대거 거주하면서 여전히 교외지역에서도 많이 모여 살고 있다. 혜택을 받지 못하는 서비스계층과 노동계층은 도시의 나머지 공간으로 밀려나거나, 훨씬 더 많은 사람이 교외지역과 준 교외지역(Exurban, 교외지역보다 도시에서 더 멀리 떨어진 반半 전원 주거지역) 가장자리로 밀려나고 있다. 이런 패턴은 샌프란시스코, 보스턴, 워싱턴DC와 같은 지식허브 도시뿐만 아니라 뉴욕, 런던과 같은 슈퍼스타 도시, 그리고 토론토, 시카고와 같은 도시에서 두드러지게 나타난다.

두 번째 유형에서는 창조계층이 여전히 교외지역에 집중되어 있고 도심지로는 제한적인 수만 이동한다. 이런 패턴은 애틀랜타, 댈러스, 휴스턴과 같은 선벨트 지역과 디트로이트, 피츠버그, 클리블랜드와 같은 러스트벨트 지역에서 볼 수 있다.

세 번째 유형에서는 대도시권 전체가 기본적으로 두 지역, 즉 혜택을 받은 창조계층과 그렇지 못한 서비스계층으로 나뉜다. 이 두 계층은 도심지역과 교외지역을 포함하는 모든 지역에서 거주 구역이 거의 분리되어 있다. 밴쿠버, 오스틴, 필라델피아가 이런 패턴을 잘 보여준다.

네 번째 유형에서는 더 부유한 창조계층이 작은 섬처럼 자족적인 소규모 지역에 집중적으로 모여 살고 그 주변 지역에 혜택 받지 못한 계층들이 거주한다. 이 패턴은 로스앤젤레스, 마이애미에서 전형적으로 나타나는데 창조계층의 주거지가 해안선을 따라 길게 뻗어 있고, 도심지역과 그 주변, 그리고 대학교와 연구기관 주변에도 소규모로 모여 산다.

각 유형을 불문하고 이러한 새로운 모자이크 지리학은 혜택을 받은 창조계층의 입지 특권에 의해 형성된다. 그들은 네 가지 핵심 요소를 지닌 주거지역으로 몰려든다.

첫 번째 요소는 도심과의 근접성이다. 이러한 도심 회귀 패턴은 뉴욕, 런던과 같은 슈퍼스타 도시 그리고 보스턴, 샌프란시스코, 워싱턴 DC와 같은 지식허브 도시에서 가장 강하게 나타난다. 하지만 이보다 약한 도심회귀 패턴은 많은 도시와 대도시 지역에서 볼 수 있다.

두 번째 요소는 대중교통 접근성이다. 지하철역과 대중교통 노선 주변에 모여 사는 창조계층들은 통근 시간이 줄어들며 장거리 운전을 하지 않아도 된다. 이 요소는 특히 인구가 밀집하고 주택가격이 비싸고 대중교통 체계가 편리한 슈퍼스타 도시와 지식허브 도시에서 중요하다.

세 번째 요소는 주요 대학과 그 이외 다른 지식 기반 기관과의 근접성이다. 역사적으로 대학 근처에 사는 사람들 중 학위를 취득하려는 학생들은 비교적 단기 체류자들이었다. 그들은 졸업하면 그 지역을 떠났다. 도시의 쇠퇴와 함께 1970년대와 1980년대 로스앤젤레스의 서던 캘리포니아대, 뉴욕의 컬럼비아대, 그 이외 많은 도시에 있는 대학들이 벽으로 분리된 섬으로 바뀌었다. 오늘날 도시의 대학과 다른 유사한 지식 기반 기관들의 주변은 창조계층이 선호하는 지역이 되었다. 그곳에 몰려든 많은 사람이 대학과는 직접 특별한 관련이 없음에도 말이다.[4]

네 번째 요소는 쾌적한 자연환경과의 근접성이다. 창조계층은 도시와 교외지역 중에서 경제적 기능이 가장 활발할 뿐만 아니라 미적으로

도 가장 만족도가 높은 지역, 예를 들어 공원이나 녹지, 산, 특히 해안선이나 수변 공간 근처에 모여 산다. 이런 패턴은 창조계층이 해변을 따라 모여 사는 로스앤젤레스와 마이애미와 같은 대도시에서 가장 뚜렷하게 나타난다. 뿐만 아니라 다른 도시의 해안가에 조성된 오래된 산업지구에서도 볼 수 있는데, 이전의 공장이나 창고가 주택, 상점, 갤러리, 지식노동자를 위한 사무실로 다시 개조돼 사용되고 있다.

모자이크 대도시권의 공간 패턴을 온전히 이해하기 위해 우리는 도시의 형성과 발달에 관한 고전 이론을 먼저 살펴볼 필요가 있다. 고전 이론들은 오늘날 계층 지리학을 이해할 수 있도록 기초를 제공한다.

## 도시모델의 변화

나는 이 새로운 계층 지리학을 더 잘 이해하기 위한 지도를 만들기 위해 20세기 초 시카고대의 도시계획 전문가 로버트 에즈라 파크Robert Ezra Park와 그의 동료들의 선구적인 연구를 살펴보았다. 그들의 아이디어는 매우 강력해서 지금까지도 계속 도시와 대도시권의 경관에 대한 우리의 사고에 영향을 미치고 있다. 비록 그들의 모델은 더 이상 오늘날의 현실을 온전히 담아내지 못하지만 초기 산업 도시의 모습과 형태를 대략적으로 그린 그들의 중대한 노력은 우리 시대의 새로운 계층 지리학을 이해하는 데 유용한 기본적인 접근방법을 제공한다.[5]

파크의 파란만장한 인생 여정은 매우 놀라워서 마치 소설 같다. 그는 1864년 펜실베이니아주 하비빌에서 태어났다. 그곳은 스크랜턴 근처 무연탄 지역에 있는 작은 도시였다. 파크는 미네소타대와 미시간대에 입학하기 전에 철도 노동자로 일했다. 잠시 언론인으로 일한 후 대학으로 돌아와 하버드대의 철학자 윌리엄 제임스 밑에서 석사 학위를 받았다. 나중에 독일로 가서 뛰어난 사회학자이자 1903년에 출간된 고전인《대도시와 정신적 삶The Metropolis and Mental Life》의 저자인 게오르그 짐멜Georg Simmel과 함께 공부했으며 하이델베르크대에서 박사학위를 받았다. 파크는 콩고개혁협회의 언론 담당자로 잠시 일했고 미국에서 흑인도시환경위원회Committee on Urban Conditions Among Negroes, 지금의 도시연맹 Urban League의 창립을 도운 바 있다. 그는 아프리카와 미국의 인종 문제에 관심이 많았고 문제를 심각하게 생각했다. 그는 앨라배마의 터스키기대에서 10년을 일했다. 그곳에서 부커 워싱턴Booker T. Washington과 함께《가장 비천한 인간The Man Farthest Down》을 썼다.

파크는 결국 시카고대에 정착했다. 그는 동료, 학생들과 함께 시카고에 대해 깊이 연구했다. 그는 시카고의 공장과 도축장, 사창가, 새로운 고층건물 지역, 노동계층 거주지, 빈민가, 부유한 도시 근교의 급속한 개발 지역을 조사했다. 도시민족학, 도시사회학, 도시지리학은 물론 더 나아가 도시경제학의 선구자로서 파크는 무주택자, 청소년 범죄, 극빈 지역에 관한 연구서를 출간했다. 시카고는 그의 실험실이 되었다.

생물학자가 유기체의 형태와 구조를 연구하듯이 파크는 도시의 구조를 자세히 탐구하여 도시의 기본 구성요소와 구성물을 밝혔다. 그에게 도시는 물리적 특성, 건물, 교통망의 집합 이상이었다. 도시는 다양한 종류의 인간 활동을 조직하고 구분하기 위한 메커니즘이었다. 파크는 1925년에 그의 동료 어네스트 W. 버제스Ernest W. Burgess와 로드릭 D. 맥켄지Roderick D. McKenzie와 공저한 고전《도시The City》에서 이렇게 썼다. "도시는 단순히 물리적인 메커니즘이 아니라 인위적인 건축물이다. 도시에는 그것을 구성하는 사람들의 핵심적인 과정이 포함되며 본성, 특히 인간 본성의 산물이다."[6] 도시는 다양한 종류의 인간 활동을 체계화하고 조직하는 구분된 지역과 주거지로 구성된다. 파크에 따르면 도시는 "맞닿아 있지만 안전히 서로 침투하지 않는 작은 세계들로 이루어진 모자이크다." 그와 동료들은 도시와 도시의 기본 구성요소를 더 잘 이해하기 위해 시카고 내부 지역과 주변에 존재하는 사업과 상업지역, 공장지역, 창고지역, 다른 종류의 산업 활동 지역, 그리고 노동계층, 중산층, 상류계층의 주거지역을 지도에 도표로 나타냈다.

그들의 연구는 도시와 대도시의 기본 구조를 이해하고 시각화하는 놀라운 방법을 만들어냈다. 그들은 도시지역을 다양한 종류의 활동으로 구성된 일련의 동심원 구역 형태로 묘사했다. 도시의 중심—이를테면, 도시의 핵—은 중심업무지역으로 고층 업무빌딩, 법원, 정부기관, 백화점, 주요 철도 및 대중교통 중심지가 함께 자리 잡았다. 도심지역 주변에는 연속적인 원형으로 밖으로 뻗어나가는 일련의 지역이 있었다. 도심지역을 둥글게 둘러싼 지역에는 공장, 도축장, 산업지역의 창고가 입지했다. 그들은 이 지역을 유명한 "과도기 지역The zone in transition" 이라고 불렀다. 그 바깥에는 임대주택, 다세대주택, 술집, 대중목욕탕이 혼잡하고 조밀하게 들어선 노동계층 주거지역이 있었는데 다수가 산업지역과는 엎어지면 코 닿을 정도로 아주 가까운 거리에 있었다. 주

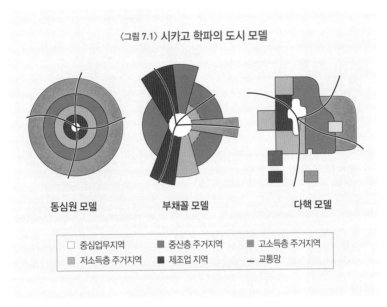

〈그림 7.1〉 시카고 학파의 도시 모델

동심원 모델      부채꼴 모델      다핵 모델

☐ 중심업무지역    ▨ 중산층 주거지역    ▨ 고소득층 주거지역
▨ 저소득층 주거지역    ■ 제조업 지역    — 교통망

자료: 마틴번영연구소.

거지역의 밀도는 도심에서 멀어질수록 낮아졌다. 가로수 거리와 넓은 주차장, 큰 집들이 들어선 중산층과 고소득층의 주거지역은 도심지에서 가장 먼 곳에 있었다. 〈그림 7.1〉에서 첫 번째 그림을 보라.

10여 년 후 시카고대에서 박사학위를 받은 경제학자 호머 호이트 Homer Hoyt는 기본모델을 발전시켜 다시 만들었다. 깔끔한 동심원 대신 그는 대도시권은 주요 교통망을 따라 훨씬 더 확실히 구별되는 쐐기 모양이나 부채꼴 형태로 발전한다고 주장했다. 〈그림 7.1〉의 두 번째 그림을 참고하라. 1939년 연방주택국이 요청한 미국의 60여 개 도시 연구를 통해 그는 가장 많은 혜택을 받는 도시인들이, 거주하고 일할 장소를 어떻게 선택하는지 보여주었다. 그는 이렇게 썼다. "도시의 성장에서 임대료가 높은 지역의 이동은 어떤 의미에서 가장 중요하다. 이것은 같은 방향으로 도시 전체의 성장을 견인하는 경향이 있기 때문이다." 그는 임대료가 높은 지역에 "선호 지역The favored quarter"이라는 이름을 붙였다. 주택가격이 높은 지역이 도시 바깥 교외지역으로 이동하는 추세는 압도적이면서도 확고했다. 그는 덧붙였다. "임대료가 높은 지역이나 고급 주거지역은 거의 예외 없이 도시의 주변으로 이동해야 한다. 부자들은 발길을 돌려 예전에 포기했던 낡은 집으로 좀처럼 돌아오지 않는다. 탁 트인 들판, 골프코스, 컨트리클럽, 전원 지역이라는 매력은 집 밖의 자유롭고 개방된 전원을 누릴 수 있는 지역으로 고급 주거지역을 끌어당기는 자석과 같은 역할을 한다." 호이트가 처음 부채꼴 모델을 제시한 지 10년 후, 시카고대에서 공부한 두 명의 지리학자인 천시 해리스Chauncy Harris와 에드워드 울먼Edward Ullman이 수정 내용을 추가하여 다핵 모델을 발전시켰다. 이 모델은 훨씬 더 많은 지역으로 구분되며 몇 개의 상업 및 주거활동 중심지가 있다. 〈그림 7.1〉의 세 번째 그림을 보라.[7]

1960년대와 1970년대 이 외부지향적 형태는 매우 뚜렷해져 도심은 다수의 핵심 경제 기능이 사라지기 시작했다. 경제학자 에드거 후버 Edgar Hoover와 레이먼드 버논Raymond Vernon은 1959년 뉴욕 대도시권에 대한 연구서 《대도시의 해부Anatomy of a Metropolis》에서 이른바 밀집 지역에서의 탈출을 언급했다. 그들은 사람뿐만 아니라 산업 활동과 상업 활동이 도시의 교외지역으로 이동하고 있다고 말했다. 사람과 일자리가 도시 밖으로 이동하는 추세는 이른바 에지시티(Edge city, 미국을 중심으로 대도시 교외지역, 특히 고속도로 나들목 부근에 형성된 새로운 형태의 도시)의 등장으로 정점에 이르렀다. 이런 도시에 입지한 준 교외 업무단지와 쇼핑몰은 점차 공동화되어 기능을 상실하고 있는 도심지역의 기능을 기본적으로 대체했다.[8]

1990년대 후반과 2000년대 말, 우리가 보았듯이, 도시와 대도시 지역의 형태는 상당히 바뀌기 시작했다. 부유한 고학력자들이 도심으로 돌아가고 가난한 사람들이 교외지역으로 내몰리기 시작했다. 이런 역전 현상은 도시를 기존 모델을 뛰어넘는 훨씬 더 새롭고 다양한 형태로 만들었다. 일부 도시지역은 과거보다 더 부유하고 일부 교외지역은 더 가난해졌지만 단순히 장소만 바뀐 것이 아니다. 우리는 몇몇 선도적인 도시를 살펴보면서 새로운 모자이크 지리학의 기본적인 네 가지 패턴과 오늘날 도시와 교외지역을 재형성하는 요소들을 짚어볼 것이다.

## 모자이크 대도시 첫 번째 유형

오늘날 새로운 패턴 중 첫 번째는 슈퍼스타 도시와 테크허브 도시에 사는 사람들의 도시회귀에서 비롯된다. 앞서 언급했듯이 이런 패턴을 전형적으로 보여주는 도시와 대도시 지역으로는 뉴욕, 런던과 같은 슈퍼스타 도시, 그리고 샌프란시스코, 보스턴, 워싱턴DC와 같은 테크허브 도시, 시카고의 토론토와 같이 새롭게 활력을 얻고 있는 오대호 주변 도시가 포함된다. 이런 도시와 대도시 지역은 대부분의 도시보다 더 크고 인구 밀도도 높다. 이들 도시의 중심지역과 그 주변에 창조계층이 더 많이 거주하며 비교적 대중교통이 잘 갖추어져 있다. 이 모든 것은 주요 사회적, 경제적 계층의 지리적 입지 형태에 영향을 준다.

뉴욕시의 경우 창조계층은 맨해튼 금융 지역의 남쪽 끝에서부터 트리베카, 소호, 빌리지, 첼시, 미드타운, 어퍼이스트와 웨스트사이드에 이르는 도심지역을 차지했다. 〈그림 7.2〉을 보라. 브루클린의 젠트리피케이션이 많이 회자되지만 창조계층은 로어맨해튼에 인접한 지역의 일부 구역까지로 거의 한정된다. 하지만 지금 그곳에서부터 젠트리피케이션이 다시 확장되고 있기는 하다.

그러나 창조계층은 도시 내에만 집중되어 있는 것이 아니라 롱아일

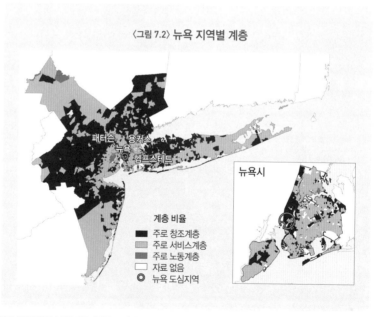

〈그림 7.2〉 뉴욕 지역별 계층

자료: 마틴번영연구소 지도 제공. 미국 인구조사 자료에 기초.

200

랜드, 뉴저지, 웨스트체스트카운티의 넓은 교외지역에도 있다. 서비스 계층은 도시와 교외지역 모두에 거주한다.

브롱크스는 상류층 지역인 리버데일 외에는 거의 대부분 서비스계 층이 거주한다. 몇몇 노동계층 지역과 부유한 포레스트힐스와 같은 소 규모 창조계층 허브를 제외하면 퀸스 역시 마찬가지다. 주요한 서비스 계층 주거지역은 모두 외곽지역과 롱아일랜드에 있다. 아직까지 노동 계층이 많이 거주하는 곳은 뉴어크, 엘리자베스, 패터슨, 내가 태어나 고 자란 곳과 매우 가까운 뉴저지의 퍼세이크와 그 주변 지역 등 불과 몇 곳에 불과하다. 불과 몇 십 년 전만해도 거대한 제조 산업기지와 노 동계층 거주지였던 곳에서 블루칼라 계층 지역이 사라지는 속도를 보 면 매우 놀랍다.

런던의 창조계층은 도심지역과 그 주변에 훨씬 더 집중적으로 몰려 있으며, 켄싱턴, 첼시, 시티오브런던, 캠든, 파릴러먼드힐과 같은 도시 내 거주 지역 거주자의 약 80%를 차지한다. 그림 〈7.3〉을 보라.

서비스계층은 대부분 도시의 주변 지역으로 밀려나 런던의 북서쪽, 북동쪽, 남부에 위치한 3곳의 대규모 거주 지역으로 이주했다. 서비스 계층 노동자들이 거주하는 제법 큰 주거지역이 템스강 바로 아래 핵심 중심지역과 가까운 곳에도 있다. 놀랍게도, 런던에는 노동계층이 거주 자의 다수를 구성하는 지역이 단 1곳도 없다. 힘든 시기에 대영박물관 에서 오랜 기간 글을 쓰며 지냈던 카를 마르크스가 충격을 받을 만한 변화다.

오늘날 시카고의 계층 지리학은 파크와 그의 동료들이 기록했던 내

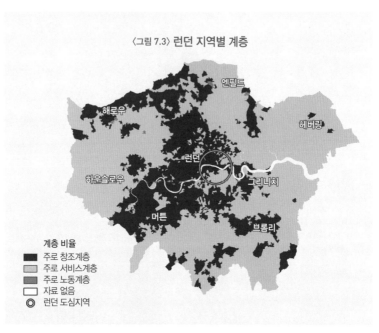

〈그림 7.3〉 런던 지역별 계층

엔필드

해로우

헤버링

런던

하운슬로우

그리니치

머튼

브롬리

계층 비율
- ■ 주로 창조계층
- ▢ 주로 서비스계층
- ▨ 주로 노동계층
- □ 자료 없음
- ◎ 런던 도심지역

자료: 마틴번영연구소 지도 제공, 영국통계국, 지역 통계 및 인구조사 자료에 기초

용과 매우 비슷하다. 뉴욕과 런던에서와 마찬가지로, 시카고의 창조계층도 도심으로 대거 돌아와 그곳의 창고와 공장 건물을 다시 개조하여 거주하더니 시카고 컵스의 리글리 구장 근처 리글리빌과 같은 생산직 노동자 거주 지역 근처까지 퍼졌다. 〈그림 7.4〉을 보라. 창조계층은 많은 교외지역에도 거주한다. 시카고대 근처 하이드파크에 창조계층이 모여 사는 주요 거주지가 있고, 다운타운에서 교외지역까지 이어지는 호수 주변, 노스웨스턴대가 위치한 에반스턴에도 많이 모여 산다.

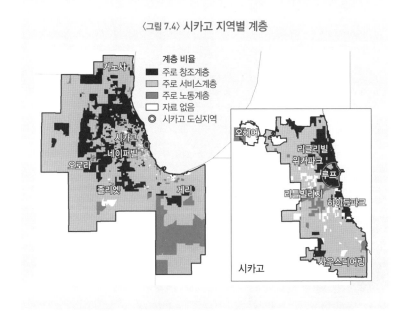

〈그림 7.4〉 시카고 지역별 계층

계층 비율
■ 주로 창조계층
▨ 주로 서비스계층
▨ 주로 노동계층
□ 자료 없음
◎ 시카고 도심지역

시카고
네이퍼빌
커노샤
오로라
졸리엣
게리

오헤어
리글리빌
위커파크
루프
리틀빌리지
하이드파크
사우스디어링

시카고

자료: 마틴번영연구소 지도 제공, 미국 인구조사 자료에 기초.

　　서비스계층 역시 도시와 교외지역에 거주한다. 도시 내에는 아직도
빈곤 지역이 많다. 최고 수준의 서비스계층 비율을 가진 시카고의 10
개 지역 중 9개가 시카고시 경계 안에 있다. 4개 지역은 시카고 남서부
지역에 위치한 3제곱마일 크기의 잉글우드에 있는데 이곳의 빈곤율은
40% 이상으로 시카고 전체 빈곤율의 2배 이상이다. 서비스계층은 도
시와 교외지역의 창조계층 주거지역과 대도시 외곽 경계선 사이 지역
에도 산다. 한때 엄청난 산업도시였던 시카고 안에 노동계층 주거지는
거의 없고, 비교적 멀리 떨어진 졸리엣과 게리에 블루칼라 계층이 가장

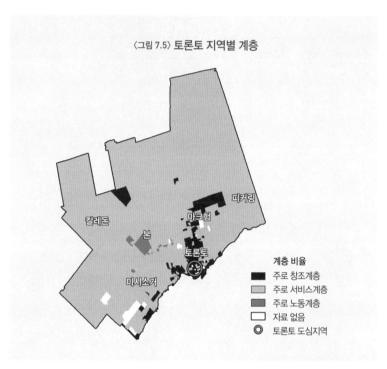

〈그림 7.5〉 **토론토 지역별 계층**

피커링
칼레돈
마크험
본
토론토
미시소거

**계층 비율**
■ 주로 창조계층
□ 주로 서비스계층
▨ 주로 노동계층
□ 자료 없음
◎ 토론토 도심지역

자료: 마틴번영연구소 지도 제공. 캐나다 통계 자료에 기초.

많이 모여 산다. 나의 제2의 고향인 토론토는 창조계층이 시내 도심과 그 주변에 집중적으로 모여 산다. 이곳에는 토론토대와 몇 개의 다른 단과대학과 종합대학 그리고 주요 병원과 의료센터가 있다. 여기서 도시의 주요 철도 및 대중교통망을 따라 T자 형태로 바깥으로 확산된다. 〈그림 7.5〉를 보라.

T자의 교차지점에서 서쪽과 동쪽으로 더 멀리 확장되면서 호수 주변 지역 전역과 대중교통을 따라 급속하게 고급주거지로 변모하고 있

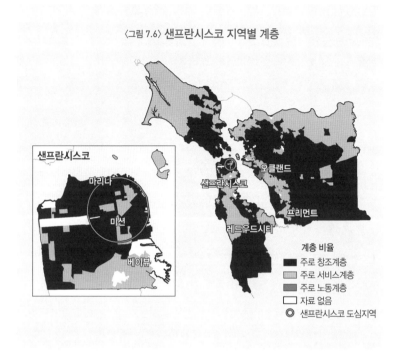

〈그림 7.6〉 샌프란시스코 지역별 계층

계층 비율
■ 주로 창조계층
▨ 주로 서비스계층
▤ 주로 노동계층
□ 자료 없음
◎ 샌프란시스코 도심지역

자료: 마틴번영연구소 지도 제공, 미국 인구조사 자료에 기초.

는 퀸웨스트 지역으로, 그다음 미시소거의 교외지역, 부유한 호반 교외 지역인 오크빌, 마지막으로 한쪽으로 쳐진 형태로 북쪽 방면으로 마크햄과 피커링 근교까지 이른다. 서비스계층은 주변 지역으로 밀려났다. 나의 지도는 토론토대 동료인 데이비드 홀찬스키David Hulchanski 연구를 통해 처음 밝혀진 것과 동일한 일반 패턴을 보여준다. 홀찬스키는 토론토가 세 종류의 다른 지역—도심지역과 주요 대중교통 노선을 따라 형성된 소수의 부유한 지역들, 대중교통 노선에서 떨어져 있고 교외지역까지 확대된 다수의 훨씬 더 가난한 지역, 축소되는 중산층 지역—으로 형성되고 있음을 보여주었다.[9] 다수의 노동계층이 거주하는 몇몇 지역이 도시의 서쪽 교외지역에 여전히 산재해 있다.

이러한 기본 패턴은 주요 테크허브 도시에서도 볼 수 있다. 예를 들어 샌프란시스코의 창조계층은 시내 중심가, 마리나 지역, 샌프란시스코대, 전통적으로 부유한 지역인 퍼시픽하이츠, 러시안힐, 하이츠에서 카스트로, 최근에는 고급 주택지로 번모한 첨단기술 지역인 미션과 소마에 집중적으로 모여 산다. 〈그림 7.6〉을 보라.

그러나 다시 말하지만 창조계층은 교외지역으로도 확대된다. 창조계층은 버클리의 캘리포니아대, 북부의 마린카운티, 스탠퍼드대와 실리콘밸리 주변의 남동부와 남서부 지역을 넓게 차지한다. 또한 이스트베이에도 대거 거주한다. 이곳에는 샌프란시스코에서 가장 큰 창조계층 집중 주거지가 있는 10개 지역 중 6개가 있다. 창조계층이 가장 집중적으로 많이 거주하는 지역은 오클랜드의 어퍼로크리지다. 그러나 오클랜드에는 빈곤한 서비스계층도 많이 살고 있는데 그중 다수는 빈곤선 이하의 생활을 한다. 그곳과 샌프란시스코만 지역 전역에서 서비스계층은 주요 창조계층 지역과 교외지역 주변부 사이에 거주한다. 샌프란시스코 내부의 경우 서비스계층은 가장 부유하고 혜택을 많이 받은 지역 주변에 모여 산다. 이 도시가 점점 부유해지고 있지만 서비스계층이 가장 많이 모여 사는 10개 지역 중 8개가 샌프란시스코만 지역에 있으며, 그중 대부분 지역은 시내 중심가와 그 주변에 소재한다. 또한 대규모 서비스계층 지역이 마리나의 먼 북쪽 주변 지역, 오클랜드의 동

〈그림 7.7〉 보스턴 지역별 계층

**계층 비율**
- ■ 주로 창조계층
- ▨ 주로 서비스계층
- ▩ 주로 노동계층
- □ 자료 없음
- ◎ 보스턴 도심지역

헤이브릴
로렌스
로웰
콩코드
마블헤드
보스턴
퀸시

자료: 마틴번영연구소 지도 제공, 미국 인구조사 자료에 기초.

쪽, 오클랜드에서 프리먼트, 멘로파크에 이르는 긴 띠 모양의 지역, 실리콘밸리의 중심인 이스트팔로알토에 있다. 이 지역에는 노동계층이 많이 모여 사는 곳이 거의 없다.

보스턴의 창조계층은 앞의 도시들과 비슷하게 도심과 그 주변에 집중되어 있는데, 금융지구와 퍼네일 홀에서 부유한 비컨힐과 백베이, 사우스엔드, 도시 중심지의 동성애자 커뮤니티, 펜웨이-켄모어 지역까지 포함된다. 〈그림 7.7〉을 보라. 보스턴은 역사가 샘 바스 워너Sam Bass

Warner가 고전인《시내전차 근교지역Streetcar Suburbs》에서 반세기 전에 밝힌 패턴대로 대중교통망을 따라 형성되었다.[10] 통근철도 노선 레드라인Red Line은 케임브리지를 지나며, 많은 첨단기술 기업과 스타트업을 끌어당겼고, 역 주변에는 창조계층이 대거 모여들었다. 창조계층은 멀리 근교 지역까지 확대된다.

서쪽으로는 주요 창조계층 거주 지역은 케임브리지 외곽에서 벨몬트와 역사적인 식민 도시 렉싱턴, 공코드, 부유한 근교 지역인 뉴턴, 웰즐리, 서드베리까지 이른다. 이 중 대부분 지역은 대중교통으로 도심지역과 연결된다. 또한 상당수의 창조계층 지역은 이 지역의 유명한 128번 도로 주변의 첨단기술 회랑 지대를 따라 형성되어 있다.[11] 아울러 북부 해안선을 따라 형성된 부유한 지역—해변 지역의 맨체스터, 스왐프스콧, 마블헤드—에도 창조계층이 많이 집중되어 있다. 보스턴 대도시권에서 선도적인 창조계층 10개 지역 중 3곳이 보스턴 시내에 있고 4곳이 케임브리지에 있다. 나머지 3곳은 그린라인Green Line이 통과하며, 보스턴칼리지에서 가까운 부유한 교외지역인 뉴턴에 있다. 서비스계층은 보스턴 도심 바깥 좁은 지역에 집중적으로 모여 있으며, 아울러 마블헤드 북쪽 지역, 해안선을 따라 퀸시 남쪽 지역으로 계속 이어지고, 그리고 보스턴의 북쪽과 남쪽 주변 지역에 2곳의 큰 주거지역을 형성한다. 보스턴 대도시 지역에서 서비스계층이 가장 집중적으로 모여 사는 지역 10곳 중 9곳은 보스턴시에 있는데, 주로 보스턴 남부와 동부의 역사적으로 흑인 거주 지역인 록스베리 주변과 로건공항 근처다. 보스턴 노동자의 약 15% 미만이 블루칼라 계층에 속하며 미국 전체 평균보

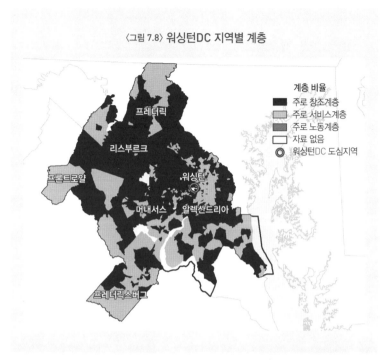

〈그림 7.8〉 워싱턴DC 지역별 계층

계층 비율
- 주로 창조계층
- 주로 서비스계층
- 주로 노동계층
- 자료 없음
- 워싱턴DC 도심지역

프레더릭
리스부르크
프론트로얄
워싱턴
머내서스    알렉산드리아
프레더릭스버그

자료: 마틴번영연구소 지도 제공, 미국 인구조사 자료에 기초.

다 상당히 낮다. 이는 보스턴이 주요한 제조중심지였던 20세기 중반과
는 완전히 달라졌음을 보여준다.

　워싱턴DC의 창조계층은 노동인구 중 약 절반으로 미국에서 가장
높은 수준이며, 이들은 도시와 교외지역에 넓게 거주한다. 〈그림 7.8〉
을 보라. 창조계층은 부유한 도시지역인 조지타운, 클리블랜드파크, 노
스웨스트DC 지역, 그리고 고급주택지로 변모한 도심지 주변과 캐피털
힐에서 매우 두드러진다. 창조계층은 또한 메릴랜드주의 베데스다, 버

지니아주의 알링턴, 알렉산드리아와 같은 가까운 교외지역, 버지니아주 북부의 페어팩스, 머내서스, 리스부르크, 메릴랜드주의 게이더스버그와 프레더릭과 같이 훨씬 더 먼 교외지역까지 확장된다. 워싱턴DC의 상위 10개 창조계층 지역 중 3개—애덤스모건, 클리블랜드파크, 러니어하이츠—는 컬럼비아 특별구District of Columbia 안에 위치한다. 다른 7개 지역은 대중교통이 제공되는 가까운 교외지역으로 알링턴에 4곳, 베데스다에 2곳, 일렉산드리아에 1곳이 있다. 컬럼비아 특별구의 계층 분리는 동서축을 따라 나타나며 창조계층은 북서 지역에, 서비스계층은 동부 지역에 집중적으로 거주한다. 서비스계층은 특별구의 남부와 동부에 많이 모여 살며, 메릴랜드주의 프린스조지카운티까지 확장된다. 워싱턴DC에서 서비스계층이 가장 집중적으로 거주하는 10개 지역 중 7곳은 전통적으로 아프리카계 미국인 지역에 있으며, 2곳은 흑인이 약 65%를 차지하는 프린스조지카운티에 있다. 워싱턴DC 전체적으로 서비스계층은 전체 노동력의 40%를 차지한다. 확장된 워싱턴DC 지역은 미국에서 서비스계층 비율이 창조계층보다 적은 매우 소수 지역 중 하나다.

## 모자이크 대도시 두 번째 유형

모자이크 대도시권의 두 번째 패턴에선 창조계층은 여전히 교외지역에 훨씬 더 많이 산다. 이러한 교외지역 패턴은 매우 다른 두 가지 대도시 유형, 애틀랜타, 댈러스, 휴스턴과 같은 선벨트 대도시와 디트로이트, 피츠버그와 같은 러스트벨트 대도시에서 발견된다. 선벨트 지역의 대도시에서 창조계층은 오래전부터 부유한 교외지역으로 몰렸다. 물론 통근이 힘들 수 있다. 이런 지역은 앞서 도시회귀 형태의 예로 언급된 대도시보다 자동차 의존율이 훨씬 더 높다. 러스트벨트 지역의 대도시는 백인들이 대거 떠나면서 오래전 도심지역이 공동화되었고 교외지역이 창조계층의 선호지가 되었다. 디트로이트 같은 대도시권을 포함해 이런 지역의 일부는 20세기 초 강과 철도노선을 따라 개발된 오래된 교외지역이 부분적으로나마 보행이 용이하고 쇼핑, 식당, 야간 유흥가 등이 들어선 복합공간과 같은 도시적 특성을 갖춰 재개발됐다. 경제적 운명이 서로 달랐음에도 이러한 대도시들은 앞에서 언급한 슈퍼스타 도시와 지식허브 도시보다 외부로 더 확장되면서 자동차 의존도는 커지고 대중교통은 훨씬 부족해졌다. 이런 대도시들은 앞서 언급한 대도시보다 도시회귀 현상이 더 제한적이었고 창조계층의 비중도 더 작았다.

애틀랜타의 창조계층은 도심지역의 북쪽과 동쪽 지역을 차지하는데 도심지역에서 미드타운, 벅헤드를 거쳐 북부의 부유한 교외지역까지 포함된다. 〈그림 7.9〉을 보라. 남동부 지역은 거의 모두 서비스계층 지역이며 창조계층 지역이 작은 섬처럼 존재한다. 이 도시의 상위 10개 서비스계층 지역 중 7곳은 애틀랜타 도시 경계 안에 위치한다. 이 지역 중 다수는 빈곤하며 흑인들이 산다. 노동계층은 이 도시의 먼 외곽 지역에 거주한다.

댈러스의 창조계층은 플레이노, 프리스코, 어빙과 같은 북부 교외

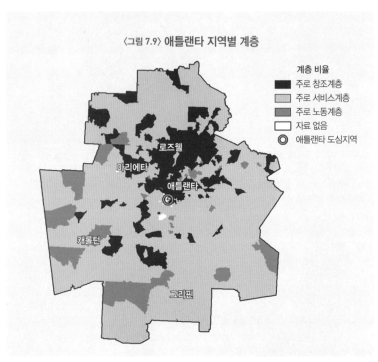

〈그림 7.9〉 애틀랜타 지역별 계층

**계층 비율**

- ■ 주로 창조계층
- ▨ 주로 서비스계층
- ▨ 주로 노동계층
- □ 자료 없음
- ◎ 애틀랜타 도심지역

로즈웰

마리에타

애틀랜타

캐롤턴

그라핀

자료: 마틴번영연구소 지도 제공. 미국 인구조사 자료에 기초.

지역에 모여 있으며, 이 대도시의 창조계층 지역 10곳 중 6곳이 여기에 있다. 〈그림 7.10〉을 보라. 댈러스 남부는 거의 완전히 서비스계층 지역이며 간간이 소수의 창조계층 주거지역이 분포되어 있다. 도심의 남쪽 트리니티강을 따라 서쪽의 노동계층 및 서비스계층 지역과 동쪽의 창조계층 지역이 뚜렷하지 않지만 구분된다.

휴스턴의 창조계층 지역은 2개의 원 형태—북부의 우드랜드에서 남서부의 슈거랜드에 이르는 휴스턴의 중심지를 기점으로 원을 그리

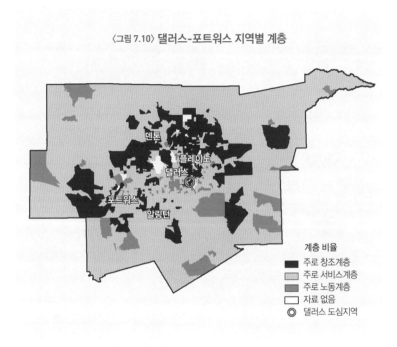

〈그림 7.10〉 댈러스-포트워스 지역별 계층

계층 비율
■ 주로 창조계층
▨ 주로 서비스계층
▨ 주로 노동계층
□ 자료 없음
◎ 댈러스 도심지역

자료: 마틴번영연구소 지도 제공. 미국 인구조사 자료에 기초.

며 도는 대규모 교외지역, 그리고 도심지역 주변에 위치한 훨씬 더 작은 규모의 주거지역—로 나타난다. 〈그림 7.11〉을 보라. 그렇지만 이 도시의 상위 10개 창조계층 지역 중 9곳은 도시 내에 있으며, 그중 7곳은 라이스대 주변 부유한 지역에 위치한다. 서비스계층은 2곳의 큰 지역에 산다. 첫째는 도심지역과 창조계층이 사는 근거리 교외지역 사이에 있다. 가장 큰 규모의 서비스계층 집중 주거지역이 있는 10개 지역 중 9곳이 이 지역이다. 나머지 서비스계층은 훨씬 더 밖으로 밀려나 휴스턴

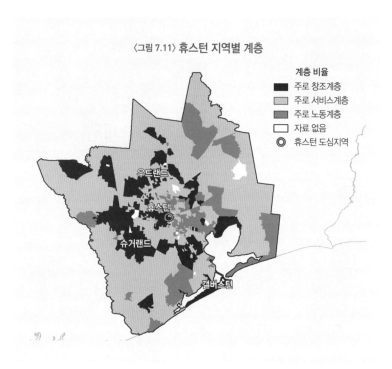

〈그림 7.11〉 휴스턴 지역별 계층

계층 비율
- ■ 주로 창조계층
- ▨ 주로 서비스계층
- ▨ 주로 노동계층
- □ 자료 없음
- ◎ 휴스턴 도심지역

우드랜드

휴스턴 ◎

슈거랜드

갤버스턴

자료: 마틴번영연구소 지도 제공. 미국 인구조사 자료에 기초.

의 가장 외곽 경계선에 거주한다. 휴스턴의 노동계층은 휴스턴항 주변 도심지역의 남쪽과 북쪽 지역에 대부분 거주한다.

남부지역의 대도시에서부터 북부지역의 대도시까지 심각한 타격을 받은 러스트벨트 대도시에서 이와 비슷한 교외지역 중심 패턴이 나타난다. 선벨트 대도시들은 문자 그대로 고속도로 주변을 따라 확장되었지만, 러스트벨트 대도시들은 백인들의 도심지역 탈출과 그에 따른 도심 공동화 현상을 겪은 후 아직까지 예전의 도심지역을 채울 정도로

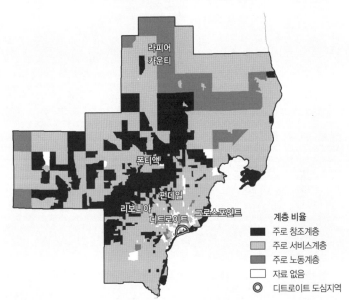

〈그림 7.12〉 **디트로이트 지역별 계층**

계층 비율
- ■ 주로 창조계층
- ░ 주로 서비스계층
- ▨ 주로 노동계층
- □ 자료 없음
- ◎ 디트로이트 도심지역

자료: 마틴번영연구소 지도 제공. 미국 인구조사 자료에 기초.

새로운 도시 성장이 충분히 이루어지지 않았다.

  디트로이트의 창조계층은 이 도시의 북부와 서부, 유명한 에이트마일Eight Mile 경계 너머 커다란 쐐기 모양의 교외지역에 거주하는데 펀데일과 로열오크에서 부유한 버밍햄과 블룸필드까지 이른다. 디트로이트의 상위 10개 창조계층 지역은 모두 교외지역에 있다. 〈그림 7.12〉을 보라. 2곳은 버밍햄, 2곳은 블룸필드 타운십, 다른 1곳은 크랜브룩 아카데미의 소재지인 블룸필드힐스, 다른 1곳은 트로이에 있다. 또 다른 2

곳은 공공 골프장과 디트로이트 동물원이 있는 수목이 무성한 헌팅턴 우즈에 있으며, 마지막 2곳은 호수 주변을 따라 길드에이지Gilded Age 맨션들이 늘어선 그로스포인트 쇼어스와 그로스포인트 파크에 있다.

디트로이트의 계층 분리는 인종 분리의 오랜 역사에서 기인하며 또한 그것을 뒷받침한다. 이 대도시는 미국의 주요 대도시 중 백인들의 도심 탈출이 가장 심하게 발생했던 곳이다. 그러나 이 도시의 도심지역에는 창조계층 중심지역이 소규모로 성장하고 있다. 예를 들면 미스 반 데어 로에Mies Van der Rohe의 라파예트 공원과 그 주변, 코크타운, 주요 예술 및 문화기관들이 입주해 있는 카스 회랑 지역, 웨인주립대가 소재한 미드타운 근처 등이다.

디트로이트의 도심지역에는 상당한 투자가 이뤄지고 있다. 이 투자의 대부분을 담당하는 억만장자 댄 길버트Dan Gilbert는 이 도시의 오래된 랜드마크 건물에 수백만 제곱피트의 상업 및 주거 공간을 확보했다. 참고로 그는 2008년 경제위기 이후 발생한 엄청난 "고층빌딩 세일"을 활용했을 뿐이라는 유명한 말을 했다.[12] 또 다른 소규모 창조계층 지역은 호수 주변을 따라 북쪽으로 제퍼슨가에서 그로스포인트까지 이르는 좁고 긴 지역과, 역사적으로 부유했던 파머우즈 지역이다.

서비스계층은 디트로이트 시내 지역에 집중적으로 모여 있지만 교외지역에서도 넓게 거주한다. 빈곤과 절망의 큰 바다는 다시 부활하는 작은 섬 같은 도심지역을 둘러싸고 있다. 디트로이트는 탈산업화와 백인들의 도심 탈출로 심각한 타격을 받고 1950년 이후 인구의 절반 이상이 줄었고, 지금은 도시의 넓은 지역이 사실상 버려진 상태다.[13] 2009년 극심한 경제 위기 때 디트로이트의 공식 실업률이 약 30%였다. 2013년 여름에는 디트로이트가 파산을 선언했었다. 디트로이트는 서비스계층이 가장 밀집한 지역 10곳이 모두 시 경계 안에 있다. 놀랍게도 노동계층이 많이 거주하는 소수 지역도 여전히 시 경계 내에 있다. 가장 큰 규모의 블루칼라 지역은 멀리 떨어진 교외지역에 있다. 예를 들어 포드 본사가 있는 디어본, GM의 폰티액 자동차사업부와 피셔 바디사업부가 소재한 폰티액, GM 로물루스 엔진과 파워트레인 공장이 있는 로물루스, 그리고 훨씬 더 먼 외곽지역인 플린트와 가까운 라피어카운티다.

또 다른 러스트벨트 도시인 피츠버그는 《창조적 변화를 주도하는 사람들》에서 내가 후기 산업사회의 기본적인 변화를 보여주는 예시로 제시한 곳이었다. 나를 비롯한 여러 사람들이 미국의 최대 산업중심지에서 지식허브 도시로 탈바꿈한 피츠버그의 흥망성쇠를 연대기적으로 추적했다.[14] 피츠버그의 재창조와 재부흥의 배경에는 이곳의 대학들이 있었다. 대규모 창조계층이 카네기멜런대와 피츠버그대 주변의 오래된 주거지역, 가령 쉐디사이드, 스퀘어럴힐, 포인트브리즈에 오래전부터 모여 살았는데, 이곳의 주택은 크고 오래되었고 가로수길이 형성되어 있다. 〈그림 7.13〉을 참고하라.

피츠버그에서는 사람들이 보존이 잘 된 도심과 오래된 웨어하우스 지역인 스트립 지구와 그 인접 지역으로 되돌가는 현상이 일어났다. 피츠버그 창조계층 중 다수는 여전히 도시 북부와 남부, 동부의 외곽에 모여 산다. 서비스계층은 빈곤한 지역과 도시 교외지역 변두리에 거주한다. 철강도시 피츠버그에서 노동계층 지역은 완전히 사라졌고, 교외

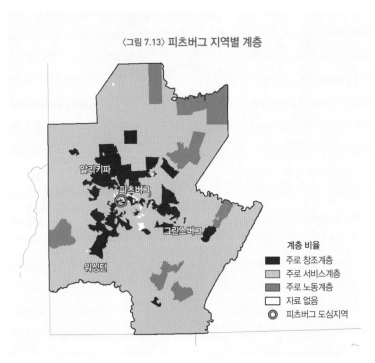

〈그림 7.13〉 피츠버그 지역별 계층

계층 비율
- ■ 주로 창조계층
- ▨ 주로 서비스계층
- ▨ 주로 노동계층
- □ 자료 없음
- ◎ 피츠버그 도심지역

자료: 마틴번영연구소 지도 제공, 미국 인구조사 자료에 기초.

지역과 준 교외지역 변두리로 밀려났다.

## 모자이크 대도시 세 번째 유형

모자이크 대도시권의 세 번째 패턴에서는 도시와 더 넓은 대도시권 모두 기본적으로 두 지역으로 나뉜다. 한쪽은 혜택 받은 창조계층이 차지하고 다른 한쪽은 혜택 받지 못한 계층이 점유한다. 이 모델은 앞서

218

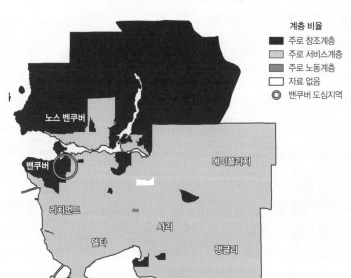

〈그림 7.14〉 밴쿠버 지역별 계층

**계층 비율**
- ■ 주로 창조계층
- ▨ 주로 서비스계층
- ▩ 주로 노동계층
- □ 자료 없음
- ◎ 밴쿠버 도심지역

노스 벤쿠버

밴쿠버

메이플리지

리치먼드

서리

델타

랭글리

자료: 마틴번영연구소 지도 제공, 캐나다 통계 자료에 기초.

소개한 두 가지 패턴의 중간 형태다. 이런 패턴이 전형적으로 나타나는 대도시들은 첫 번째 모델과 비슷한 창조계층 지역 분포를 보이지만 인구밀도는 그다지 높지 않다. 또 두 번째 모델에 속하는 대도시보다 도시회귀 현상이 더 많이 나타나지만, 창조계층은 첫 번째 모델과 비교했을 때 교외지역에 더 많이 거주하는 경향을 보인다.

대도시의 중심지가 고급주택지로 변하고, 이러한 지역은 부유한 교외지역으로 확장되고 뒤섞였다. 여러 지도에서 보듯이 대규모 통일된

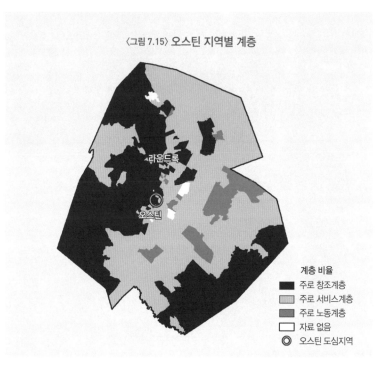

〈그림 7.15〉 오스틴 지역별 계층

라운드록

오스틴

계층 비율

■ 주로 창조계층
▨ 주로 서비스계층
▨ 주로 노동계층
□ 자료 없음
◎ 오스틴 도심지역

자료: 마틴번영연구소 지도 제공. 미국 인구조사 자료에 기초.

창조계층 지역을 형성했다. 밴쿠버, 오스틴, 필라델피아가 전형적이다.

밴쿠버는 완전히 두 지역으로 나뉘는데, 〈그림 7.14〉를 보면 창조계
층은 중심지와 서쪽 수변 지역, 공원과 산이 있는 쾌적한 자연으로 둘
러싸인 북부를 차지하고 있다. 밴쿠버 중심은 현지인과 아시아 자본을
중심으로 한 엄청난 외국인들의 수요까지 합쳐져 젠트리피케이션이
상당히 진행됐다. 서비스계층은 거의 완전히 밴쿠버의 동부와 남부로
밀려났다. 다만 도시 전체 지역에 다수 노동계층이 몰려 사는 몇몇 지

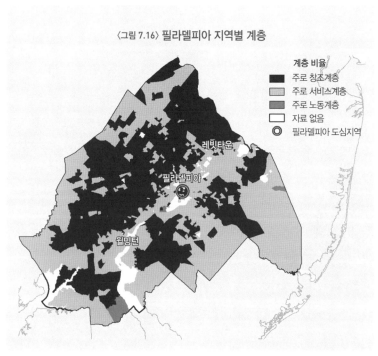

〈그림 7.16〉 **필라델피아 지역별 계층**

**계층 비율**
- ■ 주로 창조계층
- ▨ 주로 서비스계층
- ▨ 주로 노동계층
- □ 자료 없음
- ◎ 필라델피아 도심지역

레빗타운

필라델피아

윌밍턴

자료: 마틴번영연구소 지도 제공. 미국 인구조사 자료에 기초.

역이 존재한다.

〈그림 7.15〉를 보면 오스틴은 동부와 서부로 나뉜다. 이곳의 창조계층은 시내 중심에서 최고급 교외지역을 지나 라운드록까지 거대한 쐐기 모양으로 이어지는 서부 오스틴의 먼 남동부 지역에 있는 또 다른 지역에 집중되어 있다. 오스틴의 시내 중심지역은 대규모 신규 주택개발을 포함한 도시 재개발 사업이 많이 진행되었다. 상대적으로 빈곤한 동부에는 서비스계층 지역과 그보다 규모가 작은 노동계층 지역이 대

규모로 존재한다.

필라델피아에서 창조계층은 동떨어진 동부와 서부, 두 지역을 차지한다. 〈그림 7.16〉을 보라. 도시 경계 안에는 창조계층 지역이라 할 수 있는 2곳의 주요한 지역이 있다. 첫 번째 지역은 고급주택지로 변모한 시내 중심지로 소사이어티힐, 리튼하우스스퀘어가 속해 있다. 최근에는 펜실베이니아대 주변 지역까지 포함된다. 두 번째 지역은 도시 서부의 제스트닛힐, 록스버러 주변으로 대규모 저택과 수목이 무성한 역사적인 지역으로 세인트요세프대와 필라델피아대가 있다. 앞서 언급한 2곳의 지역은 95번 주간 고속도로와 강에 의해 나뉘는데, 서비스계층은 이 2곳 사이에 긴 띠 모양으로 분포하고 있으며 도시 변두리 지역에도 거주한다. 서비스계층 지역 상위 10곳 중 8곳이 시 경계 내에 있고 그중 대부분은 매우 빈곤한 북부 지역에 있다. 주요 노동계층 지역은 세 부분으로 나뉜다. 동쪽으로 캠든, 뉴저지, 남쪽으로는 윌밍턴, 도버, 그리고 더 멀리 북동쪽 방면의 트렌턴이 포함된다.

## 모자이크 대도시 네 번째 유형

모자이크 대도시권의 네 번째 패턴에서 창조계층 지역은 고립된 섬이나 군도群島와 같은 모습으로 도심에서 교외지역까지 확장되어 분포하고 있다. 로스앤젤레스와 마이애미는 이런 형태를 가장 잘 보여주는 곳이다. 이 도시들은 근본적으로 산업화 이후의 대도시로 북부 도시나 중서부 도시들처럼 역사적인 상업 및 산업 중심지와는 다르다. 이 도시

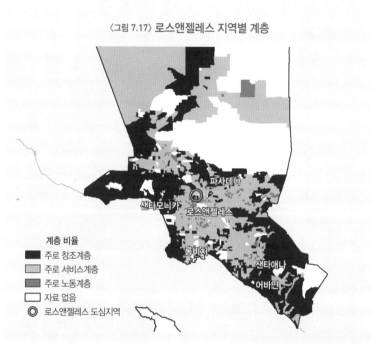

〈그림 7.17〉 로스앤젤레스 지역별 계층

**계층 비율**
- ■ 주로 창조계층
- ▨ 주로 서비스계층
- ▨ 주로 노동계층
- □ 자료 없음
- ◎ 로스앤젤레스 도심지역

자료: 마틴번영연구소 지도 제공, 미국 인구조사 자료에 기초.

들은 계층 지리학적으로 고속도로와 자동차의 대중화에 영향을 받았
다. 두 도시의 혜택 받은 창조계층은 수변 공간과 같은 쾌적한 자연지
역 주변, 밀도는 덜하지만 대학과 지식기관 주변, 재개발된 도심지에
거주한다.

〈그림 7.17〉을 보라. 로스앤젤레스의 창조계층 지역은 북쪽의 말리
부에서 남쪽의 어바인, 라구나비치, 다나포인트까지 그리고 북쪽 지역
과 남쪽 지역에서 동쪽 방면으로 상당히 확장된다. 주요 창조계층 지역

은 할리우드, 벨에어, 캘리포니아대 로스앤젤레스 캠퍼스UCLA가 있는 웨스트우드에서부터 베니스까지 이어진다. 두 번째 창조계층 지역은 캘리포니아공대와 NASA의 제트추진연구소가 있는 파사데나 주변이다. 세 번째 지역은 도시 남동부의 캘리포니아대 어바인 캠퍼스 주변이다. 훨씬 작은 규모긴 하지만 LA 시내 중심지에도 창조계층 지역이 있다. 예술가를 비롯한 창조계층은 리모델링한 오래된 고층빌딩을 차지하고 있다. 서비스계층과 노동계층은 노시 주변 섬의 형태로 존재하는 창조계층 지역들 사이 사이, 그리고 도심 바깥의 근교와 더 멀리 변두리 지역을 넓게 차지한다. 서쪽의 샌타모니카와 동쪽의 파사데나 사이에 있는 거대한 서비스계층 지역은 남쪽으로 애너하임과 샌타애나까지 계속 확장된다. 2개의 다른 커다란 서비스계층 지역은 LA 북부와 북동부의 변두리 지역, 그리고 도심지역과 할리우드 사이의 도시 내부 지역에 나타난다. LA의 노동계층 지역은 버뱅크 주변, 남쪽으로는 역사적으로 흑인 주거지인 콤프턴 주변, 거대한 롱비치 항구 주변이다.

〈그림 7.18〉에서 보듯 마이애미의 창조계층 지역은 대서양 해안과 만 인접 지역을 따라 형성되어 있다. 마이애미에서 주요 창조계층 지역 10곳 중 6곳이 해안가에 위치한다. 다른 3곳은 코럴게이블즈의 마이애미대, 보카러톤의 플로리다애틀랜틱대, 마이애미 서부 플로리다인터내셔널대 근처에 있다. 창조계층 지역 상위 10곳 중 5곳은 마이애미시 경계 안, 주로 도심지 또는 수변 공간 근처에 있다. 트렌디사우스비치와 굉장히 부유한 팜비치 지역은 창조계층이 집중적으로 거주하는 지역이 아니다. 이곳은 세컨드 홈을 소유한 자들과 은퇴자들의 비율이 높

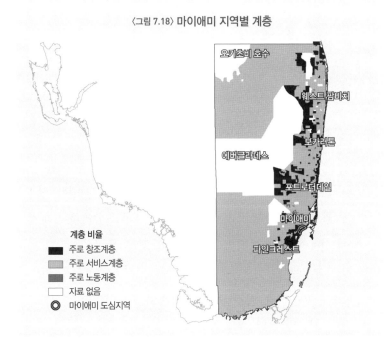

〈그림 7.18〉 마이애미 지역별 계층

오키초비 호수

웨스트팜비치

보카러톤

에버글레이즈

포트로더데일

마이애미

파인크레스트

계층 비율
■ 주로 창조계층
▨ 주로 서비스계층
▦ 주로 노동계층
□ 자료 없음
◎ 마이애미 도심지역

자료: 마틴번영연구소 지도 제공, 미국 인구조사 자료에 기초.

기 때문이다. 마이애미 전체 노동자 중 절반 이상이 서비스계층에 속하며 이는 미국에서 최고 수준이다. 서비스계층은 해변 지역에서 떨어진 지역에 거주하며 창조계층 지역을 섬처럼 둘러싼다. 거주자의 70%가 서비스직에 종사하는 주요 서비스계층 지역은 대부분 내륙에 있다. 마이애미 계층 지리학의 특징은 슈퍼부자들이 집중적으로 거주하는 해변 지역과 불우하고 가난한 내륙 지역이 공존한다는 것이다.

# 새로운 계층 지리학

지금까지 우리는 미국, 영국, 캐나다의 10여 개 대도시를 대상으로 모자이크 대도시권의 네 가지 기본 패턴을 살펴보았다. 대도시의 혜택을 받았던 창조계층이 다시 대규모 도시로 회귀한 경우도 있었고, 창조계층이 교외지역을 선호하는 대도시도 있었다. 어떤 곳에선 다양한 계층이 서로 다른 대규모 지역을 차지하기도 했나. 이러한 패턴이 더 파편화되고 넓게 분산된 도시도 있었다. 그러나 각각의 사례에서 혜택을 받은 계층과 그렇지 못한 계층은 도시 중심지역과 교외지역 전체에서 분리되어 있다. 나의 아동기와 10대 시절과 달리, 뚜렷하게 노동계층 지역이라고 말할 만한 곳은 도시 내에 거의 남아 있지 않다. 심지어 시카고, 보스턴, 피츠버그, 디트로이트와 같은 대규모 산업도시조차도 그렇다.

이러한 새로운 계층 지리학은 여기에 언급된 도시와 대도시 지역을 넘어 더 널리 적용된다. 미국 전역에서 창조계층은 집중적으로 모여서 거주하고, 혜택을 받지 못한 서비스 및 노동계층 지역과 분리되고 있다. 새로운 계층 지리학의 전체적인 양상은 나와 동료들이 미국의 350개 대도시를 포함한 7만 개 이상의 인구조사 구역을 대상으로 수행한 통계 분석에서 확인할 수 있다. 우리는 창조계층이 서로 인접한 지역으로 아주 강력하게 결집하며 서비스계층 지역이나 노동계층 지역과는 분리된다는 것을 확인했다. 거주자 중 다수가 창조계층인 지역은 서비스계층이 다수인 지역, 그리고 노동계층이 다수인 지역과 음의 상관관계를 나타낸다.

이러한 지리적 분리는 두 가지 전통적인 요소인 소득과 교육에서도 볼 수 있다. 창조계층이 다수인 지역은 훨씬 더 부유하고 학력도 높다. 서비스계층과 노동계층이 다수를 차지하는 지역은 그 반대다. 창조계층이 다수인 지역은 평균 수입과 대학졸업자 비율 모두와 높은 상관관계를 보인다. 미국 전체를 놓고 볼 때 이 세 계층은 뚜렷하게 분리된 지리적 공간을 차지한다.[15]

마지막으로, 모자이크 대도시권은 혜택을 받은 창조계층에 의해 형성된다. 그들은 경제적으로 가장 기능적이며 물리적으로 선호되는 지역을 차지하며, 혜택을 받지 못한 노동계층과 서비스계층은 그 이외 지역과 공간으로 밀려난다.

새로운 계층 지리학은 우리의 경제와 사회구조에 심각한 피해를 주고 있다. 혜택 받은 집단은 가장 좋은 지역을 차지하기 때문에 가장 많은 경제적인 기회, 최고의 학교와 도서관, 최고의 서비스와 편의시설을 이용할 수 있다. 이 모든 것이 결합되어 그들의 우위성을 강화하고 자녀의 계층 상승 가능성을 높여준다. 혜택 받지 못한 사람들은 범죄율이 높고 학교는 열악하고, 계층 상승 가능성이 가장 낮은 지역으로 밀려난다. 간단히 말하자면, 부자들은 그들이 선택한 곳에 살 수 있고 가난한 사람들은 그들이 원하는 곳에 살 수 없다.

앞서 살펴보았듯 경제적으로 혜택 받지 못한 지역은 도시 중심지역에서 교외지역으로 이어지고 있다. 한때 아메리카 드림의 중심축이자 정신적 지주였던 교외지역은 점차 빈곤, 불평등 증가, 사회문제 악화에 직면하고 있다. 다음 장에서는 교외지역에 나타난 새로운 도시 위기의 내용을 심층적으로 살펴보겠다.

## 8장

# 교외지역 위기

SUBURBAN CRISIS

# 몰락하는 경제 발전의 엔진

1959년 말 또는 1960년 초, 나의 두 번째 생일이자 내 동생 로버트가 태어났을 무렵, 부모님은 뉴어크의 임대 아파트에서 노동계층이 사는 교외지역인 뉴저지주 동북부 노스알링턴으로 이사했다. 부모님이 구입한 집은 좁은 뒷마당이 딸린 작은 목조 단층집으로 그 당시 가격은 1만 5,000달러였다. 아버지가 종종 우리에게 말했듯이 그 집터는 얼마 전까지만 해도 농장의 일부였다.

우리 집이 이사한지 얼마 지나지 않아, 구소련 수상인 니키타 흐루시초프와 미국 부통령 리처드 닉슨이 신제품 가구를 갖춘 모델하우스의 주방에서 만난 일이 있었다. 그 집은 미국의 여느 교외지역에 있는 주택처럼 보였지만 사실은 문화교류 프로그램의 일환으로 모스크바 소콜니키 공원에 지은 것이었다. 1959년 7월 24일, 텔레비전 카메라가 돌아가는 동안 두 명의 세계 지도자는 즉흥적인 "주방 토론회"를 열었다. 닉슨이 말했다. "미국의 모든 철강 노동자들은 이런 집을 구입할 수 있습니다. 그들은 시간당 3달러를 법니다. 매달 100달러 정도를 25~30년 동안 지불하는 계약 조건으로 이런 집을 구입할 수 있습니다."[1] 흐루시초프가 응수했다. "소련에서는 태어나기만 하면 이런 집을 얻을 수 있습니다."

토론 주제는 곧장 세계 정치와 핵무기로 바뀌었지만 닉슨이 언급한 자가주택 마련은 전후 아메리칸 드림을 생생하게 압축한 것이었다. 즉, 나의 부모님과 같은 노동계층의 꿈은 텔레비전, 식기세척기, 세탁기, 드라이어기가 완벽하게 갖춰진 내 이름으로 된 집, 그리고 집 진입로에 주차할 수 있는 한 두 대의 자동차를 갖는 것이었다. 설령 현실이 꿈에 미치지 못한다 해도 이것은 강력한 이미지였다. 우리 집을 예로 들어보면, 텔레비전과 세탁기는 자주 고장 났고, 우리 집 자동차는 발판에 녹이 슬어 구멍이 난 1950년대식 쉐보레인데 정기적으로 자동차 정비소에 맡겨야 했다. 아프리카계 미국인과 그 이외 다른 소수 인종은 경제적 기회 제한과 인종차별 때문에—제한적인 계약조건, 배타적 용도지역제, 불공정한 대출 관행의 형태로—교외지역에서 누릴 법한 생활방식은 꿈같은 이야기였다.

이런 모든 결함에도 불구하고 나의 부모님은 교외지역으로 이사하여 그곳에서 자녀를 양육하고 자녀가 성인기를 그곳에서 보낼 수 있다는 행운에 매우 놀라워했다. 노스알링턴에서 자랄 때 나는 1학년 때부터 학교에 걸어갔고 10단 변속기어 자전거를 타고 어디든 돌아다니고 공터에서 야구와 터치풋볼 경기를 하고 동생과 함께 로큰롤 밴드를 시작했다. 처음에는 우리는 뉴어크로 자주 돌아가서 친척들을 만나고 음악 교습을 받고, 여전히 활기찬 시내 중심가의 상점에 들렀다. 그러나 내가 십대가 되었을 때 친척들은 흩어지고 뉴어크 시내 중심가의 여러 백화점들이 문을 닫았기 때문에 우리의 시내 나들이는 점차 줄어들었다.

그 당시 교외지역 쇼핑몰이 우드브리지와 리빙스턴 지역 근처에 개장했고, 산업단지와 업무단지가 고속도로 나들목 부근에 우후죽순처럼 들어섰다. 이런 일이 미국 전체에서 진행되고 있었다. 1970년대와 1980년대 첨단기술 산업이 보스턴, 샌프란시스코, 오스틴, 시애틀 외곽지역에 왕성하게 발달했다. 많은 베드타운Bed town이 온전한 기능을 갖춘 첨단 도시로 발전했다. 교외 사람들은 시내 중심가를 방문할 필요 없이 살고, 일하고, 쇼핑할 수 있었다. 맨해튼이 불과 몇 킬로미터 거리에 있었지만 나는 고등학생이 되어서야 그곳에 갔다. 미국은 교외지역 중심의 국가가 되었고 도심지역은 급격히 쇠퇴했다.

하지만 오늘날은 얼마나 달라졌는가. 부유하고 학력이 높고 젊고 자녀가 없는 백인 미국인들이 도시로 돌아가고 있다. 반면 이민자, 소수 인종, 가난한 사람들은 교외지역으로 향하고 있다. 이와 동시에 황폐한 환경, 빈곤, 범죄, 중독, 인종 간 긴장, 폭력, 구조적 실업, 노숙자가 교외지역에도 나타나고 있다. 이 모든 문제들은 일찍이 나의 부모 세대가 엄밀히 도심의 문제로 생각했던 것들이다.

예전에는 교외지역은 번영과 희망과 야망의 장소였다. 오늘날 많은 교외지역이 경제적 쇠퇴와 고통을 겪고 있다. 도시지역이 과거 수십 년 동안 그랬듯이 지금은 교외지역에서 중산층 거주지와 지역 공동체가 공동화되고 있다. 오늘날의 교외지역은 오늘날의 도시지역과 마찬가지로 부자들이 집중적으로 거주하는 지역과 가난한 사람들이 집중적으로 거주하는 지역으로 분리되고 있다.

1980년대 중반 동안 사람들이 교외지역이 내리막길을 걷고 있다고 생각하기 전에 도시 계획가이자 당시 카네기멜런대 동료 교수였던 데이비드 루이스David Lewis가 나에게 말했었다. 앞으로 교외지역 재개발 사업은 20세기의 엄청난 도시 재개발 사업을 아주 손쉬웠던 일처럼 보이게 할 것이라고. 실제로 막대한 물리적 공간, 조잡한 건축, 급조된 인프라 시설이 들어선 다수의 교외지역은 확실히 붕괴되고 있다. 미국 전역에서 수백 개의 교외지역 쇼핑몰이 죽었거나 죽어가고 있다. 셀 수 없이 많은 교외지역 공장은 두 세대 전에 도시의 공장들이 그랬듯 조용히 무너져 내리고 있다. 일부 교외지역에서는 너무나 급격한 쇠퇴로 인해 "교외지역 슬럼화Slumburbia"[2]라고 부르는 현상을 목격하고 있다.

뜬금없는 말처럼 들릴 지는 모르지만 미국인들이 도시보다는 교외지역에 더 많이 산다는 사실만으로도 교외지역에 나타난 새로운 위기가 도시 위기보다 더 큰 것은 당연할 것이다. 교외지역 인구를 정확한 숫자로 제시하기는 어렵지만 미국인의 절반 이상(53%)이 자신이 교외지역에 산다고 말한다.[3] 불과 5명 중 1명만이(21%) 자신이 도시지역에 산다고 말한다. 실제로 최대 규모의 도시를 포함해 10만 명 이상 도시에 사는 미국인 중 42%가 자신이 교외지역에 산다고 말한다. 적어도 이런 사람들의 생각에는 미국은 여전히 상당 부분 교외지역형 국가로 남아있다.

고전적인 형태와 배치 구조를 지닌 많은 교외지역은 생각 외로 사람들에게 잘 알려진 도시보다 인구가 더 많다. 예를 들면, 보통 피닉스의 교외지역으로 언급되는 애리조나주 메사는 인구가 약 46만 5,000명으로, 애틀랜타(45만 6,000명), 마이애미(43만 명), 미니애폴리스(40만 7,000명)보다 더 많다. 캘리포니아주 베이커즈필드는 많은 사람이 LA의 준 교외지역으로 생각하지만 인구가 36만 9,000명으로 세인트루이스(31만 7,000명), 신시내티(29만 8,000명), 피츠버그(30만 5,000명)보다 더 많다. 보통 댈러스의 교외지역으로 간주되는 텍사스주 플레이노는 인구가 27만 8,000명으로 버펄로(25만 9,000명)보다 더 많다.

특별한 혜택을 누리는 엘리트들은 도심지역으로 돌아갈 수 있지만 거의 대다수 사람은 계속 교외지역에서 살고 있다. 도시로 돌아가는 사람들은 주로 미혼의 대학졸업자나 매우 어린 자녀를 둔 부부다. 반면 자녀를 둔 가정들은 계속 교외지역으로 이주한다. 그리고 베이비붐 세대와 노년층을 포함한 노령세대는 계속 교외지역에 머문다. 아울러 혜택을 받지 못한 사람들, 교육을 받지 못한 사람들, 특히 소수 인종과 소수 민족 집단은 자신의 선택에 의해 교외지역으로 이동하는 경우도 있지만, 대개 새로운 도시 엘리트가 차지하는 도시와 주거지역에서 어쩔 수 없이 교외지역으로 밀려난다. 비록 첨단기술과 지식 관련 직업이 도시로 돌아오고 있지만 교외지역 생활 방식은 미국에서 가장 큰 고용의 원천으로, 모든 직업의 절반 이상(54%)을 차지한다.[4]

오늘날의 교외지역은 〈비버는 해결사Leave It to Beaver〉, 〈도나 리드 쇼 The Donna Reed Show〉, 〈훌륭한 아버지Father Knows Best〉와 같은 시트콤에서 묘

사된 것처럼 더 이상 백인 일색인 장소가 아닌 것처럼 보인다. 이제 이민자의 절반 이상이 곧바로 대도시권의 교외지역에 정착한다. 2000년에서 2010년 사이 미국 100대 대도시의 교외지역 인구 증가에서 백인 비율은 9%에 지나지 않는다. 100대 대도시 중 3분의 1에서 교외지역에 사는 백인 인구가 줄었다.[5]

물론 도시보다 더 심하긴 하지만 모든 교외지역이 인구가 감소하고 황폐해지고 있는 것은 아니다. 교외지역으로 이주하는 다수의 이민자와 소수 집단들은 부모세대 못지않게 야심차고 그중 많은 사람이 부유하다. 일부 교외지역이 침체되거나 감소되고 있긴 하지만 부유하고 성장하는 교외지역도 많다. 교외지역은 점차 심각한 계층 분리를 겪고 있다.

전후 수십 년 동안 내구재 제품의 무한한 수요자처럼 보였던 교외지역은 경기 호황의 최대 원동력이었다. 그러나 집중이 혁신의 핵심 동력이 되는 시대가 되자 교외지역 확장은 경제 성장의 족쇄가 되었다. 교외지역에 주택을 소유하는 것은 더 생산적인 지식, 기술, 인재 분야에 투자할 자본을 유출시키는 결과를 낳는다. 한때 교외지역은 자본주의의 가장 원대한 약속—모든 사람이 계층 상승을 할 수 있다는 아메리칸 드림—이 지리 공간에 구체적으로 나타난 성과였지만 오늘날에는 새로운 도시 위기의 깊은 모순에 빠져 있다.

## 가난과 범죄에 시달리는 교외지역

교외지역 위기를 매우 고통스럽고 비참하게 만드는 이유 중 하나는 이 위기가 전혀 예상 밖이라는 점이다. 하지만 위기가 벌어지고 있다는 것은 결코 부인할 수 없다. 미국 전역에서 교외지역 4곳 중 1곳 이상이 경제적으로 빈곤하거나 빈곤 수준에 가깝다. 실제로 미국 최대 대도시의 교외지역들은 해당 도시 내부보다 가난한 사람들이 더 많이 살고 있으며, 빈곤율 증가 속도도 더 빠르다. 2000~2013년 동안 미국 도시에서 빈곤선 이하에서 사는 사람들이 29% 증가했다. 같은 기간 교외지역의 빈곤선 이하 인구는 66% 증가했다. 2013년 빈곤선 이하의 삶을 사는 교외지역 거주자가 1,700만 명인 반면, 빈곤선 이하의 도시 거주자는 1,350만 명이었다.[6]

교외지역의 빈곤은 미국 전체 대도시에서 점점 더 큰 문제가 되고 있다. 2000년, 뉴욕 대도시 지역의 빈곤자 중 29%가 교외지역에 살았다. 2013년 이 비율은 35%였다. 같은 기간 필라델피아 대도시권의 교외지역 빈곤자 비율은 41%에서 50%로, 시애틀에서는 61%에서 69%로, 댈러스 대도시권에서는 41%에서 48%로, 샌프란시스코에서는 52%에서 59%로, 세인트루이스에서는 68%에서 77%로, 워싱턴DC에서는 61%에서 70%로, 애틀랜타 대도시권에서는 76%에서 88%로 각각 증가했다. 이런 현상은 미국 밖에서도 일어나고 있다. 런던 교외지역의 빈곤자 수는 122만 명으로 런던시의 102만 명보다 더 많다.[7]

2000~2012년 동안 적어도 거주자의 40%가 빈곤선 이하의 삶을 사는 극빈 교외지역의 경우 빈곤자가 139% 증가했다. 이것은 도시 내 빈곤 인구 증가율의 3배에 해당한다. 빈곤선 이하의 삶을 사는 거주자가 20%인 도시의 인구는 21%가 늘었다. 교외지역의 경우 이 수치는

105% 증가하여 2배 이상으로 늘었다. 학교와 직장에 다니지 않는 젊은 사람들의 비율이 가장 높은 대도시는 슈퍼스타 도시인 뉴욕, 테크허브 도시인 샌프란시스코, 또는 큰 타격을 입은 러스트벨트 도시인 디트로이트가 아니라, 캘리포니아주 인랜드 엠파이어(Inland Empire, 캘리포니아 남부 리버사이드와 샌버너디노를 중심으로 하는 대도시권)의 중심인 샌버너디노다. 이 도시는 한때 교외지역 생활방식의 진수를 보여주는 곳으로 여겨졌다.[8]

이러한 새로운 교외지역 빈곤자 중 일부는 주택가격 상승으로 도시에서 내몰린 사람들이었다. 그러나 한때 탄탄한 교외지역 중산층이었다가 실직이나 2008년 경제 위기 때 집값이 폭락하면서 빈곤 상태로 떨어진 사람도 많았다.

그런가 하면, 20년 전 교외지역에 거주지를 선택할 수 있는 혜택을 받았던 사람 중 일부는 이제 도시로 돌아오고 있다. 미국은 약 50년 전에 많은 도시 거주자가 인구밀도가 높은 도시지역을 떠났다. 오늘날 우리는 교외지역을 떠나는 행렬을 목격하고 있다. 교외지역 인구는 더 이상 과거만큼 빠르게 성장하지 않는다. 대다수 교외지역들은 도시를 따라잡지 못하고 있다. 이것은 적어도 1920년대부터 시작된, 도시를 탈출해 교외지역으로 이주하는 추세가 끝나고 있음을 보여준다.[9]

교외지역에서의 탈출은 도시 주택가격과 교외지역 주택가격의 역전 현상에 반영된다. 수십 년 동안 도심지역의 주택가격보다 교외지역 주택가격이 꾸준히 비쌌다. 도시가 쇠퇴하면서 도시 주택가격이 떨어지는 경우가 많았다. 그러나 2015년 말 도시의 평균 주택가격은 26만

238

9,036달러로 교외지역의 평균 주택가격 26만 3,987달러를 앞질렀다. 그렇지만 이 수치는 도시와 교외지역 주택가격의 실제 격차를 과소평가한 것이다. 교외지역 주택은 도시지역 주택보다 규모가 더 크기 때문이다. 정확히 제곱피트당 가격 기준으로 하면 교외지역 주택가격은 도시 주택가격보다 훨씬 더 낮다.

이런 추세는 도시회귀 현상이 가장 두드러지는 슈퍼스타 도시와 테크허브 도시에서 뚜렷하게 나타난다. 1997년 보스턴 대도시권에서 도시와 교외지역의 주택가격은 제곱피트당 약 100달러였다. 2015년 보스턴의 도시 주택가격은 제곱피트당 약 400달러, 반면 교외지역 주택가격은 제곱피트당 약 250달러였다. 워싱턴DC의 경우 1997년 도시와 교외지역의 주택가격은 제곱피트당 약 100달러였다. 2015년 도시 주택가격은 300달러를 넘었고, 교외지역 주택가격은 대략 225달러였다. 샌프란시스코의 경우 1997년 도시와 교외지역의 주택가격은 제곱피트당 약 150달러에서 시작했지만 2015년 도시 주택가격은 제곱피트당 거의 700달러, 교외지역 주택가격은 제곱피트당 500달러 미만이었다.[10]

한때 안전하고 조용한 장소였던 교외지역은 오늘날 경제가 흔들리고 인구가 이동함에 따라 범죄율 증가에 시달리고 있다. TV 시리즈 〈브레이킹 베드Breaking Bad〉는 교외지역 마약 소굴을 미국 드라마 〈더 와이어The Wire〉에서 마약 판매상들이 사업을 벌이는 도시 골목과 같은 상징적 장소로 만들었다. 최근 널리 유행하는 아편은 교외지역에 깊게 뿌리내리고 있다. 한편 1990년에서 2008년 사이 미국 주요 도시지역의 폭력범죄율—미국 전체에서 감소하고 있다—은 교외지역보다 3배 더 빨리 줄었다. 2001~2010년 동안 교외지역의 살인범죄율이 16.9% 증가한 반면, 도시는 16.7% 줄었다.[11] 대부분은 아니지만 컬럼바인이나 샌디훅처럼 미국의 많은 총격 사건이 교외지역에서 발생했다.

교외지역의 행정기관과 경찰서는 새롭게 야기되는 현실에 민첩하게 대응하지 못했다. 미주리주 세인트루이스의 교외지역으로서 2만 1,000명이 거주하는 퍼거슨시에서는 2014년 경찰이 흑인 소년 마이클 브라운을 살해한 이후 통제불능의 시위가 일어났다. 이런 상황이 전 세계에 알려지며 많은 사람을 심란하게 했다. 퍼거슨 인구의 3분의 2 이상(67%)이 흑인이지만, 그 당시 이 도시의 경찰 인력 44명 중 단 4명만이 흑인이었다. 퍼거슨 사태가 일반적인 사례는 아니다―이곳은 상처가 많은 지역이다. 퍼거슨은 막대한 토지 수용과정에 의해 수천 명의 주택 소유자들이 이주하였지만 공항 확장에 실패했고, 오랫동안 인종 문제 특별 경계지역이었다. 그러나 이 지역의 쇠퇴는 미국 전역의 많은 교외지역을 뒤흔든 더 광범위한 인구학적, 경제적 요인들의 결과였다. 2000~2014년 동안 퍼거슨의 실업률은 5% 이하에서 13% 이상으로 거의 3배 증가했다. 고용된 거주자들은 같은 기간 동안 연평균 소득이 3분의 1로 줄었다. 2015년 거주자 4명 중 1명의 생활수준은 빈곤선 이하였다.[12] 퍼거슨은 경찰권 남용의 전형일 뿐만 아니라 점점 더 많은 미국 교외지역이 느끼고 있는 지속적인 쇠퇴와 고통을 상징한다.

# 경제에 악영향을 끼치는 요인

교외지역에서 나타나는 새로운 도시 위기는 그곳에 사는 사람들만이 아니라 미국 경제 전체에 이르기까지 폭넓은 대가를 치르게 만들었다. 교외지역 확산은 에너지의 비효율적 사용과 낭비를 초래하며, 미국인의 이동성을 제한하고 생산성을 약화시킨다.

교외지역 주택은 한때 아메리칸 드림의 상징이었다. 이제 교외지역 확산은 경제적 사다리를 올라가려는 미국인의 능력을 억제하는 핵심 요소가 되었다. "면허증이 없어질 때까지 운전하라"는 속담은 도심에서 멀어질수록 부동산이 점점 더 저렴해지는 현실을 반영하지만 늘어나는 통근 거리는 추가적인 비용을 발생시킨다. 경험적으로 보면 사람들은 보통 수입의 약 30%를 주택비용으로 사용하지만 교통비를 포함하면 최대 45%까지 이른다. 두 대 이상의 차량을 보유하면서 보험료와 수리비용, 연료비용을 감당하려면 만만치 않은 비용이 필요하다. 직장 근처에 살거나 대중교통을 이용할 수 있다면 이런 비용을 대폭 줄일 수 있다. 이런 이유로 도심지역이나 대중교통 노선 주변의 비싼 콘도나 아파트는 자동차를 이용해야 하는 교외지역의 저렴한 주택보다 더 합리적인 선택일 수 있다.

오늘날 교외지역은 사람들에게 아메리칸 드림을 부추기지 못한다. 실제로는 오히려 경제적 계층 상승을 방해한다. 넓게 확산된 대도시 지역은 인구밀도가 높은 도시지역보다 경제적 상승 속도가 훨씬 더 낮다. 교외지역의 저소득 노동자는 일자리가 많은 중심 지역에서 더 멀리 떨어져 있어 도시에 살 수 있는 노동자들보다 일자리를 얻기가 더 어렵다. 저소득층이 통근에 사용하는 총시간 역시 그들이 경제적 사다리 위로 올라가는데 굉장히 부정적인 영향을 미친다. 통근시간이 긴 저소득 노동자는 경제적 상승 수준이 더 낮다. 고질적으로 가난한 도시지역은 빈곤의 악순환을 가중시키고 영구화시킨다는 점은 사실이지만 빈곤한 교외지역 역시 여러 가지 도전에 직면해 있다. 이를테면 빈곤한 교외지역은 거주자들을 일자리와 경세적 기회로부터 고립시키고 난절시킨다. 또한 최악의 빈곤을 완화할 수 있는 사회적 서비스로부터도 고립시킨다. 교외지역에 사회적 서비스가 제공된다 해도 가난한 사람들은 이용하기 더 힘들다. 교외지역의 가난한 사람들은 도시지역보다 사회적 서비스를 찾아 접근하기 더 어렵기 때문이다.[13]

교외지역 확산은 광범위한 경제 분야에 매우 큰 비용을 유발한다. 사회기반시설과 핵심적인 지역 서비스를 교외지역에 공급하려면 조밀한 도심지역보다 비용이 2.5배 더 필요하다. 수도나 전력을 예로 들 수 있다. UCLA 연구에 따르면 캘리포니아주의 부유한 말리부Malibu 거주자들(제곱마일당 평균 인구밀도가 약 630명)은 노동계층이 거주하고 인구밀도가 제곱마일당 약 1만 4,000명인 교외지역인 벨Bell 거주자들보다 1인당 10배 이상의 에너지를 사용한다. 2015년 런던 정경대 연구에 따르면, 미국 경제에서 교외지역 확산은 비효율적인 토지 이용을 야기하고, 자동차 이용과 관련한 매년 약 6,000억 달러의 직접비용과 교통혼잡, 오염으로 인한 4,000억 달러의 간접비용을 발생시킨다. 모두 합치면 놀랍게도 매년 총 1조 달러의 비용이 발생한다.[14]

장거리 통근자들은 추가적인 비용을 부담해야 한다. 평균적으로 미국 노동자들은 매일 출퇴근하는 데 약 1시간(52분)을 사용한다. 1년이면 9일에 해당하는 시간이다. 출근하는 데 90분이 걸리는 사람들은 1년에 한 달 이상(31.3일)을 길에서 낭비한다. 여기에 미국인 통근자 1억 3,900만 명을 곱하면 연간 300억 시간이다. 이 엄청난 시간을 더 생산적인 일에 사용할 수 있다. 직장으로 출근하는 데 90분이 걸리는 미국인이 360만 명이고 그들이 출근 시간을 일반적인 출근 시간인 30분으로 줄일 수 있다면 미국 경제 전체적으로 180억 시간을 절약할 수 있으며, 이는 풀타임 일자리 90만 개에 해당한다.[15]

교외지역 확산에 따른 간접적인 결과를 감안하면 다양한 측면으로 소모되는 사회적 비용은 한층 더 크다. 교외지역에 살면서 긴 통근을 견뎌야 하는 사람들은 비만, 당뇨병, 스트레스, 불면증, 고혈압 환자의 비율이 더 높고, 자살하거나 자동차 사고로 사망할 가능성이 더 높다. 이런 모든 위험이 결합되어 기대수명이 평균 3년 줄어든다. 경제학자 대니얼 카너먼Daniel Kahneman과 앨런 크루거Alan Krueger의 연구에 따르면, 사람들에게 일상생활 경험에 대해 순위를 매겨달라고 요청했을 때 통근은 노동, 자녀 돌봄, 허드렛일하기 다음으로 맨 마지막이었다.[16]

많은 사람들이 통근이라고 하면 남자가 정장에 넥타이를 매고 가방을 든 채 아내에게 가볍게 키스하는 장면을 떠올린다. 만약 첨단기술 관련 노동자라면 캐주얼한 복장으로 스포츠카를 타고 고속도로를 달려가는 모습을 상상할 것이다. 그러나 실제로 통근에 대해 가장 큰 부담감을 느끼는 이는 가난한 사람과 혜택을 받지 못한 사람들이다. 지금까지 보았듯 지식 노동자와 전문직 종사자들은 직장 근처에 살거나, 그렇지 않은 경우 효율적인 대중교통에 쉽게 이용할 수 있는 지역에 거주할 가능성이 가장 높다. 만약 그들이 자가용 생활권인 교외지역에 살기로 선택한다면 자신의 차로 안락하고 안전하게 통근할 수 있다. 가난한 사람들과 혜택을 받지 못한 사람들은 보통 대중교통 노선에서 가장 멀리 떨어진 곳에 살고 자동차를 구입할 여유가 없다. 그들은 버스와 열차를 복잡하게 갈아타고서 통근하며 오랫동안 걸어야 한다.

교외지역 확대는 경제적 이동, 효율성, 생산성의 저해 요인으로 작용하는 것 이외에도 문제가 있다. 예전과 달리 더 이상 일자리를 창출하는 엔진이 아니라는 점이다. 교외지역은 일자리 창출 능력 측면에서 도심지역보다 낮지만 그 격차는 줄고 있다. 교외지역과 도시지역을 포함하여 미국의 3,000개 이상의 카운티(지방의 행정구역) 중 뉴욕주의 킹스카운티(브루클린)가 2007~2015년 동안 일자리 증가율이 가장 높았다. 2007~2011년까지 미국 최대 대도시 지역 41개 중 21개에서 도심지역(도시 중심업무지구에서 반경 3마일 이내)이 교외지역보다 일자리가 더 많이 늘어났다. 예를 들면 샬럿, 오클라호마시티, 밀워키, 인디애나폴리스, 뉴욕, 샌프란시스코, 오스틴 등이다. 교외지역이 도심지역보다 더 많은 일자리를 만들어내지만 도심지역에서 창출되는 지식기반 전문직 일자리보다 임금이 낮고 비숙련직이며 경기 침체기에 더 취약하다. 도심지역의 일자리는 인구밀도가 높고 도시화가 많이 진행된 교외지역의 일자리보다 임금이 20% 더 높고, 인구밀도가 낮은 교외지역의 일자리보다 37% 더 높다.[17]

# 도심과 개발지 사이 소외받는 교외

도시보다 교외지역에 가난한 사람들이 더 많고, 교외지역의 경제적 전망도 어두워지는 상황 속에서 여전히 많은 부자들이 교외지역에 살고 있다. 부자들의 도시회귀 추세에도 불구하고 소득이나 주택가격을 기준으로 했을 때 미국에서 가장 부유한 지역은 대부분 교외지역이다.

〈표 8.1〉을 보면 미국 최대 부자 지역 10개 중 9개는 교외지역이다. 이 엘리트 클럽에 포함되기 위한 연간 가구소득은 54만 달러로 상위

### 〈표 8.1〉 미국에서 가장 부유한 지역은 교외지역

| 순위 | 지역 | 도시와 주 | 평균 가구소득<br>(달러) |
|---|---|---|---|
| 1 | 골든트라이앵글 | 코네티컷주 그리니치 | 614,242 |
| 2 | 브래들리 저택 지역-롱우드 | 메릴랜드주 베데스다 | 599,440 |
| 3 | 포토맥 저택 지역 | 메릴랜드주 포토맥 | 599,331 |
| 4 | 올드커틀러-해먹오크스 | 플로리다주 코랄 게이블즈 | 596,851 |
| 5 | 카더록-팔리사데스 | 메릴랜드주 포토맥 | 595,669 |
| 6 | 이스트레이크쇼퍼드라이브 | 일리노이주 시카고 | 593,454 |
| 7 | 스윙크스밀-도미니언 리저브 | 버지니아주 맥린 | 562,596 |
| 8 | 카메오쇼어-하이랜드 | 캘리포니아주 뉴포트 비치 | 554,721 |
| 9 | 펠리컨힐-펠리칸크레스트 | 캘리포니아주 뉴포트 비치 | 549,659 |
| 10 | 그린헤이븐 | 뉴욕주 라이 | 540,403 |

자료: 스티븐 히글리(Stephen Higley), "히글리 1000(The Higley 1000)," Higley1000.com, 2014년 2월, http://higley 1000.com/archives/638.

1% 가구소득의 2배 이상이다.[18] 이 목록에서 최상위 지역은 코네티컷 주 그리니치라는 작은 지역으로 "골든트라이앵글"로 불린다. 이곳의 연간 가구소득은 평균 60만 달러 이상이다. 목록의 나머지 지역은 워싱턴DC, 로스앤젤레스의 외곽 엘리트 교외지역이 포함된다. 이 목록에서 도시지역은 시카고의 이스트레이크쇼어드라이브뿐이다. 가장 부유한 도시지역들은 가장 부유한 교외지역보다 더 다양하며, 주택유형과 소득 집단이 훨씬 더 폭넓고 일반적으로 임차인들이 훨씬 더 많다.

위와 같은 주제에 대해 주택가격은 더 많은 것을 말해준다. 〈표 8.2〉를 보라. 우편번호를 기준으로 미국에서 주택가격이 가장 비싼 지역 10곳 중 9곳은 교외지역이다. 예외는 뉴욕주의 트리베카/소호 지역이다.[19] 10곳 중 8곳은 캘리포니아주에 있는데, 엘리트들이 사는 실리콘밸리의 교외지역인 애서튼, 로스앨토스, 팰로앨토, 비벌리힐즈, 샌타모니카, 샌디에이고의 랜초산타페, 샌타바버라의 작은 몬테시토가 포함된다. 보트나 페리선으로만 접근할 수 있는 배타적인 지역인 피셔아일랜드는 마이애미 비치 바로 앞 비스케인만에 있다.

가장 부유하고 혜택을 많이 받은 지역의 경우 오랫동안 존재했던 도시 주거지역과 교외 주거지역 사이의 차이가 상당 부분 희미해지고 있다. 나는 몇 년 전 참석했던 저녁 파티에서 이런 사실을 분명히 깨달았다. 나는 그곳에서 뉴욕 대도시권 출신의 두 부부가 어느 곳이 더 살기 좋은지를 놓고 벌이는 열띤 토론을 목격했다. 한쪽은 교외지역인 페어필드카운티에 살고, 다른 쪽은 맨해튼에 살았다. 그들의 거주환경은 아파트와 단독주택처럼 명확한 차이가 있었는데 그럼에도 불구하고

<표 8.2> 미국에서 가장 비싼 지역은 교외지역

| 우편번호 | 도시/구역 | 지역 | 중위 주택가격 |
|---|---|---|---|
| 94027 | 애서튼 | 샌프란시스코만 지역 | $4,551,333 |
| 90210 | 비벌리힐즈 | 로스앤젤레스 | $3,953,775 |
| 90402 | 샌타모니카 | 로스앤젤레스 | $2,996,642 |
| 33109 | 피셔 아일랜드 | 마이애미 | $2,928,092 |
| 94028 | 포톨라 밸리 | 샌프란시스코만 지역 | $2,916,175 |
| 10013 | 트리베카/소호 | 뉴욕 | $2,912,792 |
| 92067 | 랜초산타페 | 샌디에이고 | $2,720,392 |
| 94022 | 로스앨토스 | 샌프란시스코만 지역 | $2,680,867 |
| 93108 | 몬테시토 | 샌타바버라 | $2,647,517 |
| 94301 | 팰로앨토 | 샌프란시스코만 지역 | $2,637,158 |

자료: 마틴번영연구소 분석. 2014년 질로우 주택가격지수에 기초.

나는 그들의 논쟁을 지켜보며 예전에는 아주 다른 장소였던 2곳에서 비슷한 생활방식을 누리고 있다는 것을 깨달았다. 그들은 비슷한 상점에서 쇼핑하고 비슷한 레스토랑에서 식사하고 비슷한 옷을 입고, 비슷한 편의시설을 이용했다. 그들은 자녀도 비슷한 학교에 보냈다. 그들의 삶은 그들이 사는 곳이 도시인지 교외지역인지에 의해서가 아니라 사회경제적 계층에 의해 규정되었다. 그리고 그들이 사는 특정 지역의 지배적인 사회경제적 계층이 누구인가에 의해 결정되었다.

도시와 마찬가지로 교외지역 내에서도 어떤 지역은 부유하고 어떤 지역은 가난하다. 어떤 지역은 빨리 성장하고 어떤 지역은 쇠퇴한다. 오늘날 성장은 인구밀도가 높은 도시지역과 아주 멀리 떨어진 주변부 지역에 집중된다. 부동산 경제학자 제드 콜코Jed Kolko의 분석에 따르면, 인구는 도시에서 가장 멀리 떨어진 교외지역과 인구밀도가 가장 높은 도시지역에서 가장 빨리 증가하고 있다.[20] 다른 곳보다 외진 지역의 넓게 트인 미개발지에 건물을 짓는 것이 훨씬 더 저렴하다. 아무것도 없는 곳에서 시작하면 더 쉽고 빠르게 성장할 수 있다. 인구밀도가 가장 높은 도시지역이 사람들과 일자리를 끌어들이는 것은 편리함과 향상된 생산성 때문이다. 교외지역 지리학에서 중간 지역은 공동화되고 경제적으로 곤경에 처해 있다. 도심지역과 외진 새로운 개발지역 사이에 놓인 기존 교외지역은 성장에서 소외되고 있다.

## 교외지역 쇠퇴가 정치에 미치는 영향

기존 교외지역의 정체와 쇠퇴는 오늘날 미국을 움직이는 가장 큰 힘 중 하나다. 이 힘은 개인과 가족, 그리고 미국의 주거지역과 도시, 미국 경제에 영향을 미친다. 그 이외에도 이 힘은 정치 영역에도 지진을 일으키고 있다.[21]

교외지역의 경제적 곤경은 도널드 트럼프의 등장에 핵심적인 역할을 했다. 그는 경제적으로 고통 받는 노동계층이 사는 교외지역 유권자들의 들끓는 분노와 억울한 감정을 이용했다. 나의 분석에 따르면, 트럼프는 2016년 백인, 블루칼라 계층, 저학력자, 오래된 카운티 거주자들의 지지에 힘입어 공화당 예비 선거에서 승리했다. 〈뉴욕타임스〉 분석에 따르면, 예비 선거에서 트럼프를 집중적으로 지지한 곳은 백인, "기존 경제 분야"의 블루칼라 일자리, 고교를 졸업하지 않은 사람들이었고, 이동식 주택에 사는 사람들이 있는 카운티였다.[22]

대통령 선거에서 트럼프가 예상을 깨고 충격적인 승리를 거둔 것은 앞서 언급한 사람들의 지지와 지리적 분리의 결과물이었다. 계층적으로 보면 그는 경제가 계속 악화되고 있다고 느끼는 백인, 저학력자, 종교적인 유권자들의 지지를 끌어냈다. 지리적으로 보면 그의 지지자들은 주로 백인과 저학력자가 많았으며, 일반적인 공장 노동계층과 서비스계층이 집중되어 있고 경제적으로 불안정성이 큰 카운티의 거주자들이었다. 힐러리 클린턴이 농촌 유권자에게 33%의 지지를 얻은 반면 트럼프는 61%의 지지를 받았다. 트럼프는 인구 25만 명 이하의 대도시 지역에서 57%의 지지를 받았고 힐러리는 38%의 지지를 얻었다. 인구 25만 명에서 50만 명 사이의 대도시에서 트럼프는 유권자의 52%, 힐러리는 34%의 지지를 얻었다. 모두 합하면 트럼프는 힐러리보다 훨씬 더 많은 대도시에서 승리했다. 트럼프는 260개 도시, 힐러리는 120개 도시에서 각각 승리했다. 그러나 힐러리는 대도시 지역 투표에서 더 많은 표를 얻었다. 힐러리는 51%, 트럼프는 44%였다. 트럼프가 승리한 대도시의 평균 크기는 불과 42만 명이었고, 힐러리가 승리한 대도시의 평균 크기는 140만 명이었다.[23]

교외지역에 나타나는 새로운 도시 위기는 실제로 미국 정치를 폭넓게 바꾸고 있다. 우리는 선거 때 민주당을 지지하는 주와 공화당을 지지하는 주를 나타내는 지도에 익숙하다.[24] 그러나 민주당 지역과 공화당 지역을 실제로 분리하는 것은 주 경계가 아니라 인구밀도다. 과거 몇 차례의 대통령 선거에서 민주당 후보는 대도시와 인구밀도가 높고 더 많이 도시화한 지역에서 대대적인 지지를 얻었다. 반면 공화당 후보자는 인구밀도가 낮은 교외지역, 규모가 작은 도시, 농촌 지역에서 우세했다. 2008년, 2012년, 2016년, 민주당은 미국의 가장 큰 대도시 지역에서 우세했고, 공화당은 더 작은 중간 규모의 도시에서 승리했다.[25] 인구밀도는 대통령 선거에서 점점 중요한 핵심 단층선이 되었다. 인구밀도가 제곱마일당 약 800명이 넘는 지역은 붉은색에서 푸른색으로, 공화당에서 민주당으로 넘어간다.[26]

민주당이 우세한 도시지역과 공화당이 우위인 준 교외지역 사이의 경제적으로 곤경에 빠진 지역이야말로 미국 정치의 실제 "경합 지역"이다. 이 지역은 점점 미국 대통령 선거의 결과를 좌우하고 있다. 정치학자 제프리 셀러스Jefferey Sellers의 조사에 따르면, 공화당을 지지하는 주에서 경제적으로 힘든 교외지역은 민주당으로 선회하고, 반면 민주당을 지지하는 주에서 경제적으로 고통 받는 교외지역은 공화당을 지지한다. 그는 이렇게 썼다. "공화당을 지지하는 주에서 가장 혜택을 받지 못한 대도시권 거주자들은 더 넓은 범위의 공화당 지지 지역에서 대부분 이탈했다. 민주당을 지지하는 주에서 가장 혜택 받지 못한 지역 거주자들은 공화당의 호소에 다른 지역보다 더 많이 호응했다." 달리 표현하면, 이런 지역 유권자들은 변덕이 심한 반대론자로서 현재 상황에 비판적인 투표 성향을 보인다. 이런 지역들에서 공화당 대선후보 롬니

Romney는 2012년에 2% 포인트 표차로 승리했고 민주당 대선후보 오바마는 2008년에 근소한 표차로 승리했다.[27] 2016년 선거에서 트럼프의 놀라운 승리는 이처럼 경제적으로 고통 받는 교외지역, 특히 러스트벨트에서 상당한 차이로 승리했기 때문이었다. 이를 통해 그는 오랫동안 유지됐던 민주당의 푸른 장벽인 미시간, 위스콘신, 펜실베이니아에서 승리할 수 있었다. 이 주들은 영국에서 브렉시트Brexit가 통과되고 토론토에서 롭 포드가 등장할 수 있게 만들었던 곳들과 같은 유형의 지역이다. 이 세 가지 사건은 교외지역의 심각한 위기가 초래한 깊은 정치적 불만을 분명하게 보여주는 경고다.

## 확산에서 집중으로

모든 것을 고려할 때, 교외지역의 위기는 오랜 기간 지속됐던 값싼 성장의 시기가 끝났음을 반영한다. 기존의 성숙한 도시에 새로운 지하철, 터널, 고층 빌딩을 건설하는 비용에 비하면 미개발 지역에 도로와 인프라 시설, 주택을 건설하는 것은 대중들에게 아메리칸 드림을 제공하는 아주 값싼 방법이었고 이는 현재도 여전하다. 1950년대, 1960년대, 1970년대 그리고 1980년대와 1990년대까지 많은 기간 동안 교외지역 개발은 미국의 산업 경제에 대한 거의 완벽한 보완수단이었다. 2차 세계대전의 대규모 동원 활동이나 1930년대에 시행된 케인스식 경기 부양 정책보다 교외지역 개발이 1950년대와 1960년대 경제 성장의 위대한 황금기를 만들었다. 노동계층과 중산층 가정이 교외지역 주택에 정착함에 따라 그들은 세탁기, 드라이어기, 텔레비전, 거실용 소파, 카펫, 자동차를 구매했다. 이는 제조업 분야를 자극하며 더 많은 일자리와 더 많은 주택 구매자를 창출했다.[28] 교외지역 확장은 값싼 경제 성장—비록 지금은 쇠퇴기를 맞고 있지만—의 핵심 엔진이었다.

그러나 오늘날에는 확산이 아니라 집중이 혁신과 경제 성장의 동력이다. 물론 많은 사람이 여전히 교외지역에 살기 원하지만 교외지역의 성장은 도시화힌 지식 경제의 수요와 부합되지 않는다. 국가의 귀중한 생산 역량과 부가 지속가능하고 질 높은 성장에 꼭 필요한 지식, 기술, 인구가 밀집된 지역에 투자하는 대신, 가구당 세 대의 차량을 주차할 수 있는 공간을 가진 교외지역에 주택을 건설하고 유지하고 그것을 지원하는 도로와 추가적인 외곽지역을 개발하는데 너무 많이 낭비되고 있다. 교외지역은 사라지지 않지만 더 이상 아메리칸 드림의 절정이나 경제 성장 엔진이 아니다.

교외지역에 나타난 새로운 도시 위기의 해결책은 도시지역의 위기 해결책과 같다. 즉, 더 많은 그리고 더 나은 도시화다. 교외지역의 위기를 극복하고 경제적 번영을 회복하려면 교외지역이 인구가 더 밀집되고 더 환경친화적인 공간이 되고, 토지이용이 더 복합적이고, 대중교통으로 도심지역과 더 많이 연결되어야 한다. 그러나 구체적인 해결책을 살펴보기 전에 네 번째이자 마지막 새로운 도시 위기의 내용을 이해하는 것이 중요하다. 이 위기는 지구상에서 가장 빠르게 도시화하는 지역인 메가시티(Mega city, 인구 100만 이상의 도시)에서 나타나고 있다.

# 9장

## 글로벌 도시화 위기

### THE CRISIS OF GLOBAL URBANIZATION

THE NEW URBAN CRISIS

# 글로벌 도시화 위기

2014년 5월 나는 유엔 경제사회이사회의 지속가능한 도시화에 관한 회의에서 강연했다. 나와 함께 연단에 오른 사람 중에 조안 클로스 Joan Clos와 안 이달고Anne Hidalgo가 있었다. 클로스는 전 바르셀로나 시장이자 도시와 인간 정주 문제를 다루는 유엔기구인 유엔해비탯UN-Habitat 의 책임자였다. 이달고는 파리의 불평등 증가에 맞서 싸우고 더 합리적인 가격의 주택 건설을 약속하는 정책을 제시하며 선거운동을 벌여 파리 시장에 당선된 사람이었다. 방청석에는 도시 문제와 경제 및 사회개발을 다루는 다른 유엔기구와 사업기관 및 부서의 책임자, 그리고 뛰어난 도시계획 전문가들이 있었다.

24년 전 나는 제7회 세계도시포럼World Urban Forum에 참석하러 콜롬비아 메데인에 갔다. 이 포럼은 160개국 이상에서 온 약 2만 명의 도시계획 전문가, 각 도시의 지도자, 도시계획 설계자들이 모이는 자리였다.

각국 대표자들이 발표한 메데인 선언은 도시와 도시화가 지구를 위협하는 큰 도전들을 해결하는 열쇠라고 주장했다.[1] 포럼에서 돌아온 후로 나는 그곳에서 논의되었던 이슈에 대해 계속 생각하며 글을 썼었다.

나는 유엔회의 참석자들에게 말했다. "도시는 우리가 직면한 많은 거대한 도전—기후변화, 빈곤, 일자리 창출, 공공보건, 지속가능한 에너지, 사회통합적 개발—의 한복판에 있습니다. 도시화Urbanization는 위대한 일을 약속해줍니다. 도시화는 생활수준을 향상하고 경제적 기회를 창출하고 국내총생산을 끌어올리는 힘이 있습니다. 그러나 도시화의 수단들만으로 이런 결과를 달성할 수 없습니다. 나의 중심 메시지는 도시와 지속가능한 도시화를 유엔의 가장 중요한 의제로 삼아야 한다는 것입니다."

유엔에서 연설할 당시 이 책에 대한 아이디어가 구체적으로 떠오르기 시작했다. 내가 막 살펴보기 시작한 글로벌 도시의 위기와 글로벌 도시화는 도시가 새롭게 직면한 위기 중 큰 부분을 차지한다. 이는 미국에서 일어나는 도시 및 교외지역 문제보다 훨씬 더 크고 중요한 문제다. 다가오는 세기에는 인류 역사상 가장 큰 도시화 물결이 밀려들 것이다. 70억에서 80억 명이—오늘날 지구 표면에 존재하는 사람들보다 많은 사람—도시로 이동하고 그들 중 대부분은 개발도상국의 극빈층에 속하게 될 것이다. 인간이 다음 반세기 동안 필요로 할 도시 인프라 시설의 60% 이상이 아직 건설되지 않았다. 새로운 도시를 건설하고 기존 도시를 재개발하는 데 엄청난 돈이 투자될 것이다.

문제는 이처럼 믿기 힘들 만큼 거대한 도시화 물결이 도시 낙관론자들이 말하는 성장과 발전, 생활수준 향상을 이룰 수 있는 지다. 아니면 도시 비관론자들이 주장하듯이 더 심각한 빈곤과 경제적 격차, 환경오염을 유발할 것인가이다.[2] 다시 말하지만 양측의 주장은 전체 그림의 중요한 부분을 보여준다.

역사적으로, 미국과 선진국들의 도시화는 높은 경제성장률과 함께 진행되었고 가난하고 어려운 노동계층이 중산층으로 진입하는 것에 도움이 됐다. 그러나 오늘날 세계에서 가장 빠르게 도시화하는 지역을 보면 너무 많은 곳들이 해결하기 어려운 빈곤에 직면해 있다. 동남아시아, 아프리카, 그 이외 다른 개발도상국의 신생 도시로 흘러드는 수많은 사람들에게 주어지는 경제적 기회는 너무나 적다. 8억 4,000만 명 이상의 사람들, 전 세계적으로 대략 10명 중 1명이 급속하게 도시화되고 있는 지역의 빈민가에 붙들려 꼼짝도 하지 못한다.[3] 문제의 규모는 상상하기 힘들 정도로 엄청나다. 세계 빈민 지역에서 극빈 상태로 사는 사람들은 미국과 유럽연합의 인구를 모두 합친 것과 맞먹는다. 미국, 유럽, 일본의 혜택 받은 도시들과 지구 남반부의 전혀 혜택 받지 못한 도시들 사이에 존재하는 "잃어버린 중산층"은 우리가 미국에서 목격하는 경제적 분리와 비교할 수준이 아니다. 이것이 지구적 차원에서 나타난 새로운 도시 위기다.

## 글로벌 도시화의 문제점

세계의 선진국 도시와 그 주변에 사는 행운을 누리는 우리 같은 사람들은 도시화의 혜택을 당연한 것으로 여긴다. 선진국의 도시는 오래 전에 건설되어 그 지위를 굳건하게 다져왔다. 그러나 현재 세계의 다른 많은 지역에서 시작된 도시화는 역사상 유례가 없는 속도와 규모로 진행되고 있다. 지금까지 세계는 불과 한 차례의 도시화, 즉 선진국의 도시화를 끝냈을 뿐이다. 선진국은 현재 인구의 85% 이상이 도시에 산다. 두 가지 도시화가 추가로 진행 중이다. 하나는 현재 중국에서 진행 중인 도시화인데 가속도를 디하고 있다. 2025년 중국은 인구 100만 넝 이상의 도시가 200개 이상이 될 것이다. 한층 더 큰 또 다른 도시화는 아프리카와 아시아의 나머지 지역의 도시화가 될 것이다.[4]

오늘날 세계 인구의 약 절반인 35억 명이 도시지역에 산다. 200년 전만해도 도시 인구비율은 약 3%에 불과했다. 산업화가 100년 동안 진행된 후 1900년, 이 수치는 약 15%로 증가했다. 1950년에는 2배 정도 증가하여 약 30%, 10억 명이 되었다. 향후 100년 또는 200년 동안 세계 도시 인구는 3배 증가하여 100억 명 수준에 도달하여 세계 총인구 110억~120억 명의 85%에 도달할 것으로 추정된다. 86억 명이나 되는 엄청난 인구가 개발도상국의 도시—그중 많은 도시가 아직 건설되지 않았다—에서 살고, 반면 불과 12억 명 정도가 선진국 도시에서 살게 될 것이다.[5]

미래의 도시를 전망할 때, 1800년에는 인구가 100만 명이 넘는 도시는 전 세계에서 단 1곳, 베이징뿐이었다는 점을 고려하라. 1900년 인구 100만 명 이상의 도시는 12곳이 되었다. 1950년 이 숫자는 70곳이 증가하여 83곳, 2005년에는 400곳으로 치솟았다. 오늘날에는 500곳이 넘는다. 1950년 인구 1,000만 명 이상인 메가시티는 2곳뿐이었다. 오늘날에는 28곳, 2030년에는 40곳 정도로 예상된다. 설득력 있는 한 전망에 따르면, 2150년에 세계는 5,000만 명에서 1억 명 규모의 메가시티가 10곳 정도, 1억 명 이상의 메가시티는 5곳 이상 될 것이다. 그때가 되면 인도의 델리, 콜카타, 다카를 포함하는 메가시티 지역의 인구가 2억 명이 될 수 있으며, 이것은 오늘날 전 세계의 5개 국가를 제외한 모든 국가의 규모보다 더 큰 수준이다.[6]

개발도상국의 가난한 도시와 선진국의 부유한 도시는 경제력과 생산성에서 크게 차이난다. 이런 격차를 보여주는 구체적인 지수가 지식경제의 전형적인 상품인 아이폰iPhone을 사는데 필요한 세계 각국 도시의 평균 노동자의 노동시간이다.[7] 뉴욕시의 평균 노동자는 2015년 16GB 용량의 아이폰을 구매하기 위해 24시간의 노동만 하면 된다. 개발도상국의 도시 뭄바이는 350시간이 필요하다. 자카르타는 460시간, 키예프는 600시간 이상 일해야 한다.

선진국의 기존 도시와 개발도상국의 급속하게 도시화하는 지역 간의 격차 크기를 측정하는 보다 체계적인 방법은 1인당 생산량을 비교하는 것이다. 안타깝게도, 국가 단위로는 일반적으로 이용할 수 있는 이런 통계—이 수치를 통해 각국의 경제 상황, 임금, 소득, 생산성을 직접 비교할 수 있다—는 전 세계 도시와 대도시 지역 단위로는 이용할 수 없다. 많은 국가가 도시와 대도시 지역 단위로 자료를 수집하지만 국가마다 대도시 지역을 정의하는 방식과 경제 자료와 대도시 지역을 연계하는 방식이 달라서 사실상 서로 다른 국가의 도시들을 유의미하게 비교하는 것은 불가능하다. 심지어 미국, 캐나다, 유럽 국가의 도시들도 그렇다. 가장 빠르게 도시화하고 있는 개발도상국과 신흥국들 중 많은 국가에서 신뢰할만한 경제 자료가 없다. 이것은 큰 문제다. 내가 유엔회의에서 말했듯이 우리가 성공적인 도시화의 요인을 이해하기 바란다면 이 문제가 반드시 해결되어야 한다.

그러나 이런 문제를 피하는 몇 가지 방법이 있다. 브루킹스연구소는 〈글로벌 메드로 모니터Global Metro Monitor〉에 세계에서 가상 큰 300개 대도시의 경제생산량 추정치를 취합했다. 이 자료는 〈옥스퍼드 이코노믹스Oxford Economics〉와 〈무디스 애널리틱스Moody's Analytics〉 자료에 기초했다.[8] 나와 팀 동료들은 이 자료와 이들 도시의 인구에 관한 별도의 자료를 취합하여 1인당 경제생산량 추정치를 만들었다. 이 자료는 완벽하지는 않지만 전 세계 대도시의 경제 발전과 생산성 수준의 차이를 대략적으로 보여준다. 이 자료에 기초하여 우리는 경제 발전 수준에 따라 300개의 대도시를 4개의 기본집단으로 나누었다. 이 4개 집단은 서구의 가장 부유한 도시에서부터 지구 남반구의 가장 빈곤한 도시를 포함한다.

첫 번째 집단에는 세계에서 가장 부유하고 경제적으로 발전한 대도시가 포함된다. 이 지역은 승자독식 도시화의 최대 승리자로서 뉴욕, 런던, 로스앤젤레스, 파리, 싱가포르, 홍콩과 같은 슈퍼도시, 그리고 샌프란시스코, 보스턴, 워싱턴DC와 같은 테크허브 도시, 발전된 개발도상국에 있는 에너지가 풍부한 소수의 도시다. 이들 지역의 1인당 경제생산량은 4만 5,000달러에서 9만 4,000달러에 이른다. 이 집단에 속하는 약 100곳의 대도시는 세계 인구의 4%밖에 차지하지 않지만 세계 경제생산량의 약 16%를 생산한다.

두 번째 집단은 선진국의 비교적 잘사는 도시가 포함되며, 1인당 경제생산량은 3만 달러에서 4만 5,000달러에 이른다. 이 집단에 속하는 도시로는 바르셀로나, 베를린, 코펜하겐, 마드리드, 멜버른, 마이애미, 밀라노, 로마, 서울, 타이베이, 토론토, 밴쿠버다. 여기에 속하는 100개의 대도시는 세계 인구의 4%에 불과하지만 세계 경제 생산량의 11%를 생산한다.

세 번째 집단은 부유하지 못한 지역이 포함되며 1인당 경제생산량은 1만 5,000달러에서 3만 달러 사이다. 이 집단에는 카디프, 리버풀, 나폴리와 같이 선진국 안에 속해 있지만 곤경을 겪는 산업도시와 방콕, 베이징, 보고타, 과달라하라, 이스탄불, 멕시코시티, 리우데자네이루, 상파울루, 상하이와 같이 개발도상국의 신생 도시가 포함된다. 여기에 포함되는 70개의 대도시는 세계 인구의 6%를 차지하지만 세계 경제생산량의 약 9%를 생산한다.

네 번째 집단은 더 빈곤한 지역으로 1인당 경제생산량이 4,000달러에서 1만 5,000달러에 불과하다. 이들 대도시는 주로 지구 남반부에 있다. 그리고 마닐라, 자카르타, 카이로, 알렉산드리아, 더반, 메데인, 칼리, 뭄바이, 콜카타, 델리와 같은 세계 최대 도시 중 일부, 도시화가 진행 중인 중국의 빈곤한 여러 도시지역이 포함된다. 여기에 속하는 30여 개 대도시는 세계 인구의 약 4.3%를 차지하는데 세계 경제생산량의 3%밖에 생산하지 않는다.

앞의 세 개 집단에 속하는 대도시에도 분명히 빈곤층이 상당히 존재하고 부자와 가난한 자의 격차가 엄청나지만 네 번째 집단과 비교할 바는 아니다. 네 번째 집단은 심각한 경제적 고통과 궁핍에 시달리고 있다. 세계 빈민 지역 거주자 중 약 5억 명이 동남아시아에 있고, 2억 명의 빈민들이 사하라 사막 이남 지역, 그리고 1억 1,000만 명 이상의 빈민이 남미와 카리브 지역에 산다.[9] 매일 20만 명이 도시로 몰려들기 때문에 세계의 빈민 지역 인구는 2020년에 약 10억 명으로 증가할 것으로 전망된다.

세계적으로 보았을 때 급속하게 도시화하는 지역에 사는 많은 사람들이 깨끗한 물, 수세식 화장실과 하수시설과 같은 위생시설, 전기와 같은 기본적인 서비스를 이용하지 못한다. 예를 들어 아프리카에서는 모든 도시 인구의 절반 이상(54%)이 서구사회에서는 당연하게 여기는 정상적인 위생시설을 이용하지 못한다. 사하라 사막 이남 아프리카 도시 인구의 3분의 2 이상이 기본적인 전기를 이용하지 못한다. 세계에서 가장 빈곤한 지역의 거주자와 가장 부유한 지역의 거주자—대부분 서구 도시—의 경제적 자원과 생활수준 격차는 가히 충격적이다. 개발도상국에 사는 10억 명 정도의 도시 거주자에게 도시화는 완전한 실패에 가깝다.

경제 개선을 고사하고 많은 빈민 지역이 빈곤의 악순환에 갇혀 있다. 열악하고 불충분한 주택에 비좁게 살며 경제적 기회가 단절된 사람들로 바글대는 빈민 지역은 도시 주변의 판자촌이나 불법 주거지에서부터 도심지역의 세입자, 낡은 공공주택 시설, 가난한 동네에 이르기까지 모든 형태를 망라한다. 빈민 지역은 흔히 물리적으로 고립되어 있으며, 종종 사업 및 경제 활동 지역에서 멀리 떨어진 도시 주변부에 위치한다. 빈민 지역 거주자들은 다양한 경제 활동에서 단절된다. 전통적인 정책과 투자로는 빈민 지역을 바꾸기 어렵다는 것이 많은 지역에서 증명됐다. 최근의 한 예를 들어보면 2009년 인도는 5년 이내 빈민 지역을 제거하는 대규모 사업을 발표했다. 불과 2년 후 지도자들은 빈민 지역의 인구가 늘었다고 인정했다.[10] 인도의 빈민 지역 인구는 2011~2017년 동안 12% 증가했다.

이런 대규모 빈민 지역이 계속 유지되는 데에는 몇 가지 이유가 있다. 첫째, 오늘날 가장 빨리 도시화하는 지역 중 가장 큰 지역은 세계에서 가장 빈곤하고 가장 개발되지 않는 곳이며, 반면 1세기쯤 전에 도시화한 지역은 가장 부유하고 발전된 곳이었다. 둘째, 지금 세계는 훨씬 더 넓어졌고, 더 많은 사람이 거주하고, 가장 많이 도시화하고 있는 지역들은 인구가 가장 많이 밀집한 곳이다. 셋째, 상당수의 도시화는 사람들이 전쟁, 내전, 극심한 폭력, 자연재해를 피해 기존 도시로 대량 이주한 결과다.[11] 이주자들의 대량 유입은 그들을 흡수할 수 있는 도시의 능력을 쉽게 초과하고, 그 결과 엄청난 수의 새로운 이주자들은 결국 대규모 빈민 지역의 열악한 주거지로 몰릴 수밖에 없다.

넷째, 세계화 자체가 도시 빈민을 확대시킨 범인이다. 광범위하게 연결된 세계 무역체계의 발전은 과거에 보다 균형 있는 경제 발전을 달성했던 도시, 지역 농업, 지역 산업 간의 오래된 연결을 파괴했다. 오랜 역사 동안 도시는 지역 농업이 생산하는 식품의 시장을 제공하고 그것을 소비했다. 그러나 오늘날은 세계적으로 운용되는 거대한 식품 체인 망 덕분에 도시는 더 이상 주변 지역의 농업 생산물에 의존하지 않는 다. 급속히 도시화하고 있는 사람들은 다른 지역에서 수입된 식료품을 값싸게 살 수 있다.[12] 마찬가지로 세계화는 도시와 지역 제조업 발전 간 의 연결고리를 깼다. 과거에 도시는 사람들이 자고 먹고, 입고 이동하 는 데 필요한 광범위한 기본적인 산업 활동, 예컨대 채석장, 벽돌공장, 목재공장, 시료품 가공공장 등을 발전시컸디. 오늘날 세계직으로 연결 된 체제에서는 이 모든 것이 세계 각국에서 값싸게 수입된다. 이런 활동 이 전 세계의 도시에서 확산되는 대신 매우 제한된 소수의 장소로 집중 된다.

그 결과 개발도상국의 많은 도시와 지역이 더 이상 과거에 지역경 제 발전을 이끌었던 전통적인 농업 및 산업 활동 중심의 경제를 구축할 수 없다. 이들 도시와 지역은 계층 상승의 길을 제공하고 그곳으로 유 입되는 수백만 명의 생활수준 향상에 도움이 되는 일자리가 극히 부족 하다. 선진국 사람들은 세계화의 영향으로 자국의 제조업 일자리가 저 렴한 외국 공장으로 대체되었다고 생각한다. 그러나 개발도상국의 많 은 도시에 사는 노동자들 입장에서 세계화는 기본적으로 그들의 경제 상태를 개선할 길을 막는다.

지구적 도시 위기의 핵심은 이것이다. 즉 인간 역사에서 도시로의 이동이 가장 많은 이 시기에 도시화가 신뢰할만한 진보의 엔진이 아니 라는 점이다. 지난 2세기 동안 서구 유럽과 미국의 도시화에서는 경제 발전과 사회 진보가 함께 이루어졌다. 이제는 도시화와 성장 간의 연결

고리가 훨씬 더 약해졌고, "성장 없는 도시화"라는 우려스러운 새로운 패턴을 보인다.[13]

지난 5세기 동안의 도시화에 대한 자세한 역사적 연구는 지난 500년간의 도시화와 경제 발전 사이의 관계 추적을 통해 이런 단절을 구체적으로 보여준다. 이 연구에 따르면 1500년과 20세기 초중반 사이 대부분 시기에 도시화는 성장과 느슨하게 연결되었을 뿐이다. 산업혁명과 함께 진행된 폭발적인 도시화 이전에 1인당 경제생산량이 3배 증가할 때 도시화율은 불과 12% 늘어났다. 20세기가 되어서야 비로소 도시화와 경제 성장이 강한 상관관계를 보였다. 이때부터 경제생산량이 3배 늘어날 때 전 세계의 도시화율은 더 많이 증가했다. 약 20%였다. 그러나 이것은 선진국들의 대대적인 산업화의 산물일지도 모른다. 이 기간에 개발도상국과 신흥국은 빈곤한 농업사회였다. 2010년 도시화와 성장의 관계는 다시 바뀌고 있다. 부유한 국가가 아니라 빈곤한 국가들이 가장 빠른 도시화를 겪고 있다. 도시화와 성장 간의 관계는 16세기의 경험과 거의 비슷하며, 1인당 생산량이 3배 증가할 때 도시화율은 13% 증가했을 뿐이다. 핵심적인 시사점은 도시화와 발전이 강하게 연결되어 있다는 가정을 포기해야 한다는 것이다. 세계에서 가장 빠르게 도시화하는 지역 중 많은 곳이 그런 관계를 보이지 않는다.[14]

하지만 도시화가 경제 번영의 확실한 해결책이 아니라고 해도 여전히 다른 대안보다 더 낫다. 끝없는 빈곤과 충격적인 불평등이 심각하지만, 개발도상국에서 빠르게 도시화하는 지역은 외진 농촌 지역보다는 상당한 경제적 이점을 갖고 있다. 도시와 대도시 지역의 생산성은 설령 매우 빈곤한 지역이라 해도 일반적으로 외딴 농촌 지역의 생산성보다 훨씬 크다. 이런 격차를 조사하기 위해 나와 동료들은 간단한 지표인 도시 생산성지수를 만들었다. 이 지표는 각국 도시들의 생산성을 비교해준다.[15]

미국, 유럽, 일본의 일반적인 도시와 대도시의 생산성 비율 차이는 1~1.5 수준이다. 이는 다른 도시들의 생산성보다 같거나 최대 50% 더 높다는 뜻이다. 1.6을 나타낸 산호세, 즉 실리콘밸리는 선진국 중에서 도시 생산성이 가장 높았다. 런던은 1.5, 보스턴과 샌프란시스코는 1.4, 뉴욕 1.3, LA와 바르셀로나 1.2, 도쿄와 프랑크푸르트, 시카고는 1.1~1.2 수준이다.

개발도상국의 많은 도시와 대도시 지역의 생산성 비율 차이는 훨씬 더 높다. 베이징, 이스탄불, 뭄바이, 상파울루, 상하이를 포함하는 80곳 이상의 대도시는 도시 생산성이 각국의 다른 도시들보다 최소 2배 더 높다. 이들 도시 중 약 50곳의 도시 생산성의 경우 특정 도시는 해당 국가의 다른 도시들보다 3~9배 더 높다. 그리고 마닐라(13.6), 방콕(12.6), 리마(12.6)를 포함한 6개 도시는 해당 국가의 다른 도시보다 10배 이상 생산성이 높다.

그러나 앞서 보았듯이 브루킹스연구소의 〈글로벌 메트로 모니터〉 자료는 세계 최대 300대 대도시가 포함되며 대략 세계 인구의 3분 1(31%)을 차지한다. 브루킹스연구소가 사용한 전통적인 자료는 다른 많은 지역의 자료를 제공하지 않지만 가장 가난하고 가장 빠르게 도시화하는 지역을 포함한 더 많은 도시의 대략적인 추정치를 만드는 것은

〈그림 9.1〉 세계 도시 생산성 비교

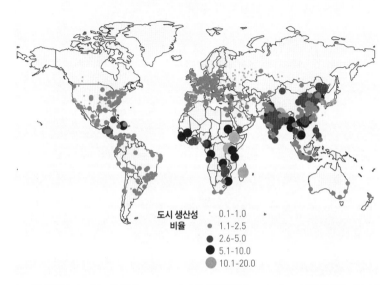

도시 생산성 비율
· 0.1-1.0
● 1.1-2.5
● 2.6-5.0
● 5.1-10.0
● 10.1-20.0

자료: 마틴번영연구소 지도 제공, 조셉 파릴라(Joseph Parilla), 지저스 리얼 트루질로(Jesus Leal Trujillo), 앨런 베루브(Alan Berube), 타오 란(Tao Ran), 〈글로벌 메트로 모니터(Global Metro Monitor)〉, 브루킹스연구소, 2015, www.brookings.edu/research/reports2/2015/01/22-global-metro-monitor, 리처드 플로리다, 샬롯타 멜런더, 팀 굴던, "글로벌 대도시: 야간 위성 영상을 이용한 도시 중심지역의 경제활동 평가(Global Metropolis: Assessing Economic Activity in Urban Centers Based on Nighttime Satellite Images)," Professional Geographer 64, no. 2 (2010): 178–187의 야간 조명.

가능하다. 나는 랜드 코퍼레이션Rand Corporation에서 근무하는 컴퓨터 지리학자 팀 굴든Tim Gulden과 함께 미국 항공우주국과 다른 과학기관이 제공한 위성 영상에 나타난 야간의 불빛을 이용하여 전 세계의 모든 도시와 대도시 지역의 경제 활동과 도시 생산성을 보여주는 대리 지표 "Proxy measure"를 개발했다.[16] 야간에 불빛이 방사되는 양과 인구통계를 결합해 우리는 도시와 대도시 지역의 생산성과, 해당 대도시를 포함하는 국가 평균 생산성을 비교하는 도시 생산성 비율을 개발할 수 있었다. 〈그림 9.1〉은 그 결과를 보여준다. 아프리카, 동남아시아, 그리고 지구에서 가장 빠르게 도시화하는 지역의 원이 더 크다는 점을 주목하라. 원이 클수록 생산성이 더 높다.

종합하면 개발도상국의 125개 이상의 도시는 도시 생산성 비율이 3 이상으로 나타났다. 이 중 40개 도시, 주로 아시아와 아프리카는 도시 생산성이 해당 국가 평균보다 10배 이상이었다. 개발도상국의 모든 도시가 생산성이 그렇게 높은 것은 아니지만 극소수 도시만이 해당 국가 평균보다 상당히 낮다. 지구상에서 가장 빈곤하고 가장 낙후된 곳일지라도 도심지역은 농촌지역보다 생활수준이 더 낫다.

회의주의자들은 이런 우위성이 개발도상국 도시의 생산성을 입증하기보다 오히려 그 도시의 빈곤을 보여주는 것이라고 반박할지도 모른다. 그러나 대략적인 패턴은 기본적으로 도시화가 나쁜 점까지 고려하더라도 다른 대안보다 더 낫다는 사실을 보여준다.

## 악순환에서 선순환으로

그러면 우리는 어떻게 하면 이런 지역의 생산성을 더 개선할 수 있을까? 그리고 더 중요한 문제로, 우리는 어떻게 하면 도시의 인구 성장률과 생활수준 향상을 다시 연결할 수 있을까?

그 해답은 도시에 모여드는 사람들의 에너지와 재능을 발산하게 하여 그들이 더욱 발전하도록 돕는 것이다. 제인 제이콥스Jane Jacobs이 이렇게 썼다. "빈곤에는 원인이 없기 때문에 빈곤의 '원인'을 찾는 것은 지적으로 불가능하다. 오로지 번영의 원인이 있을 뿐이다. 빈곤과 경제 침체라는 엄청난 한파는 경제 발전 부재의 다른 측면일 뿐이다."[17] 빈곤은 사람들과 지역의 창의적 에너지를 발산하는 제도가 없거나, 당연한 말이겠지만 그런 에너지를 방해하거나 억누르는 역기능적 구조가 있을 때 발생한다. 이와 반대로 번영은 한곳에 모인 인간의 창의적 에너지를 활용하는 제도와 구조에서 야기한다. 가난한 지역의 거주자들이 자신의 에너지와 재능을 적용하고, 기술을 발전시킬 수 있을 때 그들의 경제력과 지역 경제가 개선될 가능성이 훨씬 크다.

오래전인 1972년 존 터너John F. C. Turner는 "동사로서의 주택Housing as a Verb"이라는 흥미로운 제목의 에세이에서 정부가 저소득층 주택을 건설하는 하향식 사업방식이라는 전통적인 모델(그는 이것을 "명사로서의 주택"이라고 불렀다)과 가난한 주거자들이 기본적으로 자신의 주택을 건설하는 상향식 사업방식("동사로서의 주택")을 비교했다.[18] 첫 번째 모델은 가난한 사람들을 격려하고 그들을 경제적 기회로부터 단절시켜 가난을 더 심화시키며, 계속 실패를 반복한다. 그러나 두 번째 모델은 가난한 사람들이 그들이 원하는 곳 또는 그들을 필요로 하는 곳, 즉 경제적 기회가 있는 곳에 모여 산다.

언론인 더그 손더스Doug Saunders도 비슷한 내용을 언급한다. 그는 그가 명명한 "이주자들의 도시Arrival cities"가 담당하는 추진력의 역할을 강조한다. 그는 기본적으로 도시는 교외 농촌 지역에서 온 새로운 이주자들이 기술과 능력을 향상시키는 장소라고 설명한다. 예로 든 곳은 류공리Liu Gong Li다. 이곳은 중국의 중앙에 위치한 인구 1,000만 명의 대도시 충칭의 외곽에 있는 가난한 농업 지역이었다. 1990년대 후반과 2000년 대 초, 사람들은 일자리와 경제적 기회를 얻기 위해 주변 농촌 지역에서 도시로 몰려들기 시작했다. 일자리가 부족했기 때문에 그들은 비공식적인 사업을 만들고 자신의 주택을 짓기 시작했다. 사실 거의 모든 주택이 불법 건물이었다. 오늘날 류공리는 12만 명이 거주하는 활기찬 경제중심지로서 충칭시에 완진히 흡수되었다고 손더스는 말한다. 류공리는 급조된 건물과 어설픈 하수시설, 거리의 쓰레기가 있는 도시 외곽의 새로운 빈민 지역처럼 보이지만 기업 활동이 왕성한 곳이기도 하다. 이곳에는 이주자들이 만드는 섬유, 플라스틱, 목재, 컴퓨터로 가공한 오토바이 부품 공장과 작은 상점이 가득하다. 그곳의 한 거주자가 손더스에게 말했듯이 이곳은 "당신이 생활비를 벌 수 있는 적절한 방법만 찾을 수 있다면 당신의 손주를 성공한 사람으로 만들 수 있는 도시다."[19]

많은 연구는 이러한 상향식 접근방법이 매우 가난한 지역의 발전을 추동할 가능성이 있음을 지적한다. 인류학자 제니스 펄먼Janice Perlman은 리우데자네이루 빈민 지역의 발전을 1960년대부터 지금까지 약 50년 동안 추적했다.[20] 140만 명이 거주하는 약 1,200개 동네로 이루어진 빈민 지역은 흔히 영구적인 빈민 지역으로 간주하지만 펄먼의 연구는 이 지역이 거주자의 삶을 개선하는 수단이 될 수 있음을 보여준다. 2000년 대 초 그녀가 1960년대에 처음 인터뷰했던 사람들의 손주 중 약 절반이 그들의 조부모 세대보다 더 좋은 집에 살고 있었다. 그들 중 일부는 집을 빌렸고 일부는 집을 소유했지만 대다수 주택에서 전기, 상수도, 실내 화장실이 있었고, 에어컨, 세탁기, 평면 TV가 있는 경우도 많았다. 빈민 지역 가정들은 세대가 지나면서 교육수준도 매우 높아졌다. 그녀가 1960년대 인터뷰했을 당시, 아버지의 4분의 3, 어머니의 10분의 9 이상이 글을 읽거나 쓰지 못했다. 그러나 2000년, 자녀들의 문맹률은 6%밖에 되지 않았고, 손자와 손녀들은 모두 읽고 쓸 수 있었다. 1세대 빈민 지역 거주자들의 많은 손자와 손녀들이 고등학교를 졸업했고 그들 중 상당수가 대학에 진학했다. 빈민 지역 거주자들은 빈곤과 궁핍을 운명으로 받아들이지 않고 자신들과 동네를 근본적으로 발전시켰다.

급속히 도시화하는 지역의 네트워크 조직인 국제빈민지역거주민연합Slum Dwellers International과 산타페연구소의 연구자들이 함께 수행한 또 다른 연구는 상향식 접근방법의 효과를 증명하는 좀 더 일반적인 증거를 제시한다. 연구자들은 여러 신흥국의 빈민 지역 거주자들에게 매일 그들의 활동을 기록해달라고 요청했다. 처음에는 전통적인 방식으로 서면에 기록하다가 최근에는 모바일 기기를 이용하여 기록했다. 그 결과 빈민 지역에 사는 가난한 사람들이 발전에 필요한 기본적인 재능을 갖고 있지만 그들의 일상적인 삶의 무게가 그 재능을 사용할 능력을 방해한다는 사실이 밝혀졌다. 선진국에 사는 우리가 당연하게 여기는 기본적인 인프라 시설과 분업 활동이 없기 때문에 그들은 자신의 시간을 긴급한 필요를 해결하는 데 대부분 사용할 수밖에 없다. 예를 들면 물을 긷고, 음식물을 서로 교환하여 마련하고, 걷거나 기초적인 교통수단을 이용해 장거리를 이동한다. 이런 일 때문에 그들은 더 큰 발전을 위한 일, 가령 자신의 기술을 더 발전시키거나 동네를 전반적으로 개선하는 일에 투자할 시간이 부족하다. 연구자들은 이런 악순환을 깨고 빈민 지역의 생산성을 개선하는 방법은 도시 빈민들이 자신의 시간을 더 생산적으로 사용하게 하는 것이라고 결론짓는다.[21] 콜롬비아에서 많은 사람이 나에게 위대한 사이클 선수인 나이로 퀸타나Nairo Quintana에 관한 이야기를 들려주었다. 그는 통학할 때 값싼 자전거를 타고 16km의 산길을 오르내리면서 산악지형 주행 능력을 갈고 닦았다. 물론 그는 예외적인 경우다. 대부분의 사람은 기본적으로 소비하는 시간을 활용해 놀라운 일을 만들어 내지 못한다.

파나마의 빈민 지역에 사는 기업가들에 관한 또 다른 연구는 그들 역시 시간과 자원 부족으로 좌절했음을 보여준다.

이 연구는 많은 창의적인 사업 아이디어들이 재원 부족으로 계획을 발전시키거나 더 효과적으로 개선하지 못했으며, 시장이 성숙할 때까지 기다릴 여유가 없었다고 밝혔다. 이는 걱정스러운 상황이다. 전통적인 일자리는 부족하고 가난한 이들이 일자리를 얻는 과정에서 차별도 받는 일부 지역에서 기업가 정신과 자영업은 전통적인 고용형태를 대신하는 중요한 방법이기 때문이다.[22]

우리는 열악한 지역에 사는 가난한 사람들에게 부족한 것은 기술이나 창의성이 아니라 그것을 더 나은 곳에 사용할 수 있는 시간과 자원이라는 사실을 누차 확인할 수 있다. 결국 이런 지역에 필요한 것은 사람들과 지역이 자신의 능력과 노력을 활용하고 증진할 수 있는 기본적인 인프라 시설이다.

이 모든 것을 종합하면 급격하게 도시화하는 많은 도시의 빈민들은 자신들을 고립시키고 더 폭넓은 경제적 기회로부터 단절시키는 도시 외곽에 갇혀 있는 셈이다. 농촌 지역에서 이주하는 가난한 사람, 특히 아프리카의 팽창하는 도시로 향하는 이들 중 다수는 흔히 도시가 제공하는 기회를 만나기 어려운 도시 주변의 빈민가나 임시 주거지역으로 유입된다. 개발도상국의 도시들은 대개 인구밀도가 높긴 하지만, 카이로, 델리, 콜카타, 마닐라, 뭄바이처럼 세계에서 가장 빠르게 성장하는 도시들은 도시 외곽이 확산되는 속도도 서구의 도시보다 훨씬 빠르다. 뉴욕대에 있는 내 동료 슐로모 엔젤Shlomo Angel의 연구에 따르면 1990년에서 2015년까지 25년 동안 개발도상국 전체 도시 인구는 2배 증가했지만 새로운 도시 거주자들이 점유한 토지의 양은 3.5배 늘었다. 이런 도시의 인구밀도는 같은 기간 동안 놀랍게도 52.5% 감소했다. 미래의 도시 확산 속도가 동일하게 유지된다면 이들 도시가 점유하는 토지는 지금부터 2050년까지 4배 더 증가할 것이다.[23]

도시 문제 해결의 핵심은 연결성이다. 기본적인 인프라, 가령 포장도로나 대중교통을 추가하기만 해도 경제적 기회에 대한 접근성을 개선하고 도시 시장의 규모를 확대하는 데 도움이 된다. 불법 거주 지역과 택지는 많은 공간을 차지한다. 이를테면 도시 블록의 평균 크기는 선진국보다 개발도상국 도시가 훨씬 더 크다. 그러면 도로 건설에 필요한 충분한 토지가 배분되지 않는다. 예를 들어 방글라데시의 인구 700만의 다카에서 도로는 도시 전체 토지 중 12%밖에 되지 않으며 선진국에 비하면 굉장히 적다.

정상적인 기능을 수행할 수 있는 도로는 경제 발전과 전 세계 빈민 지역의 개선에 매우 중요한 요소다. 도로는 거주자들을 이동할 수 있게 할 뿐만 아니라 절실히 필요한 다양한 물리적 인프라, 예를 들면 상수도와 하수도, 전력 등의 공급을 가능하게 해준다. 그뿐만 아니라 빈민 지역과 그곳의 거주자들을 기존에 존재하는 다양한 도시적 혜택과 이어주는 중요한 연결선 역할을 한다. 유엔해비탯의 2014년 보고서는 "도로는 경제 활동을 유발하고 상점과 서비스를 끌어들이며, 주거지에 대한 거주자의 일체감을 향상하고 안전과 질서 있는 개발 의식을 증진한다"고 지적한다.[24] 공식적으로 구성된 도로는 불법 무단 주거지가 합법적인 주거지역과 제대로 된 동네로 변하도록 도와준다. 역으로 이런 개선을 통해 주택 매매가 가능해지기 때문에 상업 활동과 이동성은 더욱 향상된다. 동네가 더 잘 연결됨에 따라 고립된 빈곤 지역의 덫은 경제적 기회를 얻을 수 있는 길로 바뀌어 도시의 경제 활동과 더 완전하게 통합될 수 있다.

대중교통 건설은 훨씬 강력한 방법이다. 대중교통은 연결성을 개선하고 사람들과 경제적 기회를 이어준다. 350만 명의 도시 에티오피아 아디스아바바는 경전철 시스템을 도입하여 빈민 지역 거주자에게 기회의 문을 열어주었다. 역 주변의 인구는 증가했고, 경제 개발이 촉진되고 도시 중산층의 자동차 의존도를 낮추었다.[25]

전통적인 철도교통이 반드시 필요한 것이 아니다. 지역 여건에 맞추어 비용이 많이 들지 않는 다른 방식을 통해 연결성을 재고할 수 있다. 창조계층그룹Creative Class Group 동료들과 내가 최초로 "필립스 살기 좋은 도시상Philips Livable City Awards"을 제정했을 때 2011년 3명의 수상자 중 하나는 뜨거운 태양과 폭우를 피할 수 있게 돕는 작은 그늘막이었다! 그것은 단순한 그늘막 이상의 역할을 했다. 그늘막은 주민들이 우간다 캄팔라, 그리고 급속히 확산되는 아프리카의 다른 도시에서 이동할 때 이용하는 단거리 소형 버스와 일반 버스를 위한 정류장들을 조직하고 체계화하는 역할도 했다.

나는 메데인을 방문했을 때 지역을 연결하는 두 가지 기발한 해결 방법을 보았다. 얼마 전만 해도 이 도시는 마약왕 파블로 에스코바Pablo Escobar와 그의 악명 높은 메데인 카르텔이 지배하던 세계에서 가장 폭력 적이고 무법천지인 지역이었다. 메데인에서 가장 가난하고 가장 악명 높은 지역인 코무나Communa 13은 높은 곳에 있었기 때문에 도심지역에 서 단절되었고 따라서 고용과 교육의 기회로부터 단절되었다. 28층 빌 딩 높이에 사는 1만 2,000명의 거주자들은 지역 밖으로 왕래할 때 아찔 한 길과 계단을 오르내려야 했다. 언덕에 위치한 다른 지역의 거주자들 은 집과 직장을 버스를 타고 통근하는 데 하루에 자그마치 4시간이 소 요되었다. 시 당국은 코무나 13을 도시의 다른 지역과 연결하기 위해 실외용 에스컬레이터를 설치했다. 다른 빈민 지역과 도심지역을 연결 하는데에는 곤돌라—줄에 매단 케이블카—가 사용되었다. 지방 정부 의 지원을 받아 지역 단체들이 에스컬레이터와 곤돌라 주변을 활기찬 공공장소로 만들기 위해 노력했다. 그리고 상업 활동에 필요한 공공서 비스가 그 주변을 중심으로 발전했다. 이러한 작은 개선이 고립되고 고 질적으로 가난했던 빈민 지역을 더 안전하고 기능적이며, 경제적으로 더 연결된 지역 공동체로 바꾸었다. 2012년 메데인은 도시토지연구소 Urban Land Institute, 시티은행, 월스트리트저널에 의해 올해의 혁신도시로 선정되었다.[26]

이 이야기의 교훈은 기본적인 인프라에 대한 전략적 투자는 빈민 지역 거주자들과 일자리를 연결하는 데 도움을 줄 수 있으며, 아울러 그들의 재능과 생산적인 역량을 활용하고 그들이 더 완전히 참여하게 할 수 있다는 것이다. 그리하여 궁극적으로 도시의 고립과 빈곤의 악순 환을 도시 발전의 선순환으로 바꿀 수 있다.

## 지속가능한 도시화

전 세계 도시의 새로운 이주자들, 그리고 도시 주거지역과 정부는 성장과 발전을 창출하기 위해 많은 일을 할 수 있지만 혼자의 힘만으로 모든 것을 할 순 없다. 국제 개발 정책은 도시와 도시 건설을 핵심 주제 로 삼아야 한다. 결국 국가가 아니라 도시가 경제 및 사회 발전의 기본 적인 원천이다. 2015년 유엔은 올바른 방향으로 한걸음 내디뎠다. 유엔 은 "사회통합적이고, 안전하며, 회복력이 있고, 지속가능한" 도시를 유 엔의 17개 새로운 지속가능한 개발 목표 중 하나로 발표했다.[27] 이것은 중요한 시작이지만 문제의 규모 때문에 훨씬 더 많은 것이 필요하다. 전 지구적 도시화는 세계가 당면한 엄청난 도전과제 중에서 가장 큰 과 제이며, 기후 변화, 에너지 이용, 빈곤, 경제적 기회와 같은 커다란 위기 와 과제에 영향을 주고 또 여러 측면에서 이것들과 관련을 맺고 있다.

우리는 더 생산적이고 더 번영하며, 더 지속가능하고, 더 사회통합적인 도시를 건설하는 법을 배우지 못한다면 당면한 과제 중 어느 것도 해결할 수 없을 것이다.

우리에게는 돈뿐만이 아니라 노하우, 정보, 자료가 필요하다. 믿기 힘들겠지만, 의학과 법률에서부터 공학과 경영학에 이르기까지 대부분의 다른 분야와 달리, 시장과 도시 건설업자들이 지역사회와 도시를 개발하는 데 필요한 지식과 도구를 가르쳐줄 체계적인 훈련은 거의 없다. 더 믿기 힘든 사실은 그들, 그리고 우리는 도시화의 많은 부분을 충분한 정보 없이 해내야만 한다는 것이다. 전 세계의 도시와 대도시 지역의 발전을 추적하고 점검할 자료가 부족하기 때문에 무엇이 효과적이고 그렇지 않은지 판단하는 일조차 불가능하다. 신뢰할만하고 일관성이 있고 충분히 비교 가능한 자료를 확보한다면 도시화와 생활수준 향상를 연결하는 작업을 획기적으로 개선할 수 있을 것이다.

이와 관련하여 도시학은 의학에서 많은 것을 배울 수 있다. 의학 분야는 지난 100여 년 동안 의학과 과학 연구를 더 긴밀하게 연결하고 의사와 의료 분야 종사자, 공공보건 관리들에게 제공할 최신 임상 표준을 개발하기 위해 대학병원을 발전시켰다. 의사들은 생물학, 심리학, 해부학, 그 이외 다른 의학 내용을 대학에서 훈련받는다. 그들은 인턴 제도를 통해 직업 훈련을 집중적으로 받고 지속적으로 회의에 참석한다. 신약과 의료적 개입은 과학에 기초한 연구와 임상시험에 따라야 하며, 새로운 지식은 세계 의학 및 공공보건 기관 네트워크를 통해 신속하고 효과적으로 전달된다. 도시건설 담당자를 훈련하기 위해 이와 비슷한 종류의 세계적인 조직이 필요하다. 연구실과 현장을 연결하는 프로세스가 있다면 기본 자료와 모범적인 실천방법에 관한 최신 지식을 전 세계의 시장과 지역사회 개발자, 도시 지도자들에게 제공할 수 있을 것이다.

다음 세기 동안 우리는 역사 이래로 지금까지 투자한 것보다 더 많은 돈을 도시를 건설하고 재개발하는 데 쏟아부을 것이다. 그러나 우리가 제대로 관심을 기울이지 않는다면, 그리고 절실히 필요한 투자와 자원을 제공하지 않는다면 도시는 우리에게 살기 좋은 미래를 주지 않을 것이다. 이 점을 바로잡는 것이 대단히 중요하다.

# 10장

모두를 위한 도시화

URBANISM FOR ALL

## 도시 역사의 전환점

최근에 정치인들이 도시와 도시 정책에 관해 진지하게 말하거나 핵심적인 의제로 언급하는 것을 들어본 적이 있는가? 버락 오바마 전 미국 대통령은 도시에서 자랐고 분명히 도시 문제에 대해 깊이 관심이 있었지만 오바마 행정부조차도 도시 정책에서 큰 진전을 이루지 못했다. 2016년 민주당 대통령 예비선거는 두 명의 전직 시장, 버몬트주 벌링턴 시장을 지낸 버니 샌더스Bernie Sanders와 볼티모어 시장을 역임한 마틴 오말리Martin O'Malley를 특별히 부각시켰다. 아울러 세 번째 인물인 전 리치먼드 시장 팀 케인Tim Kaine도 결국 힐러리 클린턴의 러닝메이트로서 민주당 부통령 후보자가 되었다. 내가 힘들여 정책 입안을 도와준 오말리의 도시 정책에 대한 호소를 제외한다면, 2016년 예비 경선과 대통령 선거운동 기간에 도시와 도시 정책은 거의 언급되지 않았다. 우리가 국가적 차원에서 진지하게 도시에 대해 마지막으로 논의한 것은 도시 위기가 한창이던 1960년대와 1970년대였다. 그 당시 어떤 도시에서는 폭동이 발생하였고 어떤 도시는 재정 불안으로 휘청거렸다. 도널드 트럼프와 다른 중요한 보수파 정치인들이 도시에 대해 말할 때면 으레 이른바 자유주의자들이 만성적인 도시 빈곤과 범죄 해결에 실패한 것을 지적한다. 오늘날 실제적인 도시 정책에 가장 근접한 대화는 정치인들에게 경제 성장을 유발하는 방안으로써 더 많은 도시 인프라 투자를 요구할 때다.[1]

경제에 대한 기여는 도시의 필수적인 역할인데, 정책 입안자들의 도시에 대한 무지로 인한 단절은 너무 분명해 심란할 정도다. 이 책에서 보았듯이, 경제를 혁신하고 성장시키는 도시의 능력은 인재, 기업, 그리고 다른 경제적 자산의 집중에 달려 있다. 도시와 대도시 지역은 기술 혁신과 부의 창출, 나아가 사회 진보와 개방적 태도 조성, 진보적 가치, 정치적 자유를 위한 최고의 플랫폼이다. 도시와 대도시 지역은 혁신을 일으키고, 고임금 일자리를 창출하고, 생활수준을 향상하기 위한 새로운 전략을 고안하고 실험하는 최고의 실험실이다.

그러나 지금까지 보았듯이 도시와 도시지역은 우리의 생활방식 전체를 위협하는 심각한 도전에 직면해 있다. 도시의 집중하는 힘은 경제적, 사회적 진보를 만들어내는 동시에 우리를 분리시킨다. 승자독식의 도시화는 소수의 거대한 승자가 혁신과 경제 성장의 열매를 대부분 차지하게 만들고 다른 많은 도시는 정체되거나 훨씬 뒤처진다는 뜻이다. 점점 더 많은 중산층 지역이 사라지면서 도시와 교외지역, 국가 전체가 큰 혜택을 받는 지역과 거의 혜택을 받지 못하는 지역으로 나뉘어 모자

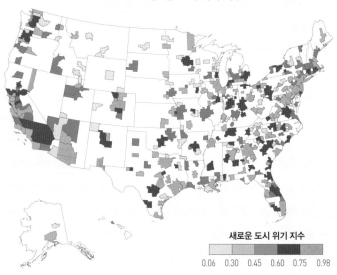

〈그림 10.1〉 새로운 도시 위기 지수

새로운 도시 위기 지수
0.06  0.30  0.45  0.60  0.75  0.98

| 순위 | 대도시 | 지수 | 전체 순위 |
|---|---|---|---|
| 1 | 로스앤젤레스-롱비치-샌타애나, 캘리포니아주 | 0.972 | 2 |
| 2 | 뉴욕-노던뉴저지-롱아일랜드, 뉴욕 중-뉴저지주-펜실베이니아주 | 0.967 | 3 |
| 3 | 샌프란시스코-오클랜드-프리먼트, 캘리포니아주 | 0.922 | 6 |
| 4 | 샌디에이고-칼스베드-산마르코스, 캘리포니아주 | 0.884 | 10 |
| 5 | 시카고-네이퍼빌-졸리엣, 일리노이주-인디애나주-위스콘신주 | 0.878 | 12 |
| 6 | 마이애미-포트로더데일-폼파노 비치, 플로리다주 | 0.875 | 14 |
| 7 | 보스턴-케임브리지-퀸시, 매사추세츠주-뉴햄프셔주 | 0.874 | 15 |
| 8 | 필라델피아-캠든-윌밍턴,<br>펜실베이니아주-뉴저지주-델라웨어주-메릴랜드주 | 0.852 | 18 |
| 9 | 오스틴-라운드록, 테네시주 | 0.845 | 20 |
| 10 | 멤피스, 테네시주-미시시피주-아칸서스주 | 0.842 | 21 |

자료: 마틴번영연구소, 미국 인구조사, 노동부 노동통계국 자료에 기초.

이크처럼 혼재하게 된다.

새로운 도시 위기는 슈퍼스타 도시와 테크허브 도시만의 위기가 아니다. 새로운 도시 위기는 오늘날의 도시화 지식 자본주의의 핵심 위기다. 이 위기의 영향은 슈퍼스타 도시와 테크허브 도시에서부터 이전 산업발전의 동력이었던 러스트벨트와 확산된 대도시 지역인 선벨트에 이르기까지 미국 전체 지역에서 감지되고 있다. 〈그림 10.1〉은 미국 대도시들의 새로운 도시 위기 지수가 어느 정도인지 구체적으로 보여준다. 하나의 지수만으로는 새로운 위기의 전체 모습을 포착할 수 없지만 이 종합지수는 위기의 핵심 요소인 경제 분리, 임금 불평등, 소득 불평등, 지나치게 높은 주택가격을 측정한다.

한편, 이 위기는 우리가 예상하듯 미국 최대 도시와 선도적인 테크허브 도시 두 군데에서 가장 첨예하다. 대도시 중에서 로스앤젤레스는 1위, 뉴욕 2위, 샌프란시스코는 3위다. 샌디에이고, 보스턴, 오스틴과 같은 테크허브 도시 역시 가장 심각한 영향을 받는 상위 10대 대도시에 포함된다. 나의 광범위한 통계분석은 이런 기본적인 패턴을 한층 더 분명하게 보여준다. 새로운 도시 위기 지수는 대도시의 규모와 인구 밀도, 첨단산업의 집중, 창조계층 노동자 비율, 대학졸업자, 경제생산량 수준, 소득, 임금과 상당한 양의 상관관계를 보인다.

새로운 위기 역시 미국의 정치적 분리와 매우 유사하며 2016년 힐러리를 지지한 지역과는 양의 상관관계, 트럼프를 지지한 지역과는 음의 상관관계를 보인다. 다시 말하지만, 우리는 새로운 도시 위기는 더 크고, 인구 밀도가 더 높고, 더 부유하고, 더 자유롭고, 학력이 더 높고

첨단기술 수준이 더 높고, 창조계층이 더 많은 대도시 지역의 근본적인 특징이다.[2]

그러나 한편으로 이 위기는 미국 전역의 훨씬 더 많은 지역에서 감지되고 있다. 시카고, 마이애미, 멤피스는 새로운 도시 위기 지수 상위 10위에 포함된다. 댈러스, 샬럿, 애틀랜타, 피닉스, 올랜도, 내슈빌과 같은 선벨트 지역 대도시들은 바로 아래 순위를 차지한다. 클리블랜드, 밀워키, 디트로이트와 같은 러스트벨트 대도시 지역도 순위가 높다. 시야를 더 넓혀 좀 더 작은 지역을 포함시키면 뉴욕 외곽 브리지포트-스탬퍼드-노워크 대도시 지역은 새로운 도시 위기 지수 전체 순위에서 상위권을 차지한다. 샌타바버라, 프레스노, 트렌턴, 레노도 순위가 높고 소규모 대학 도시들도 마찬가지다.

광범위하게 일어나고 있는 새로운 도시 위기는 경제에 대한 미국인들의 우려가 왜 계속 커지고 있는지 이해하는 데 도움을 준다. 한때 아메리칸 드림을 뒷받침했던 교외지역 성장 모델이 붕괴하면서 중산층들이 사라지고 있다. 가난하고 도시의 혜택을 받지 못한 사람들은 점점 더 뒤처지고 있다. 심지어 경제적으로 윤택한 사회의 부유한 계층들조차도 과거처럼 번창하고 있다고 느끼지 않는다. 그들 자신과 자녀들의 미래를 담보하기 위한 비용이 점점 더 많이 필요해지는 값비싼 도시에 살고 있기 때문이다.

사실, 새로운 도시 위기는 경제가 위기에서 완전히 회복하지 못하고 이른바 "장기적 침체Secular stagnation"에 머무는 큰 이유다. 이 개념은 본래 대공황의 경제적 해악을 설명하기 위해 사용된 것이었다. 대공황 시기에는 경제가 혁신, 경제 성장, 생활수준 향상에 필요한 일자리를 창출할 수 없다. 전 재무부장관 래리 서머스Larry Summers는 우리는 새로운 침체시기에 빠졌고 진행 중인 경제 회복은 과거보다 더 더딜 것이며, 대대적인 중산층 회복에 필요한 고임금 일자리를 충분히 만들어내지 못할 것이라고 밝혔다.[3]

서머스는 노벨경제학상을 받은 폴 크루그먼을 비롯한 다른 사람들과 함께 이런 경제직 문제에서 벗어나는 최선의 방법은 성부가 인프라 시설에 더 많이 투자하여 경기를 부양하는 것이라고 믿는다. 이 아이디어는 역사적 선례를 볼 때 타당한 것처럼 보인다.[4] 19세기 운하와 철도는 미국을 하나로 묶어주며 확장시켰고, 그 결과 경제 성장과 혁신의 기폭제가 되었다. 19세기 후반과 20세기 초, 시내 전차와 지하철 덕분에 도시는 새로운 활력이 넘치고, 더 많은 인구를 수용하면서 성장할 수 있었다. 20세기 중반 도로와 고속도로에 대한 막대한 투자가 주택소유자를 위한 풍부한 보조금과 결합되면서 대대적인 교외화 추세를 만들어냈고 그에 따라 경제 성장 시대가 연장될 수 있었다.

하지만 오늘날 도로와 교량에 대한 더 많은 투자가 단기 경기 부양책이 될 수 있다 해도 지속적으로 경제를 성장시키는 데에는 큰 도움이 되지 않을 것이다. 우리에게 필요한 것은 마구잡이식의 손쉬운 건설 프로젝트가 아니라 집적과 집중이 가능한 도시 발전을 뒷받침할 수 있는 인프라 시설에 대한 전략적 투자다. 도시 인프라를 통해 실제로 경제가 회복되려면 그것은 도시집중화를 통한 성장을 추구하는 폭넓은 전략 중 일부가 되어야 한다.

새로운 도시 위기는 미국 역사에서 중요한 전환점이다. 많은 측면에서 새로운 도시 위기는 그동안의 엄청났던 미국의 변방 개척이 최종적으로 끝났음을 나타낸다. 프레더릭 잭슨 터너Frederick Jackson Turner는 1893년 미국역사학회에서 행한 유명한 연설에서 이렇게 선언했다. "콜럼버스의 함선이 신대륙의 바다로 항해한 이후부터 미국 사람들은 그들에게 열려 있을 뿐만 아니라 그들에게 강요된 끊임없는 확장이라는 정신적 특징을 갖게 되었다. 그는 미국 서부 변경지역 개척이 마침내 끝났으며 미국의 건국 시대도 끝났다고 말했다." 나중에 밝혀진 것처럼 그의 말은 너무 성급했다. 다음 세기 동안 역사가 케네스 잭슨Kenneth Jackson의 인상적인 표현처럼 교외지역의 "바랭이 지역 개척Crabgrass Rrontier"이 미국의 새로운 성장축이 되었다.[5] 새로운 도시 위기는 오래 지속되었던 값싼 외부지향적 성장 시대가 끝났음을 보여준다.

이제는 미국 역사상 처음으로 외부 확장은 더 이상 지속적인 경제성장을 창출하는 신뢰할만한 방법이 아니라고 말할 수 있다. 오늘날 미국 경제의 회복은 도시와 교외지역의 더 집적되고 밀집된 성장을 만들어내는 능력에 좌우될 것이다. 이러한 도시재생은 이전 시대의 값싼 외부 확장보다 돈이 많이 들 것이다. 집중에 필요한 인구밀도 증가 촉진 사업, 발전을 뒷받침할 수 있는 대중교통과 다른 인프라 건설, 교외지역의 인구밀도를 높이기 위한 재개발, 필요한 만큼 합리적 가격의 주택 공급을 수행하려면 교외지역에 도로와 고속도로를 건설하고 단독주택을 공급하는 것보다 훨씬 더 많은 돈이 필요할 것이다.

막대한 비용 외에, 도시재생은 오래전 토머스 제퍼슨의 전원생활에 대한 비전에서 비롯된 미국의 뿌리 깊은 반反도시적 성향과 부딪힌다. 이런 편견은 미국 주 의회와 연방 의회의 구조에 뿌리 깊이 제도화되어 있는데, 의회 구조는 교외지역과 농촌 지역 그리고 그 주민들에게 지나치게 많은 힘을 실어준다.[6] 반도시적 성향은 도시가 엘리트주의적이고, 낭비적이며, 방탕하고, 범죄가 많고, 사회적 불안과 경제적 부패의 핵심 장소라는 오래된 보수적 확신에 의해 더욱 뒷받침된다. 또한 이런 성향은 힙리직 가격대의 내 집 소유라는 전통적인 아메리칸 느낌이 인구가 많고 지식허브의 자유로운 도시보다는 팽창된 도시 외곽의 보수적인 지역에서 더 많이 이루어질 수 있다는 당황스러운 현실에 의해 강화된다. 2015년 현재 주택가격은 공화당 지지 지역(제곱피트당 119달러)보다 민주당 핵심 지지 지역(227달러)이 거의 2배 이상 높다.[7]

정치계가 새로운 도시 위기에 정면으로 대응하려는 의지를 갖기란 쉽지 않다. 공화당 입장에선 더욱 어려울 것이다. 그러나 도시 위기는 미국이 발전하려면 반드시 넘어야 할 산이다. 우리의 미래는 여기에 달려 있다.

그렇다면 새로운 도시 위기를 극복하고 경제와 사회를 제 궤도에 다시 올려놓으려면 어떻게 해야 하는가?

나는 도시가 직면한 문제와 도전에 대한 해결책을 찾으려고 시도한 최초의 사람이 아니다. 하지만 새로운 도시 위기에 대한 이해가 부분적이고 불완전한 만큼 이에 대해 지금까지 제안된 전략과 해결책도 도전 과제의 깊이와 폭을 감당하기에 너무 제한적이고 임기응변적이었다. 많은 사람이 말했듯이 우리는 퇴보적인 님비NIMBY의식 또는 내가 선호하는 표현인 러다이트, 새로운 도시 기술혁신 반대운동New Urban Luddism 을 극복해야 한다. 이것은 혁신과 경제적 진보에 필요한 도시의 인구 밀도 증가와 집중을 방해한다. 이제는 인구 밀도를 제한하는 과도한 제약을 가하는 용도지역제와 건축법을 개혁할 때다. 확실히 각 도시와 시장은 도시를 운영하기 위해 더 많은 권한이 필요하다. 그러나 우리가 현재의 도시 상황에 필요한 만큼 이 모든 것을 실행한다 해도 여전히 충분하지 않다. 새로운 도시 위기를 완전히 해결하려면 우리는 더욱 더 많은 일을 해야 한다.

위기를 심층적이고 체계적으로 해결하려면 도시와 도시화를 경제 번영을 위한 의제의 중심으로 삼아야 한다. 이 책의 시작 부분에서 언급했듯이 우리의 위기가 도시에서 비롯되었다면 그 해결책도 도시다. 만일 많은 사람이 공유하고 지속가능한 번영을 다시 누리려고 한다면 더 온전하고 공평하게 도시화한 국가가 되어야 한다. 필요한 투자 규모는 벅찰 정도이지만 역대 최고 수준은 아니다. 좋은 소식은 우리가 이미 사용하는 자원을 활용한다면 상당한 이득을 볼 수 있다는 것이다. 더 생산적인 '모두를 위한 도시화'를 실천하기 위한 새로운 전략은 일곱 가지 기둥을 중심으로 수립할 수 있다. 지금부터는 그에 대해 하나씩 살펴보도록 하자.

## 유익한 일자리 클러스터를 만들어라

한곳으로 모이는 힘은 경제 성장의 핵심 요소다. 이것을 효과적으로 활용하여 가장 광범위한 경제적, 사회적 편익을 창출하는 것이 절대적으로 중요하다. 앞서 보았듯이, 이 문제의 핵심은 도시의 토지이용 역학 관계를 중심으로 전개된다. 토지는 정확히 그것을 가장 필요로 하는 곳에서만 희소하다. 토지를 더 만들 수는 없지만 더 집중적이고 효율적으로 활용할 수는 있다.

점점 더 큰 목소리를 내고 있는 시장 도시주의자들은 이를 위한 최선책이 시장이 필요한 만큼 건축할 수 있는 능력을 제약하는 제한적인 용도지역제와 건축법을 없애는 것이라고 주장한다. 그들이 지적한 내용은 중요하다. 즉 용도지역제와 건축법을 자유화하고 현대화할 필요가 있다는 것이다. 더 이상 님비와 새로운 도시 러다이트가 우리의 도시와 경제에 필요한 고밀도 집중 개발을 가로막게 내버려 두어서는 안된다.

그러나 새로운 도시 위기의 필수적인 해결책 중 일부이긴 하지만 문제를 전면적으로 해결하기에 토지이용 탈규제 자체만으로는 충분하지 않다. 토지이용 탈규제로 신규 주택이 건설되고 인구밀도가 높아지겠지만, 높은 도시 지가와 건축비 인상으로 인한 높은 비용 때문에 고가의 최고급 고층빌딩만 늘어날 가능성이 있다. 따라서 도시에 정말로 필요한 합리적 가격의 주택을 공급하는 데는 거의 기여하지 못할 것이다. 자유시장 경제학자 타일러 코웬Tyler Cowen조차도 이런 방법에 대해 확실히 회의적인 시각을 갖고 있다. 그는 이렇게 썼다. "더 많은 건물이 들어서고 도시 생산량이 증가하고 토지는 더욱 희소한 자원이 될 것이다. 이 과정이 끝날 때도 임대료는 여전히 높을 것이다. 만일 우리가 건축 규제를 없앤다면 토지 소유자는 큰 혜택을 볼 것이다."[8] 따라서 탈규제로 인한 혜택은 그것을 가장 절실히 필요로 하는 사람들에게 돌아가지 않을 것이다.

이런 방법에 회의적인 이유는 또 있다. 선벨트 지역 확장 개발의 모범이자 개발업자들이 용도지역이나 토지이용 제한에 방해받지 않고 원하는 지역에 원하는 건물을 지을 수 있는 팽창하는 대도시의 전형인 휴스턴은 지속적으로 불평등, 분리, 그리고 새로운 도시 위기를 나타내는 나의 지표에서 뉴욕, 로스앤젤레스, 샌프란시스코와 나란히 높은 순위를 차지한다. 휴스턴 대도시권은 나의 새로운 도시 위기 지수에서 대도시 중 11위에 올랐다. 휴스턴은 나의 종합 경제분리지수에서 대도시 중 4위, 종합 불평등지수에서 뉴욕, 로스앤젤레스, 샌프란시스코 다음으로 4위다. 휴스턴은 분리-불평등지수에서 대도시 중 뉴욕과 로스앤젤레스 다음으로 3위다. 휴스턴의 주택이 뉴욕, LA, 샌프란시스코의 주택보다 더 저렴하지만 다른 대부분의 대도시에 비해 상당히 비싸다. 휴스턴은 미국에서 가장 높은 수준의 불평등과 분리로 고통 받고 있다.

새로운 도시 위기는 슈퍼스타 도시와 테크허브 도시와 같은 일부 상위 도시들만의 위기가 아니라 도시 규모가 크고 인구 밀도가 높고 더 부유한 대도시 전반에 나타나는 특징이다. 토지이용 규제를 완화하여 슈퍼스타 도시들과 테크허브 도시들을 휴스턴처럼 만드는 것은 도시를 새로운 위기에서 구하기에 충분하지 않을 것이다.

더 나아가 토지이용과 주택 건설에 대한 급진적인 탈규제는 속담 속에 나오는 황금알을 낳는 거위를 죽이는 위험을 초래할 가능성이 있다. 도시 경제는 극단적인 주거 밀도와 거대한 고층빌딩이 아니라 혼합과 상호작용을 촉진하는 중간 높이의 복합적 밀집 주택에 의해 작동된다. 2장에서 언급했듯이 세계에서 가장 혁신적인 장소는 고층빌딩 지역이나 홍콩이나 싱가포르의 수직적 확장 지역이 아니라 뉴욕, 샌프란시스코, 런던의 이전 산업지역이다. 이들 지역은 중간 높이의 건물, 공장, 창고 그리고 도로 주변에 가끔 들어선 고층빌딩으로 가득 차 있으며 지속적인 혼합과 상호작용이 일어난다. 제인 제이콥Jane Jacob이 오래전에 이렇게 경고했다. "보행체계가 없으면 도시 밀도는 큰 문제가 될 수 있다."⁹

토지이용에 대한 극단적인 탈규제는 지나친 수직적 확장을 촉진하여 도시를 죽어버린 빌딩숲으로 변질시켜 가장 혁신적인 도시지역을 손상할 수 있다. 도시에서 부족한 것은 정확히 말하면 일종의 복합 용도지역이다. 우리는 교외지역 시대 동안 사실상 복합 용도지역 건설을 중단했기 때문이다. 우리는 복합 용도지역을 없앨 때마다 다른 것으로는 대체할 수 없는 혁신 자산을 잃는다.

분명히 퇴행적인 규제를 철폐할 필요는 있지만 동시에 가장 귀중하고 독특한 도시 생태계를 약화시키지 않도록 신경써야 한다. 이를 위해 우리는 토지이용 제도를 개혁하여 도시화한 지식 경제의 요구에 맞게 유연성을 확보하고 도시 경제의 창의적, 혁신적, 생산적 역량을 약화시키지 않고 향상하는 방향으로 개발이 이루어지게 해야 한다.

밀도가 더 높고 집적된 개발을 유발하는 가장 효과적인 방법은 현재 지방세인 재산세를 토지가치세로 바꾸는 것이다. 재산세는 토지와 그 위의 구조물에 세금을 부과하는 반면, 토지 가치세는 토지 자체의 내재가치에 세금을 부과한다. 이런 방식은 토지 소유자가 토지를 가장 집중적인 용도로 활용하도록 상당한 동기를 부여한다. 이 방식의 기본 아이디어는 18세기 초 자유 무역과 비교 우위에 관한 영향력 있는 이론을 개발한 데이비드 리카도David Ricardo에서 비롯되었다. 리카도는 토지에서 발생하는 불로소득을 완전히 쓰레기로 보았다.

토지가치세에 관한 가장 영향력 있는 주창자는 19세기 후반의 경제학자 헨리 조지Henry George였다. 그는 자신의 책《진보와 빈곤Progress and Poverty》에서 토지가치세는 토지를 더 효율적으로 이용하게 만들 뿐 아니라 임금을 인상하고 불평등을 줄이고, 생산성을 더욱 높인다고 주장했다. 그의 주장의 기본 전제는 토지가 덜 개발될수록 더 높은 세금을 부과하는 것이다. 조지는 개발되지 않은 토지에 100%의 세율로 세금을 부과하고 토지에 대한 개발 활동이 이루어진 만큼 세금을 차감해주어야 한다고 제안했다. 그는 토지가 전혀 개발되지 않을 경우 토지 가치 전체를 공공재산으로 돌려야 한다고 주장했다. 오늘날의 도시에서 이를테면 자신의 토지를 개발하지 않고 노면 주차장으로 이용하는 부동산 소유자들은 매우 높은 세금을 부과 받는다. 소규모 아파트 건물은 더 낮은 세금이 부과되고 대규모 아파트 건물은 한층 더 낮은 세금이 부과된다. 이 시스템은 고가의 도시 중심지역 토지를 가장 효율적이고 생산적인 용도로 이용하게 하고, 그에 따라 밀도와 집적도가 증가되는 강력한 동기를 제공한다.[10]

더 나아가 현행 재산세 체계 아래에서 토지 소유자와 건물 소유자는 밀도를 늘리고 부동산을 추가로 개발할 동기를 갖지 못할 뿐 아니라 인근 지역의 개발과 부동산의 계속적인 평가 가치 상승으로 창출된 엄청난 보상 또는 임대료를 받을 수 있다. 한 예로, 뉴욕의 하이라인파크는 주변 지역의 토지 가치를 엄청나게 상승시켰지만 이런 이득은 공원이나 주변의 지역사회에 거의 돌아가지 않았다. 새로운 거주자의 유입, 새로운 레스토랑과 카페, 더 나은 신설 학교, 범죄 감소 등의 현상이 발생한 거의 모든 도시지역 역시 규모만 작을 뿐 마찬가지다. 토지가치세는 이런 혜택을 공공이 널리 공유할 수 있도록 도와준다. 주변 지역의 개선으로 발생한 토지가치 상승 역시 세금으로 거두어 공공에 돌아가기 때문이다. 아울러 이 세금을 필요한 서비스 개발에 투자하여 지역사회의 경제적 격차를 해소하는 데 도움을 줄 수도 있다.

또 다른 흥미로운 아이디어로는 지방세 정책을 이용하여 님비 반대 세력을 새로운 개발에 끌어들이는 것이다. 이것의 기본 아이디어는 세수 증가분의 지방 이전으로 일컬어지는데 지역 주민들이 새로운 개발로 발생한 세금 수입을 공유하도록 허용하는 것이다—예를 들면, 일정 기간 해당 지역의 재산세를 환급하거나 줄여준다.[11]

지방세 제도를 이런 방식으로 바꾸는 것이 정치적으로 매우 어려운 것처럼 보이지만 토지가치세는 폭넓은 경제학자와 도시학자들로부터 분파를 초월하여 광범위한 지지를 받고 있다. 이 제도는 필요한 곳에 더 많은 건물을 짓도록 촉진하여 인구밀도와 집적도를 높이고 도시와 경제를 더 튼튼하게 만드는 정책이다.

# 도시의 밀도와 성장을 위해 사회기반시설에 투자하라

사회기반시설은 퍼즐을 맞추기 위한 중요하고 필수적인 조각이다. 잘 계획되고 전략적으로 투자한다면 사회기반시설은 고밀도 개발지역, 고밀도 개발을 지원하는 장소, 교외지역과 도심지역과 가까운 기존 고밀도 개발지역 간의 연결을 늘리는 데 유용하다.

사회기반시설은 분명히 경기 부양을 위한 사회기반시설에 대폭적인 투자를 요구한 도널드 트럼프를 포함해 오늘날 모든 분파의 정치인들이 언급하는 주제다. 캐나다 쥐스탱 트뤼도 행정부는 경제 성장과 더 나은 일자리를 창출하기 위해 사회기반시설에 엄청난 재정을 투자하고 있다. 그러나 마구잡이식 투자로는 성공을 거두지 못할 것이다. 더 많은 도로와 교량 건설에 돈을 투자하면 오히려 방해물이 될 것이다. 우리에 필요한 것은 사람을 분산시키는 것이 아니라 더 가까이 모을 수 있는 사회기반시설에 전략적으로 투자하여 도시의 밀도와 집적도를 높여 경제 성장의 동력을 만드는 것이다. 이것은 사회기반시설 투자 분야를 사람을 분산시키는 도로와 고속도로에서 사람과 경제 활동을 더 가까이 모이도록 도와주는 대중교통으로 바꾸는 것을 의미한다.

미국은 충격적일 정도로 대중교통에 거의 투자하지 않는다. 뉴욕과 같은 도시의 수많은 대중교통은 유물 수준이다. 보통 100년 이상 되었다. 뉴욕과 런던의 광역 대중교통 체계는 대부분 자동차가 도입되기 전에 개발되었다. 실제로 대중교통이 제공되는 지역이 드물기 때문에 지하철과 대중교통 역 주변의 토지와 주택의 가격이 매우 비싸졌다. 연구에 따르면 대중교통을 이용할 수 있는 지역은 일자리 접근성이 더 좋고 거주자의 계층 상승 기회가 개선된다. 대중교통 확대는 이런 지역의 수를 늘리고 더 많은 사람, 특히 혜택을 받지 못한 사람들이 일자리 접근성을 확보할 수 있다.

물론 대중교통은 뉴욕, 샌프란시스코, 시카고, 보스턴, 워싱턴DC와 같은 밀도가 높은 지역에서 이미 가장 큰 효과를 발휘하고 있다. 이런 도시들의 경우 이미 대중교통을 갖추고 있지만 대중교통을 더 많이 활용할 수 있다. 특히 교외지역과 도심지역을 연결하고 교통 혼잡과 자동차 의존도를 낮출 수 있는 대중교통이 필요하다.

대중교통은 점점 더 팽창하는 대도시 지역, 특히 점점 규모가 커지고 교통이 혼잡한 대도시에도 필요하다. 2장에서 보았듯이, 대도시 지역 개발은 점점 더 규모가 커지면서 지리적 한계에 봉착하고 있다. 대도시 지역이 임계치인 500만~600만 명 수준에 이르면 자동차와 도로는 더 이상 효과적인 이동 수단이 되지 못한다. 미국에서 대략 이 규모에 이른 대도시 지역은 소수다. 예를 들어 샌프란시스코만 지역, 워싱턴DC 대도시권, 보스턴, 필라델피아, 휴스턴, 댈러스, 애틀랜타, 마이애미와 같은 대도시 지역은 자동차에 기초한 외부적 팽창이 지리적 한계에 이미 도달했거나 거의 도달했다. 도시의 외부를 더 팽창시켜 충분한 주택을 늘리는 것이 불가능하지는 않다고 해도 점점 어려워지고 있다. 도심지역과 특히 교외지역의 밀도 증가는 지속가능한 성장을 달성할 수 있는 유일한 방법이다. 대중교통 투자와 자동차 의존도 감소가 도심지역과 교외지역을 고밀도의 집적된 개발을 하기 위한 핵심 메커니즘이다. 2016년 선거에서 그나마 다행스러웠던 점은 미국 전역의 많은 주와 지역의 유권자들이 대중교통 투자 증대에 찬성했다는 것이다.

대중교통시설 투자는 대도시의 경계를 확대하는 데도 도움을 줄 수 있다. 20세기를 지나며 전차, 지하철, 자동차 등 새로운 교통이 도입될 때마다 노동자의 통근 지역이 확대되었고, 도시는 외부로 팽창할 수 있었다. 일부 지역의 고속철도를 포함하여 더 좋고 더 빠른 대중교통은 오늘날 대도시 지역의 통근 지역과 노동 인구를 대폭 늘릴 수 있으며, 노동자들은 더 저렴한 지역의 주거지에서 더 생산적인 지역의 일자리로 통근할 수 있다.

슈퍼스타 도시나 선도적인 지식허브 도시에서 일하는 모든 사람이 그런 도시에 살 필요는 없다. 내가 2장에서 언급한 연구는 토지이용 규제가 미국 경제에 얼마나 큰 비용을 유발하는지 보여주고, 효과적인 대중교통이 노동자들이 더 저렴한 교외지역에서 도심지역으로 통근할 수 있게 함으로써 문제 해결에 더 많이 기여할 수 있음을 밝혀주었다. 연구자의 표현대로, 대중교통과 특히 고속철도는 매우 부담스러운 토지이용 규제를 해결하거나, 이런 도시와 대도시 지역에 신규 주택을 추가할 필요도 없이 이런 지역의 효과적인 노동시장을 "하루밤새" 확대할 수 있도록 도와준다.[12]

고속철도는 서로 떨어진 대도시 지역들을 더 크고 더 어마어마한 메가 지역으로 연결할 수 있다.[13] 이것은 고속철도의 혜택을 받지 못하는 미국의 일부 지역, 이를테면 보스턴, 뉴욕, 필라델피아, 볼티모어, 워싱턴DC를 연결하는 이른바 암트랙 노선Amtrak Corridor에서 이미 진행되고 있다. 이들 지역의 인구는 5,000만 명 이상이며 경제생산량은 2조 달러 이상이다. 미국에는 대략 12개 정도의 메가 지역이 있다. 오대호 지역에는 시카고, 디트로이트, 피츠버그가 포함된 미드웨스턴클러스터, 그리고 버펄로, 로체스터, 토론토와 그 주변 지역을 잇는 클러스터가 있다. 미국 남부에는 마이애미–탬파–올랜도, 애틀랜타에서 샬럿으로 이어지는 지역, 휴스턴, 댈러스, 오스틴으로 연결되는 텍사스 트라이앵글이 있다. 캘리포니아 지역의 경우 남부에 로스앤젤레스 주변의 메가 지역과 북쪽에 샌프란시스코 주변의 메가 지역이 있다. 북서태평양 지역에는 시애틀, 포틀랜드, 밴쿠버를 포함하는 캐스캐디아(Cascadia, 미국 서부지방 끝에 나타나는 고생대의 광대한 지괴)가 있다.

고속철도는 대도시 지역 간 통행 시간을 획기적으로 단축하며 연결성을 높인다. 프랑스의 TGV나 일본의 신칸센과 같은 속도로 주행하는 고속철도는 뉴욕과 보스턴, 또는 뉴욕과 워싱턴DC 간의 통행시간을 90분 이하로, 댈러스와 휴스턴, 또는 댈러스와 오스틴 간의 통행시간을 같은 수준으로 줄일 수도 있으며, LA와 샌프란시스코, 또는 피츠버그와 시카고 간의 통행 시간은 사람들이 감당할 만한 수준인 2시간 반 정도로 단축할 수 있다.[14] 이것은 이 지역의 실제적인 노동시장을 상당히 확장시킬 수 있으며, 지역 경제를 확대하여 전반적인 경제적 경쟁력을 향상시킨다.

민간에선 고속철도 분야에 이미 투자하고 있다. 민간 투자자들은 플로리다 주지사가 지원하지 않기로 결정한 마이애미와 탬파 사이를 고속철도로 연결하는 사업을 부분적으로 되살렸다. 그러나 새로운 대중교통과 고속철도의 재원을 조달하는 가장 효과적인 방법은 유류세로 거둔 돈을 이런 투자 사업에 더 많이 전용하는 것이다.

도로나 고속도로 건설 투자와 같이 노골적인 자동차 보조금을 축소함으로써 기울어진 대중교통 경기장을 평평하게 만들 때다. 런던을 비롯한 세계의 다른 지역 도시들은 교통혼잡세를 제도화하기 시작했다. 이것은 운전자에게 도로를 이용한 대가를 부담시켜 교통량, 도시팽창, 오염을 완화한다. 자율주행 자동차, 전기자동차, 그리고 우버Uber나 리프트Lyft와 같은 주문형 디지털 교통시스템과 같은 새로운 발전은 분명히 미래의 도시에서 큰 역할을 할 것이다. 하지만 그럼에도 우리는 집적도를 늘리고 더 많은 사람이 저렴하게 이용할 수 있는 더 많은 수의 고밀도, 복합 용도지역 개발을 가능하게 만드는 연결 수단을 제공하기 위해 대중교통이 필요하다. 궁극적으로 이것은 어떤 하나의 교통수단을 선택하는 문제가 아니라 사람들이 효율적으로 이동하고 우리에게 필요한 밀도와 저렴한 주택을 만들어내고, 무엇보다도 전반적인 경제 성장을 창출할 수 있는 사회기반시설을 갖추는 문제다.

## 적당한 가격대의 임대주택을 건설하라

구매할 수 있는 적정가의 주택은 새로운 도시 위기를 극복하기 위해 반드시 해결해야 할 세 번째 핵심 요소다. 미국에서 가장 비싼 도시의 주택을 살펴보자. 미국에서 가장 혜택 받은 사람들, 그중에서도 상위 3분의 1을 제외한 누구도 살 수 없을 만큼 비싸다. 경찰관과 소방관,

교사, 병원 노동자, 레스토랑과 소매점 노동자를 포함한 서비스 제공자는 도심과 다른 핵심 경제활동 지역에서 점점 더 멀리 밀려나고 있다. 일부 지역에서는 이런 업무에 종사할 노동자를 모집하기가 너무 어려워 대규모 상업 개발자들은 영업 활동에 필요한 노동자를 확보하기 위해 "도시 노동자 주택"을 요구하고 있다. 이런 지역은 적정가의 주택이 부족하기 때문에 지역을 재생산하고 경제를 계속 움직이는 능력이 저하된다.

주택 구입 문제는 슈퍼스타 도시와 테크허브 도시에서 가장 첨예하게 대두되었지만 이런 지역만의 문제는 아니다. 미국 전역의 수많은 미국인들, 특히 저소득 세입자들은 소득의 상당 부분을 주택비로 지출한다. 미국의 주택제도는 확장되는 교외지역의 단독주택을 강력하게 장려하고 도시화 지식 자본주의가 요구하는 더 저렴한 고밀도 임대주택을 억제한다.

이 문제는 주로 미국의 주택정책에서 비롯된다. 현행 주택정책은 교외화를 촉진하기 위해 설계되었기 때문에 주택 소유자에게 엄청난 보조금을 지급한다. 연방정부가 주택담보대출 이자에 대한 세금감면을 통해 주택 소유자들에게 매년 지급하는 보조금이 2,000억 달러에 이르는 것으로 추정된다. 간접비용까지 고려하면 보조금은 6,000억 달러까지 될 수 있으며, 이는 미국이 빈곤한 사람들에게 지급하는 주택지원금(매년 460억 달러)의 4~12배 수준이다.[15] 소득 상위 20%가 보조금의 75%, 상위 1%가 보조금의 15%를 가져간다. 이런 정책은 주택시장을 심각하게 왜곡하여 너무 지나치게 분산된 단독주택을 양산하고, 고밀

300

도 임대주택은 부족하게 만든다.

이러한 왜곡에도 불구하고 교외지역의 단독주택에서 여러 가구가 함께 사는 임대주택으로의 전환—나는 이것을 위대한 주택 조정이라고 부른다—이 이미 진행 중이다. 주택 소유자가 1960년대 중반 정점에 도달한 후 감소했으며, 더 떨어지고 있다.[16] 지난 10여 년 동안 더 많은 미국인, 특히 값비싼 슈퍼스타 도시와 지식허브 도시에 거주하는 사람들이 세입자가 되었다. 세입자 가구 수는 2005~2015년 동안 900만 명이 증가하여 10년 동안 증가량으로는 역대 최대 규모였다. 이 기간이 끝날 때 4,300만 명이 세입자였고 세입자의 비율은 인구의 31%에서 37%로 증가했다. 18~24세 연령대의 밀레니얼세대 10명 중 7명 이상이 세입자이며 뉴욕, LA, 샌프란시스코의 거주자 절반 이상이 역시 세입자다.[17]

임대는 주택을 소유하는 것보다 도시화한 지식허브 경제의 필요성과 더 잘 부합한다. 세입자는 직장 근처에 살거나 직장에 가기 위해 대중교통을 이용할 가능성이 더 높다. 반면 교외지역 주택 소유자들은 자동차를 이용해 장거리 통근을 할 가능성이 더 높다. 세입자 비율이 높은 대도시 지역은 혁신 수준, 기업의 집중도, 대학졸업자와 창조계층의 비율, 임금, 소득, 생산성이 더 높다. 반면 주택 소유 비율이 더 높은 대도시 지역은 평균적으로 혁신, 생산성, 다양성이 낮고, 고학력자와 숙련된 인재의 비율이 더 낮다.[18] 임대주택을 더 많이 짓고 단독주택을 줄이는 것은 혁신과 경제 성장을 자극하는 도시 집중에 부합하며 그것을 강화한다.

하지만 너무 많은 세입자가 주거비 때문에 심각한 부담을 느끼고 있다. 그들 중 다수는 치솟는 임대료와 소득 감소의 악순환에 빠져 있다. 2006~2014년 사이 평균 임대료가 22% 이상 올랐지만 평균 소득은 약 6% 감소했다. 비용부담의 한계치로 간주되는 소득의 30% 또는 그 이상을 임대료로 지출하는 세입자 수는 2001년 1,480만 명에서 2014년 2,130만 명으로 치솟았다. 소득의 절반을 임대료로 지출하는 세입자 수는 750만 명에서 1,140만 명으로 늘었다. 연간 소득이 1만 5,000달러 미만의 저소득 세입자의 상황은 훨씬 더 심각하다. 그들 중 약 4분의 3(72%)이 소득의 절반 이상을 임대료로 지출한다. 최저소득 가구들은 임대료로 지출하는 소득의 비율이 2006년 놀라운 수준인 55.7%에서 2014년 62.5%로 충격적인 수준으로 증가했다.

이제는 연방 주택보조금을 부유한 주택 소유자에게서 정말로 보조금이 필요한 혜택 받지 못한 사람들에게 돌려야할 때다. 그렇게 하면 임대시설 수요가 창출되고 아파트를 더 많이 짓도록 자극하고, 더 집적된 개발이 이루어질 것이다. 불공평한 보조금을 단독주택 소유자에게 계속 지급하는 것은 도시의 확산을 부추길 뿐이다. 이렇게 되면 성장을 유발하는 도시 밀도와 집적을 약화시키고 경제에 막대한 추가 비용을 발생시킨다.

이런 정책은 토지이용 규제의 합리적 개혁, 대중교통 투자와 함께 합리적 가격의 콘도와 임대 아파트를 더 고밀도로 건설하는 데 도움이 될 것이다. 그러나 이것만으로는 비싼 슈퍼스타 도시에 사는 혜택을 받지 못한 집단들이 주택을 구입하기에는 충분하지 않을 것이다. 당연한 일이겠지만 2016년 샌프란시스코만 지역에 대한 연구는 이 지역의 주택 구입 문제를 해결하려면 시장 가격을 반영한 주택과 정부보조금을 받는 주택을 함께 더 많이 건축해야 한다고 밝혔다.[19]

빈곤한 사람들을 위해 합리적인 가격의 주택을 공급하기 위한 해결책은 많이 제안되었다. 여기에는 임대료 규제 확대, 공적 보조금이 지급되는 주택 건설 확대, 이른바 사회통합형 용도지역제Inclusionary zoning 활용—즉 개발업자가 합리적 가격의 주택시설을 건축하고 그 대가로 더 크고 더 높은 첨단 건물을 짓도록 명령하는 것—이 포함된다. 이런 정책의 목적들은 바람직하지만 비용이 많이 필요하고 비효율적이다. 임대료 규제는 토지 소유주들이 토지를 개발할 동기를 꺾으며 위험한 도박이 될 수 있다. 사회통합형 용도지역제는 슈퍼스타 도시의 부동산 시장에서 가장 큰 효과를 발휘한다. 이곳의 개발업자는 고층빌딩을 건설할 수 있는 권리를 얻는 대신 합리적 가격의 주택을 건설할 동기를 갖는다. 그러나 이런 정책은 다른 유형의 도시에서는 개발업자들이 이런 정책이 없었다면 지었을 주택공급량보다 더 적은 주택을 짓게 만들 수 있다. 대규모 개혁—시대에 뒤떨어진 용도지역제와 건축법 해제, 재산세를 토지가치세로 대체 또는 대중교통 확충—은 전체적인 주택공급량을 늘리겠지만 주택을 가장 필요로 하는 사람들—서비스 노동자, 혜택을 받지 못한 사람, 가난한 사람들—에게 정말 저렴한 주택을 충분히 공급할 가능성이 없다.

정말 가난한 사람들을 돕는 가장 효과적인 방법은 더 나은 일자리를 창출하거나, 주택 바우처와 같은 형태의 직접 지원을 통해, 아니면 훨씬 더 나은 방법으로, 최소 기본소득을 보장하는 역逆소득세 제도(저소득자에게 정부가 지급하는 보조금)와 같은 더 광범위한 계획을 통해 그들의 소득을 올려주는 것이다. 이에 대해서는 아래 단락에서 다룬다.

## 저임금 직업을 중산층 직업으로 바꿔라

한꺼번에 도시의 집적도를 증가시키고 대중교통 투자를 확대하고 보다 합리적 가격의 주택을 건설하는 것은 결코 쉽지 않다. 하지만 이 모든 것을 시행한다 해도 모든 새로운 도시 위기에 대처하기에 충분하지 않다. 지금 미국 경제는 새로운 중산층을 지탱할 만한 고임금 일자리가 충분하지 않다. 사람들이 가난에서 탈출하고 더 나은 주택을 구입하도록 돕기 위해 더 높은 임금을 주는 양질의 일자리가 많이 필요하다. 일부 사람들은 정부가 양질의 일자리를 만드는 역할에 회의적이겠지만 그럼에도 주 정부와 시 당국 그리고 민간 부문이 현장에서 할 수 있는 일이 많다.

정치인들이 흔히 제시하는 중산층 재건 전략은 이 문제를 해결하는 데 거의 도움이 되지 않는다. 예컨대, 많은 사람—그중 가장 유명한 사람으로는 도널드 트럼프—은 중산층의 제조업 일자리를 되살리자고 말한다. 그러나 오늘날 미국인들 중 20%만이 블루칼라 직종에서 일하며, 여기에는 엄청난 수의 건설업과 교통 관련 노동자가 포함된다. 불과 노동자의 6%만이 실제로 공장에서 물건을 만든다. 설령 제조업 일자리를 대대적으로 회복한다 해도, 그리고 이른바 장인정신이 깃든 고품질의 제조업을 통해 많은 관심을 끄는데 계속 성공을 거둔다 해도 새로운 일자리는 새 발의 피에 지나지 않을 것이다. 오늘날 기술 중심의 세계 경제에서 제조업은 과거에 그랬던 것처럼 결코 중산층을 지탱하는 경제적인 힘과 핵심 요소가 되지 못한다.

흔히 제기되는 또 다른 해결책은 더 많은 사람이 대학 학위를 취득하게 하자는 것이다. 옳은 말이긴 하다. 이 해결책의 기본적인 배경은 높은 수준의 교육을 받은 사람이 더 많은 임금과 연봉을 받는다는 것이다. 하지만 더 많은 사람이 대학 학위를 받도록 지원하는 것이 바람직하다 해도 그것이 중산층을 이전과 같은 수준으로 재건하지는 못한다. 우선, 미국에는 고학력자들을 위한 일자리 자체가 부족하다. 미국 노동자의 약 3분의 1이 지식이 필요한 창조적인 고임금 전문직에 종사한다.

앞서 본 것처럼 미국 경제에서 가장 크고 빨리 성장하는 부문은 저임금 서비스 분야다. 미국 전체 노동자의 45% 이상을 차지하는 6,000만 명 이상의 미국인 노동자들이 미숙련, 저임금, 이직률이 높은 불안정한 직종에서 힘들게 일한다. 비공식적 경제에서 일시적으로 일하는 사람, 자신이 가진 능력 이하의 일을 하며 불완전 고용된 사람, 실업자 또는 노동시장에서 완전히 이탈한 사람들을 합치면, 미국 총생산가능인구의 3분의 2에 해당한다. 새로운 중산층을 만들려면 수천만 명이 힘들게 종사하는 저임금 서비스 일자리를 고임금 일자리로 전환하는 길밖에 없다.

저임금 서비스 일자리를 중산층의 일자리로 바꾸는 일은 얼핏 이상해보여도 결코 이상한 제안이 아니다. 실제로 이것은 19세기 후반의 저임금 제조업 일자리를 1950년대와 1960년대에 가족 부양이 가능한 블루칼라 직종으로 바꾼 것과 비슷하다. 헨리 포드의 통찰 "조립라인 노동자들은 그들이 만드는 자동차를 살 수 있는 임금을 받아야 한다"가 이 제안의 핵심이다. 나의 아버지는 나에게 종종 이렇게 말했다. 그는 13세에 학교를 떠나 공장에서 일했다. 가족을 부양할 수 있는 정도의 수입을 얻기 위해서는 9명의 가족, 즉 나의 아버지, 할아버지, 할머니, 6명의 아버지 형제자매 전체가 일해야 했다. 그러나 아버지가 2차 세계대전에 참전하고 돌아와 같은 공장에 일자리를 얻었을 때 아내와 아이들을 부양하고, 집을 사고, 형과 나를 가톨릭 학교와 대학에 보낼 수 있을 정도의 임금을 받았다. 다른 수백만 명의 노동자의 일자리를 포함한 제조업 노동자의 임금을 증가시킨 뉴딜정책과 몇 가지 프로그램이 그의 일자리를 완전히 바꾸었다. 이 프로그램에는 노동자들에게 노동조합을 결성하여 집단적으로 임금협상을 할 수 있는 권리를 부여한 1935년의 와그너법Wagner Act, 같은 해에 통과된 사회보장법 그리고 기본적인 사회안전망을 확립한 다른 사회복지 프로그램이 포함된다. 미국 사회는 제조업 일자리를 저임금 직장에서 고임금의 중산층 직장으로 바꾸는 정책과 제도를 만들었다. 우리는 오늘날 경제적 사다리의 낮은 단계에 머물러 있는 수많은 서비스직 노동자들에게 똑같은 정책을 시행할 필요가 있다.

이 정책의 좋은 출발점은 최저임금을 올리는 것이다. 오바마 행정부는 2014년 행정명령을 통해 그런 조치를 취했다. 연방정부와 계약한 사람들의 최저임금을 시간당 10.1달러로 인상했다. 이것은 시작이었을 뿐 값비싼 거대 도시들과 지식허브 도시를 바꾸기에는 역부족이었다. 현재 최저임금 인상을 선도하고 있는 곳은 주 정부와 시 정부다. 미국 전역에서 점점 더 많은 지방 정부가 최저임금을 올리고 있다—물론 로스앤젤레스, 뉴욕, 시애틀과 같은 진보적인 도시들도 포함된다. 2014년 중간 선거에서 공화당을 확고하게 지지하는 주들—알래스카, 네브래스카, 사우스다코타—은 생활비를 감안한 최저임금을 미국 최고수준으로 올리는 데 동의했다.

보수주의자들은 최저임금 인상이 도움이 되기보다는 물가를 끌어올리고 더 많은 사람이 일자리를 잃게 만든다며 여느 때처럼 반대할 것이다. 그러나 최근 연구에 따르면, 최저임금을 일반적인 평균임금Median wage의 대략 50%로 설정해도 부작용이 별로 발생하지 않는다.[20] 실제로 1968년 연방정부의 최저임금은 평균임금의 55%였다.

미국의 주택비용이 지역마다 엄청난 차이를 보인다는 점을 감안할 때 최저임금은 각 지역의 생활비를 반영하는 것이 중요하다. 일반적으로 정책을 물가상승률에 연동시키듯이 최저임금도 지역에 따른 생활비 차이를 고려할 필요가 있다.[21] 최저임금을 각 지역 평균임금의 50%로 설정한다면 최저임금은 주나 대도시, 또는 도시마다 다를 것이다. 예컨대, 산호세와 워싱턴DC는 최저시급은 최고수준인 약 15달러, 샌프란시스코는 약 14달러, 보스턴과 뉴욕, 시애틀은 약 13달러, 라스베이거스, 루이빌, 멤피스, 마이애미, 내슈빌, 뉴올리언스, 올랜도, 샌안토니오, 탬파와 같은 생활비가 비싸지 않는 대도시는 약 9.50달러가 될 것이다.

우리는 수많은 저임금 서비스직을 가족 부양이 가능한 일자리로 바꾸기 위한 구체적인 노력을 기울일 필요가 있다. 임금 인상은 비용을 증가시키기도 하지만 생산성과 이익을 늘리는 방법이기도 하다. 형편없는 임금과 처우를 받는 노동자들은 사기가 낮고 일에 대한 열정도 미약하다. 더 나은 임금과 처우를 받는 노동자들은 동기부여 수준이 높고 업무 참여도도 좋아 혁신과 생산성 향상의 유용한 원동력이 될 수 있다. 세계 일류 제조 기업들은 직원들에게 더 많은 임금을 주고 업무에 더 많이 참여시키면 업무 현장 혁신을 통해 공장을 더 생산적으로 만들어 막대한 수익이 창출된다는 사실을 오래전부터 깨달았다.[22]

서비스직 노동자들에게 더 나은 임금을 지급하면 제조업 분야의 기업들이 그랬듯 서비스 기업들도 똑같은 결과가 나타난다는 많은 증거들이 있다. 과거 20년 동안 가장 성공한 소매 및 서비스 기업 중 많은 기업, 트레이더 조, 코스트코, 자라, 홀푸드, 포시즌 등이 최저임금보다 많은 임금을 지급한다. 아울러 이들 기업은 더 높은 참여의식을 끌어내고, 혁신을 일으키고, 이직률을 낮추고, 더 나은 고객 서비스를 제공하기 위한 폭넓은 "좋은 직장 전략"의 일환으로 경쟁사들보다 상당히 더 많은 임금을 지급한다. 저임금 서비스직 개선은 노동자와 기업, 경제 전체에 또 다른 효과를 불러온다.[23] 참여도가 높은 노동자들은 기업의 생산성과 이익을 증가시킨다. 수많은 노동자의 임금이 증가하면 수요도 따라서 증가한다. 또한 모든 서비스 기업의 성과가 개선되면 경제 전반의 생산성과 효율성이 올라갈 것이다.

고임금 서비스직은 간접적인 방식으로 창의성과 혁신을 촉진할 수 있다. 나의 창조계층 이론에 대한 가장 훌륭한 비판 중 하나는 오스틴의 창조계층에 속하는 구성원이 제시한 것이다. 그는 도시의 강력한 창조경제의 핵심 요소가 고임금 서비스직이라는 것을 보여주었다. 그는 지역에 본사를 둔 홀푸드가 지역 예술가들과 다른 창조적인 사람들에게 고임금의 유연한 일자리를 본업으로 많이 제공한다는 점을 지적했다. 그 결과 홀푸드는 지방 정부와 지역 민간 재단의 예술 및 문화 사업을 모두 합친 것보다 오스틴 창조경제에 훨씬 더 많이 지원했다.[24] 더 나은 임금을 받는 서비스직은 사람들이 임대료를 낼 수 있도록 도와줌으로써 창조경제를 북돋울 수 있다.

서비스직 개선은 정부의 직접적인 개입이 반드시 필요한 분야는 아니다. 서비스직 개선의 걸림돌 중 하나는 너무 많은 기업이 서비스직을 개선함으로써 그들의 생산성과 이익을 실제로 개선할 수 있다는 점을 인식하지 못한다는 점이다. 이런 인식을 높이기 위해 정부가 경제 전반에 모범사례를 전파하는 사업들, 가령 농업 및 제조업 확대 프로그램이나 민간 분야의 업적을 인정하는 표창 프로그램, 예를 들면, 말콤 볼드리지 국가품질상 등을 시행할 수 있다.

궁극적으로 새로운 중산층 창출은 많은 사람이 서비스에 대해 좀 더 많은 비용을 지불해야 한다는 뜻이다. 그러나 다시 말하지만 뉴딜 시대가 하나의 예가 될 수 있다. 대공황 이후 우리는 집단적으로 자동차와 가전제품에 추가 비용을 지불함으로써 중산층을 만들었다. 만일 우리가 그런 내구재에 추가 비용을 기꺼이 지불하여 부모 시대의 중산층을 만들었다면, 오늘날에도 확실히 우리는 우리의 자녀와 노인들을 돌보고 필수적인 서비스를 제공하는 사람들에게 생활임금을 지급하여 새로운 중산층을 만들 수 있다.

## 빈곤과 싸우기 위해 사람과 지역에 투자하라

새로운 도시 위기 중 가장 고통스럽고 심란한 문제는 도시와 교외 지역 모두에 고질적이고 집중된 빈곤이 확산되는 것이다. 이 위기를 극복하려면 정면 대응해야 한다.

현재의 빈곤퇴치 방법은 기본적으로 두 가지 범주로 나뉜다. 하나는 사람중심 접근방법으로 가난한 가정에 자원을 제공하거나 그들이 더 좋은 지역으로 이주하는 것을 돕는 것이고, 다른 하나는 장소중심 접근방법으로 학교에 투자하고 필요한 사회서비스를 제공하고, 범죄와 폭력을 줄임으로써 열악한 지역 환경을 개선하는 것이다. 우리는 이두 가지 모두 실행해야 한다.

앞에서 우리는 열악한 지역에서 좋은 학교가 있는 혜택 받은 지역으로 가정이 이주하면 가난한 아이들의 운명이 얼마나 극적으로 개선되는지 보았다. 그러나 고질적인 빈곤 지역에 사는 모든 사람이 더 나은 학교와 더 많은 기회가 있는 새로운 지역으로 이주할 수는 없다. 많은 사람이 누락될 것이며 이주 기회는 충분하지 않을 것이다. 일부 사람들은 가족과 친구들이 있는 곳에 머물기를 원한다. 가장 의욕이 높은 가정의 훌륭한 아이들이나 사람들만을 이주시킨다면 가장 열악한 지역은 최고 인재들을 놓치게 될 것이며 뒤에 남겨진 사람들에게 빈곤은 더욱 집중될 것이다.

수십 년 동안 지속된 고질적인 빈곤을 극복하려면 열악한 지역에 대한 포괄적이고 잘 조율된 장소중심 투자도 필요하다. 빈곤 집중에 관한 미국 최고 전문가 중 한 사람인 로버트 샘프슨Robert Sampson은 각각의 모든 지역이 거주자들에게 경제적 기회와 계층 상승에 접근할 수 있도록 보장하는 "지역에 대한 차별철폐 정책"을 요구했다. 그는 이렇게 적절히 표현했다. "가난한 거주자가 가장 원하는 것은 이주가 아니라 지역사회가 되살아나는 것이다."[25] 이를 실현하려면 이러한 장소중심 투자가 단편적으로 조금씩 이루어져서는 안 된다. 교육과 경제적 기회에서부터 범죄와 폭력 등을 줄이기 위한 노력까지 모든 범위의 필수적인 사회적, 경제적 서비스가 포함되어야 한다.

무엇보다도, 고질적인 빈곤을 극복하는 일은 학교 문제를 해결하는 것을 의미한다. 너무나 많은 열악한 지역의 학교들이 자금 부족에 시달려 학생들이 지식경제에서 성공하기 위해 필요한 기술과 역량을 제공하지 못한다. 이런 지역의 학교 중퇴율은 비참할 정도로 높다. 교육은 계층 상승의 핵심 수단이다. 열악한 학교들은 가정과 자녀들을 세대를 이어 빈곤의 악순환에 빠뜨린다. 미국 이외의 많은 선진국의 상황은 각기 다르다. 내가 사는 토론토에서 모든 아이는 제대로 된 교육을 받으며 주 정부가 학교 재정을 제공한다. 미국 학교가 주 정부와 연방 정부로부터 재정 지원을 받지만 주로 지역의 재산세에 의존하며, 그래서 지역에 따라 학교의 수준이 천차만별이다. 물론 도시의 부유한 사람들은 대부분 자녀를 사립학교에 보내기 때문에 공립학교 시스템을 피할 수 있다. 미국의 끔찍한 교육 불평등은 미국 사회의 가장 심각한 불의다.

빈곤 지역에 없는 것은 비단 좋은 학교만이 아니다. 빈곤 지역 출신의 아이들은 유치원에 가기도 전에 뒤처진다. 초기 아동발달 프로그램은 아이들에게 학교에 진학하기 전에 동기 부여에 도움을 줄 수 있다. 이런 프로그램은 경제 발전을 촉진하기 위해 교육 분야에 공적 투자를 확대해 온 오랜 미국 전통과 부합한다. 19세기 후반과 20세기 초반 일반 대중을 위한 공교육의 발전, 2차 세계대전 이후 단과대학과 종합대학의 확장은 경제 성장을 촉진했고 안정적인 중산층 발달의 원동력이 되었다.[26] 특히 만성적인 빈곤 지역의 초기 아동기 발달에 더 많이 투자하면 전반적인 인력 자본이 증가하고 다시 경제가 확대될 것이다.

근본적으로 빈곤이란 돈이 없는 것이다. 각 사람에게 최소 소득 또는 보편적 기본소득을 보장하는 것이 빈곤과 싸우는 가장 직접적인 방법이다. 이에 대한 가장 효과적인 실행 방법은 역逆소득세로서, 가난한 사람이 기본적인 필요를 해결할 수 있도록 돈을 지급하는 것이다. 이런 방법은 주택, 음식, 아동 지원 등과 같은 수많은 직접 지원 프로그램보다 빈곤 완화에 비용 효과적이고 행정적으로도 덜 번거로운 방법이다.

이에 대한 일반적인 비판은 이와 같은 기본소득 프로그램이 게으른 사람과 태만을 장려한다는 것이다. 그러나 역소득세는 노동과 기업 활동을 장려하도록 설계된다. 즉 정부 지원액은 소득이 올라감에 따라 줄어들게 된다. 이 아이디어는 보기보다 그렇게 급진적이지 않다. 역소득세는 닉슨 행정부 시절 거의 미국 정책으로 자리 잡았다. 많은 국가가 이미 이 정책을 펴고 있고 더 많은 국가가 정책 도입을 고려하고 있다.

기본적인 접근방법은 보수적인 경제학자 밀턴 프리드먼과 자유주의 경제학자 제임스 토빈James Tobin에 의해 소개되었고, 좌파와 우파를 포함한 광범위한 경제학자들이 동의했다. 최근 점점 더 많은 실리콘밸리의 기업들이 이 아이디어를 빈곤을 퇴치하는 가장 효과적인 방법으로 여기고 이것을 도입했다.[27]

역소득세는 빈곤에 분명한 영향을 주는 것 외에, 다른 혜택도 많이 제공한다. 이것은 필수적인 무보수 노동, 가령 아동을 양육하거나 병든 친척을 돌보는 사람들에게 돈을 지급하는 메커니즘을 제공한다. 최소 소득 보장은 또한 사람들이 새로운 사업을 개발하고 시작할 동안 각종 지출을 충당할만한 돈을 제공함으로써 작은 종잣돈 역할을 할 수 있다.[28] 5장에서 보았듯이 이런 형태의 소득재분배는 궁극적으로 불평등을 줄이고 경제 성장을 촉진한다.

역소득세가 지리적 지표를 고려한 최소임금, 그리고 내가 여기에서 개략적으로 소개한 다른 정책과 결합되면 도시화한 지식 경제의 불평등을 완화하는 데 도움이 되는 폭넓은 새로운 사회안전망 구조를 만들 수 있다. 하지만 새로운 경제 구조와 시스템의 등장과, 폭넓은 중산층 확대와 불평등을 줄이는데 필요한 사회복지제도와 정책 사이에는 오랜 시차가 존재한다는 점을 잊지 않는 것이 중요하다. 산업 시대의 사회안전망을 구축하는 데 19세기 중반에서 20세기 중반까지 거의 한 세기가 걸렸다. 뉴딜 시대에 산업 경제의 불평등을 해소하기 위해 시행된 사회안전망은 승자독식 도시화의 도전과제들, 즉 지리적 불평등, 도시 및 교외지역의 집중적인 빈곤을 해결하기에 적합하지 않다. 이제는 오늘날의 도시화한 자본주의의 불평등 악화를 해결할 수 있는 새로운 사회안전망을 구축할 때다.

## 번영하는 도시 건설을 위해 지구적 노력을 선도하라

미국은 정치적 의지가 부족하지만 앞서 소개한 다섯 가지 핵심 요소를 달성하기 위한 경제적 자원이 있다. 그러니 앞서 보았듯이 새로운 도시 위기는 단순히 미국 국경 내 문제가 아니다. 이것은 개발도상국의 급속한 도시화를 겪은 도시들의 수십억 명에게도 영향을 미친다. 일반적으로 이런 지역은 문제가 더 심각하다. 역사적으로, 도시 정책은 대부분 국내에 초점을 맞추었지만 이제 더 지구적인 차원으로 다루어야 할 때가 되었다. 여섯 번째 핵심 요소는 미국이 빠르게 도시화하는 세계 여러 국가의 도시들을 더 강하고 더 회복력이 큰 도시로 건설하기 위해 폭넓은 지구적 활동을 선도하는 것이다.

미국은 포괄적인 도시 정책을 다른 국가나 국제 개발 정책과 연계함으로써 많은 것을 얻을 수 있다. 단순히 이기적인 관점에서 보면, 많은 중산층이 거주하는 탄탄한 도시를 건설하면 미국 기업에 더 큰 시장이 열릴 것이다. 더 중요한 점은 세계 곳곳의 만성적으로 불안정한 지역의 도시를 더 안정적이고 회복력이 있는 도시로 개발하면 테러와의 전쟁, 새로운 난민 위기 해결과 같이 핵심적인 외교적, 군사적, 인도주의적 목적을 달성하는 데 도움이 된다는 것이다.

보다 안정적인 도시는 경제 발전과 생활수준 향상으로 이어질 뿐만 아니라 더 안전하고 더 관용적이고 덜 폭력적인 세상을 만드는 열쇠다. 사실 전 세계 테러의 온상이 되는 실패한 국가들은 세계에서 가장 도시화가 덜 된 지역에 속한다.[29] 군사 개입은 속성상 대도시에 피해를 주고 파괴하고 인구를 분산시키고, 도시의 미발달과 불안 증가라는 악순환을 초래한다. 이와 같은 연약하고 부서지기 쉬운 지역에 더 강력한 도시를 건설하면 세계는 더 안전해질 수 있다.

미국은 난민들의 기술과 재능을 활용할 수 있는 난민 도시 개발에 동의하고 지원하는 방안도 깊이 고려해야 한다. 이것은 지금 우리가 하는 것—비참할 정도로 부족한 난민 캠프에 지원금을 제공하는 것—보다 전 세계 난민 위기를 해결하는 더 효과적인 방법이 될 것이다. 또한 이 방법은 비용이 덜 들고 난민들이 원하는 고향 가까이에 머물게 할 수 있다.[30]

다른 국가 및 국제 개발 정책에 대한 미국의 초점을 "국가 건설"에서 "도시 건설"로 바꾸면 많은 것을 얻을 수 있다. 개발도상국이 인구 밀도가 더 높고, 더 청결하고, 에너지 효율성이 더 높고, 생산성이 더 높은 도시를 건설하도록 도와주면 빈곤을 완화하고 세계 안정을 증진하고, 더 탄탄한 중산층을 만드는 데 도움이 된다. 이런 정책 변경은 세계 경제에서 점차 중요해지는 권력 중심지를 관리하는 시장이나 다른 도시지도자들과 중요한 새로운 관계를 구축함으로써 미국의 소프트 파워Soft power에 기여할 것이다.

# 도시와 지역사회에 권한을 부여하라

나는 이 책을 쓰는 동안 거의 내내 새로 들어설 민주당 정부가 '모두를 위한 새로운 도시화'를 실현하는 데 필요한 심층적이고 지속적인 투자를 실행할 것이라고 상상했다. 앞서 발간한 책들에서 나는 주택도시개발부를 도시 및 도시개발부로 확대 개편하여 광범위한 도시와 도시 지역과 관련 있는 현행 및 미래의 연방 사업들을 조율할 것을 확고하게 주장했다. 나는 대통령에게 도시 정책을 자문할 새로운 도시위원회—국가안보위원회나 경제자문위원회와 비슷하다—에 관한 자세한 제안서를 만들었다. 나는 중앙정부와 도시 간의 새로운 동반자 관계를 주장했다. 이 관계에서는 연방 투자가 지역경제를 강화하고 지역의 특별한 문제와 도전과제를 해결하기 위해 어떻게 재원을 사용할지 가장 잘 아는 시장과 지방 관리들에게 맡겨진다.

그런데 트럼프가 대통령직을 수행하고 공화당이 상하 양원의 다수당인 상황에서는 내가 상상하고 바랐던 일이 일어날 가능성은 거의 없었다.

전반적인 도시 정책과 투자에 관하여 미국은 다른 국가들보다 훨씬 뒤처질 가능성이 컸다. 캐나다의 진보적인 정부는 사회기반시설 투자와 도시 건설을 연계하기 위해 노력하고 합리적 가격의 주택과 도시 개발을 위한 새로운 전략을 개발 중이다. 여기에 나와 다른 선도적인 도시계획 전문가들이 참여하고 있다. 호주의 보수적인 정부는 도시와 건축 환경을 담당하는 장관직을 신설하여 국가 차원에서 도시 개발을 조율하게 했다.

그러나 비록 연방 정부가 통제하고 있지만 우리가 할 수 있는 일이 있다. 그중 가장 중요한 일은 도시와 지역사회가 경제를 건설하고 새로운 도시 위기의 도전을 해결하는 데 필요한 더 많은 관리 권한을 확보하도록 돕는 것이다. 영국은 이 분야에서도 앞서고 있다. 영국은 도시와 중앙 정부 간의 새로운 동반자 관계를 맺었는데 데이비드 캐머런 David Cameron 전 총리와 에드 밀리밴드 Ed Milliband 전 노동당수를 포함한 좌파와 우파 지도자들이 모두 이를 지지한다. 에드 밀리밴드는 새로운 도시 상원 Senate of Cities 을 만들 것을 요구하고 있다. 2015년 영국 기업 지도자, 정책입안자, 경제학자, 도시계획 전문가로 구성된 특별 토론자들은 도시에 권한을 이양하기 위한 핵심 내용을 개략적으로 제시했다. 여기에는 의사결정 권한을 중앙정부에서 도시와 대도시권 지역으로 이양, 도시에 더 많은 세금 및 예산 권한 부여, 도시 지도자들의 국가 대의기관 참여, 도시 지도자들이 영구적으로 정부 내각에 참여할 수 있는 직위 신설, 대도시 지역 전체의 사회기반시설, 인재, 경제개발에 대한 주요 투자를 조정하는 새로운 메커니즘 구축이 포함된다.[31]

이와 마찬가지로, 이제 미국의 시장과 지역사회 지도자들은 지역사회를 더 잘 관리 및 운영하고, 해당 지역의 특별한 문제를 자신들이 적합하다고 보는 방식대로 해결할 수 있도록 권한을 이양해 달라고 중앙정부를 압박해야 한다. 이런 전략은 지방 혁신, 문제 해결에서 비롯되는 장점, 지방의 역량과 필요가 지역마다 상당히 다르다는 점을 모두 감안한다.

도시와 교외지역, 농촌 지역을 나누는 지리적 분리는 도시 문제에 대한 국가적 합의를 도출하기에 이미 너무나 심각할지도 모른다. 모든 상황에 적용되는 하향식 전략으로는 인구 밀도가 높고 주거비가 비싸며 민주당을 지지하는 주의 도시와 도시지역에 사는 사람들과, 보다 확장적이고 자동차 중심적이며 공화당을 지지하는 주에 사는 사람들의 서로 다른 필요와 희망 사항을 해결할 수 없다. 도시와 교외지역, 준 교외지역, 농촌 마을은 매우 다른 필요를 가진 매우 다른 공간이다. 최저임금이 지역의 생활비와 생활여건과 연동해야 하는 것처럼 도시 정책도 지역의 여건과 필요에 가장 적합하게 수립되어야 한다. 예를 들어 사회기반시설을 보자. 인구 밀도가 높은 도시와 대도시 지역은 대중교통이 필요하다. 보다 확산된 지역인 경우 도로와 교량의 개선이 필요하다. 각자의 필요를 해결하고 자신의 문제를 풀기 위해 도시, 교외지역, 다양한 종류의 지역사회에 권한을 이양하는 것이 새로운 도시 의제의 일곱 번째 핵심 요소다.

지방 관리들은 일반적으로 정치인들보다 더 실용적이다. 내가 미국 전역을 여행하면서 만나는 시장과 지역 지도자들이 공화당원, 민주당원 또는 무소속인지 거의 분간할 수 없었다. 그들의 경제 개발과 지역사회 개발 의제는 당파적 이념보다는 지역의 필요에서 비롯된다. 지역의 경제적 여건과 사회적 필요는 지역적 차원에서 가장 잘 이해할 수 있으며 또한 지역의 문제를 건설적으로 가장 잘 해결할 수 있다. 《뜨는 도시 지는 국가If Mayors Ruled the World》의 저자이자 정치학자인 벤저민 바버Benjamin Barber가 지적하듯이, 이것은 도시와 지방 정부가 연방 정부에

이전하는 세수를 지방 재정으로 더 많이 확보함으로써 이룰 수 있다.[32]

양당 소속 시장들이 지방 세수 확충을 요구한다면 중앙 정치계에서 양당으로부터 협력자를 찾을 수 있을 것이다. 미국은 역사적으로 유연한 연방주의 체계를 통해 엄청난 제도적 장점을 갖추고 있다. 연방주의는 연방 정부, 주, 도시들 사이에 권력 균형을 맞추고 다시 재조정할 수 있다. 뉴딜 정책 시기에 프랭클린 루스벨트는 연방 정부와 도시 간의 새로운 형태의 동반자 관계를 만들었다. 이제 다시 그렇게 할 때다. 이번에는 지방 정부에 권력을 이양하고 관리를 맡기는 방향으로 권력 균형을 조정할 때다.

지금은 지역 지도자들이 도시와 대도지 지역이 당면한 도전과제와 문제를 더 효과적으로 해결할 수 있도록 도시 운영을 재조정할 수 있는 실제적인 기회를 부여할 때다. 어떤 문제는 분권화된 기존 시 정부 체계가 제공할 수 있는 것보다 더 관리 및 운영 범위가 요구된다. 이런 경우 권한의 범위와 관리 영역을 당면 문제의 규모에 맞추어 조정할 수 있다. 예를 들어, 대중교통과 교통투자는 대도시 지역을 구성하는 여러 도시와 교외지역의 네트워크 또는 메가 지역을 구성하는 여러 대도시 지역 그룹이 관장할 수 있다.

만일 시장과 지역 지도자들이 주도권을 쥐고 권한 이양을 계속 요구한다면 상황이 바뀔 때 훨씬 더 강한 입지를 확보하고 미국은 다시 도시와 교외지역의 재건에 투자할 수 있을 것이다.

우리에게 매우 절실하게 필요한 합리적인 가격의 주택과 대중교통이 건설되지 않고 집중적인 빈곤의 원인이 해결되지 않아 사회경제적 계층이 카스트제도처럼 굳어지는 미래를 떠올릴 때면 나는 정말 우울하다. 하지만 나는 인생을 살아오면서 목격한 도시의 쇠퇴와 재탄생의 대주기로부터 배운 것을 기억했다. 국가-주 정부가 시 정부를 외면한 것이 이번이 처음이 아니다. 오랜 역사 동안 수많은 일이 일어났지만 도시는 여전히 혁신, 경제 성장, 다양성, 관용, 사회 진보의 최대 엔진이다. 도시는 문명을 계속 앞으로 발전시킬 것이다.

## 도시화 위기의 해법, 도시화

새로운 도시 위기는 역사적인 분수령이다. 우리가 어떻게 대응하는가에 따라 우리의 도시, 교외지역, 국가가 지속가능하고 사회통합적인 번영의 새로운 시대를 성공적으로 열 것인지, 아니면 점점 심해지는 불평등과 계층 분리의 희생자가 될 것인지 결정될 것이다.

한 가지는 확실하다. 우리가 아무것도 하지 않는다면 오늘날의 도시 위기는 점점 나빠져 심각해질 것이다. 승자독식 도시화의 승자와 패배자 사이의 격차는 확대될 것이다. 슈퍼스타 도시와 테크허브 도시들은 엄청나게 비싸져 출입이 제한된 부유층들만의 도시가 될 것이며, 이들 도시의 혁신과 창의의 불꽃은 결국 사라질 것이다. 이들 도시의 극단적인 주거비용은 경제 유지에 필요한 핵심 서비스 노동자들을 몰아낼 것이다. 오래된 산업 도시들은 재생의 기회를 잡지 못할 것이다. 선벨트 지역의 도시들은 도시 확장이 곧 성장이라고 계속 착각할 것이다. 교외지역은 더 빈곤해지고 경제적 고통이 더 심해지고 더 불평등해질 것이다. 중산층들이 더 많이 사라지고 국가는 부자들만의 독립된 거주 지역과 점점 넓어지는 쇠락한 도시와 교외지역으로 나뉠 것이다. 빈곤하고 불우한 사람들은 경제적, 사회적 고통이 집중된 지역에 갇히게 되고 이런 지역은 계속 확대될 것이다. 전 세계에서 급속히 도시화하는 지역은 성장 없는 도시화를 겪을 것이며 수십억 명의 새로운 도시인들이 빈민 지역, 불결한 환경, 만성적인 빈곤에 계속 갇히게 될 것이다.

우리가 이 시대의 핵심 위기인 새로운 도시 위기에 제대로 대처하지 못한다면 경제를 제 궤도에 올려놓지도, 새로운 혁신도 만들어내지 못할 것이다. 또한 우리에게 필요한 일자리와 경제적 기회를 창출하지 못하고 경제적 분리의 악화를 종식하지도 못할 것이다.

나는 기본적인 이유 때문에 우리가 이 위기를 해결할 수 있다고 조심스럽게 낙관한다. 도시는 여전히 가장 심각한 사회적, 경제적 문제를 찾아내고 해결할 최선의 수단이다. 도시의 부활이 이런 도전과제를 유발했기 때문에 새로운 도시 위기를 감추기가 더 어렵다. 20세기의 대부분 기간 부유한 사람들은 아주 청정한 교외지역에서 따로 살면서 에어컨이 구비된 열차나 자가용을 타고 보안이 잘 갖추어진 고층빌딩으로 출근할 수 있었다. 오늘날 도시의 모든 역기능은 명백하게 드러나 있다. 도시의 일부 지역이 부자들과 고학력자들에 의해 점령되는 동시에 도시는 민족, 인종, 계층별로 다양화되었다. 시장, 도시 지도자들, 도시 거주자들은 도시의 경제적, 사회적 문제와 그로 인한 갈등에 직면할 수밖에 없다.

궁극적으로, 우리의 경제와 사회가 앞으로 나아갈 유일한 길은 도시화를 막는 것이 아니라 더욱 발전시키는 것이다. 인간은 함께 모여 지역사회를 구축함으로써 매 단계의 인간 진보를 이끌어왔다. 그 어느 때보다 지금 우리는 도시 주도의 성장이라는 유리한 기본적인 논리를 갖고 있다. 하지만 역사는 단순한 직선 형태로 항상 진보하지 않는다. 새로운 경제 질서의 등장과 그것을 안정화하고 그 혜택을 더 폭넓은 집단에 확산하는 제도와 정책의 확립 사이에는 일반적으로 오랜 시차가 존재한다. 우리의 마지막 황금시대 1950년대의 대규모 중산층의 등장—은 산업자본주의가 처음 등장한 후 한 세기 동안의 노력과 투쟁의 산물이었다. 궁극적으로 새로운 경제적 진보와 번영의 길은 우리의 도시와 더 낫고 더 사회통합적인 도시화의 등장에 달려 있다.

새롭고 더 나은 도시화는 실제로 가능하지만 저절로 이루어지지 않을 것이다. 우리는 승자독식 도시화의 분리와 모순을 원하는가, 아니면 더 온전하고 더 공평한 모두를 위한 도시화를 원하는가?

이것이 우리 시대를 규정하는 문제이며 싸움이다.

부록

이 부록은 이 책에 제시된 주요 변수, 통계 분석에 대한 세부 내용, 세 가지 지수에 대한 미국 대도시의 전체 순위 자료, 즉 새로운 도시 위기 지수, 분리–불평등지수, 종합 경제분리지수에 대한 설명이다.


## 핵심적인 지수와 측정치

핵신적인 변수 및 지수에 대한 정의와 자료출치는 다음과 같다.


### 계층

**창조계층**: 창조계층은 컴퓨터 과학, 수학, 건축, 공학, 생명과학, 물리학, 사회학, 미술, 디자인, 음악, 엔터테인먼트, 스포츠, 미디어, 경영, 기업, 금융, 법률, 보건, 교육, 훈련 분야에 종사하는 사람이 포함된다.

**노동계층**: 노동계층은 생산직종에 종사하는 사람들로 구성된다. 생산직종에는 공장 생산, 추출, 설치, 유지, 보수, 생산, 교통, 자재 수송, 건축이 포함된다.

**서비스계층**: 서비스계층은 일상적인 서비스직에 종사하는 사람들로 구성된다. 여기에는 요리 및 기타 음식 서비스 관련 직종, 건물 및 바닥 청소와 유지, 개인 돌봄 및 서비스, 저가판매, 사무 및 관리 서비스, 지역사회 및 사회적 서비스, 경비 서비스가 포함된다. 세 가지 주요 계층 자료의 출처는 2000년 미국 노동부 노동통계국BLS이다.

## 불평등

**소득 불평등:** 소득 불평등은 전통적인 지니계수 측정치에 기초하며, 자료출처는 미국 인구조사국의 2000년 미국사회조사ASC이다.

**임금 불평등:** 이 수치는 창조계층, 노동계층, 서비스계층의 노동자 간 임금 격차와 관련되며 타일지수Theil에 기초하여 산정된다. 타일지수는 임금 불평등을 평가할 때 일반적으로 사용하는 측정법이다.[1] 이 자료의 출처는 2010년 미국 노동통계국 자료다.

**종합 불평등지수:** 이 지수는 위의 소득 불평등과 임금 불평등에 동일한 가중치를 부여하여 하나의 지수로 통합한 것이다.

## 경제 분리

6장은 두 가지 유형의 경제 분리 측정치를 사용한다.

**구체적인 경제분리지수:** 경제적 분리의 구체적인 유형들로는 일곱 가지 지수가 있다. 이 지수들은 모든 미국 대도시의 7만 개 이상의 인구조사 구역에 나타난 경제적 분리를 조사한다. 각 지수는 비유사성지수Dissimilarity Index, 상이지수에 기초해 산정된다. 비유사성지수는 어떤 지역의 선택 집단의 분포비율과 해당 지역의 다른 모든 집단과 비교한다.[2] 어떤 집단의 분포 비율이 나머지 집단에 비해 고르게 분포할수록 분리 수준은 더 낮다. 비유사성지수 D는 아래와 같이 표현된다.

$$D = \frac{1}{2} \sum_{i=1}^{n} \left| \frac{x_i}{X} - \frac{y_i}{Y} \right|$$

여기에서는 인구조사 구역 i의 선택 집단에 포함된 개인들의 수, X는 대도시 지역의 선택 집단의 수, 인구조사 구역의 "다른 개인들"의 수, Y는 대도시 지역의 다른 집단의 수를 나타낸다. 대도시 지역의 인구조사 구역의 수는 n으로 표시되며, D는 선택 집단이 대도시 지역 내 인구조사 구역 전체에서 다른 집단에 비해 얼마나 다르게 분포하는지를 보여주는 수치다. D의 수치 범위는 0에서 1이며, 0은 최소분리(완전한 통합), 1은 최대분리를 나타낸다. 이 지수들은 절댓값이며 수치기 클수록 분리 수준이 더 높다. 이 자료는 다양한 집단의 주거 위치를 반영하며 자료의 출처는 2010년 노동통계국이다.

**가난한 사람들의 분리**: 연방 정부가 설정한 빈곤선 이하 가구들의 주거지역 분리를 측정한다.

**부자들의 분리**: 연간 수입이 20만 달러 이상인 가구의 주거지역 분리를 측정한다.

**저학력자들의 분리**: 고교를 졸업하지 못한 성인의 주거지역 분리를 측정한다.

**대학 졸업자들의 분리**: 대학을 졸업한 성인의 주거지역 분리를 측정한다.

**창조계층의 분리**: 창조계층의 주거지역 분리를 측정한다.

**서비스계층의 분리**: 서비스계층의 주거지역 분리를 측정한다.

**노동계층의 분리**: 노동계층의 주거지역 분리를 측정한다.

## 종합분리지수

경제적 분리의 더 폭넓은 범주에는 네 가지 종합 지수가 있다. 이 지수들은 상대적 측정치로서 수치가 클수록 다른 대도시 지역보다 경제적 분리 수준이 더 높음을 나타낸다.

**소득 분리**: 부유한 사람과 가난한 사람의 분리를 결합하여 하나의 종합 소득분리지수로 나타낸 것이다.

**교육 분리**: 대학졸업자의 분리 측정치와 저학력자, 고교를 완전히 마치지 못한 사람들의 분리 측정치를 결합하여 종합교육분리지수로 나타낸 것이다.

**직업 분리**: 창조계층 분리 측정치, 노동계층 분리 측정치, 서비스계층 분리 측정치를 모두 결합하여 종합 직업분리지수로 나타낸 것이다.

**종합경제분리지수**: 일곱 가지 경제분리지수에 같은 가중치를 부여하여 하나의 종합경제분리지수로 만든 것이다.

## 기타 종합 지수들

두 가지 폭넓은 종합지수가 있다. 이 지수는 상대적 수치이며 수치가 클수록 다른 대도시 지역보다 분리 수준이 더 높다.

**분리-불평등지수**: 이 지수는 종합경제분리지수와 임금 불평등, 소득 불평등을 결합하여 불평등과 분리를 종합하여 측정치를 만든 것이다. 각 측정치에 같은 가중치를 부여한다.

**새로운 도시 위기지수**: 이 지수는 네 가지 측정치를 통합하여 종합지수로 만든 것이다. 여기에는 임금 불평등, 소득 불평등, 종합경제분리지수, 그리고 주택비용과 소득 간의 비율에 기초한 주택 구입 가능성이 포함된다. 각 측정치는 같은 가중치를 부여했다.

### 기타 변수들

이 책에 제시된 다양한 통계 분석에 사용된 다른 핵심적인 변수들은 나음과 같다.

**1인당 소득**: 1인당 평균소득이며, 자료출처는 ACS.

**임금**: 평균 임금이며 자료출처는 BLS.

**1인당 경제생산량**: 1인당 지역총생산량에 기초하며, 자료출처는 미국 상무부 경제통계국 BEA.

**대학 졸업자**: 단과대학 학위 이상을 소지한 성인의 비율, 자료출처는 ACS.

**첨단산업**: 밀켄연구소Milken Institute의 테크폴지수를 사용했다. 이 지수는 대도시 지역의 첨단산업 비율과 국가 전체 첨단산업 비율을 비교한다.[3] 자료출처는 미국 상무부의 카운티 기업 패턴CBP.

**세부적인 창조계층 직업**: 우리는 또한 창조계층 직업을 하위 집단으로 세분화한다. 여기에는 과학과 기술, 사업과 경영, 예술, 문화, 미디어, 교육, 의료, 광고, 제약 분야가 포함된다.

**벤처 자본 투자**: 첨단기술 스타트업에 투자되는 벤처 자본금. 자료 출처는 2013년 톰슨 로이터 분석.

**노동조합 가입률**: 고용 노동자 중 노동조합 회원 비율[4]

**중위 주택비용**: 매월 주택비용으로 지출한 금액의 중간값. 자료출처는 ACS.

**소득 대비 주택비 비율**: 가구 소득에서 주택비용으로 지출한 돈의 비율, 자료출처는 ACS.

**인구 규모**: 대도시의 총인구, 자료출처는 ACS.

**밀도**: 도심지역 또는 시청에서 떨어진 거리별 인구 가중 밀도. 자료출처는 미국 인구조사 자료.[5]

**대중교통**: 전체 인구 중 공공 대중교통을 이용하여 통근하는 인구의 비율, 자료출처는 ACS.

**자가용 이용 통근자**: 혼자 자동차를 타고 직장으로 통근하는 사람의 비율, 자료출처는 ACS.

**자전거 이용 통근자**: 자전거를 이용하여 통근하는 사람의 비율, 자료출처는 ACS.

**인종과 민족**: 백인, 흑인, 아시아인, 히스패닉이 전체 인구에서 차지하는 비율, 자료출처는 ACS.

**외국인**: 해외에서 태어난 인구의 비율, 자료출처는 ACS.

**남성 동성애자와 여성 동성애자 지수**: 지역의 남성 동성애자와 여성 동성애자 가구의 집중도를 나타내는 계수, 자료출처는 ACS.

**진보주의 또는 보수주의**: 우리는 2008년과 2012년, 2016년 선거에서 주와 대도시 지역의 공화당 대선 후보자와 민주당 대선 후보자에 대한 투표에 기초한 몇 가지 측정치를 사용한다.[6]

## 〈부록 표 1〉 벤처 자본투자의 상관관계

| 변수 | 상관관계 |
| --- | --- |
| 첨단산업 | 0.70** |
| 임금 | 0.60** |
| 인구 가중치를 부여한 밀도 | 0.55** |
| 사업 및 경영 직종 | 0.52** |
| 대학졸업자 | 0.50** |
| 창조계층 | 0.50** |
| 1인당 소득 | 0.50** |
| 예술, 문화, 미디어 직종 | 0.47** |
| 외국인 | 0.46** |
| 남성 동성애자와 여성 동성애자 | 0.46** |
| 과학과 첨단기술 직종 | 0.44** |
| 혁신 | 0.43** |
| 진보주의 | 0.41** |
| 밀도 | 0.38** |
| 자전거 이용 통근자 | 0.19* |
| 광고와 제약 직종 | -0.13 |
| 보수주의 | -0.43** |
| 자동차 이용 통근자 | -0,45** |

주: *는 5% 유의수준에서 통계적으로 유의미하며 **는 1%
유의수준에서 통계적으로 유의미함을 나타낸다.
자료출처: 톰슨 로이터스 자료에 기초한 살롯타 멜런더의
분석, 미국 인구조사, 미국 노동부 노동통계국 자료에 기초.

## 〈부록 표 2〉 젠트리피케이션과의 상관관계

| 변수 | 상관관계 |
| --- | --- |
| 임금 | 0.62** |
| 소득 | 0.61** |
| 대중교통 이용 통근자 | 0.61** |
| 인구 | 0.59** |
| 첨단산업 | 0.58** |
| 창조계층 | 0.55** |
| 월간 주거비 | 0.53** |
| 대학졸업자 | 0.51** |
| 남성 동성애자와 여성 동성애자 | 0.47** |
| 중위 임대비용 | 0.47** |
| 밀도 | 0.44** |
| 중위 주택가격 | 0.40** |
| 도보 이용 통근자 | 0.36** |
| 자전거 이용 통근자 | 0.35* |
| 임금 불평등 | 0.33* |
| 과학 및 기술계통 노동자 | 0.32* |
| 서비스계층 | -0.18 |
| 노동계층 | -0.48** |
| 자가용 이용 통근자 | -0.55** |

주: 젠트리피케이션은 2000~2007년 동안 대도시 지역 주
택가격 분포에서 하위 50%에 속했던 지역 또는 인구조사
구역이 상위 50%로 바뀐 곳으로 정의한다. *는 5% 유의수
준에서 통계적으로 유의미하며 **는 1% 유의수준에서 통
계적으로 유의미함을 나타낸다.
자료: 대니얼 하틀리 자료에 기초한 살롯타 멜런더의 분
석, 《젠트리피케이션과 재정 건전성(Gentrification and
Financial Health)》, 클리블랜드 연방준비은행, 2013, 미국
인구조사 및 미국 노동부 노동통계국 자료에 기초.

330

<부록 표 3> 경제 분리와의 상관관계

| | 분리-<br>불평등지수 | 종합경제<br>분리지수 | 소득 분리 | 교육 분리 | 직업분리지수 |
|---|---|---|---|---|---|
| 분리-불평등지수 | - | 0.872** | 0.641** | 0.842** | 0.854** |
| 종합경제분리지수 | 0.872** | - | 0.825** | 0.935** | 0.946** |
| 소득 분리 | 0.641** | 0.825** | - | 0.677** | 0.649** |
| 교육 분리 | 0.842** | 0.935** | 0.677** | - | 0.852** |
| 직업분리지수 | 0.854** | 0.946** | 0.649** | 0.852** | - |
| 인구 | 0.563** | 0.643** | 0.525** | 0.621** | 0.596** |
| 밀도 | 0.463** | 0.560** | 0.438** | 0.557** | 0.520** |
| 1인당 경제생산량 | 0.406** | 0.405** | 0.268** | 0.405** | 0.405** |
| 소득 | 0.308** | 0.291** | 0.159** | 0.279** | 0.321** |
| 임금 | 0.426** | 0.456** | 0.249** | 0.474** | 0.477** |
| 첨단산업 | 0.587** | 0.619** | 0.479** | 0.588** | 0.599** |
| 대학졸업자 | 0.536** | 0.465** | 0.300** | 0.431** | 0.495** |
| 창조계층 | 0.557** | 0.532** | 0.352** | 0.503** | 0.554** |
| 서비스계층 | -0.043 | -0.124* | -0.109* | -0.162** | -0.079 |
| 노동계층 | -0.446** | -0.370** | -0.175** | -0.354** | -0.426** |
| 세입자 비율 | 0.420** | 0.386** | 0.157** | 0.408** | 0.431** |
| 주택비용 | 0.270** | 0.312** | 0.1 | 0.362** | 0.342** |
| 대중교통 이용 통근자 | 0.369** | 0.377** | 0.232** | 0.337** | 0.417** |
| 자가용 이용 통근자 | -0.243** | -0.230** | 0.026 | -0.265** | -0.317** |
| 진보주의자 | 0.305** | 0.319** | 0.240** | 0.272** | 0.335** |
| 보수주의자 | -0.301** | -0.313** | -0.229** | -0.268** | -0.332** |
| 흑인 | 0.299** | 0.292** | 0.304** | 0.234** | 0.264** |
| 백인 | -0.392** | -0.434** | -0.254** | -0.479** | -0.424** |
| 히스패닉-라틴계 | 0.237** | 0.244** | 0.018 | 0.380** | 0.236** |
| 아시아계 | 0.272** | 0.304** | 0.094 | 0.317** | 0.362** |
| 외국계 | 0.379** | 0.380** | 0.073 | 0.479** | 0.421** |
| 남성동성애자와 여성동성애자 | 0.470** | 0.422** | 0.067 | 0.478** | 0.514** |

주: *는 통계 유의수준 5%, **는 통계 유의수준이 1%를 나타낸다.
자료: 부록 앞부분에 제시된 각 측정치와 변수들에 대한 출처를 보라.

## 〈부록 표 4〉 기준에 따른 대도시 순위

| 대도시 | 새로운 도시 위기 지수 | | 분리-불평등지수 | | 종합경제분리지수 | |
|---|---|---|---|---|---|---|
| | 순위 | 점수 | 순위 | 점수 | 순위 | 점수 |
| 브리지포트-스탬퍼드-노워크, 코네티컷주 | 1 | 0.978 | 1 | 0.988 | 9 | 0.898 |
| 로스앤젤레스-롱비치-샌타애나, 캘리포니아주 | 2 | 0.972 | 3 | 0.967 | 10 | 0.893 |
| 뉴욕-노던뉴저지-롱아일랜드 | 3 | 0.967 | 2 | 0.977 | 11 | 0.889 |
| 게인스빌, 플로리다주 | 4 | 0.952 | 5 | 0.959 | 14 | 0.87 |
| 칼리지 스테이션-브라이언, 텍사스주 | 5 | 0.944 | 4 | 0.964 | 36 | 0.788 |
| 샌프란시스고-오클랜드-프리먼트, 캘리포니아주 | 6 | 0.922 | 9 | 0.92 | 29 | 0.817 |
| 샌타바버라-산타마리아-골레토, 캘리포니아주 | 7 | 0.914 | 15 | 0.892 | 45 | 0.774 |
| 탈라하시, 플로리다주 | 8 | 0.912 | 11 | 0.904 | 1 | 0.947 |
| 애선스-클라크 카운티, 조지아주 | 9 | 0.97 | 10 | 0.916 | 47 | 0.773 |
| 샌디에이고-칼스배드, 산마르코스, 캘리포니아주 | 10 | 0.884 | 31 | 0.848 | 24 | 0.831 |
| 프레스노, 캘리포니아주 | 11 | 0.879 | 22 | 0.866 | 19 | 0.854 |
| 시카고-네이퍼빌-졸리엣, 일리노이주-인디애나주-위스콘신주 | 12 | 0.878 | 17 | 0.889 | 15 | 0.868 |
| 트렌턴-어윙, 뉴저지주 | 13 | 0.75 | 8 | 0.922 | 2 | 0.933 |
| 마이애미-포트로더데일-폼파노 비치, 플로리다주 | 14 | 0.875 | 40 | 0.833 | 39 | 0.786 |
| 보스턴-케임브리지-퀸시, 매사추세츠주-뉴햄프셔주 | 15 | 0.874 | 21 | 0.875 | 34 | 0.799 |
| 레노-스파크스, 네바다주 | 16 | 0.872 | 26 | 0.86 | 17 | 0.856 |
| 보울더, 콜로라도주 | 17 | 0.857 | 14 | 0.896 | 89 | 0.689 |
| 필라델피아-캠든-윌밍턴, 펜실베이니아주-뉴저지주-델라웨어주-메릴랜드주 | 18 | 0.852 | 12 | 0.903 | 13 | 0.873 |
| 앤 아버, 미시간주 | 19 | 0.847 | 19 | 0.883 | 8 | 0.902 |
| 오스틴-라운드록, 텍사스주 | 20 | 0.845 | 18 | 0.885 | 3 | 0.925 |
| 멤피스, 테네시주-미시시피주-아칸서스주 | 21 | 0.842 | 29 | 0.853 | 16 | 0.867 |
| 휴스턴-슈거랜드-베이타운, 텍사스주 | 22 | 0.841 | 7 | 0.934 | 7 | 0.903 |
| 댈러스-포트워스-알링턴, 텍사스주 | 23 | 0.837 | 13 | 0.897 | 12 | 0.875 |
| 콜럼버스, 조지아 주-앨라배마주 | 24 | 0.836 | 25 | 0.861 | 32 | 0.807 |

| 대도시 | 새로운도시위기지수 | | 분리-불평등지수 | | 종합경제분리지수 | |
|---|---|---|---|---|---|---|
| | 순위 | 점수 | 순위 | 점수 | 순위 | 점수 |
| 더햄, 노스캐롤라이나주 | 25 | 0.833 | 6 | 0.935 | 23 | 0.835 |
| 샬럿-개스토니아-콩코드, 노스캐롤라이나주-사우스캐롤라이나주 | 26 | 0.831 | 15 | 0.892 | 33 | 0.805 |
| 덴버-오로라, 콜로라도주 | 27 | 0.829 | 32 | 0.844 | 21 | 0.841 |
| 투손, 애리조나주 | 28 | 0.82 | 30 | 0.852 | 5 | 0.906 |
| 애틀랜타-샌디 스프링스-매리에타, 조지아주 | 29 | 0.817 | 44 | 0.815 | 60 | 0.738 |
| 샬러츠빌, 버지니아주 | 30 | 0.815 | 24 | 0.863 | 98 | 0.677 |
| 산호세-서니베일-샌타클래라, 캘리포니아주 | 31 | 0.811 | 48 | 0.804 | 49 | 0.766 |
| 살리나스, 캘리포니아주 | 32 | 0.811 | 61 | 0.762 | 38 | 0.787 |
| 메이컨, 조지아주 | 33 | 0.8 | 35 | 0.837 | 43 | 0.78 |
| 뉴헤이븐-밀리포드, 코네티컷주 | 34 | 0.799 | 58 | 0.766 | 58 | 0.741 |
| 브라운스빌-할링겐, 텍사스주 | 35 | 0.788 | 42 | 0.828 | 128 | 0.61 |
| 뉴올리언스-메타리-케너, 루이지애나주 | 36 | 0.787 | 56 | 0.779 | 85 | 0.705 |
| 탬파-세인트피츠버그-클리어워터, 플로리다주 | 37 | 0.785 | 71 | 0.742 | 116 | 0.646 |
| 그린스빌, 노스캐롤라이나주 | 38 | 0.784 | 53 | 0.793 | 129 | 0.609 |
| 스테이트 칼리지, 펜실베이니아주 | 39 | 0.783 | 23 | 0.865 | 51 | 0.762 |
| 산타페, 뉴햄프셔주 | 40 | 0.781 | 34 | 0.838 | 95 | 0.681 |
| 버밍햄-후버, 앨라배마주 | 41 | 0.78 | 20 | 0.879 | 25 | 0.83 |
| 클리블랜드-엘리리아-맨토, 오하이오주 | 42 | 0.778 | 41 | 0.829 | 22 | 0.837 |
| 엘파소, 텍사스주 | 43 | 0.774 | 45 | 0.811 | 56 | 0.742 |
| 라스크루시스, 뉴햄프셔주 | 44 | 0.772 | 39 | 0.833 | 99 | 0.675 |
| 찰스턴-노스 찰스턴-섬머빌, 사우스캐롤라이나주 | 45 | 0.77 | 61 | 0.762 | 61 | 0.737 |
| 볼티모어-토슨, 메릴랜드주 | 46 | 0.769 | 54 | 0.791 | 27 | 0.823 |
| 피닉스-메사-스콧데일, 애리조나주 | 47 | 0.769 | 76 | 0.733 | 20 | 0.842 |
| 옥스나드-사우전드오크스-벤투라, 캘리포니아주 | 48 | 0.759 | 96 | 0.688 | 97 | 0.679 |

| 대도시 | 새로운 도시위기지수 | | 분리-불평등지수 | | 종합경제분리지수 | |
|---|---|---|---|---|---|---|
| | 순위 | 점수 | 순위 | 점수 | 순위 | 점수 |
| 코퍼스크리스티, 텍사스주 | 49 | 0.758 | 48 | 0.804 | 103 | 0.672 |
| 콜럼버스, 오하이오주 | 50 | 0.757 | 42 | 0.828 | 4 | 0.912 |
| 매켈런-에덴부르그-미시온, 텍사스주 | 51 | 0.756 | 50 | 0.803 | 122 | 0.624 |
| 워싱턴-알링턴-알렉산드리아, 컬럼비아특별구-버지니아주-메릴랜드주-웨스트버지니아주 | 52 | 0.754 | 71 | 0.742 | 25 | 0.83 |
| 러벅, 텍사스주 | 53 | 0.753 | 33 | 0.84 | 87 | 0.702 |
| 샌안토니오, 텍사스주 | 54 | 0.749 | 27 | 0.858 | 6 | 0.903 |
| 프로비던스-뉴베드포드-폴리버, 로드아일랜드주-매사추세츠주 | 55 | 0.747 | 85 | 0.715 | 126 | 0.611 |
| 그린즈버러-하이포인트, 노스캐롤라이나주 | 56 | 0.733 | 55 | 0.784 | 45 | 0.774 |
| 산타크루즈-와턴스빌, 캘리포니아주 | 57 | 0.729 | 118 | 0.641 | 213 | 0.441 |
| 네이플스-마르코아일랜드, 플로리다주 | 58 | 0.728 | 98 | 0.678 | 112 | 0.657 |
| 베이커즈필드, 캘리포니아주 | 59 | 0.722 | 106 | 0.667 | 63 | 0.732 |
| 잭슨, 미시시피주 | 60 | 0.721 | 47 | 0.805 | 41 | 0.784 |
| 렉싱턴-파예트, 켄터키주 | 61 | 0.72 | 36 | 0.836 | 52 | 0.762 |
| 블루밍턴, 인디애나주 | 62 | 0.719 | 78 | 0.73 | 65 | 0.731 |
| 시애틀-터코마-벨뷰, 워싱턴주 | 63 | 0.718 | 104 | 0.668 | 67 | 0.727 |
| 올버니, 조지아주 | 64 | 0.718 | 77 | 0.732 | 91 | 0.687 |
| 밀워키-워키쇼-웨스트 앨리스, 위스콘신주 | 65 | 0.716 | 69 | 0.743 | 54 | 0.749 |
| 앨버커키, 뉴햄프셔주 | 66 | 0.713 | 64 | 0.756 | 80 | 0.715 |
| 나파, 캘리포니아주 | 66 | 0.713 | 114 | 0.644 | 212 | 0.442 |
| 새크라멘토-아덴-아케이드-로즈빌, 캘리포니아주 | 68 | 0.711 | 122 | 0.634 | 76 | 0.717 |
| 이사카, 뉴욕주 | 69 | 0.71 | 87 | 0.712 | 68 | 0.723 |
| 케이프코럴-포트마이어스, 플로리다주 | 70 | 0.709 | 113 | 0.645 | 172 | 0.521 |
| 내슈빌-데이비슨-머프리즈버러-프랭클린, 테네시주 | 71 | 0.704 | 65 | 0.755 | 28 | 0.821 |
| 오번-오펠리카, 앨라배마주 | 72 | 0.704 | 73 | 0.74 | 161 | 0.54 |

| 대도시 | 새로운 도시위기지수 | | 분리-불평등지수 | | 종합경제분리지수 | |
|---|---|---|---|---|---|---|
| | 순위 | 점수 | 순위 | 점수 | 순위 | 점수 |
| 세바스찬-비로비치, 플로리다주 | 73 | 0.7 | 104 | 0.668 | 136 | 0.596 |
| 올랜도-키씸미, 플로리다주 | 74 | 0.697 | 132 | 0.608 | 157 | 0.548 |
| 윈스턴-세일럼, 노스캐롤라이나주 | 75 | 0.696 | 51 | 0.803 | 90 | 0.689 |
| 그린빌-몰던-이즐리, 사우스캐롤라이나주 | 76 | 0.694 | 46 | 0.809 | 75 | 0.718 |
| 하트퍼드-웨스트하트퍼드-이스트하트퍼드, 코네티컷주 | 76 | 0.694 | 86 | 0.713 | 100 | 0.674 |
| 로렌스, 캔자스주 | 78 | 0.692 | 110 | 0.651 | 189 | 0.493 |
| 롤리-캐리, 노스캐롤라이나주 | 79 | 0.689 | 58 | 0.766 | 37 | 0.787 |
| 먼시, 인디애나주 | 80 | 0.688 | 61 | 0.762 | 35 | 0.795 |
| 애크런, 오하이오주 | 81 | 0.685 | 70 | 0.743 | 58 | 0.741 |
| 웨이코, 텍사스주 | 82 | 0.684 | 82 | 0.723 | 115 | 0.647 |
| 러레이도, 텍사스주 | 83 | 0.683 | 125 | 0.626 | 53 | 0.752 |
| 포트콜린스-러브랜드, 콜로라도주 | 84 | 0.682 | 111 | 0.649 | 217 | 0.424 |
| 디트로이트-워런-리보니아, 미시간주 | 85 | 0.681 | 109 | 0.656 | 18 | 0.854 |
| 치코, 캘리포니아주 | 86 | 0.681 | 135 | 0.599 | 202 | 0.466 |
| 아이오와 시티, 아이오와주 | 87 | 0.679 | 57 | 0.777 | 83 | 0.711 |
| 모빌, 앨라배마주 | 88 | 0.679 | 91 | 0.699 | 132 | 0.606 |
| 서배너, 조지아주 | 89 | 0.678 | 124 | 0.63 | 117 | 0.644 |
| 컬럼비아, 사우스캐롤라이나주 | 90 | 0.676 | 67 | 0.75 | 62 | 0.733 |
| 컬럼비아, 미주리주 | 91 | 0.673 | 88 | 0.703 | 167 | 0.528 |
| 오거스타-리치먼드 카운티, 조지아주-사우스캐롤라이나주 | 92 | 0.671 | 63 | 0.761 | 84 | 0.71 |
| 콜로라도 스프링스, 콜로라도주 | 93 | 0.67 | 115 | 0.644 | 66 | 0.729 |
| 인디애나폴리스-카멀, 인디애나주 | 94 | 0.667 | 81 | 0.725 | 31 | 0.812 |
| 잭슨빌, 플로리다주 | 95 | 0.667 | 127 | 0.623 | 114 | 0.649 |
| 신시내티-미들타운, 오하이오주-캔터키주-인디애나주 | 96 | 0.659 | 84 | 0.717 | 101 | 0.673 |

| 대도시 | 새로운 도시위기지수 | | 분리-불평등지수 | | 종합경제분리지수 | |
|---|---|---|---|---|---|---|
| | 순위 | 점수 | 순위 | 점수 | 순위 | 점수 |
| 모건타운, 웨스트버지니아주 | 97 | 0.655 | 28 | 0.857 | 108 | 0.665 |
| 리치먼드, 버지니아주 | 98 | 0.651 | 120 | 0.637 | 30 | 0.812 |
| 타일러, 텍사스주 | 99 | 0.647 | 75 | 0.739 | 133 | 0.602 |
| 미니애폴리스-세인트폴-블루밍턴, 미네소타주-위스콘신주 | 100 | 0.647 | 121 | 0.635 | 136 | 0.596 |
| 포틀랜드-밴쿠버-비비튼, 오레곤주-워싱턴주 | 101 | 0.646 | 144 | 0.578 | 143 | 0.581 |
| 데이턴, 오하이오주 | 102 | 0.646 | 93 | 0.693 | 86 | 0.702 |
| 미들랜드, 텍사스주 | 103 | 0.642 | 37 | 0.836 | 120 | 0.636 |
| 녹스빌, 테네시주 | 104 | 0.641 | 66 | 0.753 | 105 | 0.669 |
| 피츠버그, 펜실베이니아주 | 105 | 0.64 | 51 | 0.803 | 92 | 0.686 |
| 오클라호마시티, 오클라호마주 | 106 | 0.638 | 67 | 0.75 | 55 | 0.743 |
| 블랙스버그-크리스천스버그-라드퍼드, 버지니아주 | 107 | 0.636 | 80 | 0.727 | 118 | 0.642 |
| 리버사이드-샌버너디노-온타리오, 캘리포니아주 | 107 | 0.636 | 135 | 0.516 | 103 | 0.672 |
| 캠페인-어바나, 일리노이주 | 109 | 0.634 | 108 | 0.661 | 48 | 0.769 |
| 헌츠빌, 앨라배마주 | 109 | 0.634 | 38 | 0.834 | 72 | 0.719 |
| 캘러머주-포르티지, 미시간주 | 111 | 0.633 | 112 | 0.647 | 165 | 0.531 |
| 리틀록-노스리틀록-콘웨이, 아칸서스주 | 112 | 0.63 | 73 | 0.74 | 70 | 0.723 |
| 터스컬루사, 앨라배마주 | 113 | 0.624 | 128 | 0.622 | 64 | 0.731 |
| 나일스-벤턴 하버, 미시간주 | 114 | 0.616 | 79 | 0.728 | 141 | 0.586 |
| 팜베이-멜버른-타이터스빌, 플로리다주 | 115 | 0.614 | 156 | 0.546 | 235 | 0.384 |
| 몽고메리, 앨라배마주 | 116 | 0.613 | 115 | 0.644 | 81 | 0.713 |
| 톨레도, 오하이오주 | 116 | 0.613 | 117 | 0.643 | 71 | 0.721 |
| 애틀랜틱 시티-해몬튼, 뉴저지주 | 118 | 0.612 | 181 | 0.487 | 218 | 0.423 |
| 윌밍턴, 노스캐롤라이나주 | 118 | 0.612 | 150 | 0.561 | 145 | 0.579 |
| 샌타로자-페탈루마, 캘리포니아주 | 120 | 0.61 | 181 | 0.487 | 264 | 0.32 |

| 대도시 | 새로운도시위기지수 | | 분리-불평등지수 | | 종합경제분리지수 | |
|---|---|---|---|---|---|---|
| | 순위 | 점수 | 순위 | 점수 | 순위 | 점수 |
| 브런스윅, 조지아주 | 121 | 0.607 | 90 | 0.701 | 110 | 0.661 |
| 잭슨, 테네시주 | 122 | 0.606 | 133 | 0.606 | 140 | 0.587 |
| 머데스토, 캘리포니아주 | 123 | 0.605 | 186 | 0.482 | 234 | 0.387 |
| 로체스터, 뉴욕주 | 124 | 0.604 | 107 | 0.663 | 96 | 0.681 |
| 버지니아 비치-노퍽-뉴포트뉴스, 버지니아주-노스캐롤라이나주 | 125 | 0.602 | 165 | 0.516 | 121 | 0.634 |
| 포트세인트루시, 플로리다주 | 126 | 0.601 | 187 | 0.48 | 248 | 0.347 |
| 캔자스시티, 미주리주-캔자스주 | 127 | 0.601 | 103 | 0.669 | 40 | 0.785 |
| 세인트루이스, 미주리주-일리노이주 | 128 | 0.601 | 101 | 0.671 | 76 | 0.717 |
| 슈리브포트-보셔시티, 루이지애나주 | 129 | 0.596 | 100 | 0.674 | 107 | 0.667 |
| 머세드, 캘리포니아주 | 130 | 0.594 | 185 | 0.484 | 243 | 0.362 |
| 솔트레이크시티, 유타주 | 131 | 0.593 | 144 | 0.578 | 94 | 0.682 |
| 유진-스프링필드, 오레곤주 | 132 | 0.592 | 175 | 0.497 | 187 | 0.495 |
| 코밸리스, 오레곤주 | 133 | 0.586 | 123 | 0.633 | 205 | 0.453 |
| 에임스, 아이오와주 | 134 | 0.585 | 92 | 0.694 | 146 | 0.577 |
| 라파예트, 인디애나주 | 135 | 0.584 | 136 | 0.597 | 124 | 0.616 |
| 게인즈빌, 조지아주 | 136 | 0.582 | 155 | 0.547 | 184 | 0.497 |
| 존즈버러, 아칸서스주 | 137 | 0.581 | 99 | 0.677 | 160 | 0.545 |
| 피츠필드, 매사추세츠주 | 138 | 0.575 | 143 | 0.578 | 292 | 0.273 |
| 비세일리아-포터빌, 캘리포니아주 | 139 | 0.574 | 190 | 0.469 | 138 | 0.593 |
| 플린트, 미시간주 | 140 | 0.573 | 152 | 0.555 | 149 | 0.57 |
| 라스베이거스-파라다이스, 네바다주 | 141 | 0.572 | 204 | 0.447 | 78 | 0.717 |
| 호놀룰루, 하와이주 | 142 | 0.572 | 196 | 0.459 | 125 | 0.612 |
| 스톡턴, 캘리포니아주 | 143 | 0.57 | 208 | 0.433 | 155 | 0.557 |
| 매디슨, 위스콘신주 | 144 | 0.569 | 141 | 0.581 | 129 | 0.609 |

| 대도시 | 새로운 도시위기지수 | | 분리-불평등지수 | | 종합경제분리지수 | |
|---|---|---|---|---|---|---|
| | 순위 | 점수 | 순위 | 점수 | 순위 | 점수 |
| 디케이터, 일리노이주 | 145 | 0.569 | 83 | 0.721 | 151 | 0.568 |
| 우스터, 매사추세츠주 | 146 | 0.566 | 153 | 0.555 | 156 | 0.553 |
| 애머릴로, 텍사스주 | 147 | 0.565 | 89 | 0.701 | 42 | 0.783 |
| 해티즈버그, 미시시피주 | 148 | 0.565 | 129 | 0.617 | 185 | 0.496 |
| 애빌린, 텍사스주 | 149 | 0.563 | 97 | 0.685 | 69 | 0.723 |
| 엘센트로, 캘리포니아주 | 150 | 0.562 | 203 | 0.448 | 314 | 0.228 |
| 마데라, 캘리푸니아주 | 151 | 0.56 | 212 | 0.429 | 179 | 0.503 |
| 털사, 오클라호마주 | 152 | 0.559 | 119 | 0.64 | 111 | 0.658 |
| 랜싱-이스트랜싱, 미시간주 | 153 | 0.556 | 139 | 0.581 | 74 | 0.719 |
| 벌링턴-사우스벌링턴, 버몬트주 | 154 | 0.555 | 193 | 0.463 | 231 | 0.394 |
| 배턴루지, 루이지애나주 | 155 | 0.551 | 101 | 0.671 | 81 | 0.713 |
| 먼로, 루이지애나주 | 156 | 0.55 | 95 | 0.689 | 134 | 0.6 |
| 루이스빌-제퍼슨 카운티, 켄터키주-인디애나주 | 157 | 0.548 | 130 | 0.613 | 50 | 0.762 |
| 노리치-뉴런던, 코네티컷주 | 158 | 0.548 | 171 | 0.504 | 158 | 0.547 |
| 블루밍턴-노멀, 일리노이주 | 159 | 0.547 | 94 | 0.692 | 88 | 0.699 |
| 페이엣빌, 노스캐롤라이나주 | 160 | 0.543 | 199 | 0.455 | 232 | 0.391 |
| 채터누가, 테네시 주-조지아주 | 161 | 0.541 | 138 | 0.582 | 199 | 0.472 |
| 스프링필드, 매사추세츠주 | 162 | 0.54 | 173 | 0.5 | 139 | 0.593 |
| 밸도스타, 조지아주 | 163 | 0.536 | 167 | 0.514 | 168 | 0.528 |
| 보이스 시티-남파, 아이다호주 | 164 | 0.535 | 177 | 0.494 | 206 | 0.449 |
| 플래그스태프, 애리조나주 | 165 | 0.535 | 189 | 0.474 | 162 | 0.536 |
| 버펄로-나이아가라폴스, 뉴욕주 | 166 | 0.533 | 131 | 0.609 | 93 | 0.682 |
| 푸에블로, 콜로라도주 | 167 | 0.531 | 178 | 0.494 | 123 | 0.622 |
| 오션시티, 뉴저지주 | 168 | 0.53 | 227 | 0.391 | 237 | 0.38 |

| 대도시 | 새로운 도시위기지수 | | 분리-불평등지수 | | 종합경제분리지수 | |
|---|---|---|---|---|---|---|
| | 순위 | 점수 | 순위 | 점수 | 순위 | 점수 |
| 레딩, 캘리포니아주 | 169 | 0.529 | 230 | 0.385 | 295 | 0.268 |
| 카슨시티, 네바다주 | 170 | 0.528 | 159 | 0.532 | 193 | 0.489 |
| 포킵시-뉴버그-미들타운, 뉴욕주 | 171 | 0.528 | 209 | 0.43 | 207 | 0.448 |
| 오마하-카운실블러프스, 네브래스카주-아이오와주 | 172 | 0.526 | 139 | 0.581 | 56 | 0.742 |
| 볼링 그린, 켄터키주 | 173 | 0.518 | 134 | 0.601 | 170 | 0.523 |
| 페이엣빌-스프링데일-로저스, 아칸서스주-미주리주 | 174 | 0.515 | 146 | 0.57 | 213 | 0.441 |
| 프로보-오렘, 유타주 | 174 | 0.515 | 210 | 0.429 | 181 | 0.5 |
| 머틀 비치-노스머틀 비치-콘웨이, 사우스캐롤라이나주 | 176 | 0.513 | 207 | 0.44 | 245 | 0.359 |
| 솔즈베리, 메릴랜드주 | 177 | 0.51 | 221 | 0.401 | 277 | 0.298 |
| 맨체스터-내슈아, 뉴햄프셔주 | 178 | 0.507 | 215 | 0.417 | 238 | 0.378 |
| 유바시티, 캘리포니아주 | 179 | 0.506 | 235 | 0.374 | 280 | 0.296 |
| 롬, 조지아주 | 180 | 0.5 | 168 | 0.511 | 342 | 0.14 |
| 레이크랜드-윈터헤이븐, 플로리다주 | 181 | 0.497 | 213 | 0.424 | 150 | 0.569 |
| 사우스벤드-미셔와카, 인디애나주-미시간주 | 182 | 0.495 | 169 | 0.51 | 152 | 0.567 |
| 반스터블 타운, 매사추세츠주 | 183 | 0.492 | 245 | 0.358 | 332 | 0.164 |
| 델토나-데이토나비치-오먼드 비치, 플로리다주 | 183 | 0.492 | 235 | 0.374 | 246 | 0.359 |
| 앨런타운-베들레헴-이스턴, 펜실베이니아주-뉴저지주 | 185 | 0.488 | 200 | 0.453 | 165 | 0.531 |
| 플로렌스, 사우스캐롤라이나주 | 186 | 0.485 | 142 | 0.579 | 236 | 0.382 |
| 그랜드래피즈-와이오밍, 미시간주 | 187 | 0.483 | 192 | 0.464 | 126 | 0.611 |
| 샌루이스오비스포-파소 로블레스, 캘리포니아주 | 188 | 0.481 | 262 | 0.318 | 260 | 0.324 |
| 로체스터, 미네소타주 | 189 | 0.478 | 154 | 0.553 | 177 | 0.506 |
| 포틀랜드-사우스 포틀랜드-비드포드, 메인주 | 190 | 0.477 | 222 | 0.401 | 277 | 0.298 |
| 메드퍼드, 오레곤주 | 191 | 0.476 | 251 | 0.346 | 266 | 0.317 |
| 레이크찰스, 루이지애나주 | 192 | 0.476 | 126 | 0.623 | 201 | 0.467 |

| 대도시 | 새로운도시위기지수 | | 분리-불평등지수 | | 종합경제분리지수 | |
|---|---|---|---|---|---|---|
| | 순위 | 점수 | 순위 | 점수 | 순위 | 점수 |
| 래피드시티, 사우스다코다주 | 192 | 0.476 | 184 | 0.485 | 223 | 0.416 |
| 파나마시티-린해븐, 플로리다주 | 194 | 0.47 | 233 | 0.378 | 182 | 0.499 |
| 시러큐스, 뉴욕주 | 195 | 0.467 | 165 | 0.516 | 119 | 0.638 |
| 케너윅-파스코-리치랜드, 워싱턴주 | 196 | 0.465 | 157 | 0.545 | 72 | 0.719 |
| 올버니-스키넥터디-트로이, 뉴욕주 | 197 | 0.464 | 176 | 0.497 | 142 | 0.584 |
| 빙엄턴, 뉴욕주 | 198 | 0.463 | 149 | 0.561 | 220 | 0.422 |
| 걸프포트-빌럭시, 미시시피주 | 199 | 0.462 | 210 | 0.429 | 296 | 0.268 |
| 핫스피링스, 아칸서스주 | 200 | 0.456 | 195 | 0.46 | 343 | 0.136 |
| 라피엣, 루이지애나주 | 201 | 0.455 | 137 | 0.59 | 211 | 0.444 |
| 스포캔, 워싱턴주 | 201 | 0.455 | 216 | 0.417 | 165 | 0.531 |
| 윈체스터, 버지니아주-웨스트버지니아주 | 203 | 0.453 | 228 | 0.389 | 297 | 0.267 |
| 존슨시티, 테네시주 | 204 | 0.452 | 150 | 0.561 | 247 | 0.357 |
| 록퍼드, 일리노이주 | 205 | 0.451 | 225 | 0.396 | 154 | 0.559 |
| 로어노크, 버지니아주 | 206 | 0.448 | 179 | 0.493 | 135 | 0.597 |
| 링컨, 네브래스카주 | 207 | 0.444 | 170 | 0.509 | 144 | 0.579 |
| 미줄라, 몬태나주 | 208 | 0.442 | 237 | 0.372 | 324 | 0.199 |
| 스프링필드, 일리노이주 | 209 | 0.44 | 147 | 0.566 | 44 | 0.775 |
| 콜럼버스, 인디애나주 | 210 | 0.44 | 163 | 0.518 | 230 | 0.369 |
| 위치토, 캔자스주 | 211 | 0.437 | 162 | 0.521 | 103 | 0.672 |
| 보몬트-포트아서, 테네시주 | 212 | 0.435 | 148 | 0.565 | 147 | 0.575 |
| 프레스컷, 애리조나주 | 213 | 0.433 | 266 | 0.314 | 305 | 0.254 |
| 개즈던, 앨라배마주 | 214 | 0.432 | 172 | 0.501 | 190 | 0.491 |
| 새기노-새기노타운십 노스, 미시간주 | 215 | 0.43 | 219 | 0.405 | 188 | 0.494 |
| 스파턴버그, 사우스캐롤라이나주 | 216 | 0.428 | 174 | 0.498 | 174 | 0.517 |

| 대도시 | 새로운도시위기지수 | | 분리-불평등지수 | | 종합경제분리지수 | |
|---|---|---|---|---|---|---|
| | 순위 | 점수 | 순위 | 점수 | 순위 | 점수 |
| 디모인-웨스트디모인, 아이오와주 | 217 | 0.422 | 191 | 0.468 | 108 | 0.665 |
| 로키마운트, 노스캐롤라이나주 | 218 | 0.422 | 244 | 0.359 | 244 | 0.361 |
| 배틀크리크, 미시간주 | 219 | 0.421 | 230 | 0.385 | 257 | 0.329 |
| 도선, 앨라배마주 | 220 | 0.416 | 161 | 0.528 | 267 | 0.315 |
| 핸퍼드-코코란, 캘리포니아주 | 221 | 0.416 | 270 | 0.296 | 106 | 0.668 |
| 오데사, 텍사스주 | 222 | 0.414 | 158 | 0.545 | 203 | 0.465 |
| 팜코스트, 플로리다주 | 223 | 0.414 | 297 | 0.239 | 304 | 0.259 |
| 킬린-템플-포트후드, 텍사스주 | 224 | 0.413 | 226 | 0.393 | 226 | 0.411 |
| 캔턴-마실론, 오하이오주 | 225 | 0.41 | 198 | 0.456 | 163 | 0.532 |
| 샌앤젤로, 텍사스주 | 226 | 0.409 | 183 | 0.487 | 153 | 0.566 |
| 알렉산드리아, 루이지애나주 | 227 | 0.408 | 188 | 0.476 | 241 | 0.364 |
| 푼타 고르다, 플로리다주 | 228 | 0.406 | 278 | 0.286 | 340 | 0.143 |
| 펜서콜라-페리패스-브렌트, 플로리다주 | 229 | 0.403 | 269 | 0.299 | 254 | 0.332 |
| 발레이오-페어필드, 캘리포니아주 | 230 | 0.403 | 311 | 0.217 | 268 | 0.314 |
| 찰스턴, 웨스트버지니아주 | 231 | 0.4 | 160 | 0.53 | 131 | 0.608 |
| 그릴리, 콜로라도주 | 232 | 0.393 | 283 | 0.275 | 113 | 0.655 |
| 포트웨인, 인디애나주 | 233 | 0.39 | 180 | 0.489 | 79 | 0.716 |
| 킹스턴, 뉴욕주 | 234 | 0.388 | 299 | 0.234 | 307 | 0.248 |
| 벌링턴, 노스캐롤라이나주 | 235 | 0.384 | 240 | 0.367 | 225 | 0.412 |
| 해리슨버그, 버지니아주 | 236 | 0.382 | 246 | 0.355 | 297 | 0.267 |
| 위치토폴스, 텍사스주 | 237 | 0.381 | 201 | 0.451 | 197 | 0.48 |
| 이리, 펜실베이니아주 | 238 | 0.379 | 216 | 0.417 | 222 | 0.419 |
| 수폴스, 사우스다코타주 | 239 | 0.377 | 202 | 0.448 | 200 | 0.469 |
| 헌팅턴-애쉬랜드, 웨스트버지니아주-켄터키주-오하이오주 | 240 | 0.374 | 194 | 0.462 | 309 | 0.243 |

| 대도시 | 새로운도시위기지수 | | 분리-불평등지수 | | 종합경제분리지수 | |
|---|---|---|---|---|---|---|
| | 순위 | 점수 | 순위 | 점수 | 순위 | 점수 |
| 오캘라, 플로리다주 | 241 | 0.373 | 290 | 0.254 | 318 | 0.214 |
| 야키마, 워싱턴주 | 242 | 0.37 | 267 | 0.307 | 170 | 0.523 |
| 벨링햄, 워싱턴주 | 243 | 0.368 | 303 | 0.23 | 311 | 0.234 |
| 코달레인, 아이다호주 | 244 | 0.366 | 291 | 0.252 | 354 | 0.097 |
| 머스키건-노턴쇼어스, 미시간주 | 245 | 0.365 | 282 | 0.276 | 233 | 0.388 |
| 애슈빌, 노스캐롤라이나주 | 246 | 0.363 | 248 | 0.353 | 274 | 0.302 |
| 세일럼, 오레곤주 | 247 | 0.362 | 312 | 0.216 | 251 | 0.337 |
| 스프링필드, 미주리주 | 248 | 0.36 | 241 | 0.366 | 208 | 0.448 |
| 대븐포트-몰린-록아일랜드, 아이오와주-일리노이주 | 249 | 0.359 | 206 | 0.44 | 239 | 0.377 |
| 린치버그, 버지니아주 | 249 | 0.359 | 218 | 0.415 | 192 | 0.489 |
| 해리스버그-칼라일, 펜실베이니아주 | 251 | 0.358 | 224 | 0.398 | 169 | 0.524 |
| 벤드, 오레곤주 | 252 | 0.355 | 328 | 0.176 | 321 | 0.208 |
| 파고, 노스다코타주-미네소타주 | 253 | 0.352 | 219 | 0.405 | 319 | 0.213 |
| 리마, 오하이오주 | 254 | 0.352 | 236 | 0.373 | 185 | 0.496 |
| 앤더슨, 사우스캐롤라이나주 | 255 | 0.351 | 214 | 0.422 | 249 | 0.343 |
| 선더스키, 오하이오주 | 256 | 0.349 | 251 | 0.346 | 317 | 0.218 |
| 피오리아, 일리노이주 | 257 | 0.346 | 205 | 0.443 | 178 | 0.504 |
| 휠링, 웨스트버지니아주-오하이오주 | 257 | 0.346 | 196 | 0.459 | 271 | 0.311 |
| 앵커리지, 알래스카주 | 259 | 0.344 | 273 | 0.292 | 216 | 0.425 |
| 스크랜턴-윌크스-베리, 펜실베이니아주 | 260 | 0.343 | 250 | 0.348 | 258 | 0.328 |
| 영스타운-워런-보더만, 오하이오주-펜실베이니아주 | 261 | 0.339 | 242 | 0.364 | 180 | 0.501 |
| 잭슨빌, 노스캐롤라이나주 | 262 | 0.338 | 331 | 0.164 | 262 | 0.322 |
| 브레머튼-실버데일, 워싱턴주 | 263 | 0.334 | 321 | 0.189 | 293 | 0.271 |
| 홀랜드-그랑해븐, 미시간주 | 263 | 0.334 | 275 | 0.292 | 290 | 0.279 |

| 대도시 | 새로운도시위기지수 | | 분리-불평등지수 | | 종합경제분리지수 | |
|---|---|---|---|---|---|---|
| | 순위 | 점수 | 순위 | 점수 | 순위 | 점수 |
| 올림피아, 워싱턴주 | 265 | 0.333 | 309 | 0.219 | 283 | 0.288 |
| 엘미라, 뉴욕주 | 266 | 0.33 | 223 | 0.4 | 148 | 0.573 |
| 루이스턴-오번, 메인주 | 267 | 0.329 | 322 | 0.188 | 334 | 0.158 |
| 레딩, 펜실베이니아주 | 268 | 0.329 | 272 | 0.294 | 215 | 0.438 |
| 바인랜드-밀빌-브릿지톤, 뉴저지주 | 269 | 0.328 | 333 | 0.161 | 308 | 0.243 |
| 클락스빌, 테네시 주-켄터키주 | 270 | 0.327 | 284 | 0.269 | 176 | 0.506 |
| 오시코시-니나, 위스콘신주 | 271 | 0.327 | 246 | 0.355 | 256 | 0.33 |
| 에반스빌, 인디애나주-켄터키주 | 272 | 0.322 | 239 | 0.37 | 183 | 0.498 |
| 워너로빈스, 조지아주 | 272 | 0.322 | 231 | 0.382 | 284 | 0.287 |
| 오그던-클리어필드, 유타주 | 274 | 0.322 | 273 | 0.292 | 219 | 0.423 |
| 토피카, 캔자스주 | 275 | 0.321 | 233 | 0.378 | 210 | 0.444 |
| 뱅고어, 메인주 | 276 | 0.318 | 281 | 0.281 | 287 | 0.285 |
| 하인스빌-포르스튜어트, 조지아주 | 277 | 0.317 | 339 | 0.135 | 281 | 0.294 |
| 돌턴, 조지아주 | 278 | 0.313 | 260 | 0.322 | 175 | 0.507 |
| 덜루스, 미네소타주-위스콘신주 | 279 | 0.309 | 253 | 0.342 | 259 | 0.325 |
| 잭슨, 미시간주 | 280 | 0.307 | 293 | 0.246 | 204 | 0.454 |
| 로건, 유타주-아이다호주 | 281 | 0.303 | 284 | 0.269 | 227 | 0.405 |
| 그랜드포크스, 노스다코타주-미네소타주 | 282 | 0.303 | 238 | 0.371 | 323 | 0.201 |
| 섬터, 사우스캐롤라이나주 | 283 | 0.298 | 276 | 0.29 | 250 | 0.337 |
| 컴벌랜드, 메릴랜드주-웨스트버지니아주 | 284 | 0.298 | 249 | 0.352 | 339 | 0.147 |
| 테레호테, 인디애나주 | 285 | 0.296 | 263 | 0.316 | 220 | 0.422 |
| 파인블러프, 아칸서스주 | 286 | 0.292 | 271 | 0.296 | 272 | 0.309 |
| 그랑융티온, 콜로라도주 | 287 | 0.29 | 318 | 0.204 | 306 | 0.251 |
| 파스카굴라, 미시시피주 | 288 | 0.288 | 254 | 0.341 | 228 | 0.401 |

| 대도시 | 새로운도시위기지수 | | 분리-불평등지수 | | 종합경제분리지수 | |
|---|---|---|---|---|---|---|
| | 순위 | 점수 | 순위 | 점수 | 순위 | 점수 |
| 유티카-롬, 뉴욕주 | 289 | 0.287 | 257 | 0.335 | 198 | 0.476 |
| 샤이엔, 와이오밍주 | 290 | 0.284 | 267 | 0.307 | 252 | 0.334 |
| 러신, 위스콘신주 | 291 | 0.283 | 307 | 0.219 | 302 | 0.263 |
| 애니스턴-옥스퍼드, 앨라배마주 | 292 | 0.283 | 265 | 0.315 | 288 | 0.285 |
| 유마, 애리조나주 | 293 | 0.283 | 317 | 0.205 | 196 | 0.482 |
| 롱뷰, 워싱턴주 | 294 | 0.281 | 324 | 0.182 | 261 | 0.323 |
| 빅토리아, 텍사스수 | 295 | 0.278 | 243 | 0.361 | 262 | 0.322 |
| 스프링필드, 오하이오주 | 296 | 0.274 | 301 | 0.233 | 195 | 0.482 |
| 오클레어, 위스콘신주 | 297 | 0.271 | 293 | 0.246 | 327 | 0.188 |
| 코코모, 인디애나주 | 298 | 0.267 | 264 | 0.316 | 242 | 0.363 |
| 앨투나, 펜실베이니아주 | 299 | 0.266 | 258 | 0.332 | 289 | 0.28 |
| 롱뷰, 텍사스주 | 300 | 0.266 | 255 | 0.338 | 335 | 0.158 |
| 킹스포트-브리스톨-브리스톨, 테네시주-버지니아주 | 301 | 0.263 | 259 | 0.331 | 329 | 0.187 |
| 텍사캐나-텍사스주, 텍사캐나-아칸서스주 | 302 | 0.263 | 261 | 0.32 | 282 | 0.292 |
| 아이다호폴스, 아이다호주 | 303 | 0.257 | 289 | 0.256 | 331 | 0.169 |
| 앤더슨, 인디애나주 | 304 | 0.256 | 305 | 0.228 | 194 | 0.486 |
| 호마-바이우케인-티보도, 루이지애나주 | 305 | 0.255 | 256 | 0.338 | 265 | 0.319 |
| 칸카키-브래들리, 일리노이주 | 306 | 0.252 | 329 | 0.166 | 240 | 0.374 |
| 도버, 델라웨어주 | 307 | 0.248 | 337 | 0.139 | 355 | 0.089 |
| 레이크해버수시티-킹맨, 애리조나주 | 308 | 0.247 | 353 | 0.097 | 332 | 0.164 |
| 조플린, 미주리주 | 309 | 0.242 | 307 | 0.219 | 325 | 0.195 |
| 댄빌, 버지니아주 | 310 | 0.239 | 327 | 0.177 | 313 | 0.232 |
| 히코리-르누아-모갠튼, 노스캐롤라이나주 | 310 | 0.239 | 302 | 0.231 | 320 | 0.21 |
| 플로렌스-무스클쇼얼스, 앨라배마주 | 312 | 0.237 | 277 | 0.287 | 336 | 0.155 |

| 대도시 | 새로운 도시위기지수 | | 분리-불평등지수 | | 종합경제분리지수 | |
|---|---|---|---|---|---|---|
| | 순위 | 점수 | 순위 | 점수 | 순위 | 점수 |
| 수시티, 아이오와주-네브래스카주-사우스캐롤라이나주 | 312 | 0.237 | 280 | 0.282 | 159 | 0.547 |
| 그린베이, 위스콘신주 | 314 | 0.237 | 309 | 0.219 | 269 | 0.314 |
| 페어뱅크스, 알래스카주 | 315 | 0.235 | 338 | 0.136 | 291 | 0.277 |
| 시더래피즈, 아이오와주 | 316 | 0.233 | 279 | 0.286 | 2532 | 0.333 |
| 세인트클라우드, 미네소타주 | 316 | 0.233 | 316 | 0.206 | 301 | 0.264 |
| 마운트 버넌-애나코티스, 워싱턴주 | 318 | 0.227 | 357 | 0.061 | 337 | 0.153 |
| 포커텔로, 아이다호주 | 318 | 0.227 | 295 | 0.245 | 273 | 0.307 |
| 라크로스, 위스콘신주-미네소타주 | 320 | 0.222 | 292 | 0.247 | 312 | 0.233 |
| 베이시티, 미시간주 | 321 | 0.219 | 288 | 0.257 | 352 | 0.113 |
| 랭커스터, 펜실베이니아주 | 321 | 0.219 | 330 | 0.166 | 270 | 0.314 |
| 맨스필드, 오하이오주 | 321 | 0.219 | 298 | 0.237 | 173 | 0.517 |
| 골즈보로, 노스캐롤라이나주 | 324 | 0.218 | 326 | 0.181 | 341 | 0.141 |
| 제인즈빌, 위스콘신주 | 325 | 0.218 | 342 | 0.128 | 275 | 0.299 |
| 포르스미스, 아칸소주-오클라호마주 | 326 | 0.214 | 286 | 0.261 | 299 | 0.266 |
| 존스타운, 펜실베이니아주 | 327 | 0.198 | 287 | 0.258 | 229 | 0.399 |
| 빌링스, 몬태나주 | 328 | 0.195 | 324 | 0.182 | 286 | 0.285 |
| 워털루-시더팔스, 아이오와주 | 329 | 0.192 | 330 | 0.234 | 191 | 0.49 |
| 헤이거스타운-마틴즈버그, 메릴랜드주-웨스트버지니아주 | 330 | 0.19 | 348 | 0.108 | 350 | 0.116 |
| 세인트조지, 유타주 | 331 | 0.189 | 359 | 0.032 | 357 | 0.074 |
| 댄빌, 일리노이주 | 332 | 0.189 | 314 | 0.208 | 224 | 0.416 |
| 더뷰크, 아이오와주 | 333 | 0.187 | 306 | 0.221 | 208 | 0.448 |
| 먼로, 미시간주 | 333 | 0.187 | 349 | 0.103 | 358 | 0.049 |
| 비즈마크, 노스다코타주 | 335 | 0.186 | 296 | 0.243 | 348 | 0.118 |
| 요크-하노버, 펜실베이니아주 | 335 | 0.186 | 344 | 0.119 | 275 | 0.299 |

| 대도시 | 새로운도시위기지수 | | 분리-불평등지수 | | 종합경제분리지수 | |
|---|---|---|---|---|---|---|
| | 순위 | 점수 | 순위 | 점수 | 순위 | 점수 |
| 셔먼-데니슨, 텍사스주 | 337 | 0.184 | 335 | 0.154 | 351 | 0.115 |
| 로턴, 오클라호마주 | 338 | 0.184 | 332 | 0.162 | 279 | 0.296 |
| 그렛팔스, 몬태나주 | 339 | 0.182 | 323 | 0.185 | 255 | 0.331 |
| 미시건 시티-라포르테, 인디애나주 | 340 | 0.182 | 341 | 0.129 | 322 | 0.203 |
| 파커즈버그-매리에타-비엔나, 웨스트버지니아주-오하이오주 | 341 | 0.179 | 303 | 0.23 | 330 | 0.183 |
| 글렌스 팔스, 뉴욕주 | 342 | 0.175 | 354 | 0.095 | 328 | 0.188 |
| 웨내치, 워싱턴주 | 343 | 0.171 | 351 | 0.101 | 347 | 0.12 |
| 윌리엄스포트, 펜실베이니아주 | 343 | 0.171 | 345 | 0.117 | 346 | 0.132 |
| 엘하르트-고셴, 인디애나주 | 345 | 0.17 | 355 | 0.089 | 343 | 0.136 |
| 엘리자베스타운, 켄터키주 | 346 | 0.17 | 336 | 0.15 | 315 | 0.224 |
| 디케이터, 앨라배마주 | 347 | 0.168 | 313 | 0.209 | 302 | 0.263 |
| 파밍턴, 뉴햄프셔주 | 348 | 0.159 | 315 | 0.206 | 300 | 0.265 |
| 모리스타운, 테네시주 | 348 | 0.159 | 334 | 0.16 | 353 | 0.099 |
| 오언즈버러, 켄터키주 | 350 | 0.155 | 319 | 0.196 | 294 | 0.269 |
| 캐스퍼, 와이오밍주 | 351 | 0.152 | 320 | 0.19 | 345 | 0.133 |
| 애플턴, 위스콘신주 | 352 | 0.15 | 343 | 0.127 | 316 | 0.224 |
| 쉬보이건, 위스콘신주 | 353 | 0.143 | 346 | 0.114 | 338 | 0.15 |
| 루이스턴, 아이다호주-워싱턴주 | 354 | 0.129 | 350 | 0.102 | 356 | 0.075 |
| 세인트조지프, 미주리주-캔자스주 | 355 | 0.118 | 340 | 0.131 | 310 | 0.24 |
| 레버넌, 펜실베이니아주 | 356 | 0.104 | 347 | 0.111 | 285 | 0.286 |
| 워소, 위스콘신주 | 357 | 0.101 | 351 | 0.101 | 349 | 0.117 |
| 폰드 두 락, 위스콘신주 | 358 | 0.099 | 358 | 0.05 | 359 | 0.029 |
| 제퍼슨시티, 미주리주 | 359 | 0.062 | 356 | 0.082 | 326 | 0.189 |
| 플로렌스-무스클쇼얼스, 앨라배마주 | 312 | 0.237 | 277 | 0.287 | 336 | 0.155 |

자료: 마틴번영지수분석, 미국 인구조사, 미국 노동부 노동통계국 자료에 기초

## 감사의 글

이 책의 아이디어는 내가 쓰려고 했던 다른 책에 관해 이야기를 나누는 중에 나왔다. 2013년 여름이었다. 나는 여러 편집자, 출판사 발행인과 그 책에 대한 아이디어를 논의하려 뉴욕에 있었다. 아늑한 저녁, 나는 소호의 크로스비 호텔 라운지에 베이직북스Basic Books 관계자들과 함께 앉아 있었다. 내가 관찰한 재도시화 현상을 열심히 설명하고 있을 때 베이직북스 발행인 라라 하이머트가 나의 말을 잠시 가로막으며 말했다. "당신은 '새로운 도시 위기'에 대해서 말하고 있네요. 바로 그 주제로 책을 써보시죠." 결국 그녀의 말이 옳았다. 그때 나는 그 사실을 거의 깨닫지도 못한 채 분주하게 작업하고 있었다.

그러나 우선 나는 내 연구를 재편할 필요가 있었다. 나의 최초 연구는 주택과 도시 문제에 관한 것이었지만 내 연구는 상당 기간 도시와 지역의 혁신과 경제 성장을 뒷받침하는 요인들에 초점을 맞추었다. 이 책을 위해서 나는 도시 사회학 분야를 깊게 고찰할 필요가 있었다. 특히 도시 빈곤, 특정 지역이 겪은 곤경, 지역의 고질적인 영향에 대한 연구가 필요했다. 나는 토론토대 로트먼 경영대학 마틴번영연구소MPI, Martin Prosperity Institute의 팀원들과 함께 불평등과 경제적 분리, 젠트리피케이션의 신화와 현실, 억만장자의 지리학, 슈퍼 리치들의 갑작스런 도시 유입, 새로운 도시화의 규모와 도전과제, 도시와 교외지역 전체에 새롭게 나타나는 심각한 분리현상, 글로벌 도시화의 수많은 도전과제 등에 대해 연구를 수행했다. 새로운 도시 위기의 깊이를 가늠하고 도시, 교외지역, 대도시 지역 전체에 나타난 단층선을 지도로 표시한 후 나는 특정 지역에 집중된 장점에 집착하는 도시경제학도, 특정 지역에 집중된 곤경에 집착하는 도시사회학도 새로운 도시 위기를 온전히 보여주지 못한다는 점을 깨달았다. 나는 상호보완적인 이 두 가지 통찰을 결합하여 새로운 도시 위기를 이해하는 새로운 방법, 즉 통합적 방법을 개발할 수 있었다.

이와 같은 거대한 프로젝트는 집단의 노력이다. 나는 연구를 진행하는 중에 엄청난 빚을 졌다. 하이머트는 저자가 출판사에 기대할 수 있는 모든 것을 제공했다. 그녀는 큰 개념을 찾고 정리할 수 있도록 도와주고, 내 옆에서 끈기 있게 나의 글이 최대한 명확하고 쉽게 전달될 수 있도록 나를 재촉하면서 함께 작업했다. 나의 에이전트인 짐 레빈은 처음부터 이 연구 프로젝트를 믿어주었고 프로젝트 발전 단계 내내 그 확신을 잃지 않고 완전한 형태를 갖추도록 도와주었다.

아서 골드워그는 최고의 작가이자 편집자 중 한 사람이자 아이디어의 보고다. 그는 훌륭한 조언자로서 나의 아이디어를 더 명료하고 선명한 글로 표현할 수 있도록 도와주었다. 샬롯타 멜런더는 이 책에 사용된 핵심 지표를 만들고 통계분석을 수행하는 통계의 귀재다. 베이직북스의 브라이언 디스텔버그는 이 책이 최대한 일목요연하고 초점을 갖도록 최종편집을 맡아주었다. 케이시 스트렉퍼스는 세부적인 교열을 해주었고 멜리사 베로네시는 이 책이 제때에 효율적으로 제작되도록 전 과정을 진행해주었다.

특별히 MPI의 연구팀에게 감사드린다. 몇몇 연구원들은 이 책에 관련된 다양한 연구 프로젝트 작업 때문에 점점 더 크고 나은 연구들을 이어서 계속 수행했다. 카렌 킹은 전반적인 프로젝트 관리를 맡아 자료와 분석에서부터 편집, 참고문헌 정리, 그리고 지도, 차트, 표 작성까지 모든 것을 감독하고 조율했다. 이사벨 리치와 테일러 블레이크는 지도를 만들고 자료 분석을 도와주었다. 미셸 호프굿은 도표를 만들었다. 킴 실크와 이안 곰레이는 원原 자료와 참고문헌을 만들었다. 패트릭 아들러, 테일러 브리지스, 자라 매디슨은 모자이크 대도시권에 관한 장에 포함된 지도의 원본 제작과 분석을 담당했다.

MPI는 최적의 연구소다. MPI의 상임이사 제이미슨 스티브는 연구소를 전반적으로 관리하고 바스 베드나는 MPI의 도시연구 사업을 순조롭게 진행하고 관련 예산을 관리하며 분위기를 조성하는 역할을 맡았다. 발레리아 슬라도예빅-솔라와 퀸 데이비슨은 연구소가 매일 돌아가도록 도와준다. 작고한 조 로트먼과 로트먼 가족은 MPI의 연구 사업에 자금을 지원했다. 뉴욕대 도시연구실 동료이자 창조계층집단CCG 연구 책임자인 스티븐 페디고는 내가 도시경제발전 분야를 전문적으로 계속 연구하고 이 책에서 논의된 지역사회 문제의 실제적인 함의를 더 깊이 이해하도록 도와주었다. CCG의 레함 알렉산더는 내가 정신없이 돌아다닐 때도 제때에 나의 여러 가지 업무를 순조롭게 진행할 수 있도록 아주 효율적으로 지원해주었다.

내가 발행하는 〈애틀랜틱Atlantic〉의 편집진들―아리아 벤딕스, 스테파니 갈락, 사라 존슨, 아리안 마셜, 앤드류 스몰―은 지난 10년 동안 시티랩CityLab에서 내가 수행한 연구와 직책을 감당하도록 도와주었다. 많은 내용이 이 책에서 확장하고 실을 붙인 조사연구의 시발점이 되었다.

나의 동료인 플로리다 국제대학의 마크 로젠버그와 브라이언 쉬리너는 나의 휴가기간 동안 캐나다의 추운 겨울을 피해 마이애미 도시 스튜디오에서 생각하고 글을 쓸 수 있는 멋진 공간을 내주었다.

이 책의 여러 장과 초안에 대해 유익한 조언과 아이디어를 제공해준 많은 분에게 감사드린다―특별히 패드릭 아들러, 루이스 베튼코트, 보이드 코헨, 킴 마이 커틀러, 얀 도어링, 멜라니 파쉬, 조스 로보, 로버트 맨두카, 가베 멧칼프, 세스 핑크시, 아론 렌, 조너선 로스웰, 롭 샘프슨, 팻 스타키, 댄 실버, 그레그 스펜서, 리먼 스톤에게 감사드린다.

큰 위로와 기쁨의 원천인 대가족을 갖게 되어 행복하다. 아내 라나에게 가장 깊이 감사한다. 그녀는 내가 아이디어에 집중하고 갈고닦을 수 있게 해준 진정한 힘이다. 그녀는 내 생각의 옳음과 그름을 지적해주고 이와 같은 프로젝트에 전념할 수 있도록 나의 일과 삶의 세세한 내용을 정성을 다해 보살펴준다. 내 인생의 사랑인 그녀는 일상을 삶에 대한 끝없는 에너지와 열정으로 채운다. 이 책을 최근에 태어난 밀라 시몬 플로리다에게 바친다.

## 서문

1.  Report of the National Advisory Commission on Civil Disorders(Kerner Commission Report) Washington, DC: US Government Printing Office, 1968); Max Herman, Summer of Rage: An Oral History of the 1967 Newark and Detroit Riots (Bern: Peter Lang, 2013); Kevin Mumford, Newark: A History of Race, Rights, and Riots in America (New York: New York University Press, 2008); Sidney Fine, Violence in the Model City: The Cavanagh Administration, Race Relations, and the Detroit Riot of 1967 (Ann Arbor: University of Michigan Press, 1989); Thomas J. Sugrue, The Origins of the Urban Crisis: Race and Inequality in Postwar Detroit (Princeton, NJ: Princeton University Press, 1996).

2.  Richard Florida, The Rise of the Creative Class: And How It's Transforming Work, Leisure, Community, and Everyday Life(New York: Basic Books, 2002); Florida, The Rise of the Creative Class Revisited (New York: Basic Books, 2012).

3.  Thomas Piketty, Capital in the Twenty-First Century (Cambridge, MA: Belknap Press of Harvard University Press, 2013); Richard Florida, "The New American Dream," Washington Monthly, March 2003; Richard Florida, The Flight of the Creative Class (New York: HarperCollins, 2005).

4.  Richard Florida, "More Losers Than Winners in America's New Economic Geography," CityLab, January 30, 2013, www.citylab.com/work/2013/01/more-losers-winners-americas-new-economic-geography/4465.

5.  Joel Kotkin, "Richard Florida Concedes the Limits of the Creative Class," Daily Beast, March 20, 2013, www.thedailybeast.com/articles/2013/03/20/richard-florida-concedes-the-limits-of-the-creative-class.html; Richard Florida, "Did I Abandon My Creative Class Theory? Not So Fast, Joel Kotkin," Daily Beast, March 21, 2013, www.thedailybeast.com/articles/2013/03/21/did-i-abandon-my-creative-class-theory-not-so-fast-joel-kotkin.html.

6.     Richard Florida, "How Rob Ford's Pride Snub Hurts the City of Toronto," Toronto Star, April 23, 2012, www.thestar.com/opinion/editorialopinion/2012/04/23/how_rob_fords_pride_snub_hurts_the_city_of_toronto.html; Richard Florida, "Toronto Needs a Muscular Mayor," Globe and Mail, November 30, 2012, www.theglobeandmail.com/globe-debate/richard-florida-toronto-needs-a-muscular-mayor/article5822048; Richard Florida, "What Toronto Needs Now: Richard Florida Offers a Manifesto for a New Model of Leadership," Toronto Life, October 22, 2012, www.torontolife.com/informer/features/2012/10/22/what-toronto-needs-now. See also Zack Taylor, "Who Votes for a Mayor Like Rob Ford?," The Conversation, November 13, 2013, http://theconversation.com/who-votes-for-a-mayor-like-rob-ford-20193; Zack Taylor, "Who Elected Rob Ford, and Why? An Ecological Analysis of the 2010 Toronto Election," Paper presented at the Canadian Political Science Association Conference, Waterloo, Ontario, May 2011, www.cpsa-acsp.ca/papers-2011/Taylor.pdf.

7.     The person who first identified this development is my University of Toronto colleague J. David Hulchanski, in "The Three Cities Within Toronto: Income Polarization Among Toronto's Neighborhoods, 1970–2005," Cities Centre, University of Toronto, 2010, www.urbancentre.utoronto.ca/pdfs/curp/tnrn/Three-Cities-Within-Toronto-2010-Final.pdf. See also Richard Florida, "No Longer One Toronto," Globe and Mail, October 22, 2010, www.theglobeandmail.com/opinion/no-longer-one-toronto/article4329894.

## 1장

1.     The urban optimists include Harvard University's Edward Glaeser, Bruce Katz of the Brookings Institution, and the political theorist Benjamin Barber. See Edward Glaeser, The Triumph of the City: How Our Greatest Invention Makes Us Richer, Smarter, Greener, Healthier, and Happier(New York: Penguin, 2011); Bruce Katz and Jennifer Bradley, The Metropolitan Revolution: How Cities and Metros Are Fixing Our Broken Politics and Fragile Economy (Washington, DC: Brookings Institution Press, 2013); Benjamin Barber, If Mayors Ruled the World: Dysfunctional Nations, Rising Cities (New Haven, CT: Yale University Press, 2013).

2.     The pessimists include the Marxist geographer David Harvey and urban theorist Mike Davis, among others. Harvey wrote: "None of this new development could have occurred without massive population displacements and dispossessions, wave after wave of creative destruction that has taken not only a physical toll but destroyed social solidarities, exaggerated social inequalities, swept aside any pretenses of democratic urban governance, and has increasingly looked to militarized police surveillance and terror as its primary mode of social regulation." See David Harvey, "The Crisis of Planetary Urbanization, "Post: Notes on Modern and Contemporary Art Around the Globe, Museum of Modern Art, November 18, 2014, http://post.at.moma.org/content_items/520-the-crisis-of-planetary-urbanization; Mike Davis, Planet of Slums (New York: Verso, 2006).

3.     I was especially influenced by the work of Robert Sampson and Patrick Sharkey. See Robert J. Sampson, Great American City: Chicago and the Enduring Neighborhood Effect (Chicago: University of Chicago Press, 2012); Patrick Sharkey, Stuck in Place: Urban Neighborhoods and the End of Progress Toward Racial Equality (Chicago: University of Chicago Press, 2013). Some of the key research studies by my team that inform this book include: Richard Florida and

Charlotta Mellander, "The Geography of Inequality: Difference and Determinants of Wage and Income Inequality across US Metros," Regional Studies 50, no. 1 (2014): 1–14; Richard Florida, Zara Matheson, Patrick Adler, and Taylor Brydges, The Divided City and the Shape of the New Metropolis (Toronto: Martin Prosperity Institute, Rotman School of Management, University of Toronto, 2015), http://martinprosperity.org/media/Divided-City.pdf; Richard Florida and Charlotta Mellander, Segregated City: The Geography of Economic Segregation in America's Metros (Toronto: Martin Prosperity Institute, Rotman School of Management, University of Toronto, 2016), http://martinprosperity.org/media/Segregated%20City.pdf.

4. In the 1970s, one of my Rutgers professors likened America's urban centers to veritable "sandboxes," where the poor minorities who were left in them were pacified and distracted by programs that were underwritten by federal transfer payments. See George Sternlieb, "The City as Sandbox," National Affairs, no. 25 (Fall 1971): 14–21, www.nationalaffairs.com/public_interest/detail/the-city-as-sandbox.

5. Richard Florida and Karen King, Rise of the Global Startup City: The Geography of Venture Capital Investment in Cities and Metro Areas Across the Globe (Toronto: Martin Prosperity Institute, Rotman School of Management, University of Toronto, 2016), http://martinprosperity.org/media/Rise-of-the-Global-Startup-City.pdf.

6. The phrase "plutocratization" is from Simon Kuper, "Priced Out of Paris," Financial Times, June 14, 2013, www.ft.com/intl/cms/s/2/a096d1d0-d2ec-11e2-aac2-00144feab7de.html.

7. For the shrinking of the middle class in metropolitan areas, see Pew Research Center, America's Shrinking Middle Class: A Close Look at Changes Within Metropolitan Areas, May 11, 2016, www.pewsocialtrends.org/2016/05/11/americas-shrinking-middle-class-a-close-look-at-changes-within-metropolitan-areas. For the 1970–2012 figures on the share of families living in middle-class neighborhoods, see Kendra Bischoff and Sean Reardon, "The Continuing Increase in Income Segregation, 2007–2012," Stanford University, Center for Education and Policy Analysis, March 2016, https://cepa.stanford.edu/sites/default/files/the%20continuing%20increase%20in%20income%20segregation%20march2016.pdf.

8. Elizabeth Kneebone, "The Growth and Spread of Concentrated Poverty, 2000 to 2008–2012," Brookings Institution, July 31, 2014, www.brookings.edu/research/interactives/2014/concentrated-poverty.

9. The concept of urbanization without growth is from Remi Jedwab and Dietrich Vollrath, "Urbanization Without Growth in Historical Perspective,"Explorations in Economic History 57 (July 2015): 1–94. The data on global slums is from UN-Habitat. See UN-Habitat, State of the World's Cities 2010/2011: Bridging the Urban Divide (New York: Routledge, 2010), https://sustainabledevelopment.un.org/content/documents/11143016_alt.pdf, 7. Also see UN-Habitat, Urbanization and Development: Emerging Futures, World Cities Report 2016, http://wcr.unhabitat.org/wp-content/uploads/sites/16/2016/05/WCR-%20Full-Report-2016.pdf.

10. The mega-region figures are from Richard Florida, Charlotta Mellander, and Tim Gulden, "Global Metropolis: Assessing Economic Activity in Urban Centers Based on Nighttime

Satellite Images," Professional Geographer, April 2012, 178–187; Richard Florida, Tim Gulden, and Charlotta Mellander, "The Rise of the Mega-Region," Cambridge Journal of Regions, Economy and Society 1, no. 3 (2008): 459–476. The venture capital figures are from Richard Florida and Karen King, Venture Capital Goes Urban: Tracking Venture Capital and Startup Activity Across US Zip Codes (Toronto: Martin Prosperity Institute, Rotman School of Management, University of Toronto, 2016), http://martinprosperity.org/media/Startup-US-2016_ Venture-Capital-Goes-Urban.pdf; Richard Florida and Karen King, The Rise of the Urban Startup Neighborhood: Mapping Micro-Clusters of Venture Capital–Based Startups (Toronto: Martin Prosperity Institute, Rotman School of Management, University of Toronto, 2016), http://martinprosperity.org/media/Startup-US-2016_Rise-of-the-Urban-Startup-Neighborhood. pdf.

11. The concept of the urban land nexus was first advanced by the geographer Allen J. Scott in The Urban Land Nexus and the State (London: Pion Press, 1980). See also Allen J. Scott and Michael Storper, "The Nature of Cities: The Scope and Limits of Urban Theory," International Journal of Urban and Regional Research 39, no. 1 (2015): 1–15.

## 2장

1. Geoff Manaugh and Kelsey Campbell-Dollaghan, "Sneak Peek of Sim-City: Cities of Tomorrow," Gizmodo, October 11, 2013, http://gizmodo.com/sneak-peek-of-simcity-cities-of-the-future-1443653857.

2. As far as I can tell, the phrase superstar cities was introduced in a 2013 study by economists Joseph Gyourko, Christopher Mayer, and Todd Sinai to identify US cities where housing prices consistently outpaced prices in other cities and appreciated at a rapid clip. See their article "Superstar Cities," American Economic Journal: Economic Policy 5, no. 4 (2013): 167–199.

3. Robert Frank and Philip J. Cook, The Winner-Take-All Society: Why the Few at the Top Get So Much More Than the Rest of Us (New York: Penguin, 1996); Sherwin Rosen, "The Economics of Superstars," American Economic Review 71, no. 5 (1981): 845–858.

4. The ratio rose to 30 to 1 in 1978, and 123 to 1 in 1995. By 2000, around the time Frank and Cook were developing their theory, it was 383 to 1, and it has hovered around 300 to 1 since the economic crisis of 2008. See Lawrence Mishel and Jessica Schieder, "Stock Market Headwinds Meant Less Generous Year for Some CEOs," Economic Policy Institute, July 12, 2016, www.epi.org/files/pdf/109799.pdf; Ric Marshall and Linda-Eling Lee, Are CEOs Paid for Performance? Evaluating the Effectiveness of Equity Incentives, MSCI Research Insight, July 2016, www.msci.com/documents/10199/91a7f92b-d4ba-4d29-ae5f-8022f9bb944d; Theo Francis, "Best-Paid CEOs Run Some of Worst-Performing Companies," Wall Street Journal, July 25, 2016, www.wsj.com/articles/best-paid-ceos-run-some-of-worst-performing-companies-1469419262. The study, not surprisingly, calls for dramatically paring back equity-based compensation.

5. My colleague Derek Thompson at The Atlantic refers to it as the richget-richer principle. See Derek Thompson, "The Richest Cities for Young People: 1980 vs. Today," The Atlantic,

February 15, 2015, www.theatlantic.com/business/archive/2015/02/for-great-american-cities-the-rich-dont-always-get-richer/385513.

6.  The Superstar City Index uses five measures: The first is Economic Power, based on economic output and economic output per capita from the Brookings Institution's Global Metro Monitor. See Joseph Parilla, Jesus Leal Trujillo, and Alan Berube, Global Metro Monitor 2014: An Uncertain Recovery, Brookings Institution, 2014, www.brookings.edu/~/media/Research/Files/Reports/2015/01/22-global-metro-monitor/bmpp_GMM_final.pdf?la=en. The second is Financial Power, based on the Global Financial Centres Index, which measures a range of factors related to a city's banking, finance, and investment industries. See Mark Yeandle, Nick Danev, and Michael Mainelli, The Global Financial Centres Index, Z/Yen Group, 2014, www.zyen.com/research/gfci.html. Next is Global Competitiveness, which is based on The Economist's Global City Competiveness Index, which is the third measure, and A. T. Kearney's Global Cities Index, the fourth measure. Both of these track elements of business activity, talent, and competitiveness among global cities. See Citigroup, Hot Spots 2025: Benchmarking the Future Competitiveness of Cities, Economist Intelligence Unit, 2013, www.citigroup.com/citi/citiforcities/pdfs/hotspots2025.pdf; Mike Hales, Erik R. Peterson, Andres Mendoza, and Johan Gott, Global Cities, Present and Future: 2014 Global Cities Index and Emerging Cities Outlook, AT Kearney, 2014, www.atkearney.com/research-studies/global-cities-index/full-report. The fifth measure is Quality of Life, based on the UN City Prosperity Index, which measures prosperity along five dimensions: productivity, infrastructure, quality of life, equity and social inclusion, and environmental sustainability. See UN-Habitat, State of the World's Cities 2012/2013: Prosperity of Cities (New York: Routledge, 2013), https://sustainabledevelopment.un.org/content/documents/745habitat.pdf.

7.  Richard Florida, "The World Is Spiky," Atlantic Monthly (October 2005), 48–51, www.theatlantic.com/past/docs/images/issues/200510/world-is-spiky.pdf.

8.  John Schoales, "Alpha Clusters: Creative Innovation in Local Economies,"Economic Development Quarterly 20, no. 2 (2006): 162–177.

9.  See, for example, Luis M. A. Bettencourt, Jose Lobo, Deborah Strumsky, and Geoffrey B. West, "Urban Scaling and Its Deviations: Revealing the Structure of Wealth, Innovation, and Crime Across Cities,"PLOS ONE (November 10, 2010).

10. Richard Florida, Hugh Kelly, Steven Pedigo, and Rosemary Scanlon, New York City: The Great Reset, NYU School of Professional Studies, July 2015, www.pageturnpro.com/New-York-University/67081-The-Great-Reset/default.html#page/1.

11. Richard Florida, "Why Some Cities Lose When Others Win,"CityLab, March 30, 2012, www.citylab.com/work/2012/03/why-some-cities-lose-when-others-win/1611; Aaron M. Renn, "The Great Reordering of the Urban Hierarchy," New Geography, March 26, 2012, www.newgeography.com/content/002745-the-great-reordering-urban-hierarchy.

12. These data are from Zillow's Research Data site, www.zillow.com/research/data. It is important to point out that Zillow's data exclude the following nondisclosure states: Alaska, Idaho, Indiana,

Kansas, Louisiana, Maine, Mississippi, Missouri, Montana, New Mexico, North Dakota, Texas, Utah, and Wyoming. Still, Zillow provides a useful perspective into the enormous gaps in housing prices between superstar cities and superstar neighborhoods and much of the rest of the country.

13. On clustering, see Alfred Marshall, Principles of Economics (London: Macmillan, 1890); Jane Jacobs, The Economy of Cities (New York: Random House,1969); Paul Krugman, "Increasing Returns and Economic Geography," Journal of Political Economy 99, no. 3 (June 1991): 483–499; Robert E. Lucas, "On the Mechanics of Economic Development," Journal of Monetary Economics 22, no. 1 (1988): 3–42. On diversity and immigration, see AnnaLee Saxenian, The New Argonauts: Regional Advantage in a Global Economy (Cambridge, MA: Harvard University Press, 2007); Vivek Wadhwa, AnnaLee Saxenian, and F. Daniel Siciliano, America's New Immigrant Entrepreneurs: Then and Now (Kansas City, MO: Kauffman Foundation, 2012), www.kauffman.org/~/media/kauffman_org/research%20reports%20and%20 covers/2012/10/then_and_now_americas_new_immigrant_entrepreneurs.pdf.

14. William Alonso, "A Theory of the Urban Land Market," Regional Science 6, no. 1 (1960): 149–157; William Alonso, Location and Land Use(Cambridge, MA: Harvard University Press, 1964).

15. Willie Larson, New Estimates of Value of Land of the United States, Bureau of Economic Analysis, 2015, www.bea.gov/papers/pdf/new-estimates-of-value-of-land-of-the-united-states-larson.pdf; Richard Florida, "The Real Role of Land Values in the United States," CityLab, April 10, 2015, www.citylab.com/housing/2015/04/the-real-role-of-land-values-in-the-united-states/389862.

16. These data are from Joe Cortright, "The Market Cap of Cities," City Observatory, January 1, 2016, http://cityobservatory.org/the-market-cap-of-cities. Cortright combined Zillow estimates for owner-occupied housing of $28.4 trillion with his own estimates of the value of rental housing of $5.8trillion. Cortright explained via e-mail that he used Zillow's base estimates of annual gross rent for the United States and metro areas to calculate his estimate of rental value. To come up with the total value of US rental housing, for example, he used Zillow's estimate of $535 billion in gross rent to calculate annual net income from rental housing of $350 billion based on net operating income of 65 percent. He then capitalized that at 6 percent to come up with the $5.8 trillion figure. The base data for both owner and rental housing are from Svenja Gudell, "How Much Would It Cost to Buy Every Home in America?" Zillow Blog, December 30, 2015, www.zillow.com/research/total-housing-value-2015-11535.

17. Gyourko, Mayer, and Sinai, "Superstar Cities."

18. These data are from Anna Scherbina and Jason Barr, "Manhattan Real Estate: What's Next," Real Clear Markets, February 8, 2016, www.realclearmarkets.com/articles/2016/02/08/ manhattan_real_estate_whats_next_101995.html.

19. The term NIMBY grew in use in the United States in the 1980s, but some date its origin as far back as the 1950s. See Michael Dear, "Understanding and Overcoming the NIMBY Syndrome,"

Journal of the American Planning Association 58, no. 3 (1992): 288–300. There is a rapidly expanding literature on the effects of NIMBYism and land use restrictions on housing costs and urban development. See, Edward Glaeser, The Triumph of the City (New York: Penguin, 2011); Ryan Avent, The Gated City (Seattle: Amazon Digital Services, 2014); Ryan Avent, "One Path to Better Jobs: More Density in Cities,"New York Times, September 3, 2011, www.nytimes. com/2011/09/04/opinion/sunday/one-path-to-better-jobs-more-density-in-cities.html; Matthew Yglesias, The Rent Is Too Damn High (New York: Simon and Schuster, 2012); Matthew Yglesias, "NIMBYs Are Killing the National Economy," Vox, April 25, 2014, www.vox. com/2014/4/25/5650816/NIMBYs-are-killing-the-national-economy. On the increase in court cases about land use issues, see Peter Ganong and Daniel Shoag, "Why Has Regional Income Convergence in the U.S. Declined?," Harvard University, January 2015, http://papers.ssrn.com/ sol3/papers.cfm?abstract_id=2081216.

20. Richard Florida, "Bring on the Jets at Island Airport," Toronto Star, December 17, 2013, www. thestar.com/opinion/commentary/2013/12/17/bring_on_the_jets_at_the_island_airport.html; Richard Florida, Charlotta Mellander, and Thomas Holgersson, "Up in the Air: The Role of Airports for Regional Economic Development," Annals of Regional Science 54, no. 1(2015): 197–214; Jordan Press, "Trudeau Government Says No to Expansion of Toronto Island Airport," Toronto Star, November 21, 2015, www.thestar.com/news/canada/2015/11/27/trudeau-government-says-no-to-expansion-of-toronto-island-airport.html.

21. Hans Brems, "Cantillon Versus Marx: The Land Theory and the Labor Theory of Value," History of Political Economy 10, no. 4 (1978): 669–678; Anthony Brewer, "Cantillon and the Land Theory of Value," History of Political Economy 20, no. 1 (1988): 1–14; David Ricardo, "On Rent," in On the Principles of Political Economy and Taxation (London: John Murray, 1821), chap. 2, available at www.econlib.org/library/Ricardo/ricP.html; Adam Smith, The Wealth of Nations, Bantam Classics Reprint (New York: Bantam, 2003 [1776]).

22. Ryan Avent, "The Parasitic City," The Economist, June 3, 2013, www.economist.com/blogs/ freeexchange/2013/06/london-house-prices; Noah Smith, "Piketty's Three Big Mistakes," Bloomberg View, March 27, 2015, www.bloombergview.com/articles/2015-03-27/piketty-s-three-big-mistakes-in-inequality-analysis. Emphasis is from the original.

23. On the original Luddites, see Kirkpatrick Sale, Rebels Against the Future: The Luddites and Their War on the Industrial Revolution: Lessons for the Computer (Boston: Addison-Wesley, 1995).

24. Chang-Tai Hsieh and Enrico Moretti, "Why Do Cities Matter? Local Growth and Aggregate Growth," NBER Working Paper no. 21154, National Bureau of Economic Research, May 2015. Economists Jason Furman, a former chairman of the President's Council of Economic Advisers, and Peter Orszag, a former director of the Office of Management and Budget, noted that "zoning regulations are best interpreted as real estate market supply constraints. Taking various forms—limiting height restrictions, highly restrictive minimum lot sizes, complicated permitting processes, or prohibitions on multifamily structures, to name just a few—such regulations effectively limit the number of housing units or non-residential buildings that can be built in a given area." See their article "Firm-Level Perspective on the Role of Rents in the Rise in Inequality," Presentation at "A Just Society" Centennial Event in Honor of Joseph Stiglitz,

Columbia University, October 16, 2015, 7–8, www.whitehouse.gov/sites/default/files/page/files/20151016_firm_level_perspective_on_role_of_rents_in_inequality.pdf. See also "Inclusive Growth in the United States," in 2016 Economic Report of the President (Washington, DC: President's Council of Economic Advisers, 2016), chap. 1, p. 44. On top of this, such restrictions contribute significantly to the geographic segregation and isolation of the rich and poor. Also see Michael C. Lens and Paavo Monkkonen, "Do Strict Land Use Regulations Make Metropolitan Areas More Segregated by Income? "Journal of the American Planning Association 82, no. 1 (2016): 6–121. Such land use regulations are so restrictive that they have been dubbed "the new exclusionary zoning." See John Mangin, "The New Exclusionary Zoning, "Stanford Law and Policy Review 29, no. 1 (January 2014): 91–120; William Fischel, Zoning Rules! The Economics of Land Use Regulation, Lincoln Institute of Land Policy, 2015.

25. The data and graph are from a study by Issi Romem, chief economist with the real estate site BuildZoom. See Issi Romem, "Has the Expansion of American Cities Slowed Down?" BuildZoom, May 15, 2016, www.buildzoom.com/blog/cities-expansion-slowing. This discussion is also based on Richard Florida, "Blame Geography for High Housing Prices?" CityLab, April 18, 2016, www.citylab.com/housing/2016/04/blame-geography-for-high-housing-prices/478680. Austin is a bit deceiving: Despite its relatively modest housing price growth, the metro area has had a serious problem with housing affordability. Its housing prices may be lower than San Francisco's, Boston's, or DC's, but its median income is also lower, and roughly half its renters face substantial cost burdens.

26. Albert Saiz, "The Geographic Determinants of Housing Supply," Quarterly Journal of Economics 125, no. 3 (2010): 1253–1296; Yonah Freemark, "Reorienting Our Discussion of Urban Growth," The Transport Politic, July 6, 2016, www.thetransportpolitic.com/2016/07/06/reorienting-our-discussion-of-city-growth. Freemark's analysis charted population change in America's one hundred largest cities, comparing the change in overall population to the change in the built-up areas of those cities (areas with a population density of 4,000 people per square mile or more), with central areas in and around the urban core defined as those within 1.5 to 3 miles of city hall.

27. See Enrico Moretti, The New Geography of Jobs (Boston: Houghton Mifflin Harcourt, 2012).

28. Richard Florida, "Cost of Living Is Really All About Housing," CityLab, July 21, 2014, www.citylab.com/housing/2014/07/cost-of-living-is-really-all-about-housing/373128; Richard Florida, "The U.S. Cities with the Most Leftover to Spend···After Paying for Housing," CityLab, December 23, 2011, www.citylab.com/housing/2011/12/us-cities-with-most-spend-after-paying-housing/778.

29. Average wages are positively correlated with metropolitan populations (0.58), as are wages for the three classes of workers: knowledge, professional, and creative workers (0.69); service workers (0.46); and blue-collarworkers (0.28).

30. The correlation between housing cost and creative-class wages left over after paying for housing is positive and significant (0.58). The correlations between housing costs and wages left over after paying for housing are negative and significant for the service class (–0.36) and the

working class (–0.20).

31. Thomas Piketty, Capital in the Twenty-First Century (Cambridge, MA: Belknap Press of Harvard University Press, 2013); Matthew Rognlie, "Deciphering the Fall and Rise in the Net Capital Share," Brookings Papers on Economic Activity, Brookings Institution, March 2015, www.brookings.edu/~/media/projects/bpea/spring-2015/2015a_rognlie.pdf. While some have jumped on Rognlie's work as somehow criticizing or upending Piketty'sarguments and conclusions, I prefer to see it as clarifying and focusing attention on the role that housing plays in mounting inequality. Felix Salmon referred to the "physical manifestation of r > g" in his "Lessons from a $110 Million Penthouse," Medium, June 8, 2014, https://medium.com/@felixsalmon/lessons-from-a-110-million-penthouse-ca23db711df2.

## 3장

1. David Byrne, "If the 1% Stifles New York's Creative Talent, I'm Out of Here," The Guardian, October 7, 2013, www.theguardian.com/commentisfree/2013/oct/07/new-york-1percent-stifles-creative-talent.

2. This quotation is from a 2010 conversation between Smith and writer Jonathan Lethem at Cooper Union. See Jeremiah Moss, "Find a New City,"Jeremiah's Vanishing New York, May 3, 2010, http://vanishingnewyork.blogspot.ca/2010/05/find-new-city.html.

3. Moby, "I Left New York for LA Because Creativity Requires the Freedom to Fail," The Guardian, February 3, 2014, www.theguardian.com/commentisfree/2014/feb/03/leave-new-york-for-los-angeles.

4. See Scott Timberg, Culture Crash: The Killing of the Creative Class(New Haven, CT: Yale University Press, 2015); Sarah Kendzior, "Expensive Cities Are Killing Creativity," Al Jazeera, December 17, 2013, www.aljazeera.com/indepth/opinion/2013/12/expensive-cities-are-killing-creativity-2013121065856922461.html.

5. Marcus Fairs, "London Could Follow New York and Lose Its Creative Class Warns Rohan Silva," Dezeen, July 10, 2015, www.dezeen.com/2015/07/10/creative-people-designers-new-york-move-los-angeles-cautionary-tale-london-warns-rohan-silva; Alex Proud, "'Cool' London Is Dead, and the Rich Kids Are to Blame," The Telegraph, April 7, 2014, www.telegraph.co.uk/men/thinking-man/10744997/Cool-London-is-dead-and-the-rich-kids-are-to-blame.html.

6. Statistically speaking, for all three of these groups—business professionals, techies, and creatives—the correlations between housing costs and the amount of money they have left over after paying for housing are positive and significant, while the correlation for the service class is negative. The correlations between housing costs and the amount of wages left over after paying for housing are as follows: business professionals (0.60); techies and scientists (0.44); and artists, musicians, and cultural creatives (0.42). The BLS data for artists and cultural creatives pertain only to those who report creative work as their primary occupation, and thus exclude struggling or younger artists whose primary occupation may be something else. Although we tend to think of the aspiring artist working in a non-creative job as unique, young people in

many occupations may have different jobs as they transition from college or graduate school to their preferred career.

7.  On London, see Jonathan Prynn, Mira Bar-Hillel, and Lindsay Watling, "London's £3bn Ghost Mansions: 'Foreign Investors Are Using Capital's Finest Homes as Real-Life Monopoly Pieces,'" Evening Standard, February 14, 2014, www.standard.co.uk/news/london/londons-3bn-ghost-mansions-foreign-investors-are-using-capitals-finest-homes-as-reallife-monopoly-pieces-9128782.html. On New York, see Sam Roberts, "Homes Dark and Lifeless, Kept by Out-of-Towners," New York Times, July 6, 2011, www.nytimes.com/2011/07/07/nyregion/more-apartments-are-empty-yet-rentedor-owned-census-finds.html; Julie Satow, "Pieds-A-Terre Owners Dominate Some New York Buildings," New York Times, October 24, 2014, www.nytimes.com/2014/10/26/realestate/pieds-terre-owners-dominate-some-new-york-buildings.html.

8.  On foreign buyers in London, see Patrick Worrall, "FactCheck: Are the Super-Rich Killing 'Cool London'?," BBC Channel 4 Fact Check Blog, April 14, 2014, http://blogs.channel4.com/factcheck/factcheck-superrich-driving-property-prices/18073. On the displacement of established London elites by the global super-rich, see Luna Glucksburg, "Is This Displacement? Pushing the Boundaries of Super-Gentrification in London's Alpha Territory," Paper presented to the Royal Geographical Society (with IBG) Annual International Conference in London, August 31, 2016. The term "oligarchification" is from Feargus O'Sullivan, "No One Feels Sorry for the Latest Victims of London's 'Gentrification,'" CityLab, September 2, 2016, www.citylab.com/housing/2016/09/the-latest-victims-of-london-gentrification-are-the-rich/498536.

9.  Louise Story and Stephanie Saul, "Stream of Foreign Wealth Flows to Elite New York Real Estate," New York Times, February 7, 2015, www.nytimes.com/2015/02/08/nyregion/stream-of-foreign-wealth-flows-to-time-warner-condos.html; "Story and Saul: The Hidden Money Buying Condos at the Time Warner Center," New York Times, February 7, 2015, www.nytimes.com/2015/02/08/nyregion/the-hidden-money-buying-up-new-york-real-estate.html; Octavio Nuiry, "Are Foreigners Stashing Billions in U.S. Real Estate?" Housing News Report, September 2015, https://issuu.com/ftmagazine/docs/housingnewsreport_sept.; Saskia Sassen, "Who Owns Our Cities—and Why This Urban Takeover Should Concern Us All," The Guardian, November 24, 2015, www.theguardian.com/cities/2015/nov/24/who-owns-our-cities-and-why-this-urban-takeover-should-concern-us-all.

10. Thorstein Veblen, The Theory of the Leisure Class: An Economic Study of Institutions (Mineola, NY: Dover Publications, 1994 [1899]).

11. Richard Florida, Charlotta Mellander, and Isabel Ritchie, The Geography of the Global Super-Rich (Toronto: Martin Prosperity Institute, Rotman School of Management, University of Toronto, 2016), http://martinprosperity.org/media/The-Geography-of-the-Global-Super-Rich.pdf. Our figures are based on Forbes data that cover 1,826 billionaires worldwide. These billionaires account for roughly 0.00003 percent of the world's population but hold total wealth of $7 trillion, roughly equivalent to 10 percent of global economic output. We identified billionaires by primary residence and aggregated them by global metropolitan areas. The number and net worth of billionaires are positively correlated with population size (0.41, 0.33),

economic output (0.68, 0.61), the Global City Competitiveness Index (0.47, 0.49), and the Global Financial Centre's Index (0.49, 0.52). Even though the biggest superstar cities have the most billionaires, some billionaires still reside in the smaller cities where they generated their wealth—such as the Walton family of Walmart fame in Bentonville, Arkansas, and Warren Buffet in Omaha, Nebraska.

12. Knight Frank, The Wealth Report—2015, www.knightfrank.com/research/the-wealth-report-2015-2716.aspx.

13. Richard Florida and Martin Kenney, "Venture Capital, High Technology, and Regional Development," Regional Studies 22, no. 1 (1988): 33–48; Richard Florida and Martin Kenney, "Venture Capital–Financed Innovation in the U.S.," Research Policy 17 (1988): 119–137; Richard Florida and Donald Smith, "Venture Capital Formation, Investment, and Regional Industrialization," Annals of the Association of American Geographers 83, no. 3 (September 1993): 434–451.

14. Richard Florida, "The Joys of Urban Tech," Wall Street Journal, August 31, 2012, www.wsj.com/articles/SB10000872396390444914904577619441778073340; Richard Florida, "The Urban Tech Revolution," Urban Land, October 7, 2013, http://urbanland.uli.org/economy-markets-trends/the-urban-tech-revolution; Richard Florida and Charlotta Mellander, Rise of the Startup City: The Changing Geography of the Venture Capital Financed Innovation (Toronto: Martin Prosperity Institute, Rotman School of Management, University of Toronto, 2014), http://martinprosperity.org/media/StartupCity-CMR-FINAL-formatted.pdf.

15. Richard Florida and Karen King, Venture Capital Goes Urban: Tracking Venture Capital and Startup Activity Across US Zip Codes (Toronto: Martin Prosperity Institute, Rotman School of Management, University of Toronto, 2016), http://martinprosperity.org/content/venture-capital-goes-urban; Richard Florida and Karen King, Rise of the Urban Startup Neighborhood: Mapping Micro-Clusters of Venture Capital–Based Startups (Toronto: Martin Prosperity Institute, Rotman School of Management, University of Toronto, 2016), http://martinprosperity.org/content/rise-of-the-urban-startup-neighborhood. The correlations are 0.55 for density, 0.50 for college grads, and 0.50 for the creative class. The only correlations that were higher were for the concentration of tech industry, which creates the demand for venture capital in the first place, and wages. Appendix Table 1 provides the full results.

16. Max Nathan, Emma Vandore, and Rob Whitehead, A Tale of Tech City: The Future of Inner East London's Digital Economy (London: Centre for London, 2012).

17. Richard Florida and Karen King, Rise of the Global Startup City: The Geography of Venture Capital Investment in Cities and Metro Areas Across the Globe (Toronto: Martin Prosperity Institute, Rotman School of Management, University of Toronto, 2016), http://martinprosperity.org/content/rise-of-the-global-startup-city.

18. Alessandro Piol and Maria Teresa Cometto, Tech and the City: The Making of New York's Startup Community (San Francisco: Mirandola Press, 2013).

19. "Stern's Urbanization Project Hosts a Conversation with Richard Florida and Fred Wilson," NYU Stern School of Business, October 9, 2013, www.stern.nyu.edu/experience-stern/news-events/conversation-florida-wilson.

20. Paul Graham, "How to Be Silicon Valley," PaulGraham.com, May 2006, www.paulgraham.com/siliconvalley.html.

21. Rory Carroll, "Oakland: The City That Told Google to Get Lost," The Guardian, February 11, 2014, www.theguardian.com/technology/2014/feb/10/city-google-go-away-oakland-california; Ellen Huet, "Protesters Block, Vomit on Yahoo Bus in Oakland," SFGate, April 2, 2014, http://blog.sfgate.com/techchron/2014/04/02/protesters-block-vomit-on-yahoo-bus-in-oakland; Rebecca Solnit, "Diary: Google Invades," London Review of Books, February 7, 2013, 34–35, www.lrb.co.uk/v35/n03/rebecca-solnit/diary. On the local backlash to artists and art galleries in downtown Los Angeles, see Jennifer Medina, "Gentrification Protesters in Los Angeles Target Art Galleries," New York Times, November 5, 2016, www.nytimes.com/2016/11/05/us/los-angeles-gentrification-art-galleries.html.

22. Dan Morain, "Gentrification's Price: S.F. Moves: Yuppies In, the Poor Out," Los Angeles Times, April 3, 1985, http://articles.latimes.com/1985-04-03/news/mn-28445_1_san-francisco-s-skyline.

23. Paul Graham, "Economic Inequality," PaulGraham.com, January 2016, http://paulgraham.com/ineq.html.

24. Charlotta Mellander and I examined the connection between key facets of urban tech (the number of startups, the level of venture capital investment, the concentration of high-tech companies, and the like) and both housing affordability and inequality. Median monthly housing costs were closely correlated with high levels of innovation (0.49), high concentrations of high-tech industry (0.58) and venture capital startups (0.60), and investment (0.56). Wage inequality was positively correlated with innovation (0.44), the concentration of venture capital startups (0.60), and the amount of venture capital investment (0.55). See Appendix Table 1.

25. Philippe Aghion, Ufuk Akcigit, Antonin Bergeaud, Richard Blundell, and David Hemous, "Innovation and Top Income Inequality," NBER Working Paper no. 21247, National Bureau of Economic Research, June 2015, www.nber.org/papers/w21247.

26. Aki Ito, "San Franciscans View Tech Boom as Benefit at Cost of Diversity, "Bloomberg, April 4, 2014, www.bloomberg.com/news/2014-04-04/san-franciscans-view-tech-boom-as-benefit-at-cost-of-diversity.html.

27. Richard Florida, Hugh Kelly, Rosemary Scanlon, and Steven Pedigo, New York City: The Great Reset, NYU School of Professional Studies, July 2015, www.pageturnpro.com/New-York-University/67081-The-Great-Reset/index.html; Richard Florida, "Resetting and Reimagining New York City's Economy," CityLab, July 29, 2015, www.citylab.com/politics/2015/07/resetting-and-reimagining-new-york-citys-economy/399815; Adam Forman, Creative New York, Center for an Urban Future, June 2015, https://nycfuture.org/research/publications/

creative-new-york-2015.

28. Juan Mateos-Garcia and Hasan Bakhshi, The Geography of Creativity in the UK, Nesta, July 2016, www.nesta.org.uk/sites/default/files/the_geography_of_creativity_in_the_uk.pdf. Greater London here is defined as its "Travel to Work Area," or TTWA.

29. Richard Florida, Charlotta Mellander, and Kevin Stolarick, "Geographies of Scope: An Empirical Analysis of Entertainment, 1970–2000, "Journal of Economic Geography 12, no. 1 (2012): 183–204.

30. These figures are based on a measure called a location quotient, or LQ, which compares the share of economic activity in a metro to its expected national share. The actual LQs are as follows: for creative fields overall, Los Angeles 2.7, New York 2.2; for fine artists, LA 3.8, NY 1.5; for musicians and singers, NY 2.7, LA 2.2; for actors, LA 9.9, NY 2.6; for producers and directors, LA 6.7, NY 4.6; for writers and authors, 3.3 for both; for fashion designers, NY 9.9, LA 7.7. These data are for 2014.

31. Moby, "I Left New York for LA"; Charlynn Burd, "Metropolitan Migration Flows of the Creative Class by Occupation Using 3-Year 2006–2008 and 2009–2011 American Community Survey Data," Journey to Work and Migration Statistics Branch, Social, Economic, and Housing Statistics Division (SEHSD), US Census Bureau, Working Paper no. 2013-11, Presented at the 2013 Annual Meeting of the Association of American Geographers, Los Angeles, April 9–13, 2013.

32. Carl Grodach, Elizabeth Currid-Halkett, Nicole Foster, and James Murdoch, "The Location Patterns of Artistic Clusters: A Metro- and Neighborhood-Level Analysis," Urban Studies 51, no. 13 (2014): 2822–2843.

33. This analysis is based on data from Myspace originally organized by University of Toronto sociologist Dan Silver and the University of Chicago's Cultural Policy Center, which I downloaded in early 2007 at the peak of the site's popularity (it had more visitors than Google at the time). The data cover more than 3 million artists. Because of its online reach at the time, MySpace was well suited to documenting the role of place in pop music's commercial ecosystem in a digital environment. My Martin Prosperity Institute research team cleaned and organized these data by genre and location, generating usable data on more than 2 million acts in ten genres: rock, urban, pop, electronic, folk, country, Christian, Latin-Afro-Caribbean, experimental, and jazz. To identify the places that have the biggest influence on popular music, we created a Music Popularity Index, a composite measure of the fans, views, and plays accumulated. See Richard Florida, "The Geography of America's Pop Music Entertainment Complex, "CityLab, May 28, 2013, www.citylab.com/design/2013/05/geography-americas-pop-musicentertainment-complex/5219.

34. Richard Florida, "The Geography of Pop Music Superstars, "CityLab, August 27, 2015, www.citylab.com/tech/2015/08/the-geography-of-pop-music-superstars/402445.

35. Shade Shutters, Rachata Muneepeerakul, and Jose Lobo, "Constrained Pathways to a Creative

주

Urban Economy," Martin Prosperity Institute, Rotman School of Management, University of Toronto, April 2015, http://martinprosperity.org/media/WP2015_Constrained-pathways-to-a-creative-urban-economy_Shutters-Muneepeerakul-Lobo.pdf. The study notes that it is extremely difficult for cities to break into this elite club. For one thing, they need to excel across the board; their industry mix and talent pool must be deep in all the skills, creative and otherwise, required for economic growth. And they have to be able to overcome the tremendous forces that act against the development of the creative economy, such as expensive housing prices and high living costs, and continuously attract a net influx of top talent. This is something only a very limited number of metros are able to do.

36. Jessica Floum, "Bay Area Economy Outpaces the US, China," San Francisco Chronicle, September 26, 2016, www.sfchronicle.com/business/article/Bay-Area-economy-outpaces-U-S-China-9289809.php.

## 4장

1. Joe Coscarelli, "Spike Lee's Amazing Rant Against Gentrification: 'We Been Here!,'" New York Magazine, February 25, 2014, http://nymag.com/dai ly/ intel l igencer/2014/02/spike-lee-amazing-rant-against-gentrification.html. Lee's rant set off a firestorm of reaction. See John McWhorter, "Spike Lee's Racism Isn't Cute: 'M—— F—— Hipster' Is the New 'Honkey,'" TIME, February 28, 2014, http://time.com/10666/spike-lees-racism-isnt-cute-m-f-hipster-is-the-new-honkey; Gene Demby, "The One Problem with Spike Lee's Gentrification Argument, "Salon, February 27, 2014, www.salon.com/2014/02/27/the_one_problem_with_spike_lees_gentrification_argument_partner.

2. Neil Smith, New Urban Frontier: Gentrification and the Revanchist City (London: Routledge, 1996); Neil Smith, "Toward a Theory of Gentrification: A Back to the City Movement by Capital, not People," Journal of the American Planning Association 45, no. 4 (1979); Neil Smith, "Gentrification and Uneven Development," Economic Geography 58, no. 2 (April1982): 139–155; Neil Smith, "Of Yuppies and Housing: Gentrification, Social Restructuring, and the Urban Dream," Environment and Planning D: Society and Space 5, no. 2 (January 1987): 151–172.

3. Susie Cagle, "Fallacy of the Creative Class: Why Richard Florida's 'Urban Renaissance' Won't Save U.S. Cities," Grist, February 11, 2013, http://grist.org/cities/fallacy-of-the-creative-class.

4. Daniel Hertz, "There's Basically No Way Not to Be a Gentrifier, "CityLab, April 23, 2014, www.citylab.com/housing/2014/04/theres-basically-no-way-not-be-gentrifier/8877.

5. Lance Freeman, "Five Myths About Gentrification," Washington Post, June 3, 2016, www.washingtonpost.com/opinions/five-myths-about-gentrification/2016/06/03/b6c80e56-1ba5-11e6-8c7b-6931e66333e7_story.html; Douglas Massey, "Comment on Jacob Vigdor, 'Does Gentrification Harm the Poor?'" Brookings-Wharton Papers on Urban Affairs, 2002, 174–176.

6. Ruth Glass, London: Aspects of Change (London: MacGibbon and Kee, 1964).

7. Tino Balio, United Artists: The Company That Changed the Film Industry (Madison: University of Wisconsin Press, 1987).

8. Dennis Gale, "Middle Class Resettlement in Older Urban Neighborhoods: The Evidence and the Implications," Journal of the American Planning Association 45, no. 3 (1979): 293–304.

9. Rosen, quoted in Wayne King, "Changing San Francisco Is Foreseen as a Haven for the Wealthy and Childless," New York Times, June 9, 1981, www.nytimes.com/1981/06/09/us/changing-san-francisco-is-foreseen-as-a-haven-for-wealthy-and-childless.html.

10. William Easterly, Laura Freschi, and Steven Pennings, "A Long History of a Short Block: Four Centuries of Development Surprises on a Single Stretch of New York City Street," NYU Development Research Institute, DRI Working Paper no. 96, 2014, http://static1.squarespace.com/static/5451873de4b008f3c5898336/t/54cfbedee4b092432af5f5f8/1422900969104/DRIw1.pdf. The project website is www.greenestreet.nyc. See also Laura Bliss, "The Economic Lessons in a Single New York City Block," CityLab, August 3, 2015, www.citylab.com/design/2015/08/the-economics-lessons-in-a-single-new-york-city-block/400154.

11. Yonah Freemark, "Reorienting Our Discussion of Urban Growth," The Transport Politic, July 6, 2016, www.thetransportpolitic.com/2016/07/06/reorienting-our-discussion-of-city-growth. Of these one hundred largest cities, fifty-three saw population growth in the urban center (the area within 1.5 miles of city hall) between 2000 and 2014, and fifty-one did between 1990 and 2000. This compares to thirty-five between 1980 and 1990, six between 1970 and 1980, and five between 1960 and 1970.

12. Jed Kolko, "Urban Revival? Not for Most Americans," JedKolko.com, March 30, 2016, http://jedkolko.com/2016/03/30/urban-revival-not-for-most-americans.

13. Markus Moos, "From Gentrification to Youthification: The Increasing Importance of Young Age in Delineating High-Density Living," Urban Studies 53, no. 14 (November 2016): 2903–2920, http://usj.sagepub.com/content/53/14/2903.long.

14. Terra McKinnish, Randall Walsh, and T. Kirk White, "Who Gentrifies Low-Income Neighborhoods?," Journal of Urban Economics 67, no. 2 (2010): 180–193. The study also notes that gentrification had substantial negative effects on less-educated blacks. Black households whose heads did not complete high school were the most likely to be pushed out of gentrifying neighborhoods, while those that remained saw much more modest growth in their incomes.

15. Nathaniel Baum-Snow and Daniel Hartley, "Accounting for Central Neighborhood Change, 1980–2010," Federal Reserve Bank of Chicago, September 2016, www.chicagofed.org/publications/working-papers/2016/wp2016-09.

16. Miriam Zuk, Ariel Bierbaum, Karen Chapple, Karolina Gorska, Anastasia Loukaitou-Sideris, Paul Ong, and Trevor Thomas, Gentrification, Displacement, and the Role of Public Investment: A Literature Review, Federal Reserve Bank of San Francisco, 2015, www.frbsf.org/community-development/publications/working-papers/2015/august/gentrification-displacement-role-of-public-investment/.

17. Sam Bass Warner Jr., Streetcar Suburbs: The Process of Growth in Boston, 1870–1900 (Cambridge, MA: Harvard University Press, 1978).

18. Lena Edlund, Cecilia Machado, and Michaela Sviatchi, "Bright Minds, Big Rent: Gentrification and the Rising Returns to Skill," NBER Working Paper no. 21729, National Bureau of Economic Research, November 2015, www.nber.org/papers/w21729. Also see Victor Couture and Jessie Handbury, "Urban Revival in America, 2000 to 2010," Presented at the American Economic Association Annual Meeting, 2015, http://faculty.haas.berkeley.edu/couture/download/Couture_Handbury_Revival.pdf.

19. Daniel Hartley, Gentrification and Financial Health, Federal Reserve Bank of Cleveland, 2013, www.clevelandfed.org/newsroom-and-events/publications/economic-trends/2013-economic-trends/et-20131106-gentrification-and-financial-health.aspx.

20. Gentrification is positively correlated with population size (0.59) and density (0.44); per capita income (0.61) and wages (0.62); the share of science and technology workers in a metro (0.32); the concentration of hightech industry (0.58); the share of the workforce that consists of members of the creative class (0.55); and the share of adults who are college graduates (0.51). It is negatively correlated with the share of blue-collar workers in an area (–0.48). It is positively correlated with the share of commuters who use transit (0.61) and negatively correlated with the share who drive to work alone (–0.55). See Appendix Table 2.

21. James Tankersley, "Why the PR Industry Is Sucking Up Pulitzer Winners," Washington Post, Wonkblog, April 24, 2015, www.washingtonpost.com/blogs/wonkblog/wp/2015/04/23/why-the-pr-industry-is-sucking-up-pulitzer-winners.

22. Michael Barton, "An Exploration of the Importance of the Strategy Used to Identify Gentrification," Urban Studies, December 3, 2014; Richard Florida, "No One's Very Good at Correctly Identifying Gentrification," CityLab, December 15, 2014, www.citylab.com/housing/2014/12/no-ones-very-good-at-correctly-identifying-gentrification/383724.

23. NYU Furman Center for Real Estate and Urban Policy, State of New York City's Housing and Neighborhoods in 2015, May 2016, http://furmancenter.org/files/sotc/NYUFurmanCenter_SOCin2015_9JUNE2016.pdf.

24. These data were provided by PropertyShark.com.

25. Lance Freeman, "Displacement or Succession?," Urban Affairs Review40, no. 4 (2005): 463–491; Lance Freeman and Frank Braconi, "Gentrification and Displacement: New York City in the 1990s," Journal of the American Planning Association 70, no. 1 (2004): 39–52; Lance Freeman, "Neighborhood Diversity, Metropolitan Segregation, and Gentrification: What Are the Links in the US?," Urban Studies 46, no. 10 (2009): 2079–2101. On the effects of gentrification on homeowners and renters, see Isaac William Martin and Kevin Beck, "Gentrification, Property Tax Limitation, and Displacement," Urban Affairs Review, September 2, 2016, http://uar.sagepub.com/content/early/2016/08/31/1078087416666959.abstract. Also see Kathe Newman, "The Right to Stay Put, Revisited: Gentrification and Resistance to Displacement in New York

City," Urban Studies 43, no. 1 (2006): 23–57; Ingrid Gould Ellen and Katherine M. O'Regan, "How Low Income Neighborhoods Change: Entry, Exit, and Enhancement," Regional Science and Urban Economics 41, no. 2 (2011): 89–97.

26. Lei Ding, Jackelyn Hwang, and Eileen Divringi, "Gentrification and Residential Mobility in Philadelphia," Federal Reserve Bank of Philadelphia, October 2015.

27. Furman Center, State of New York City's Housing and Neighborhoods in 2015, http:// furmancenter.org/research/sonychan.

28. Miriam Zuk, Regional Early Warning System for Displacement, Centre for Community Innovation, 2015, www.urbandisplacement.org/sites/default/files/images/rews_final_ report_07_23_15.pdf.

29. Coscarelli, "Spike Lee's Amazing Rant Against Gentrification."

30. Jackelyn Hwang, "The Social Construction of a Gentrifying Neighborhood Reifying and Redefining Identity and Boundaries in Inequality," Urban Affairs Review 52, no. 1 (January 2016): 98–128.

31. Sharon Zukin, Scarlett Lindeman, and Laurie Hurson, "The Omnivore's Neighborhood? Online Restaurant Reviews, Race, and Gentrification," Journal of Consumer Culture (October 2015).

32. Jackelyn Hwang and Robert J. Sampson, "Divergent Pathways of Gentrification: Racial Inequality and the Social Order of Renewal in Chicago Neighborhoods," American Sociological Review 79, no. 4 (August 2014): 726–751.

33. Joseph Cortright and Dillon Mahmoudi, Neighborhood Change, 1970 to 2010: Transition and Growth in Urban High Poverty Neighborhoods, Impresa Economics, May 2014, http://dillonm. io/articles/Cortright_Mahmoudi_2014_Neighborhood-Change.pdf.

## 5장

1. Sam Roberts, "Mayor Making It No Secret: He'll Endorse Quinn in 2013," New York Times, August 28, 2011, www.nytimes.com/2011/08/29/nyregion/in-private-bloomberg-backs- christine-quinn-as-successor.html.

2. Richard Florida, Hugh Kelly, Steven Pedigo, and Rosemary Scanlon, "New York City: The Great Reset," NYU School of Professional Studies, August 2015, www.pageturnpro.com/New- York-University/67081-The-Great-Reset/index.html.

3. Michael Bloomberg, "Cities Must Be Cool, Creative, and in Control," Financial Times, March 27, 2012, www.ft.com/cms/s/0/c09235b6-72ac-11e1-ae73-00144feab49a. html#axzz3nuBbmXVR.

4. Michael Barbaro and Megan Thee-Brenan, "Poll Shows New Yorkers Are Deeply Conflicted

over Bloomberg's Legacy," New York Times, August 16, 2013, www.nytimes.com/2013/08/18/nyregion/what-new-yorkers-think-of-mayor-bloomberg.html; Sam Roberts, "Gap Between Manhattan's Rich and Poor Is Greatest in US, Census Finds," New York Times, September 17, 2014, www.nytimes.com/2014/09/18/nyregion/gap-between-manhattans-rich-and-poor-is-greatest-in-us-census-finds.html; "Cities and Their Millionaires," The Economist, May 9, 2013, www.economist.com/blogs/graphicdetail/2013/05/daily-chart-7; Aoife Moriarty, "Revealed: Global Cities with the Highest Percentage of Millionaires," Spears, July 22, 2014, www.spearswms.com/revealed-global-cities-with-the-highest-percentage-of-millionaires.

5.  "Laying the Foundation for Greatness: Bill de Blasio" (video), The New School for Social Research, Milano School for International Affairs, Management, and Urban Policy, May 30, 2013, http://new.livestream.com/TheNewSchool/Bill-de-Blasio; Bill de Blasio, "A Foundation for Greatness," New York Public Advocate Archives, May 30, 2013, http://archive.advocate.nyc.gov/jobs/speech.

6.  Voting data are from exit polls as per the New York Times, www.nytimes.com/projects/elections/2013/general/nyc-mayor/exit-polls.html.

7.  Thomas Piketty and Emmanuel Saez, "Income Inequality in the United States, 1913–1998," Quarterly Journal of Economics 118, no. 1 (2003).

8.  The gap between the top 1 percent and the rest is even larger in small, ultra-rich enclaves where top celebrities and entertainers live alongside lowpaid service workers and the poor—places such as Jackson Hole, Wyoming, where the 1 percent takes home 200 times as much as everyone else; or some of the cities in Florida, including Naples (73 times as much), Vero Beach (63 times), Key West (59 times), Miami (45 times); Bridgeport-Stamford in Connecticut, which encompasses uber-wealthy Greenwich and Westport on Fairfield County's Gold Coast (74 times as much); and Las Vegas (41 times). Data on metro areas, as well as the more recent data on national trends, are from Estelle Sommeiller, Mark Price, and Ellis Wazeter, Income Inequality in the U.S. by State, Metropolitan Area, and County (Washington, DC: Economic Policy Institute, 2016), www.epi.org/publication/income-inequality-in-the-us/#epi-toc-8.

9.  The Gini coefficient for nations is from the Central Intelligence Agency, The World Factbook (Washington, DC: US Government Publishing Office, 2015), www.cia.gov/library/publications/the-world-factbook; for metros it is from the US Census Bureau, "American Community Survey," www.census.gov/programs-surveys/acs.

10. On the worsening trend in inequality across metros, see Richard Florida, "Where the Great Recession Made Inequality Worse," CityLab, August 4, 2014, www.citylab.com/politics/2014/08/where-the-great-recession-made-inequality-worse/375480/T; US Conference of Mayors, U.S. Metro Economies: Income and Wage Gaps Across the U.S., Prepared by IHS Global Insight, 2014, http://usmayors.org/metroeconomies/2014/08/report.pdf. On comparing city to metro inequality, see Daniel Hertz, "Why Are Metropolitan Areas More Equal Than Their Central Cities?," City Observatory, September 22, 2015, http://cityobservatory.org/why-are-metropolitan-areas-more-equal-than-their-central-cities; Joe Cortright, "The Difficulty of Applying Inequality Measurements to Cities," City Observatory, July 30, 2015, http://cityobservatory.org/the-difficulty-of-applying-inequality-measurements-to-cities.

11. Alan Berube and Natalie Holmes, "City and Metropolitan Inequality on the Rise, Driven by Declining Incomes," Brookings Institution Metropolitan Policy Program, January 14, 2016, www.brookings.edu/research/papers/2016/01/14-income-inequality-cities-update-berube-holmes.

12. J. Chris Cunningham, "Measuring Wage Inequality Within and Across US Metropolitan Areas, 2003–2013," Monthly Labor Review, September 2015, www.bls.gov/opub/mlr/2015/article/measuring-wage-inequality-within-and-across-metropolitan-areas-2003-13.htm; Richard Florida, "Wage Inequality and America's Most Successful Cities," CityLab, October 7, 2015, www.citylab.com/work/2015/10/how-wage-inequality-is-playing-out-americas-most-successful-cities/409231.

13. Richard Florida and Charlotta Mellander, "The Geography of Inequality: Difference and Determinants of Wage and Income Inequality across US Metros," Regional Studies, 2014, 1–14; Richard Florida, "The Inequality of American Cities," CityLab, March 5, 2012, www.citylab.com/work/2012/03/inequality-american-cities/861; Richard Florida, "The Inequality Puzzle in U.S. Cities," CityLab, March 7, 2012, www.citylab.com/work/2012/03/inequality-puzzle-us-cities/858.

14. David H. Autor, Lawrence F. Katz, and Melissa S. Kearney, The Polarization of the U.S. Labor Market (Cambridge, MA: National Bureau of Economic Research, 2006), http://economics.mit.edu/files/584; David Autor and David Dorn, "The Growth of Low-Skill Service Jobs and the Polarization of the US Labor Market," American Economic Review 103, no. 5 (2013): 1553–1597; David H. Autor, Lawrence F. Katz, and Alan B. Krueger, "Computing Inequality: Have Computers Changed the Labor Market?," Quarterly Journal of Economics 113, no. 4 (1998): 1169–1213; David H. Autor, Frank Levy, and Richard J. Murnane, "The Skill Content of Recent Technological Change: An Empirical Exploration," Quarterly Journal of Economics 118, no. 4 (2003): 1279–1333.

15. Wage inequality is positively and significantly correlated with hightech industry concentration (0.74); the share of the workforce employed in knowledge, professional, and creative occupations (0.68); and the share of adults who are college graduates (0.61).

16. William Julius Wilson, The Truly Disadvantaged: The Inner City, the Underclass, and Public Policy (Chicago: University of Chicago Press, 1987); William Julius Wilson, When Work Disappears: The World of the New Urban Poor (New York: Knopf, 1996).

17. The correlation between income inequality and poverty is 0.50, and the correlation between income inequality and race is 0.30.

18. See Barry Bluestone and Bennett Harrison, The Great U-Turn: Corporate Restructuring and the Polarizing of America (New York: Basic Books, 1988). Also see Dierk Herzer, "Unions and Income Inequality: A Panel Cointegration and Causality Analysis for the United States," Economic Development Quarterly (March 3, 2016).

19. Richard Florida, "Inequality and the Growth of Cities," CityLab, January 20, 2015, www.citylab.com/work/2015/01/inequality-and-the-growth-of-cities/384571; Richard Florida, "The Connection Between Successful Cities and Inequality," CityLab, January 6, 2015, www.citylab.

com/politics/2015/01/the-connection-between-successful-cities-and-inequality/384243.

20. Ben Casselman makes the point that the low incomes of students contribute to inequality in college towns in his article "Inequality in College Towns," FiveThirtyEight, April 28, 2014, http://fivethirtyeight.com/features/inequality-in-college-towns.

21. Wage inequality is positively and significantly associated with both the size (0.48) and the density (0.38) of metros.

22. Nathaniel Baum-Snow and Ronni Pavan, "Understanding the City Size Wage Gap," Review of Economic Studies 79, no. 1 (2012): 88–127; Nathaniel Baum-Snow, Matthew Freedman, and Ronni Pavan, "Why Has Urban Inequality Increased?," Working Paper, Brown University, June 2014, http://restud.oxfordjournals.org/content/79/1/88.full.pdf+html.

23. Michael Zuckerman, "The Polarized Partisan Geography of Inequality," The Atlantic, April 7, 2014, www.theatlantic.com/politics/archive/2014/04/the-polarized-partisan-geography-of-inequality/360130; Joshua Green and Eric Chemi, "Income Inequality Is Higher in Democratic Districts Than Republican Ones," Bloomberg Businessweek, May 12, 2014, www.bloomberg.com/news/articles/2014-05-12/income-inequality-is-higher-in-democratic-districts-than-republican-ones.

24. The correlation between wage inequality and liberalism measured as the share of Clinton votes is 0.42 and the correlation between wage inequality and conservatism measured as the share of Trump votes is –0.42. See Richard Florida, "Why Democrats Are Focused on Inequality: Liberal Metros Face the Worst of It," CityLab, June 4, 2014, www.citylab.com/politics/2014/06/why-democrats-are-focused-on-inequality-liberal-metros-face-the-worst-of-it/371827.

25. Edward Glaeser, Mathew Resseger, and Kristina Tobio, "Urban Inequality," Journal of Regional Science 49, no. 4 (October 2009): 617–646.

26. Chris Benner and Manuel Pastor, "Brother, Can You Spare Some Time? Sustaining Prosperity and Social Inclusion in America's Metropolitan Regions," Urban Studies 52, no. 7 (2015): 1339–1356; also, Tanvi Misra, "Another Reason to Promote Social Equity in U.S. Metros: Job Growth," CityLab, March 31, 2015, www.citylab.com/housing/2015/03/another-reason-to-promote-social-equity-in-us-metros-job-growth/389033.

27. The 2016 Distressed Communities Index (Washington, DC: Economic Innovation Group, 2016), http://eig.org/wp-content/uploads/2016/02/2016-Distressed-Communities-Index-Report.pdf.

28. Richard Shearer, John Ng, Alan Berube, and Alec Friedhoff, "Growth, Prosperity, and Inclusion in the 100 Largest U.S. Metro Areas," Brookings Metro Monitor 2016, Brookings Institution Metropolitan Policy Program, January 2016, www.brookings.edu/research/reports2/2016/01/metro-monitor#V0G10420.

29. Richard Florida, Charlotta Mellander, and Karen King, The Global Creativity Index 2015

(Toronto: Martin Prosperity Institute, Rotman School of Management, University of Toronto, 2015), http://martinprosperity.org/content/the-global-creativity-index-2015/.; Richard Florida, "Greater Competitiveness Does Not Have to Mean Greater Inequality," CityLab, October 11, 2011, www.citylab.com/work/2011/10/greater-competitiveness-does-not-greater-inequality/230.

30. Jonathan Ostry, Andrew Berg, and Charalambos Tsangarides, Redistribution, Inequality, and Growth (Washington, DC: International Monetary Fund, 2014), www.imf.org/external/pubs/ft/sdn/2014/sdn1402.pdf.

## 6장

1. Statistics for Baltimore are from the following sources. Creative economy: Shade Shutters, Rachata Muneepeerakul, and Jose Lobo, "Constrained Pathways to a Creative Urban Economy," Martin Prosperity Institute, Rotman School of Management, University of Toronto, April 2015, http://martinprosperity.org/media/WP2015_Constrained-pathways-to-a -creative-urban-economy_Shutters-Muneepeerakul-Lobo.pdf. Black income: Joel Kotkin, "The Cities Where African Americans Are Doing the Best Economically," Forbes, January 15, 2015, www.forbes.com/pictures/femi45jlhh/no-4-baltimore-md. Concentrated poverty and affluence: Edward G. Goetz, Tony Damiano, and Jason Hicks, "American Urban Inequality: Racially Concentrated Affluence," Lincoln Land Institute, 2015. Limited economic mobility: Raj Chetty and Nathaniel Hendren, "The Impacts of Neighborhoods on Intergenerational Mobility: Childhood Exposure Effects and County-Level Estimates," NBER Working Paper, National Bureau of Economic Research, May 2015. Crime and violence: Richard Florida and John Roman, "There Are Plenty More Baltimores," CityLab, May 4, 2015, www.citylab.com/crime/2015/05/there-are-plenty-more-baltimores/392264. Murders and shootings: Baltimore Neighborhood Indicators Alliance, Jacob France Institute, "Number of Gun-Related Homicides per 1,000 Residents," http://bniajfi.org/indicators/Crime%20and%20Safety/gunhom; 2011 Neighborhood Health Profile: Sandtown-Winchester/Harlem Park, Baltimore City Health Department, December 2011, http://health.baltimorecity.gov/sites/default/files/47%20Sandtown.pdf.

2. Elizabeth Kneebone, "U.S. Concentrated Poverty in the Wake of the Great Recession," Brookings Institution, March 31, 2016, www.brookings.edu/research/reports2/2016/03/31-concentrated-poverty-recession-kneebone-holmes.

3. Bill Bishop, The Big Sort: Why the Clustering of Like-Minded America Is Tearing Us Apart (New York: Houghton Mifflin Harcourt, 2008).

4. On the rise in income segregation in the thirty largest metros between 1980 and 2010, see Paul Taylor and Richard Fry, The Rise of Residential Segregation by Income (Washington, DC: Pew Research Center, 2012), www.pewsocialtrends.org/files/2012/08/Rise-of-Residential-Income-Segregation-2012.2.pdf. The Pew study found that 28 percent of lower-income households were located in majority lower-income tracts in 2010, up from 23 percent in 1980, and that 18 percent of upper-income households were located in majority upper-income tracts, up from 9 percent in 1980. "These increases," the report concluded, "are related to the long-term rise in income inequality, which has led to a shrinkage in the share of neighborhoods across the United States that are predominantly middle class or mixed income—to 76% in 2010, down from 85%

in 1980—and a rise in the shares that are majority lower income (18% in 2010, up from 12% in 1980) and majority upper income (6% in 2010, up from 3% in 1980)." For the percentage of urban residents living in economically segregated areas today compared to 1970, see Tara Watson, "Inequality and the Measurement of Residential Segregation by Income in American Neighborhoods," Review of Income and Wealth 55, no. 3 (2009): 820–844. On the changing share of American families living in rich and poor as well as middle-class neighborhoods, see Kendra Bischoff and Sean Reardon, "The Continuing Increase in Income Segregation, 2007–2012," Stanford University, Center for Education and Policy Analysis, March 2016, https://cepa.stanford.edu/sites/default/files/the%20continuing%20increase%20in%20 income%20segregation%20march2016.pdf. The study defines middle-class neighborhoods as those where families make between 67 and 150 percent of the median metro income. Affluent neighborhoods are those where families make more than 150 percent of the metro median, and poor neighborhoods are those where families make less than 67 percent of the metro median. Within the middle class, high-income neighborhoods are those where families make between 125 and 150 percent of the metro median, high-middle-income ones make between 100 and 125 percent, low-middle-income areas make between 80 and 100 percent, and low-income ones make between 67 and 80 percent.

5. America's Shrinking Middle Class: A Close Look at Changes Within Metropolitan Areas, Pew Research Center, May 11, 2016, www.pewsocialtrends.org/2016/05/11/americas-shrinking-middle-class-a-close-look-at-changes-within-metropolitan-areas. The results of our correlation analysis of the Pew data are as follows. Across metros, the middle-class share of the population is positively associated with the working class (0.37), the white share of the population (0.34), and conservatism (with a correlation of 0.27 to the metro share of Trump voters in 2016)—all features of economically declining places. Conversely, the middle-class share of the population is negatively associated with density (–0.22), the creative class (–0.20), diversity (with correlations of –0.46 to immigrants, –0.47 to Latinos, and –0.37 to the gay and lesbian community), and liberalism (with a correlation of –0.33 to the metro share of Clinton voters in 2016)—all basic features of economically vibrant places. The middle-class share of the population is negatively associated with income inequality (–0.64), wage inequality (–0.38), economic segregation (–0.43), and having a large lower-class share of population (–0.62). There is a negative and statistically significant correlation (–0.48) between the middle-class share in 2000 and the change in the middle-class share between 2000 and 2014.

6. The indexes for specific types of economic segregation are absolute measures, where higher values indicate higher levels of segregation: a value of 1 indicates complete segregation, while a value of 0 indicates no segregation at all. The measures for the combined or composite indexes are relative measures, which compare the extent of those types of segregation in a metro to all other metros. The Appendix provides a detailed description of our variables, data, and methodology. Also see Richard Florida and Charlotta Mellander, Segregated City: The Geography of Economic Segregation in America's Metro Areas (Toronto: Martin Prosperity Institute, Rotman School of Management, University of Toronto, 2015), http://martinprosperity. org/media/Segregated%20City.pdf.

7. The poverty line as defined by the US Census Bureau, "Poverty," www.census.gov/hhes/www/ poverty/about/overview/measure.html; US Census Bureau, "Poverty Thresholds," www.census.

gov/data/tables/time-series/demo/income-poverty/historical-poverty-thresholds.html.

8. Income segregation is positively correlated with population (0.53), density (0.44), the creative class (0.35), and high-tech industry (0.48).

9. Carmen DeNavas-Walt and Bernadette D. Proctor, Income and Poverty in the United States: 2013, US Census Bureau, 2014, www.census.gov/content/dam/Census/library/publications/2014/demo/p60-249.pdf; Kendra Bischoff and Sean Reardon, Residential Segregation by Income, 1970–2009 (New York: Russell Sage Foundation, 2013).

10. The segregation of the poor is positively correlated with population (0.43), density (0.54), the creative class (0.48), and high-tech industry (0.47).

11. William Julius Wilson, The Truly Disadvantaged (Chicago: University of Chicago Press, 1987).

12. The segregation of the wealthy is positively correlated with population (0.38) and high-tech industry (0.26).

13. This is based on our calculation of mean segregation scores. Higher values indicate higher levels of economic segregation. The mean segregation score for the wealthy (0.456) is significantly higher than the mean segregation score for the poor (0.324). In fact, the mean segregation score for the wealthy is the highest of any of the groups in our analysis.

14. Michael J. Sandel, What Money Can't Buy: The Moral Limits of Markets (London: Macmillan, 2012); Michael J. Sandel, "What Money Can't Buy: The Skyboxification of American Life," Huffington Post, April 20, 2012, www.huffingtonpost.com/michael-sandel/what-money-cant-buy_b_1442128.html.

15. At the national level, see Robert J. Barro, "Economic Growth in a Cross Section of Countries," Quarterly Journal of Economics 106, no. 2 (1991): 407–443; Robert J. Barro, Determinants of Economic Growth: A Cross-Country Empirical Study (Cambridge, MA: MIT Press, 1997). At the city and regional level, see Jane Jacobs, The Economy of Cities (New York: Random House, 1969); Robert Lucas, "On the Mechanics of Economic Development," Journal of Monetary Economics 22, no. 1 (1988): 3–42; Richard Florida, The Rise of the Creative Class (New York: Basic Books, 2002); Edward Glaeser and David Mare, "Cities and Skills," Journal of Labor Economics 19, no. 2 (2001); Edward Glaeser and Albert Saiz, "The Rise of the Skilled City," Brookings-Wharton Papers on Urban Affairs 1 (2004): 47–105; James Rauch, "Productivity Gains from Geographic Concentration of Human Capital: Evidence from Cities," Journal of Urban Economics 34, no. 3 (1993): 380–400.

16. The segregation of the highly educated is positively correlated with population size (0.54), density (0.39), the creative class (0.43), and high-tech industry (0.50).

17. The segregation measures are closely related to one another. The Overall Segregation Index is closely correlated with income segregation (0.83), educational segregation (0.94), and occupational segregation (0.95).

18. Appendix Table 4 provides the rankings for all 350-plus US metros on the Overall Economic Segregation Index.

19. The correlation between the Overall Economic Segregation Index and population size is 0.64.

20. The Overall Segregation Index is positively associated with density (0.56) and the share of commuters who use transit (0.49) and negatively associated with the share of commuters who drive to work alone (–0.22).

21. The Overall Economic Segregation Index is positively associated with wages (0.46) and economic output per capita (0.41).

22. The Overall Economic Segregation Index is positively associated with high-tech industry (0.62) and the creative class (0.53) and negatively associated with the share of workers in blue-collar, working-class occupations (–0.37).

23. The Overall Economic Segregation Index is positively associated with the share of voters who cast their ballots for Clinton in 2016 (0.47) and negatively associated with the share that voted for Trump (–0.44).

24. Appendix Table 4 provides full rankings for all US metros on this combined Segregation-Inequality Index.

25. The correlations for the Segregation-Inequality Index are as follows: 0.50 with density, 0.60 with population size, 0.31 with per capita income, 0.42 with economic output per capita, 0.46 with average wages, 0.61 with high-tech industry, 0.57 with the creative class, and 0.53 with share of adults who are college grads. Conversely, the Segregation-Inequality Index is negatively correlated with the share of the workforce that is blue-collar working-class (–0.44). The Segregation-Inequality Index is positively correlated with the share of metro voters who voted for Clinton in 2016 (0.47) and negatively correlated with the share who voted for Trump (–0.42).

26. The Overall Economic Segregation Index is closely correlated with income inequality (0.52) and wage inequality (0.62). The correlations between inequality and each of the other individual measures of economic segregation are also positive, and many of the correlations are highly significant, with the majority in the range of the high 0.40s to 0.50.

27. Watson, "Inequality and the Measurement of Residential Segregation."

28. Tiit Tammaru, Szymon Marcin ´ czak, Maarten van Ham, and Sako Musterd, eds., Socio-Economic Segregation in European Capital Cities: East Meets West (London: Routledge, 2015). Also see Richard Florida, "Economic Segregation and Inequality in Europe's Cities," CityLab, November 16, 2016, www.citylab.com/work/2015/11/economic-segregation-and-inequality-in-europes-cities/415920.

29. Rebecca Diamond, "The Determinants and Welfare Implications of US Workers' Diverging

Location Choices by Skill: 1980–2000," Stanford University, February 18, 2015, http://web.stanford.edu/~diamondr/jmp_final_all_files.pdf; Rebecca Diamond, "U.S. Workers' Diverging Locations: Policy and Inequality Implications," Stanford University, SIEPR Policy Brief, July 2014, https://siepr.stanford.edu/?q=/system/files/shared/pubs/papers/briefs/PolicyBrief-7-14-Diamond_0.pdf.

30. Robert J. Sampson, "Individual and Community Economic Mobility in the Great Recession Era: The Spatial Foundations of Persistent Inequality," in Economic Mobility: Research and Ideas on Strengthening Families, Communities, and the Economy (St. Louis: Federal Reserve Bank, 2016).

31. The definition of the creative class by race is based on US Census data on shares of black and white (non-Hispanic) workers in management, business, science, and arts occupations. The correlations for the black creative class are as follows: density (0.32), creative class overall (0.39), college grads (0.31), high-tech firms (0.27), share of adults who are foreign-born (0.34), and share who are gay and lesbian (0.36). In nearly every case, these numbers are significantly lower than the ones for the white creative class. See Richard Florida, "The Racial Divide in the Creative Economy," CityLab, May 9, 2016, www.citylab.com/work/2016/05/creative-class-race-black-white-divide/481749.

32. Edward Glaeser and Jacob Vigdor, The End of the Segregated Century: Racial Separation in America's Neighborhoods, 1890–2010, Manhattan Institute, 2012, www.manhattan-institute.org/pdf/cr_66.pdf.

33. The Overall Economic Segregation Index is positively associated with the share of population that is black (0.29), Latino (0.24), or Asian (0.30), and negatively associated with the share of population that is white (–0.43). The same pattern holds for the Segregation-Inequality Index, which is positively associated with the share of population that is black (0.30), Latino (0.29), or Asian (0.25), and negatively correlated with the white share of population (–0.42).

34. There is no statistical association between the black creative class and income inequality based on the Gini coefficient, compared to a correlation of 0.40 for the white creative class. The black creative class is modestly associated with my measure of overall economic segregation (0.20), but this correlation is much more modest than that for the white creative class (0.66).

35. The Overall Segregation Index is positively associated with the concentration of gay and lesbian households (0.42) and the share of adults who are foreign-born (0.38).

36. Nate Silver, "The Most Diverse Cities Are Often the Most Segregated," FiveThirtyEight, May 1, 2015, http://fivethirtyeight.com/features/the-most-diverse-cities-are-often-the-most-segregated.

37. Paul A. Jargowsky, "Architecture of Segregation: Civil Unrest, the Concentration of Poverty, and Public Policy," Century Foundation, August 9, 2015, http://apps.tcf.org/architecture-of-segregation.

38. Racially concentrated areas of poverty are defined as census tracts where more than half of

the population is non-white and more than 40 percent live below the poverty line. Racially concentrated areas of affluence are those that are more than 90 percent white with median incomes that are at least four times the poverty level adjusted for cost of living. Edward G. Goetz, Tony Damiano, and Jason Hicks, "Racially Concentrated Areas of Affluence: A Preliminary Investigation," University of Minnesota, Humphrey School of Public Affairs, May 2015, www.cura.umn.edu/publications/catalog/niweb1; Alana Semuels, "Where the White People Live," The Atlantic, April 10, 2015, www.theatlantic.com/business/archive/2015/04/where-the-white-people-live/390153.

39. E-mail conversation with Patrick Sharkey, July 2013. Also see his book Stuck in Place: Urban Neighborhoods and the End of Progress Toward Racial Inequality (Chicago: University of Chicago Press, 2013); Richard Florida, "The Persistent Geography of Disadvantage," CityLab, July 25, 2013, www.citylab.com/housing/2013/07/persistent-geography-disadvantage/6231.

40. Sean Reardon, Lindsay Fox, and Joseph Townsend, "Neighborhood Income Composition by Household Race and Income, 1990–2009," Annals of the American Academy of Political and Social Science 660, no. 1 (July 2015): 78–97.

41. Jonathan Rothwell and Douglas Massey, "Geographic Effects on Intergenerational Income Mobility," Economic Geography 91, no. 1 (2014): 3–106; Richard Florida, "How Your Neighborhood Affects Your Paycheck," CityLab, January 16, 2015, www.citylab.com/work/2015/01/how-your-neighborhood-affects-your-paycheck/384536.

42. Raj Chetty, Nathaniel Hendren, Patrick Kline, and Emmanuel Saez, "Where Is the Land of Opportunity? The Geography of Intergenerational Mobility in the United States," Quarterly Journal of Economics 4 (2014): 1553–1623; Raj Chetty, Nathaniel Hendren, Patrick Kline, Emmanuel Saez, and Nick Turner, "Is the United States Still a Land of Opportunity? Recent Trends in Intergenerational Mobility," American Economic Review Papers and Proceedings 104, no. 5 (2014): 141–147; Chetty and Hendren, "The Impacts of Neighborhoods on Intergenerational Mobility"; Raj Chetty, Nathaniel Hendren, and Lawrence Katz, "The Effects of Exposure to Better Neighborhoods on Children: New Evidence from the Moving to Opportunity Experiment," NBER Working Paper, National Bureau of Economic Research, May 2015.

43. Raj Chetty, Michael Stepner, Sarah Abraham, Shelby Lin, Benjamin Scuderi, Nicholas Turner, Augustin Bergeron, and David Cutler, "The Association Between Income and Life Expectancy in the United States, 2001–2014," Journal of the American Medical Association 315, no. 16 (April 26, 2016): 1760–1766.

44. Chetty et al., "The Effects of Exposure"; also see Pat Rubio Goldsmith, Marcus L. Britton, Bruce Reese, and William Velez, "Will Moving to a Better Neighborhood Help? Teenage Residential Mobility, Change of Context, and Young-Adult Educational Attainment," Urban Affairs Review (March 4, 2016) online edition; Molly W. Metzger, Patrick J. Fowler, Courtney Lauren Anderson, and Constance A. Lindsay, "Residential Mobility During Adolescence: Do Even 'Upward' Moves Predict Dropout Risk?" Social Science Research 53 (2015): 218–230.

## 7장

1. Charles Murray, Coming Apart: The State of White America, 1960–2010 (New York: Crown Forum, 2012); Robert Putnam, Our Kids: The American Dream in Crisis (New York: Simon and Schuster, 2015).

2. Alan Ehrenhalt, The Great Inversion and the Future of the American City (New York: Knopf, 2012).

3. We mapped the residential locations of the three classes by using census tracts and plotting the neighborhoods where each class has a plurality of residents. Very small tracts—those with fewer than five hundred people—were excluded from our analysis. Data for US metros is from US Census Bureau, American Community Survey, 2010, www.census.gov/programs-surveys/acs/#. The data for London cover its Lower Level Super Output Areas (LSOAs), which are roughly comparable to US census tracts. The data were supplied to us by the United Kingdom's Office for National Statistics for the year 2011. The data from Canada are from Statistics Canada, "2006 Census Data Products," http://www12.statcan.gc.ca/census-recensement/2006/dp-pd/index-eng.cfm. We also mapped the locations of the urban core (defined as the area within two miles of the city hall); major transit lines; universities and knowledge-based institutions; and natural amenities such as parks, open space, riverfronts, and coastlines, which I do not include here for reasons of space and legibility. See Richard Florida and Patrick Adler, "The Patchwork Metropolis: The Morphology of the Divided Post-Industrial City," Martin Prosperity Institute, Rotman School of Management, University of Toronto, September 2015, http://martinprosperity.org/media/2015-MPIWP-006_Patchwork-Metropolis_Florida-Adler.pdf; see also Richard Florida, Zara Matheson, Patrick Adler, and Taylor Brydges, The Divided City and the Shape of the New Metropolis (Toronto: Martin Prosperity Institute, Rotman School of Management, University of Toronto, 2014), http://martinprosperity.org/content/the-divided-city-and-the-shape-of-the-new-metropolis.

4. Terry Clark, Richard Lloyd, Kenneth Wong, and Pushpam Jain, "Amenities Drive Urban Growth," Journal of Urban Affairs 24, no. 5 (2002): 493–515; Richard Florida, "The Economic Geography of Talent," Annals of the Association of American Geographers 92 (2002): 743–755; Edward Glaeser, Jed Kolko, and Albert Saiz, "Consumer City," Journal of Economic Geography 1, no 1 (2001): 27.

5. See Robert Owens, "Mapping the City: Innovation and Continuity in the Chicago School of Sociology, 1920–1934," American Sociologist 43, no. 3 (September 2012): 264–293; Martin Bulmer, The Chicago School of Sociology: Institutionalization, Diversity, and the Rise of Sociological Research (Chicago: University of Chicago Press, 1986).

6. Robert Ezra Park, Ernest W. Burgess, and Roderick D. McKenzie, The City (Chicago: University of Chicago Press, 1925). Burgess also published a seminal study of residential segregation; see Ernest W. Burgess, "Residential Segregation in American Cities," Annals of the American Academy of Political and Social Science 140, no. 1 (November 1928): 105–115.

7. Homer Hoyt, "The Structure and Growth of Residential Neighborhoods in American Cities," Federal Housing Administration, 1939; Chauncy Harris and Edward Ullman, "The Nature of

Cities," Annals of the American Academy of Political and Social Science 242 (1945): 7–17.

8. On the flight from destiny, see Edgar Hoover and Raymond Vernon, Anatomy of a Metropolis: The Changing Distribution of People and Jobs Within the New York Metropolitan Region (Cambridge, MA: Harvard University Press, 1959). Vernon later developed his classic product cycle model of industrial location to explain how the rise of standardized manufacturing technologies and automation were allowing factories to move to suburban green-field and foreign offshore locations, where land and labor were cheaper. Raymond Vernon, "International Investment and International Trade in the Product Cycle," Quarterly Journal of Economics 80, no. 2 (May 1966): 190–207. On the edge city, see Joel Garreau, Edge City: Life on the New Frontier (New York: Anchor Books, 1991). Reflecting upon these changes in the postindustrial metropolis, urban theorists who came to be called the "LA School" argued that metropolitan areas such as LA and other Sunbelt regions no longer grew in a ring-like fashion from the urban center but in a less coherent and more spread out pattern with a multiplicity of industrial, commercial, and residential zones. See Michael Dear, "The Los Angeles School of Urbanism: An Intellectual History," Urban Geography 24, no. 6 (2003): 493–509.

9. J. David Hulchanski, "The Three Cities Within Toronto: Income Polarization Among Toronto's Neighborhoods, 1970–2005," Cities Centre, University of Toronto, 2010, www.urbancentre.utoronto.ca/pdfs/curp/tnrn/Three-Cities-Within-Toronto-2010-Final.pdf.

10. Sam Bass Warner, Streetcar Suburbs: The Process of Growth in Boston, 1870–1900, 2nd ed. (Cambridge, MA: Harvard University Press, 1978).

11. AnnaLee Saxenian, Regional Advantage: Culture and Competition in Silicon Valley and Route 128 (Cambridge, MA: Harvard University Press, 1994).

12. Richard Florida, "Detroit Shows Way to Beat Inner City Blues," Financial Times, April 9, 2013; Richard Florida, "Don't Let Bankruptcy Fool You: Detroit's Not Dead," CityLab, July 22, 2013, www.theatlanticcities.com/jobs-and-economy/2013/07/dont-let-bankruptcy-fool-you-detroits-not-dead/6261; Tim Alberta, "Is Dan Gilbert Detroit's New Superhero?" National Journal, February 27, 2014, www.nationaljournal.com/next-economy/america-360/is-dan-gilbert-detroits-new-superhero.

13. Thomas Sugrue, The Origins of the Urban Crisis: Race and Inequality in Postwar Detroit (Princeton, NJ: Princeton University Press, 2005).

14. Richard Florida, "Visions of Pittsburgh's Future," Pittsburgh Quarterly (Fall 2013), http://pittsburghquarterly.com/pq-commerce/pq-region/item/82-visions-of-pittsburgh-s-future.html.

15. Plurality creative-class tracts are negatively correlated with both plurality service-class tracts (−0.62) and plurality working-class tracts (−0.77). Plurality creative-class tracts are highly correlated with average income (0.75) and the share of adults who are college graduates (0.90). Plurality service-class tracts are negatively correlated with average income (−0.49) and the share of adults who are college graduates (−0.45). Plurality working-class tracts are also negatively correlated with average income (−0.56) and the share of adults who are college graduates (−0.78).

## 8장

1.  Dis, "The Nixon-Khrushchev 'Kitchen Debate,'" Everything2, April 26, 2000, http://
    everything2.com/title/The+Nixon-Khrushchev+%2522Kitchen+Debate%2522.

2.  On dead malls, see Nelson D. Schwartz, "The Economics (and Nostalgia) of Dead Malls," New
    York Times, January 3, 2015, www.nytimes.com/2015/01/04/business/the-economics-and-
    nostalgia-of-dead-malls.html. The term slumburbia is from Timothy Egan, "Slumburbia," New
    York Times, February 10, 2010, http://opinionator.blogs.nytimes.com/2010/02/10/slumburbia.

3.  Jed Kolko, "How Suburban Are Big American Cities?," FiveThirtyEight, May 21, 2015, http://
    fivethirtyeight.com/features/how-suburban-are-big-american-cities.

4.  Jed Kolko, "Urban Revival? Not for Most Americans," JedKolko.com, March 30, 2016, http://
    jedkolko.com/2016/03/30/urban-revival-not-for-most-americans; Jed Kolko, "City Limits:
    How Real Is the Urban Jobs Comeback?" JedKolko.com, January 29, 2016, http://jedkolko.
    com/2016/01/19/city-limits-how-real-is-the-urban-jobs-comeback. See also Karyn Lacy, "The
    New Sociology of Suburbs: A Research Agenda for Analysis of Emerging Trends," Annual
    Review of Sociology 42 (July 2016): 369–384, www.annualreviews.org/doi/full/10.1146/
    annurev-soc-071312-145657.

5.  Alan Berube, William H. Frey, Alec Friedhoff, Emily Garr, Emilia Istrate, Elizabeth Kneebone,
    Robert Puentes, Adie Tomer, and Howard Wial, "State of Metropolitan America," Brookings
    Institution, 2010, www.brookings.edu/research/reports/2010/05/09-metro-america; William
    H. Frey, "The End of Suburban White Flight," Brookings Institution, July 23, 2015, www.
    brookings.edu/blogs/the-avenue/posts/2015/07/23-suburban-white-flight-frey.

6.  Elizabeth Kneebone and Alan Berube, Confronting Suburban Poverty in America (Washington,
    DC: Brookings Institution Press, 2013).

7.  Mary O'Hara, "Alan Berube: We Are Moving Poverty to the Suburbs," The Guardian, May 6,
    2015, www.theguardian.com/society/2015/may/06/alan-berube-moving-poverty-to-suburbs.

8.  Elizabeth Kneebone, "The Growth and Spread of Concentrated Poverty, 2000 to 2008–2012,"
    Brookings Institution, July 31, 2014, www.brookings.edu/research/interactives/2014/
    concentrated-poverty; Richard Florida, "The Living-in-the-Basement Generation," Washington
    Monthly (November/December 2013), www.washingtonmonthly.com/magazine/november_
    december_2013/features/the_livinginthebasement_genera047358.php; Kristen Lewis and
    Sarah Burd-Sharps, "Halve the Gap by 2030: Youth Disconnection in America's Cities," Social
    Science Research Council, 2013, http://ssrc-static.s3.amazonaws.com/moa/MOA-Halve-the-
    Gap-ALL-10.25.13.pdf.

9.  William H. Frey, "Demographic Reversal: Cities Thrive, Suburbs Sputter," Brookings
    Institution, June 29, 2012, www.brookings.edu/research/opinions/2012/06/29-cities-suburbs-
    frey; William H. Frey, "Will This Be the Decade of Big City Growth?," Brookings Institution,
    May 23, 2014, www.brookings.edu/research/opinions/2014/05/23-decade-of-big-city-growth-
    frey.

10. Cody Fuller, "Rockin' the Suburbs: Home Values in Urban, Suburban, and Rural Areas," Zillow Research, January 16, 2016, www.zillow.com/research/urban-suburban-rural-values-rents-11714.

11. Elizabeth Kneebone and Steven Raphael, "City and Suburban Crime Trends in Metropolitan America," Brookings Institution, 2011; Cameron McWhirter and Gary Fields, "Crime Migrates to Suburbs," Wall Street Journal, December 30, 2012, www.wsj.com/articles/SB100014241278 873233004057820687317942749.

12. Data on Ferguson are from Elizabeth Kneebone, "Ferguson, MO, Emblematic of Growing Suburban Poverty," Brookings Institution, August 15, 2014, www.brookings.edu/blogs/the-avenue/posts/2014/08/15-ferguson-suburban-poverty; James Russell, "Ferguson and Failing Suburbs," Jamessrussell.net, August 17, 2015, http://jamessrussell.net/ferguson-and-failing-suburbs; Stephen Bronars, "Half of Ferguson's Young African-American Men Are Missing," Forbes, March 18, 2015, www.forbes.com/sites/modeledbehavior/2015/03/18/half-of-fergusons-young-african-american-men-are-missing.

13. On the connection between commuting time and economic mobility, see Reid Ewing, Shima Hamidi, James B. Grace, and Yehua Dennis Wei, "Does Urban Sprawl Hold Down Upward Mobility?" Landscape and Urban Planning 148 (April 2016): 80–88.

14. On the delivery of local services to the suburbs, see Arthur Nelson as cited in Leigh Gallagher, The End of the Suburbs: Where the American Dream Is Moving (New York: Portfolio Penguin, 2013). For the UCLA study, by the California Center for Sustainable Communities, see Laura Bliss, "L.A.'s New 'Energy Atlas' Maps: Who Sucks the Most Off the Grid," CityLab, October 6, 2015, www.citylab.com/housing/2015/10/las-new-energy-atlas-maps-who-sucks-the-most-off-the-grid/409135. Of course, nearly 20 percent of Bell's population lives below the poverty line, which means that its residents use less air conditioning, fewer computers, and so on. On the overall cost of sprawl to the US economy, see Todd Litman, "Analysis of Public Policies That Unintentionally Encourage and Subsidize Urban Sprawl," London School of Economics and Political Science, for the Global Commission on the Economy and Climate for the New Climate Economy, 2015, http://static.newclimateeconomy.report/wp-content/uploads/2015/03/public-policies-encourage-sprawl-nce-report.pdf.

15. Christopher Ingraham, "The Astonishing Human Potential Wasted on Commutes," Washington Post, February 25, 2016, www.washingtonpost.com/news/wonk/wp/2016/02/25/how-much-of-your-life-youre-wasting-on-your-commute.

16. On the health costs of sprawl, see Reid Ewing, Gail Meakins, Shima Hamidi, and Arthur C. Nelson, "Relationship Between Urban Sprawl and Physical Activity, Obesity, and Morbidity: Update and Refinement," Health and Place 26 (March 2014): 118–126; Reid Ewing and Shima Hamidi, "Measuring Sprawl, 2014," Smart Growth America, April 2014, www.smartgrowthamerica.org/documents/measuring-sprawl-2014.pdf; Jane E. Brody, "Commuting's Hidden Cost," New York Times, October 28, 2013, http://well.blogs.nytimes.com/2013/10/28/commutings-hidden-cost. On commuting as life's most undesirable activity, see Daniel Kahneman and Alan B. Krueger, "Developments in the Measurement of Subjective Well-

Being," *Journal of Economic Perspectives* 20, no. 1 (Winter 2006): 3–24.

17. On Brooklyn, see Justin Fox, "Want a Job? Go to Brooklyn," Bloomberg View, January 21, 2016, www.bloombergview.com/articles/2016-01-21/want-a-job-go-to-brooklyn. On the growth in jobs in areas close to the urban center between 2007 and 2011, see Joseph Cortright, Surging City Center Job Growth (Portland, OR: City Observatory, 2015), http://cityobservatory. org/wp-content/uploads/2015/02/Surging-City-Center-Jobs.pdf. The urban centers grew jobs at a 0.5 percent annual rate between 2007 and 2011, compared to just 0.1 percent for peripheral suburban areas. On higher pay in urban centers, see Jed Kolko, "The Urban Jobs Comeback, Continued: Follow the Money," JedKolko.com, January 20, 2016, http://jedkolko. com/2016/01/20/the-urban-jobs-comeback-continued-follow-the-money. The suburbs are home to 54 percent of all jobs in large metros (the ones with more than a million people, which account for the lion's share of all jobs across the country)—with 38 percent in higher-density suburbs close to the urban core and 16 percent in farther-out lower-density suburbs and exurbs. See Kolko, "City Limits."

18. The cutoff is based on geographer Stephen Higley's rankings of America's 1,000 richest neighborhoods. The list is based on US Census data on contiguous block groups with mean household incomes of $200,000 or more. Stephen Higley, "The Higley 1000," Higley1000.com, February 17, 2014, http://higley1000.com/archives/638.

19. These data are from Zillow's research data site, www.zillow.com/research/data. As I mentioned in Chapter 2, these data exclude the nondisclosure states of Alaska, Idaho, Indiana, Kansas, Louisiana, Maine, Mississippi, Missouri, Montana, New Mexico, North Dakota, Texas, Utah, and Wyoming.

20. Jed Kolko, "No, Suburbs Aren't All the Same; The Suburbiest Ones Are Growing Fastest," CityLab, February 5, 2015, www.citylab.com/housing/2015/02/no-suburbs-arent-all-the-same-the-suburbiest-ones-are-growing-fastest/385183.

21. Richard Florida, "Welcome to Blueburbia and Other Landmarks on America's New Map," Politico (November 2013), www.politico.com/magazine/story/2013/11/welcome-to-blueburbia-and-other-landmarks-on-americas-new-map-98957.html; Richard Florida, "The Suburbs Are the New Swing States," CityLab, November 29, 2013, www.citylab.com/politics/2013/11/suburbs-are-new-swing-states/7706.

22. Richard Florida, "The Geography of the Republican Primaries," CityLab, April 12, 2016, www. citylab.com/politics/2016/04/the-geography-of-the-republican-primaries/477693; Neil Irwin and Josh Katz, "The Geography of Trumpism," New York Times, March 12, 2016, www.nytimes. com/2016/03/13/upshot/the-geography-of-trumpism.html.

23. On the class lines of Trump's support, see Andrew Flowers, "Where Trump Got His Edge," FiveThirtyEight, November 11, 2016, http://fivethirtyeight.com/features/where-trump-got-his-edge; Jon Huang, Samuel Jacoby, K. K. Rebecca Lai, and Michael Strickland, "Election 2016: Exit Polls," New York Times, November 2016, www.nytimes.com/interactive/2016/11/08/us/politics/election-exit-polls.html. On the geographic divide, see Jed Kolko, "The Geography

of the 2016 Vote," jedkolko.com, November 11, 2016, http://jedkolko.com/2016/11/11/the-geography-of-the-2016-vote; and Jed Kolko, "Trump Support Was Stronger Where the Economy Is Weaker," FiveThirtyEight, November 10, 2016, http://fivethirtyeight.com/features/trump-was-stronger-where-the-economy-is-weaker.

24. Andrew Gelman, Red State, Blue State, Rich State, Poor State: Why Americans Vote the Way They Do (Princeton, NJ: Princeton University Press, 2009).

25. Dave Troy, "The Real Republican Adversary? Population Density," Davetroy.com, November 19, 2012, http://davetroy.com/posts/the-real-republican-adversary-population-density. See also Richard Florida and Sara Johnson, "What Republicans Are Really Up Against: Population Density," CityLab, November 26, 2012, www.citylab.com/politics/2012/11/what-republicans-are-really-against-population-density/3953.

26. My own analysis of state-level voting showed Clinton's vote shares to be positively correlated with density (0.71) and the urban share of state land area (0.63), as well as wages (0.82), share of college grads (0.77), and the creative class (0.72), while Trump's vote shares were negatively correlated with density (–0.61) and the urban share of state land area (–0.54) as well as wages (–0.81) and college grads (–0.81). See Richard Florida, "It's Still About Geography and Class," CityLab, November 17, 2016, www.citylab.com/politics/2016/11/americas-great-divide-of-class-and-geography/507908/. At the metro level, the correlations between density and the Democratic share of the presidential vote across counties increased from 0.61 in 2000 to 0.75 in 2016. See Kolko, "Geography of the 2016 Election."

27. Jefferey Sellers, "Place, Institutions and Political Ecology of U.S. Metropolitan Areas," in Jefferey Sellers, Daniel Kubler, Alan Walks, and Melanie Walter-Rogg, The Political Ecology of the Metropolis: Metropolitan Sources of Electoral Behaviour in Eleven Countries (Colchester, UK: ECPR Press, 2013), 37–85. Sellers has compiled a large time-series dataset on what he dubs the "metropolitanization" of American politics, which includes data on local voting patterns in Atlanta, Birmingham, Cincinnati, Detroit, Fresno, Kalamazoo, Los Angeles, New York, Philadelphia, Seattle, Syracuse, and Wichita. On Trump in 2016, see Emily Badger, Quoctrung Bui, and Adam Pearce, "This Election Highlighted a Growing Urban-Rural Split," New York Times, November 11, 2016, www.nytimes.com/2016/11/12/upshot/this-election-highlighted-a-growing-rural-urban-split.html; Lazaro Gamio and Dan Keating, "How Trump Redrew the Electoral Map, from Sea to Shining Sea," Washington Post, November 9, 2016, www.washingtonpost.com/graphics/politics/2016-election/election-results-from-coast-to-coast.

28. Eva Jacobs and Stephanie Shipp, "How Family Spending Has Changed in the U.S.," Monthly Labor Review (March 1990): 20–27.

## 9장

1. Medellin Declaration, "Equity as a Foundation of Sustainable Urban Development," UN-Habitat, Seventh World Urban Forum, April 2014, http://wuf7.unhabitat.org/Media/Default/PDF/Medell%C3%ADn%20Declaration.pdf.

2.  Joseph Parilla, Jesus Leal Trujillo, Alan Berube, and Tao Ran, Global Metro Monitor, Brookings Institution, 2015, www.brookings.edu/research/reports2/2015/01/22-global-metro-monitor.

3.  According to UN-Habitat, slums are places where people lack one or more of the following: access to clean water, access to a toilet, adequate and safe housing, sufficient living space with not more than two people sharing the same room, and reasonable protections from being thrown out or evicted. See UN-Habitat, Streets as Tools for Urban Transformation in Slums: A Street-Led Approach to Citywide Slum Upgrading, UN-Habitat, 2012, http://unhabitat.org/books/streets-as-tools-for-urban-transformation-in-slums, 5.

4.  McKinsey Global Institute, Urban World: Mapping the Economic Power of Cities, March 2011, www.mckinsey.com/insights/urbanization/urban_world.

5.  Brandon Fuller and Paul Romer, "Urbanization as Opportunity," World Bank, 2013, http://documents.worldbank.org/curated/en/2013/11/18868564/urbanization-opportunity, 1–13.

6.  For the data projections out to 2030, see Organisation for Economic Co-Operation and Development, The Metropolitan Century: Understanding Urbanisation and Its Consequences (Paris: OECD, 2015), www.oecd.org/greengrowth/the-metropolitan-century-9789264228733-en.htm. For the projections out to 2150, see Robert H. Samet, "Complexity, the Science of Cities, and Long-Range Futures," Futures 47 (2013): 49–58.

7.  The comparison is for a 16GB iPhone 6 in 2015. See Catey Hill, "This Is How Long It Takes to Pay for an iPhone in These Cities," Marketwatch, September 24, 2015, www.marketwatch.com/story/this-is-how-long-it-takes-to-pay-for-an-iphone-in-these-cities-2015-09-24.

8.  Parilla et al., Global Metro Monitor.

9.  UN-Habitat, State of the World's Cities 2012/2013: Prosperity of Cities (New York: Routledge, 2013), http://mirror.unhabitat.org/pmss/listItem-Details.aspx?publicationID=3387. The good news is that the share of the urban population living in slums in the developing world fell from 39 percent in the year 2000 to 32 percent in 2010—meaning that some 227 million slum-dwellers gained access to improved water and sanitation and better housing over this period. The bad news is that the world's slum population nevertheless actually grew, swelling alongside the rapid growth in population across the developing world. See UN-Habitat, State of the World's Cities 2010/2011: Bridging the Urban Divide (New York: Routledge, 2010), https://sustainabledevelopment.un.org/content/documents/11143016_alt.pdf, 7. Also see UN-Habitat, Urbanization and Development: Emerging Futures, World Cities Report 2016, http://wcr.unhabitat.org/wp-content/uploads/sites/16/2016/05/WCR-%20Full-Report-2016.pdf; Eugenie L. Birch, Shahana Chattaraj, and Susan M. Wachter, eds., Slums: How Informal Real Estate Markets Work (Philadelphia: University of Pennsylvania Press, 2016).

10. "UPA's Target: A Slum-Free India in 5 Years," The Times of India, June 5, 2009, http://timesofindia.indiatimes.com/india/UPAs-target-Aslum-free-India-in-5-years/articleshow/4618346.cms?referral=PM.

11. Benjamin Marx, Thomas Stoker, and Tavneet Suri, "The Economics of Slums in the Developing World," Journal of Economic Perspectives 27, no. 4 (2013): 187–210.

12. On this point, see Edward Glaeser, "A World of Cities: The Causes and Consequences of Urbanization in Poorer Countries," Paper no. 19745, National Bureau of Economic Research, 2013, www.nber.org/papers/w19745; Richard Florida, "Why So Many Mega-Cities Remain So Poor," CityLab, January 16, 2014, www.citylab.com/work/2014/01/why-so-many-mega-cities-remain-so-poor/8083.

13. Remi Jedwab and Dietrich Vollrath, "Urbanization Without Growth in Historical Perspective," Explorations in Economic History 57 (July 2015): 1–94.

14. Ibid.; Richard Florida, "The Problem of Urbanization Without Economic Growth" CityLab, June 12, 2015, www.citylab.com/work/2015/06/the-problem-of-urbanization-without-economic-growth/395648.

15. Richard Florida, "Why Big Cities Matter in the Developing World," CityLab, January 14, 2014, www.citylab.com/work/2014/01/why-big-cities-matter-developing-world/6025.

16. The data are from Richard Florida, Charlotta Mellander, and Tim Gulden, "Global Metropolis: Assessing Economic Activity in Urban Centers Based on Nighttime Satellite Images," Professional Geographer 64, no. 2 (2010): 178–187. On the broader issue of using satellite data to estimate economic output, see J. Vernon Henderson, Adam Storeygard, and David N. Weil, "Measuring Economic Growth from Outer Space," American Economic Review 102, no. 2 (2012): 994–1028. As they note, "Night lights data are available at a far greater degree of geographic fineness than is attainable in any standard income and product accounts."

17. Jane Jacobs, The Economy of Cities (New York: Random House, 1969).

18. John F.C. Turner, "Housing as a Verb," in John F.C. Turner and Robert Fichter, eds., Freedom to Build: Dweller Control of the Housing Process (New York: Macmillan, 1972).

19. Doug Saunders, Arrival City: How the Largest Migration in History Is Reshaping Our World (New York: Pantheon, 2010); Doug Saunders, "Liu Gong Li: Inside a Chinese Arrival City," Arrival City video, n.d., http://arrivalcity.net/video.

20. Janice Perlman, Favela: Four Decades of Living on the Edge in Rio de Janeiro (Oxford: Oxford University Press, 2010); Janice Perlman, "Global Urbanization and the Resources of Informality: Moving from Despair to Hope," Presented at the Humanity, Sustainable Nature: Our Responsibility Workshop, Vatican, May 2–6, 2014.

21. "SFI Takes First Steps Toward a Science of Slums," Santa Fe Institute, February 6, 2013, www.santafe.edu/news/item/gates-slums-announce; Rebecca Ruiz, "Scientists Looking to Solve the Problem of Slums Devise a New Way to Look at Big Data," Txchnologist.com, January 22, 2013, http://txchnologist.com/post/41201839670/scientists-looking-to-solve-the-problem-of-slums; Luis Bettencourt, "Mass Urbanization Could Lead to Unprecedented Human Creativity,

but Only If We Do It Right," Huffington Post, August 29, 2014, www.huffingtonpost.com/luis-bettencourt/mass-urbanization-creativity_b_5670222.html?1409329471.

22. The study proposes providing small grants or developing business incubators to help the urban poor develop and scale their rudimentary enterprises. Laura Doering, "Necessity Is the Mother of Isomorphism: Poverty and Market Creativity in Panama," Sociology of Development 2, no. 3 (Fall 2016): 235–264; Phyllis Korkki, "Attacking Poverty to Foster Creativity in Entrepreneurs," New York Times, March 12, 2016, www.nytimes.com/2016/03/13/business/attacking-poverty-to-foster-creativity-in-entrepreneurs.html.

23. These data on population growth, urban expansion and density, and those in the paragraph below on streets are from Shlomo Angel, Atlas of Urban Expansion, Lincoln Institute of Land Policy, 2016.

24. UN-Habitat, Streets as Tools for Urban Transformation in Slums.

25. Mark Swilling, "The Curse of Urban Sprawl: How Cities Grow and Why This Has to Change," The Guardian, July 12, 2016, www.theguardian.com/cities/2016/jul/12/urban-sprawl-how-cities-grow-change-sustainability-urban-age.

26. Letty Reimerink, "Medellin Made Urban Escalators Famous, but Have They Had Any Impact?," Citiscope, July 24, 2014, http://citiscope.org/story/2014/medellin-made-urban-escalators-famous-have-they-had-any-impact; "City of the Year," Wall Street Journal Magazine, 2012, http://online.wsj.com/ad/cityoftheyear.

27. "Sustainable Cities and Communities" is Goal 11 of the UN SustainableDevelopment Goals as outlined in its 2030 Agenda for Sustainable Development, www.un.org/sustainabledevelopment/sustainable-development-goals.

## 10장

1. Russell Berman, "Hillary Clinton's Modest Infrastructure Proposal," The Atlantic, December 1, 2015, www.theatlantic.com/politics/archive/2015/12/hillary-clintons-modest-infrastructure-proposal/418068; Paul Krugman, "Ideology and Investment," New York Times, October 26, 2014, www.nytimes.com/2014/10/27/opinion/paul-krugman-ideology-and-investment.html; Ezra Klein, "Larry Summers on Why the Economy Is Broken—and How to Fix It," Washington Post, January 14, 2014, www.washingtonpost.com/blogs/wonkblog/wp/2014/01/14/larry-summers-on-why-the-economy-is-broken-and-how-to-fix-it.

2. The New Urban Crisis Index is positively associated with the population size (0.61) and population density (0.55) of metros. It is also positively associated with the share of commuters who take transit to work (0.42), a proxy measure of density, and it is negatively associated with the share of commuters who drive to work alone (–0.38), a proxy measure for sprawl. It is positively associated with wages (0.50), income (0.34), and economic output per capita (0.34). In addition, the New Urban Crisis Index is positively associated with the concentration of high-tech industry (0.61), the creative-class share of the workforce (0.55), and the share of adults

who hold college degrees (0.55). Conversely, it is negatively associated with the share of the workforce in blue-collar working-class jobs (–0.55). As with inequality and segregation, the New Urban Crisis Index is positively associated with two key markers of diversity—the adults who are foreign-born (0.52) and the share who are gay or lesbian (0.61). In addition, the New Urban Crisis Index tracks the political affiliations and voting patterns of metros: it is positively associated with more liberal metros (0.59), measured as the share of voters who voted for Clinton in 2016, and negatively associated with more conservative metros (–0.55), measured as the share of voters who voted for Trump in 2016. See Appendix Table 4 for the full rankings of all 350-plus metros on the New Urban Crisis Index.

3. On the concept of secular stagnation, see Timothy Taylor, "Secular Stagnation: Back to Alvin Hansen," Conversable Economist, December 12, 2013, http://conversableeconomist.blogspot.ca/2013/12/secular-stagnation-back-to-alvin-hanson.html; Larry Summers, "U.S Economic Prospects: Secular Stagnation, Hysteresis, and the Zero Lower Bound," Business Economics 49, no. 2 (2014): 65–73, http://larrysummers.com/wp-content/uploads/2014/06/NABE-speech-Lawrence-H.-Summers1.pdf. On the decline in American innovation and productivity more broadly, see Robert J. Gordon, The Rise and Fall of American Growth (Princeton, NJ: Princeton University Press, 2016).

4. Krugman, "Ideology and Investment."

5. Frederick Jackson Turner, "The Significance of the Frontier in American History," Paper presented at American Historical Association meeting, Chicago, July 12, 1893, World Columbian Exposition, http://nationalhumanitiescenter.org/pds/gilded/empire/text1/turner.pdf; Frederick Jackson Turner, The Frontier in American History (New York: Henry Holt, 1921); Kenneth Jackson, Crabgrass Frontier: The Suburbanization of the United States (New York: Oxford University Press, 1987).

6. Gerald Gamm and Thad Kousser, "No Strength in Numbers: The Failure of Big-City Bills in American State Legislatures, 1880–2000," American Political Science Review 107, no. 4 (2013): 663–678. The study, which tracked 1,700 pieces of legislation from 1881 to 2000 that dealt with cities or counties in thirteen state legislatures, found that bills dealing with cities of 100,000 or more were far less likely to pass than those aimed at smaller places; bills that were introduced by legislators from smaller places were twice as likely to pass as ones that originated in big cities.

7. Richard Florida, "Is Life Better in America's Red States?," New York Times, January 3, 2015, www.nytimes.com/2015/01/04/opinion/sunday/is-life-better-in-americas-red-states.html.

8. Tyler Cowen, "Market Urbanism and Tax Incidence," Marginal Revolution, April 19, 2016, http://marginalrevolution.com/marginalrevolution/2016/04/market-urbanism-and-tax-incidence.html.

9. As quoted in Stephen Wickens, "Jane Jacobs: Honoured in the Breach," Globe and Mail, May 6, 2011, www.theglobeandmail.com/arts/jane-jacobs-honoured-in-the-breach/article597904.

10. Henry George, Progress and Poverty (New York: Robert Schalkenbach Foundation, 1997 [1879]). For more on George, see Edward T. O'Donnell, Henry George and the Crisis of Inequality (New York: Columbia University Press, 2015); "Why Henry George Had a Point," The Economist, April 1, 2015, www.economist.com/blogs/freeexchange/2015/04/land-value-tax.

11. David Schleicher, "City Unplanning," Yale Law Journal 122, no. 7 (May 2013): 1670–1737.

12. Enrico Moretti and Chang-Tai Hsieh, "Why Do Cities Matter? Local Growth and Aggregate Growth," April 2015, http://faculty.chicagobooth.edu/chang-tai.hsieh/research/growth.pdf.

13. Richard Florida, "The Mega-Regions of North America," Martin Prosperity Institute, Rotman School of Management, University of Toronto, March 11, 2014, http://martinprosperity.org/content/the-mega-regions-of-north-america.

14. These time estimates are from Richard Florida, "Mega-Regions and High-Speed Rail," May 4, 2009, The Atlantic, www.theatlantic.com/national/archive/2009/05/mega-regions-and-high-speed-rail/17006.

15. Todd Sinai and Joseph Gyourko, "The (Un)Changing Geographic Distribution of Housing Tax Benefits, 1980 to 2000," NBER Working Paper no. 10322, National Bureau of Economic Research, February 2004, www.nber.org/papers/w10322.pdf; Robert Collinson, Ingrid Gould Ellen, and Jens Ludwig, "Low-Income Housing Policy," NBER Working Paper no. 21071, National Bureau of Economic Research, 2015, www.nber.org/papers/w21071; Richard Florida, "The U.S. Spends Far More on Homeowner Subsidies Than It Does on Affordable Housing," CityLab, April 17, 2015, www.citylab.com/housing/2015/04/the-us-spends-far-more-on-homeowner-subsidies-than-it-does-on-affordable-housing/390666.

16. Richard Florida, "How the Crash Will Reshape America," The Atlantic, March 2009, www.theatlantic.com/magazine/archive/2009/03/how-the-crash-will-reshape-america/307293; Richard Florida, The Great Reset: How the Post-Crash Economy Will Change the Way We Live and Work (New York: Harper Business, 2010); Nick Timiraos, "U.S. Homeownership Rate Falls to 20-Year Low," Wall Street Journal, January 29, 2015, http://blogs.wsj.com/economics/2015/01/29/u-s-homeownership-rate-falls-to-20-year-low.

17. Data on the increase in renting and on rent burdens below are from Harvard's Joint Center for Housing Studies. See America's Rental Housing: Expanding Options for Diverse and Growing Demand, Joint Center for Housing Studies of Harvard University, December 2015, www.jchs.harvard.edu/research/publications/americas-rental-housing-expanding-options-diverse-and-growing-demand.

18. Richard Florida, "The Steady Rise of Renting," CityLab, February 16, 2016, www.citylab.com/housing/2016/02/the-rise-of-renting-in-the-us/462948.

19. Miriam Zuk and Karen Chappel, "Housing Production, Filtering, and Displacement: Untangling the Relationships," University of California–Berkeley, Institute of Governmental Studies,

Research Brief, May 2016, www.urbandisplacement.org/sites/default/files/images/udp_research_brief_052316.pdf.

20. Arindrajit Dube, "The Minimum We Can Do," New York Times, November 30, 2013, http://opinionator.blogs.nytimes.com/2013/11/30/the-minimum-we-can-do; Arindrajit Dube, T. William Lester, and Michael Reich, "Minimum Wage Effects Across State Borders: Estimates Using Contiguous Counties," Review of Economics and Statistics 92, no. 4 (2010): 945–964.

21. Richard Florida, "The Case for a Local Minimum Wage," CityLab, December 11, 2013, www.citylab.com/work/2013/12/why-every-city-needs-its-own-minimum-wage/7801; Arindrajit Dube, "Proposal 13: Designing Thoughtful Minimum Wage Policy at the State and Local Levels," Brookings Institution, 2014, www.brookings.edu/research/papers/2014/06/19-minimum-wage-policy-state-local-levels-dube.

22. James Womack, Daniel T. Jones, and Daniel Roos, The Machine That Changed the World (New York: Free Press, 1990).

23. Zeynep Ton, The Good Jobs Strategy: How the Smartest Companies Invest in Employees to Lower Costs and Boost Profits (Boston: Houghton Mifflin Harcourt, 2014); Richard Florida, "The Business Case for Paying Service Workers More," CityLab, March 3, 2014, www.theatlanticcities.com/jobs-and-economy/2014/03/case-paying-service-workers-more/8506.

24. Michael Erard, "Creative Capital? In the City of Ideas, the People with Ideas Are the Ones with Day Jobs," Austin Chronicle, February 28, 2003 www.austinchronicle.com/news/2003-02-28/147078.

25. Robert J. Sampson, "Individual and Community Economic Mobility in the Great Recession Era: The Spatial Foundations of Persistent Inequality," in Economic Mobility: Research and Ideas on Strengthening Families, Communities, and the Economy (St. Louis: Federal Reserve Bank, 2016).

26. On early childhood education, see James J. Heckman, "Skill Formation and the Economics of Investing in Disadvantaged Children," Science 312 (June 2006): 1900–1902; William Dickens, Isabell Sawhill, and Jeffrey Tebbs, "The Effects of Investing in Early Education on Economic Growth," Brookings Institution, June 2006; Timothy Bartik, "Investing in Kids: Early Childhood Programs and Local Economic Development," Upjohn Institute, 2014, http://research.upjohn.org/up_press/207. On the role of public education in US economic growth, see Claudia Goldin and Lawrence Katz, The Race Between Education and Technology (Cambridge, MA: Harvard University Press, 2008).

27. See Robert A. Moffit, "The Negative Income Tax and the Evolution of U.S. Welfare Policy," Journal of Economic Perspectives 17, no. 1 (August 2003): 119–140.

28. One commentator calls it venture capital for the people. Steven Randy Waldman, "VC for the People," Interfluidity, April 16, 2014, www.interfluidity.com/v2/5066.html.

29.  Richard Florida, "How Stronger Cities Could Help Fix Fragile Nations," CityLab, November 19, 2015, www.citylab.com/politics/2015/11/how-stronger-cities-could-help-fix-fragile-nations/416661.

30.  Brandon Fuller, "Rethinking Refugee Camps: A Practical Approach to Solving an Intractable Problem," City Journal, December 11, 2015, www.city-journal.org/2015/eon1211bf.html.

31.  Royal Society for the Encouragement of Arts, Manufactures and Commerce, "Unleashing Metro Growth: Final Recommendations of the City Growth Commission," London, October 2015, www.thersa.org/discover/publications-and-articles/reports/unleashing-metro-growth-final-recommendations.

32.  See Benjamin Barber, If Mayors Ruled the World: Dysfunctional Cites, Rising Nations, Yale University Press, 2013; Barber, "Can Cities Counter the Power of President-Elect Donald Trump?" The Nation, November 14, 2013, www.thenation.com/article/can-cities-counter-the-power-of-president-elect-donald-trump/.

## 부록

1.  Paul D. Allison, "Measures of Inequality," American Sociological Review 43, no. 6 (December 1978): 865–880.

2.  On the Dissimilarity Index, see Douglas Massey and Nancy Denton, "The Dimensions of Residential Segregation," Social Forces 67, no. 2 (1988): 281–315.

3.  On the Milken Tech-Pole Index, see Ross DeVol, Perry Wong, John Catapano, and Greg Robitshek, America's High-Tech Economy: Growth, Development, and Risks for Metropolitan Areas (Santa Monica, CA: Milken Institute, 1999).

4.  Barry Hirsch and David MacPherson, "Union Membership and Coverage Database from the CPS," Union Stats, 2014, http://unionstats.com.

5.  On population-weighted density, see Steven G. Wilson, David A. Plane, Paul J. Mackun, Thomas R. Fischetti, and Justyna Goworowska et al., Patterns of Metropolitan and Micropolitan Population Change: 2000 to 2010, 2010 Census Special Reports, September 2012 (Washington, DC: US Census Bureau), www.census.gov/prod/cen2010/reports/c2010sr-01.pdf.

6.  State-level election data are from standard media sources like CNN. Metro-level data are compiled from county-level sources based on Dave Leip's "Atlas of U.S. Presidential Elections" for 2012 and 2016, http://uselectionatlas.org.

도심재개발 젠트리피케이션 빈부격차

# 도시는 왜 불평등한가 개정판

초판 1쇄      2018년 6월 29일
초판 10쇄      2021년 4월 15일
개정1판 1쇄      2023년 7월 14일
개정1판 2쇄      2024년 6월 19일


지은이    리처드 플로리다
옮긴이    안종희
펴낸이    허연
편집장    유승현    편집2팀장    정혜재

책임편집    이예슬
마케팅      김성현 한동우 구민지
경영지원    김민화 오나리
디자인      김보현


펴낸곳    매경출판㈜
등록    2003년 4월 24일(No. 2-3759)
주소    (04557) 서울시 중구 충무로 2(필동1가) 매일경제 별관 2층 매경출판㈜
홈페이지    www.mkpublish.com    스마트스토어    smartstore.naver.com/mkpublish
페이스북    @maekyungpublishing    인스타그램    @mkpublishing
전화    02)2000-2612(기획편집)  02)2000-2645(마케팅)  02)2000-2606(구입 문의)
팩스    02)2000-2609    이메일    publish@mk.co.kr
인쇄·제본    ㈜M-print  031)8071-0961
ISBN    979-11-6484-583-5(03320)